부동산 투자론

-부동산 투자금융과 가치평가-

부동산 투자론

-부동산 투자금융과 가치평가-

찍은날 / 1판 1쇄 2025년 2월 21일
펴낸날 / 1판 1쇄 2025년 2월 28일

저　자 / 최우석 · 유주연
펴낸이 / 원종필
펴낸곳 / 건국대학교출판부
등록 / 제 4-3 호 (1971. 6. 21)
주소 / 05029, 서울특별시 광진구 능동로 120 건국대학교
전화 / 출판문화사업팀_(02) 450-3891~3
팩스 / (02) 457-7202
홈페이지 / http://press.konkuk.ac.kr
e-mail / press@konkuk.ac.kr

책임편집 / 박명희
찍은곳 / 네오프린텍㈜

정가 / 22,000원

ISBN 978-89-7107-788-7 93320

REAL ESTATE INVESTMENT THEORY

부동산 투자론

-부동산 투자금융과 가치평가-

최우석 · 유주연 공저

건국대학교출판부

서문

부동산학은 부동산과 관련된 다양한 의사결정을 합리적으로 행하기 위한 여러 가지 방법론을 공부하는 학문입니다. 부동산과 관련된 의사결정들은 매우 다양하지만 오늘날에는 특히 부동산 투자와 금융에 관한 의사결정이 중요하게 다루어집니다. 부동산 개발도 넓게 보면 투자와 금융의 의사결정 영역 안에 포함됩니다. 부동산 시장분석이나 가치평가 역시 결국 투자와 금융의 의사결정을 잘하기 위한 수단으로서의 의미를 가집니다.

대학의 부동산학과나 부동산대학원에서 개설되는 부동산 투자론과 부동산 금융론 과목은 학생들이 향후 부동산 실무나 관련 업계로 진출하기 위해 꼭 들어야 하는 필수교과목으로 꼽히고, 학계에서도 이 분야의 연구논문들이 활발하게 발표되고 있습니다.

부동산 투자론은 부동산 투자에 따른 수익과 위험(수익의 변동가능성)을 분석하여 해당 투자의 타당성 여부를 판단하는 방법론을 배우는 학문입니다. 한편 부동산에 관한 자금을 조달하기 위해서도 다양한 의사결정이 필요한데, 이러한 의사결정을 잘하기 위한 방법론을 배우는 학문이 바로 부동산 금융론입니다.

부동산 금융은 자금의 공급자 측면에서 볼 수도 있고, 수요자 측면에서 볼 수도 있습니다. 이때 자금의 수요자는 부동산 투자자나 개발사업자이므로 부동산 금융은 결국 부동산 투자나 개발의 의사결정과 연결될 수밖에 없습니다.

과거 고도성장기에는 막연히 시세차익만을 추구하는 주먹구구식 투자방법이 통했다면, 우리 경제가 안정기에 접어든 오늘날에는 부동산으로부터 발생하는 현금흐름을 다양한 각도로 분석하여 과학적으로 투자의 타당성 여부를 판단하는 것이 중요합니다.

그렇다면 부동산을 단순히 토지와 건물이라는 실물로만 볼 것이 아니라, 전체로서 현금흐름을 창출하는 하나의 "기업(Enterprise)"이나 "사업(Business)"으로 바라보는 관점이 타당합니다. 그래야만 과학적인 의사결정을 할 수 있습니다.

또한 과학적인 의사결정을 위해서는 부동산을 "숫자"로 분석하는 것이 필요합니다. 부동산으로부터 발생하는 수익이나 투입되는 비용, 그리고 투자자나 대출자가 부담하는 여러 가지 위험들을 수치화해야만 다른 대안과의 비교 · 분석이 가능하기 때문입니다.

금융시장이 발달하여 부동산의 유동화 · 증권화가 이루어지고 다양한 간접투자상품이 출시되면서 앞으로는 사람들이 부동산을 단순한 실물자산이 아닌 하나의 "금융상품"으로 인식하는 날이 올 것입니다.

부동산 자체를 하나의 기업으로 바라보고, 숫자를 통해 분석하는 것이 중요해지며, 부동산의 금융화가 빠르게 진행되면서 부동산 투자론과 부동산 금융론이 부동산학 커리큘럼에서 가장 중요한 교과목으로 부각되었습니다.

아울러 과학적 투자를 위해서는 개별 부동산의 적정한 가치를 평가하는 것이 필수적입니다. 적정한 가치보다 높은 가격으로 매수하는 것은 과학적이고 합리적인 투자가 될 수 없습니다. 이에 따라 투자자는 부동산 가치평가론(감정평가론)에 대한 이해가 필요합니다.

이러한 관점에서 필자는 부동산 투자자, 자산관리자, 공인중개사, 컨설턴트, 금융업이나 개발업 종사자 등 부동산 관련 다양한 직역 종사자들이 실무에서 꼭 알아야 할 투자, 금융, 가치평가의 핵심적인 개념과 이론 및 방법론 등을 정리하였습니다. 또한 일반인들도 이 책을 통해 부동산과 투자, 금융, 자산관리 등 재테크를 위한 기초지식을 쌓을 수 있을 것입니다.

이 책의 제1편(이론편)에서는 부동산 금융과 투자분석, 가치평가에 관한 중요 이론들을 정리하였습니다. 기존에 우리나라에서 출간된 부동산 투자론, 부동산 금융론, 부동산 감정평가론 서적들뿐만 아니라 관련 외국 원서들을 참고하여 꼭 필요한 내용들은 포함시키되, 지나치게 심오하거나 불필요한 내용들은 과감하게 생략하였습니다.

우리나라에서 부동산학 지식을 테스트하는 가장 고급 시험이라 할 수 있는 감정평가사 시험의 부동산학 원론 과목과 공인중개사 시험의 부동산학 개론 과목의 기출문제들을 분석하여 수험생들이 이에 대비할 수 있도록 하였습니다. 특히 시험에서 출제될 수 있는 계산문제들을 따로 선별하여 상세한 풀이와 답을 제공함으로써 독자들이 이론편에서 공부한 내용을 문제를 통해 종합정리할 수 있도록 하였습니다.

이론편의 내용들은 부동산학과와 부동산대학원에서 관련 과목의 수업을 듣는 부동산학도들에게도 수업을 이해하는 데 도움이 될 것입니다.

한편 이 책의 제2편(부록)에는 그동안 필자가 각종 매체에 기고한 칼럼 등을 실어 부동산학을 처음 공부하는 독자들도 흥미를 갖고 부동산 시장과 산업의 트렌드를 읽을 수 있도록 하였습니다.

이 책의 자료수집과 첨부자료 제작, 원고교정 등을 위해 수고를 아끼지 않은 부동산학 전공 손수민, 박태용, 김상우, 정지수 조교에게 다시 한번 감사의 마음을 전합니다. 학교에서 배우고 익힌 것들을 바탕으로 하여 앞으로 부동산 전문가로 크게 성장하기를 기원합니다.

아무쪼록 이 책이 부동산을 공부하는 많은 분들에게 작은 지침서가 되기를 희망합니다.

2025년 새해

건국대학교 산학협동관 연구실에서

최 우 석

목차

제2장 부동산 투자와 개발을 위한 금융구조의 이해 / 93

제3장 부동산 가치평가 / 177

제 2 편

부록

제1편

과학적 투자를 위한 부동산 투자, 금융, 가치평가 이론

제1장

부동산 투자분석

제1장 부동산 투자분석

제1절 투자의 의의와 부동산 투자의 특징

1 투자의 의의

투자란 미래의 불확실한 수익을 위해 현재의 확실한 소비(현금지출)를 희생하는 경제적 행위 또는 미래의 불확실한 수익과 현재의 확실한 소비(현금지출)를 교환하는 행위를 말한다. 투자의 수익은 미래의 불확실성(위험[1])을 감수하는 것에 대한 보상(대가)이다. 따라서 투자 수익은 현재의 소비를 희생한 대가라는 측면에서 ① 시간에 대한 보상(시차보상)과, 확실성을 포기하고 불확실성(위험)을 선택한 대가라는 측면에서 ② 위험에 대한 보상(위험보상)의 두 가지로 구성된다. 시차보상은 아무리 수익이 확실[2]하더라도 시간에 대한 보상은 있어야 한다는 점에서 무위험수익률로 나타난다. 무위험수익률의 예로는 국공채이자율, 안전한 제1금융권의 은행이자율 등을 들 수 있다.

투자자의 요구수익률은 이와 같은 ① 무위험수익률과, 위험을 감안한 ② 위험 프리미엄(위험할증률)으로 구성된다. 무위험수익률은 시차보상, 위험 프리미엄은 위험보상을 의미한다. 이때 무위험수익률은 시장에서 객관적으로 결정되지만, 위험 프리미엄은 투자자가 주관적으로 결정한다. 투자기간이 길어질수록 시간에 대한 보상이 커져 요구수익률이 올라가고, 위험이 클수록

1) 투자에 있어서 위험은 수익의 변동가능성을 뜻한다.
2) 수익이 확실하다는 것은 '위험 = 0'임을 뜻한다.

위험에 대한 보상이 커져 요구수익률이 올라간다.

부동산 투자를 취득 · 보유 · 처분의 3단계로 구분할 때, 예를 들어 보유하는 기간 동안 1억원의 임대료 수익을 얻고 처분 시 12억원에 매도할 것을 기대하여 취득 시 10억원에 매수하는 투자자는 현재의 확실한 10억원을 희생(포기)함으로써 미래의 불확실한 1억원과 12억원을 선택(교환)한 것이다. 이때 임대료 수익처럼 보유하는 매기간 정기적으로 발생하는 수익을 소득이득(Income Gain)이라 하고, 기간 말에 처분하여 1회성으로 발생하는 수익을 자본이득(Capital Gain)이라 한다.

2 부동산 투자의 장점과 단점(금융투자 대비)

모든 투자는 미래의 불확실한 수익을 위해 현재의 확실한 소비를 희생하는 경제적 행위라는 점에서 공통점이 있지만, 부동산 투자는 다른 자산에 대한 투자에 비해 아래와 같은 특징이 있다. 이와 같은 부동산 투자의 특징(장단점)은 특히 주식, 채권 등 금융투자와 대비되어 뚜렷하게 나타난다.

1) 장점

① 부동산 특히 토지는 영속성의 특성으로 인해 원본상실의 가능성이 없으므로 다른 투자자산에 비해 안전성이 높다. 또한 도난과 멸실의 위험이 적다.

② 부동산 투자를 통해 소득이득(운영소득)과 자본이득(시세차익, 처분차익)을 함께 획득할 수 있고, 개발이익을 기대할 수도 있다. 주식의 배당은 매우 불안정적이어서 단기에 거래하는 소액투자자[3]들이 배당을 노리고 투자하는 경우가 많지 않은 반면, 부동산의 소득이득은 임대료 기준으로 일정 기간 안정적이다.

③ 대출을 통한 지렛대(Leverage) 효과를 활용하여 자기자본만으로 투자하는 경우보다 적은 비용으로 높은 수익률을 기대할 수 있다. 다만 부동산 투자의 총자본수익률이 타인자본수익률(대출이자율)보다 높을 경우에만 자기자본수익률이 상승하는 (+)의 지렛대 효과를 얻을 수 있다. 주식투자와 달리 소득이득(임대료)이 안정적이라는 점에서 부동산 투자는 지렛대 효과를 예측하

3) 대체로 이러한 소액투자자들은 오직 시세차익만을 목적으로 투자하는 경우가 많다.

기가 용이하다.[4)]

④ 부동산 투자는 시세보다 낮은 공시지가와 기준시가 등으로 인해 현금으로 보유하는 것에 비해 세금이 낮아지고, 감가상각이나 이자지급액 등을 비용으로 처리함으로써 절세효과(Tax Shelter)를 얻을 수 있다. 따라서 세금의 측면에서 현금의 상속이나 증여보다 부동산의 상속이나 증여가 더 유리할 수 있다.

⑤ 물가상승(인플레이션) 시에는 실물가치가 상승하고 화폐가치가 하락하므로 부동산에 투자함로써 실질구매력을 보호하는 인플레이션 헤지(Inflation Hedge) 효과를 얻을 수 있다.

⑥ 부동산을 소유함으로써 자용 방식의 투자를 선택할 수도 있고, 임차함으로써 점용 방식의 투자를 선택할 수도 있다. 전자는 임대료 비용을 절감할 수 있지만 초기 투자비용이 큰 반면, 후자는 초기 비용을 절감함으로써 운영자금을 확보할 수 있지만 운영 시 임대료 비용이 크다는 단점이 있다. 기업의 입장에서 사업용 부동산을 계속 보유할 것인가, 아니면 팔고 다시 임차할 것인가(Sales & Leaseback)를 선택하는 의사결정이 중요하다.

⑦ 그 밖에 부동산 투자는 투자자에게 소유의 긍지라는 심리적 효과를 주고, 주식투자와 달리 직접 운영하거나 관리할 수 있다는 직접통제의 기회, 임차인 등을 선별할 수 있는 인적통제의 기회 등의 장점이 있다.

2) 단점

① 부동산을 현금으로 환가하는 것이 쉽지 않고 환가하더라도 그 가치가 떨어지는 등 환금성(유동성)이 낮다.

② 투자수익이나 자산가치가 시장과 경제상태의 변화에 영향을 많이 받는다는 위험이 있다.

③ 대출을 통해 부동산에 투자하였다면 원리금을 상환해야 하고, 특히 변동금리 대출 시 급격한 금리변동에 따른 금융위험(파산위험)에 직면할 수 있다.

④ 세금, 수수료 등 거래에 따른 비용이 과다하다. 이에 따라 단기 투자가 곤란하고 투자기간이 장기간이 된다.

⑤ 토지 등 부동산의 이용과 개발에 대한 행정적 규제가 많고 관련 법률이 복잡하다.

⑥ 부동산의 투자와 관리에 시간과 비용이 많이 소요된다.

⑦ 부동산은 고액 · 고가의 특성이 있으므로 투자가 쉽지 않다. 따라서 투자 시 대출을 이용하는

---

4) 부동산 투자는 주식투자와 달리 자본이득도 비교적 안정적이고 예측이 용이하다.

경우가 많아 금융위험으로 이어진다.

참고 | 레버리지(지렛대) 효과(Leverage Effect)

1. 의의

타인자본(대출)을 이용하여 투자함으로써 자기자본(지분)수익률을 증대시키는 것을 지렛대 효과 또는 레버리지 효과라 한다. 총자본수익률(종합자본수익률)이 주어진 상태에서 이보다 낮은 이자율로 타인자본을 끌어올 수 있다면 이를 지렛대 삼아 자기자본만으로 투자하는 것보다 자기자본수익률을 더 높일 수 있다는 것이다.

전액을 자기자본만으로 투자하면 '총자본수익률=자기자본수익률'이지만, 이보다 낮은 이자율로 대출받아 투자하거나 전세금 · 임대보증금 등 무이자 타인자본을 활용하면 '총자본수익률 〈 자기자본수익률'이 된다. 이를 (+)의 레버리지 효과라 한다. 이때 늘어나는 자기자본수익률과 총자본수익률의 차이를 레버리지 효과라 부르기도 한다.

타인자본을 활용하면 이렇게 자기자본수익률을 높일 수도 있다. 이는 낮은 이자율이라는 위의 조건을 갖춘다면 저당비율(대부비율)이 클수록 높아지지만(수익의 레버리지 효과), 저당비율이 클수록 금융위험(채무불이행 위험)도 함께 커진다(위험의 레버리지 효과).

2. 레버리지 효과의 산정

① 총자본수익률(종합자본수익률, 종합환원율) = $\dfrac{\text{순영업소득}(NOI)}{\text{총투자자본}(=\text{부동산 가치})}$

$$= \text{지분수익률} \times \text{지분비율}\left(\frac{E}{V}\right) + \text{저당수익률} \times \text{저당비율}\left(\frac{L}{V}\right)$$

즉 총자본수익률은 지분수익률과 저당수익률의 가중평균이다. 지분수익률을 다른 말로 자기자본수익률 또는 지분환원율, 저당수익률을 다른 말로 저당환원율 또는 저당이자율 등으로 부른다.

② 지분(자기자본)수익률 = $\dfrac{\text{지분수익}(NOI - DS = BTCF)}{\text{지분투자액}(\text{자기자본})}$

$$= \frac{\text{총자본투자수익}(\text{순영업소득}) - (\text{대출액} \times \text{대출금리})}{\text{지분투자액}}$$

지분수익은 순영업소득에서 대출자 몫(DS)을 뺀 지분투자자의 몫으로 세전현금흐름(BTCF)이라 부른다. 이때 순영업소득에서 '대출액×대출금리'를 빼서 지분수익을 구하는 것은 원금만기상환방식을 전제한다.[5)]

---

5) 원금만기상환 방식의 경우 만기 전에는 이자만 지급하므로 DS(Debt Service)는 대출액에 대출금리를 곱한 이자지급액만 해당한다. 반면 원리금균등분할상환 방식이나 원금균등분할상환 방식의 경우에는 매기에 이자뿐 아니라 원금의 일부도 상환해 나가므로 DS는 '원금상환액 + 이자지급액'이 된다.

③ 저당수익률(저당이자율) = $\frac{\text{이자}}{\text{대출액}}$

저당수익률은 결국 대출을 해 준 은행의 수익률, 즉 대출이자율을 의미한다.

④ (+)의 레버리지 효과는 '저당수익률 〈 총자본수익률 〈 지분수익률'일 때 나타나고, (-)의 레버리지 효과는 '저당수익률 〉 총자본수익률 〉 지분수익률'일 때 나타나며, 모두 같을 때는 중립적 레버리지 효과가 발생한다.

⑤ (+)의 레버리지 효과가 발생하는 경우에는 저당비율(대부비율)이나 부채비율이 클수록 지분수익률도 상승하지만, (-)의 레버리지 효과가 발생하는 경우에는 저당비율이 클수록 지분수익률은 하락한다. (-)의 레버리지 효과가 발생한다는 것은 결국 대출해 준 은행에게만 이익을 안겨주는 결과가 된다.

3. 레버리지 효과의 예시

① 총투자액 5억원으로 1년간 수익이 1억원 발생하는 사업에서 총투자액 중 2억원은 지분(자기자본)으로 하고 나머지 3억원은 이자율 10%로 대출을 받아 투자를 한 경우,

'지분수익률 = $\frac{\text{1억원} - (\text{3억원} \times 0.1)}{\text{2억원}}$ = 35%'이므로 총자본수익률 20%(= $\frac{\text{1억원}}{\text{5억원}}$)에 비해 15% 상승한다.

② 주택을 10억원에 매수하면서 5억원은 전세를 끼고 자기자본 5억원을 투자한다면, 집값이 오르든 내리든 지렛대 역할을 하는 전세금 5억원은 그대로이므로 전세금을 지렛대로 삼아 투자한 것이다. 1년 후 주택가격이 15억원이 된 경우,

'전세를 끼지 않고 내 돈만 들여 집을 샀을 경우의 수익률(총자본수익률 = 지분수익률)

= $\frac{\text{집값 상승분 5억원}}{\text{총투자자본(매수가격) 10억원}}$ = 50%'이지만,

'전세를 끼고 샀을 경우의 수익률(지분수익률) = $\frac{\text{집값 상승분 5억원}}{\text{자기자본 5억원}}$ = 100%'가 된다.

→ ∴+50%의 레버리지 효과 발생(전세금은 무이자이므로 이자로 빠져나가는 것도 없다.)

→ Gap 투자의 원리

③ 시세 20억원의 아파트를 지분 10억원에 저당대출 10억원을 더하여 사서 1년 후 25억원이 된 경우, 만약 대출이자율이 10%라면 '총자본수익률 = $\frac{\text{5억원}}{\text{20억원}}$ = 25%', '지분수익률 = $\frac{\text{5억원} - (\text{10억원} \times 0.1)}{\text{10억원}}$

= 40%'이므로 레버리지를 통해 지분수익률이 15% 증가한다.

→ (+)의 레버리지 효과

만약 대출이자율이 25%라면 '지분수익률 = $\frac{\text{5억원} - (\text{10억원} \times 0.25)}{\text{10억원}}$ = 25%'이므로 총자본수익률에서 조금도 증가하지 않는다.

→ (0)의 레버리지 효과(중립적)

만약 대출이자율이 50%라면 '지분수익률 = $\frac{5억원-(10억원\times0.5)}{10억원}$ = 0'이므로 오히려 레버리지를 통해 지분수익률이 -25% 하락한다.

→ (-)의 레버리지 효과

4. 레버리지 이용의 장점

① 지분수익률(자기자본수익률)을 높일 수 있다.

② 레버리지를 활용하여 적은 자기자본으로도 큰 부동산을 소유함으로써 부동산으로부터 발생하는 수익을 획득할 수 있다.

③ 자기자본은 한정되어 있으므로 타인자본을 끌어와서 분산투자를 함으로써 위험을 분산시킬 수 있다. 예를 들어 자기자본이 20억원일 때 시세 20억원의 부동산 1개를 사는 것보다 10억원씩 지분투자해서 서로 다른 지역에 시세 20억원의 부동산 2개를 사는 것이 위험을 분산시키는 방법이다.

④ 확정임대료를 내세운 분양형 호텔 등 분양광고, 갭 투자 등에 활용할 수 있다. → 자기자본을 최소화하고 저금리의 대출을 이용하면 지분수익률 급등

참고 | 인플레이션 헤지(Inflation Hedge)

인플레이션(물가상승)이 발생하면 화폐가치가 하락하므로 화폐(현금)의 소유자에게는 물가가 상승하는 만큼 화폐의 실질구매력을 상실하는 위험이 나타난다.

반면 화폐(현금)의 소유 대신에 금이나 부동산과 같은 실물에 투자한다면 인플레이션으로 인한 실질구매력 상실의 위험을 회피할 수 있는데, 이를 인플레이션 헤지라 한다.

| 표 1-1 | 인플레이션 발생 시 각 경제주체의 유·불리 여부

불리한 자	유리한 자
화폐(현금) 소유자(∵화폐가치↓)	실물자산 소유자(∵실물가치↑)
채권자(∵받을 원금과 이자의 명목금액은 불변) → 이러한 인플레이션 위험에 대비하기 위해 채권자는 요구수익률이나 이자율 산정 시 인플레이션율(물가상승률)을 반영하거나, 주기적으로 인플레이션을 반영할 수 있는 변동금리로 대출	채무자(∵갚을 원금과 이자의 명목금액은 불변) → 채무자의 채무상환부담 감소

3 부동산 투자결정 시 고려사항과 주요 변수

1) 투자 시 고려사항

① 투자 시 기본적으로 안전성(Security), 환금성(Liquidity), 그리고 수익성(Productivity)을 고려해야 한다.

투자대상 자산을 부동산 · 주식 · 예금으로 3분할 때 일반적으로 부동산은 안전성이 높고 환금성이 낮은 반면, 주식은 수익성이 높지만 안전성이 낮은 것으로, 그리고 예금은 안전성이 최대이며 환금성이 높지만 수익성이 낮은 것으로 평가된다.

② 시장을 분석하여 경기순환과정 중 회복단계로 접어들기 전의 저점에서 투자하는 등 적정한 투자시기를 선택해야 한다. 만약 상승단계의 정점에서 투자한다면 손실을 볼 수 있다.

③ 법률적 · 기술적 · 경제적 분석을 통해 원금손실의 위험성을 판단하고, 투자 시 안전성을 고려해야 한다. 이를 위한 법률적 분석을 권리분석이라 한다.

④ 부동산은 다른 자산에 비해 환금이 쉽지 않고 환금과정에서 가치의 손실위험이 있으므로 투자 시 환금성을 고려해야 한다. 비교적 환금이 쉬운 중소형 아파트 거래가 활발한 것도 이 때문이다. 투자 시부터 환금성을 고려한 출구(EXIT) 전략이 필요하다.

⑤ 정기적인 수익창출능력이나 장기적인 자산가치 상승의 기대여부 등 수익성을 고려해야 한다. 또한 향후 디플레이션이 발생하여 자산가치가 하락할 것인지도 살펴보아야 하고, 유난히 감가가 심한 투자대상은 피해야 한다.

⑥ 부동산은 부동성 · 고정성의 특징이 있으므로 입지와 접근성을 중요하게 고려해야 한다.

⑦ 그 밖에 세금부담과 세제혜택을 고려해야 하고, 투자자의 경영관리 능력도 검토해야 한다.

2) 주요 변수

① 시장예측을 통해 적정한 투자시기와 함께 적정 보유기간(출구전략)을 결정한다.

② 현재 구입 가능한 가격(시장가치)이 얼마인지 확인하고, 레버리지의 구성비율, 대출이자율을 결정한다.

③ 보유기간 동안의 소득이득(Income Gain)을 예측한다. 소득이득을 산정하기 위해 공실률, 영업경비, 원리금상환액, 영업소득세 등을 예측하여 매년의 세후현금흐름(ATCF)을 결정한다.

④ 기간 말의 자본이득(Capital Gain)을 예측한다. 자본이득을 산정하기 위해 보유기간

동안의 자산가치 상승률을 반영하여 기간 말 처분가격을 예측한다. 이를 통해 세후지분복귀액(ATER)을 결정한다.

⑤ 이와 같은 수익들은 현재가 아닌 미래가치이므로 이를 적절한 할인율로 할인하여 현재가치로 바꿔줘야 한다. 이때 투자의 위험을 측정하여 할인율에 반영한다.[6)]

⑥ 이를 통해 투자의 순현재가치(NPV)를 구할 수 있고, 투자타당성 여부를 판단할 수 있다.

⑦ 이를 통해 연간 투자수익률(내부수익률, IRR)을 구할 수 있고, 투자자의 요구수익률이나 다른 투자대상의 수익률과 비교하여 투자타당성 여부를 판단할 수도 있다.

제2절 부동산 투자분석을 위한 재무적 도구

1 화폐의 시간가치(Time Value of Money)

1) 현재가치(PV)와 미래가치(FV)

현재의 1원이 미래의 1원보다 더 큰 가치를 갖는다. 그 이유로는 일단 ① 현재의 1원이 미래의 1원에 비해 위험성이 없고, ② 일반적으로 시간이 지나면 물가가 상승함에 따라 현재의 1원으로 미래의 1원보다 더 많은 재화와 서비스를 구매할 수 있으며, ③ 현재의 1원을 투자함으로써 미래에 더 큰 수익을 창출할 수 있는 기회가 있다는 점 등이 꼽힌다.

현재의 1원과 동등한 가치를 갖는 미래시점의 금액(미래가치)은 원금과 이자를 더해 주면 된다. 이를 할증이라 한다. 반면 미래의 1원과 동등한 가치를 갖는 현재시점의 금액(현재가치)은 미래가치에서 이자만큼 빼주면 된다. 이를 할인이라 한다.

이때 할증과 할인의 폭은 적용되는 이자율에 따라 결정되는데, 이를 각각 할증률과 할인율이라고 하며 이자율이라는 점에서 본질적으로 같다.[7)] 결국 이자율은 현재와 미래 사이의 자원배분 문제를 결정하는 것이고, 할인율 등 이자율 산정에도 역시 위험 프리미엄이 반영된다.

---

6) 할인율은 요구수익률, 이자율 등과 마찬가지로 무위험수익률과 위험 프리미엄 등으로 구성된다. 따라서 위험이 커질수록 할인율도 커지고, 할인율이 커질수록 현재가치는 작아진다.
7) 할증과 할인은 발생이자를 재투자하는 것을 전제로 한 복리계산방식으로 행한다.

현재의 확실한 지출과 미래의 불확실한 수익을 비교하여 후자가 전자보다 클 경우에 투자를 하게 된다. 화폐의 시간가치 개념으로 인해 서로 다른 시점에 발생하는 양자의 현금흐름을 비교하기 위해서는 양자의 시간가치를 현재 시점으로 맞춰줘야 한다.

이때 현재와 미래 양 시점 간의 시차를 반영한 ① 기간과, 위험을 반영한 ② 이자율(할인율)이 주요 변수가 된다. 즉 미래가치를 현재가치로 바꾸는 데 있어서 기간이 길수록[8] 현재가치는 작아지고, 위험이 클수록[9] 이자율(할인율)도 상승하여 현재가치가 작아진다.

2) 미래가치의 계산

(1) 일시불의 미래가치(FV; Future Value)

현재의 일시불을 미래의 일시불로 환산(할증)한 금액이고, 이를 환산하는 계수를 일시불의 미래가치계수(FVIF)라 한다. 이는 일시불의 현재가치계수(PVIF)와 역수관계이다.

복리의 정기예금 계산식과 같고, 연간 지가상승률을 적용하여 과거의 지가가 현재 얼마가 되었는지, 연간 건축비상승률을 적용하여 과거의 건축비를 기준으로 현재에는 얼마 정도 들 것인지 등을 계산하는 데 활용된다.

- $FV = PV \times (1 + r)^n$ (r: 이자율, n: 기간)

이 책에서 서술되는 복리계산 방식들은 1년에 한 번씩만 복리로 계산되는 경우(연 복리)를 전제로 한다. 그러나 현실에서 많은 저축성예금, 채권, 투자 및 대출상품들은 월 · 분기 · 반기 등 다양한 기간 단위로 복리 지급되는 방식으로 이루어진다. 특히 부동산 담보대출의 경우 거의 대부분이 월 복리 방식을 채택하고 있다.

이때 연 복리가 아닌 다른 복리기간들의 경우에는 공식에서 이자율(r)을 연간 이자율이 아닌 연 이자율을 1년 내의 원하는 복리기간의 수로 나눈 값으로 적용하고, 기간 수(n)를 연 수가 아닌 연 수에 1년 내의 원하는 복리기간의 수를 곱한 값으로 적용하면 된다.

예를 들어 연 이자율을 i, 연 수를 y, 그리고 1년 내의 복리가 발생하는 기간의 수를 m이라고 한다면 미래가치는 다음과 같이 구할 수 있다.

- $FV = PV \times (1 + \frac{i}{m})^{y \cdot m}$

---

8) 수익이 발생할 때까지의 기간이 길수록 시차보상↑

9) 위험이 클수록 위험보상↑

만약 현재가치가 10,000원, 연 이자율 6%일 때 월 복리(m = 12)로 1년 후의 미래가치를 계산하면 '10,000원 × $(1+\frac{0.06}{12})^{1\cdot 12}$ = 10,616.78원'이 된다. 연 복리(m = 1)로 계산하면 1년 후에 10,600원이 되지만, 월 복리로 계산하면 그보다 많은 10,616.78원이 되는 것이다.

이를 통해 예금이나 투자의 유효연수익률(EAY; Effective Annual Yield)을 계산할 수 있다. 10,000원을 연초에 예금하고 모든 원리금을 연말에 인출한다고 가정하면, 월 복리로 계산된 예금(투자상품)의 유효연수익률(EAY)은 다음과 같다.

- $EAY = \frac{FV - PV}{PV} = \frac{10{,}616.78 - 10{,}000}{10{,}000} = 6.1678\%$

같은 예금(투자상품)을 연 복리로 계산해 보면 '$EAY = \frac{10{,}600 - 10{,}000}{10{,}000} = 6\%$'로 명목 연 이자율과 같다. 즉 월 복리로 계산할 때의 유효연수익률(EAY)이 연 복리로 계산할 때보다 더 높다. 양쪽 모두 같은 명목 연 이자율(6%)로 복리계산되고 있지만 월 복리는 월 이자율(6%/12)로 1년에 12번 복리로 계산되는 반면, 연 복리는 연말에 연 이자율(6%)로 단 한 번 복리로 계산되기 때문이다.

이를 통해 제시되는 연간 이자율이 같더라도 1년내에 복리계산이 더 많이 일어나는 예금이나 투자안이 더 높은 유효연수익률(EAY)을 갖게 됨을 알 수 있다.[10] 만약 현재가치 10,000원, 연 이자율 6%인 예금(투자상품)을 일 복리로 지급받는다면 1년 후의 미래가치는 '10,000원 × $(1+\frac{0.06}{365})^{1\cdot 365}$=10,618.31원'이 되고, 유효연수익률(EAY)은 6.1831%로 더 높아진다. 예금 · 투자의 기간이 2년이나 3년으로 늘어날수록 연 복리와의 차이는 더 커질 것이다.

일반적으로 이자율이라는 용어는 명목 연 이자율을 의미하지만, 2개 이상의 서로 다른 복리기간(Compounding Intervals)을 갖는 예금이나 투자상품을 비교하는 데 있어서는 명목이자율을 비교의 척도로 사용해서는 안 되고 반드시 유효연수익률(EAY)을 척도로 사용해야 한다.

(2) 연금의 미래가치(FVA; Future Value of an Annuity)

일정한 매 기간마다 일정 금액을 적립하는 것을 연금이라 하는데, 연금의 미래가치란 이를 일정 기간 적립했을 때 기간 말에 달성되는 누적액을 의미한다. 이렇게 연금을 미래의 일시불로

---

10) 만약 복리기간이 반년 단위라면 공식에서 m=2, 분기 단위라면 m=4, 일 단위라면 m=365를 대입하면 된다.

환산(할증)하는 계수를 연금의 미래가치계수(FVIFA)라 하고, 이는 감채기금계수(상환기금계수)와 역수관계이다.

매 기간 일정액씩 적립하는 정기적금 만료 시 탈 금액(원리금 합계액)을 계산하는 데 활용된다.

- $FVA = A \times \frac{(1+r)^n - 1}{r}$ (A: 연금액)

(3) 감채기금계수(SFF; Sinking Fund Factor)

장래에 원하는 금액을 모으기 위해 매 기간마다 적립해야 할 금액을 구하는 것이다. 이는 장래에 원하는 금액을 연금의 미래가치(FVA)로 놓고 매 기간 적립할 연금액(A)을 구하는 것이다. 이렇게 미래의 일시불을 연금으로 환산하는 감채기금계수는 연금의 미래가치계수(FVIFA)와 역수관계이다.

미래 일정액을 타기 위한 정기적금에 있어서 매 기간 적립액을 계산하는 데 활용된다.

- $A = FVA \times \frac{r}{(1+r)^n - 1}$

3) 현재가치의 계산

(1) 일시불의 현재가치(PV; Present Value)

미래의 일시불을 현재의 일시불로 환산(할인)한 금액이고, 이를 환산하는 계수를 일시불의 현재가치계수(PVIF)라 한다. 이는 일시불의 미래가치계수(FVIF)와 역수관계이다.

부동산의 투자나 감정평가에서 미래의 현금흐름이나 가치를 현재의 시점으로 할인할 때 활용된다.

- $PV = FV \times \frac{1}{(1+r)^n}$

(2) 연금의 현재가치(PVA; Present Value of an Annuity)

일정한 기간 동안 정기적으로 일정 금액을 지급받는 것을 연금이라 하는데, 연금의 현재가치란 이렇게 장래에 발생할 현금흐름들을 현재 시점의 가치로 환산한 금액을 의미한다. 연금을 현재의 일시불로 환산(할인)하는 계수를 연금의 현재가치계수(PVIFA)라 하고, 이는 저당상수와 역수관계이다.

연금의 현재가치계수는 연금보험의 현재가치 계산[11], DTI를 통한 대출액 계산, 저당잔고(미상환 대출잔액, Mortgage Balance) 계산, LTV 산정 시 필요한 Loan(대출액) 계산 등에 활용된다. 일정 기간 동안 매 기간 일정액이 나가는 원리금상환액(저당지불액)의 현재가치를 계산하여 현재의 대출액을 산정하는 것이다.[12] 그리고 장래 정기적으로 일정 수익이 발생하는 자산의 현재 투자가치를 계산하는 것 등에도 활용된다.

$$\bullet\ \text{PVA} = \text{A} \times \frac{1 - \frac{1}{(1+r)^n}}{r}$$

잔금비율은 저당대출액(총 차입액) 중 특정 시점에 미상환된 원금(잔금)이 차지하는 비율을 뜻한다. 원리금균등분할상환 방식에서는 '잔금비율 $= \frac{\text{특정 시점의 잔금}}{\text{총 대출액}} = \frac{\text{원리금상환액} \times \text{연금 현가계수}(r, \text{잔여기간})}{\text{원리금상환액} \times \text{연금 현가계수}(r, \text{전체기간})} = \frac{\text{연금 현가계수}(r, \text{잔여기간})}{\text{연금 현가계수}(r, \text{전체기간})}$'이다.

상환비율은 저당대출액 중 특정 시점까지 상환된 원금이 차지하는 비율을 뜻한다. 역시 원리금균등분할상환 방식에서는 '상환비율 $= \frac{\text{특정 시점까지 상환원금}}{\text{총 대출액}} = \frac{\text{원리금상환액} \times \text{연금 현가계수}(r, \text{경과기간})}{\text{원리금상환액} \times \text{연금 현가계수}(r, \text{전체기간})} = \frac{\text{연금 현가계수}(r, \text{경과기간})}{\text{연금 현가계수}(r, \text{전체기간})}$'이다.

(3) 저당상수(MC; Mortgage Constant) → 연부상환율

원리금균등분할상환 방식으로 대출 시 매 기간마다 갚아나갈 원리금 합계액을 구하는 계수로서 결국 저당상수는 $\frac{\text{매기당 저당지불액(원리금상환액)}}{\text{저당대출액}}$이다. 따라서 '매기당 저당지불액 = 연금의 현재가치(저당대출액) × 저당상수(r%, n년)'로 구할 수 있다. 즉 저당상수는 현재의 일시불을 연금(원리금상환액)으로 환산하는 계수이다. 이는 연금의 현재가치계수와 역수관계이다.

저당상수는 원리금균등분할상환 방식의 대출 시 매기당 원리금상환액의 계산, DTI에서 매기당 불입액의 계산, 부채감당률(DCR)에서 매기당 불입액의 계산, 영업의 현금흐름에서 부채서비스액(Debt Service)의 계산 등에 활용된다.[13]

---

11) 일정 기간 매달 또는 매년 일정액이 들어오는 연금보험을 현재 일시불로 얼마 주고 살 것인가
12) 원리금균등분할상환 방식을 전제
13) 이때 매기당 불입액, 원리금(균등분할)상환액, 부채서비스액은 모두 같은 의미이다.

• $A = PVA \times \dfrac{r}{1-\dfrac{1}{(1+r)^n}}$

원리금균등분할상환 방식은 ① 부채서비스액(원리금상환액)이 대출만기 때까지 일정하고, ② 대출만기에 대출잔금이 0이 되며, 시간이 흐름에 따라 ③ 매기당 이자지급액은 감소[14]하는 반면, ④ 매기당 원금상환액은 증가[15]하는 특징이 있다.

예를 들어 대출금 1억원을 연 10%의 이자율, 10년 만기로 매년 연부상환(원리금균등분할상환) 조건으로 대출을 받을 경우, 일단 '매년의 원리금상환액(연금)=1억원×저당상수(10%,10년)=A'로 구할 수 있다. 이는 매년의 원금상환액과 이자지급액을 합한 금액이다.

이때 '6년차 말의 대출잔금=원리금상환액 A×연금 현가계수(10%,4년)'이고, 여기에서 4년은 대출만기까지 남은 기간을 의미한다. 만약 6년차 말까지의 원금상환액을 구하고자 한다면 처음 대출원금에서 이렇게 구한 6년차 말의 대출잔금을 빼주면 될 것이다.

2 현금흐름(Cash Flow)의 계산

부동산 투자분석에서 우선 중요한 것은 보유기간 동안과 처분 시에 각각 예상되는 수익과 비용을 정확히 추계하여 투자로부터 발생하는 미래 현금흐름을 예측하는 것이다.

부동산 투자로부터 발생하는 수익은 보유기간 동안 정기적으로 생기는 ① 소득이득(Income Gain)과, 기간 말 처분 시에 생기는 ② 자본이득(Capital Gain)으로 구분된다. 대상 부동산과 시장에 관한 과거와 현재의 자료들을 분석하여 이러한 수익들을 예측한다.

보유기간 동안 지출되는 비용을 감안한 소득이득 관련 현금흐름을 ① 영업의 현금흐름이라 하고, 처분 시 지출되는 비용을 감안한 자본이득 관련 현금흐름을 ② 매각의 현금흐름이라 한다. 양자 모두 저당투자자(대출자)가 아닌 지분투자자에게 얼마가 귀속되는지를 측정하는 개념이다.

1) 영업의 현금흐름(보유단계)

(1) 가능조(총)소득(PGI; Potential Gross Income)

14) 원금을 일부씩 계속 갚아나가므로 시간이 흐를수록 원금 자체가 줄어들고, 이에 따라 이자지급액도 줄어든다.
15) 원리금상환액이 매기당 일정한 상태에서 이자지급액이 줄어들면 그만큼 원금상환액은 늘어난다.

대상 부동산의 임대공간이 모두 임대되었을 때 얻을 수 있는 최대한의 총소득이다. 현실적으로는 공실 등이 발생하게 되므로 이는 실현가능하다기보다는 잠재적인 소득에 불과하다. 따라서 잠재조소득 또는 잠재총소득이라고도 한다.

- PGI = 연간 예상임대료 × 임대단위 수

(2) 유효조(총)소득(EGI; Effective Gross Income)

현실적으로 실현가능한 총소득이다. 가능조소득의 일정 비율을 공실률이나 충당금으로 공제하고, 임대료 외의 기타 소득은 추가한다. 충당금은 주로 임대료 회수불능으로 인한 손실액에 대한 것이다. 기타 소득은 영업외 수입이라고도 하며, 예를 들어 주차장 수입, 유료세탁기나 자판기 수입, 옥상광고탑 수입 등이 있다.

- EGI = PGI - 공실 및 불량부채에 대한 충당금 + 기타 소득

(3) 순영업소득(순운영소득, NOI; Net Operating Income)

총소득에서 여러 가지 영업경비를 뺀 순소득이다. 영업경비(OE; Operating Expenses)에는 유지비, 수리비, 관리비, 수수료, 재산세, 보험료, 광고비, 전기세, 전화료 등 운영에 직접적으로 소요되는 비용들이 포함된다. 재산세, 화재보험료, 관리직원 급여 등은 고정비용에 해당하고 수도광열비, 청소비 등은 변동비용(가변비용)에 해당한다.

반면 운영과 직접 관련이 없는 빌딩 소유자에게 지급되는 배당금, 활동비 등은 영업경비에 포함되지 않는다. 또한 공실 및 불량부채액은 이미 유효조소득을 계산할 때 공제된 것이므로 영업경비에는 포함되지 않는다.

건물 자체에 대한 감가상각비도 실제로 현금이 나가는 것은 아니므로 현금주의 회계에 따른 현금흐름 계산에서는 영업경비에 포함되지 않는다. 즉 현금주의 회계에 따르면 실제 현금이 지출된 경우에만 영업경비로 본다.

반면 영업소득세 등 세금 계산은 발생주의 회계에 따르므로 실제 현금이 지출되지는 않았지만 해당 연도에 비용이 발생한 것으로 보는 감가상각비를 고려한다. 즉 세금을 계산할 때에는 감가상각비가 영업경비에 포함된다. 따라서 감가상각비는 현금흐름과는 무관하지만 과세소득에는 영향을 준다.[16]

---

16) 세금계산 시 감가상각비가 비용으로 처리됨으로써 과세소득이 낮아지고 소득세는 줄어든다.

한편 재산세는 영업경비에 포함되지만, 영업소득세나 자본이득세는 영업경비에 포함되지 않고 세후 현금흐름이나 세후 지분복귀액을 구할 때 차감된다. 또한 취득세는 영업경비에 포함되지 않고 초기 투자비용(취득가격)에 포함된다. 따라서 취득세는 취득원가에 포함되어 처분 시 자본이득세(양도소득세)를 낮추는 효과가 있다.

감정평가 시 수익환원법으로 부동산의 가치를 구할 때에는 순영업소득을 기준으로 한다. 즉 순영업소득을 환원이율로 나누어 부동산의 가치를 구한다(직접환원법).

- NOI = EGI - OE

(4) 세전 현금흐름(BTCF; Before Tax Cash Flow)

순영업소득에서 저당투자자(대출자) 몫인 원리금상환액을 빼고 지분투자자만의 몫(지분소득, 지분배당)을 구한 것이다. 저당대출에 대한 매 기간의 원리금상환액을 부채서비스액(DS; Debt Service) 또는 저당지불액(Mortgage Payment)이라 부르며, 이를 저당투자자의 몫이라 해서 저당소득이라고도 한다.

원금만기상환 방식에서는 매기마다 이자만 지불하므로 이자지급액만 부채서비스액에 해당하지만, 원금균등분할이나 원리금균등분할상환 방식에서는 매기에 이자뿐 아니라 원금의 일부도 상환하므로 원금상환액과 이자지급액이 모두 부채서비스액에 해당한다.

특히 원리금균등분할상환 방식에서 '매기당 부채서비스액=대출액×저당상수'이다.

- BTCF = NOI - DS

(5) 세후 현금흐름(ATCF; After Tax Cash Flow)

세전 현금흐름에서 영업소득세를 뺀 세후 소득이다. 영업소득세란 개인의 경우 종합소득세, 법인의 경우 법인세를 의미한다. 영업소득세는 다음과 같이 계산한다.

- 순영업소득 + 대체충당금 - 이자지급액 - 감가상각비 = 과세소득(과세표준)
- 과세소득 × 세율 = 영업소득세

이와 같이 과세소득을 구할 때 차감되는 비용(필요제경비)에는 감가상각비가 포함되고, 원리금상환액 중 이자지급액만 포함된다(원금상환액은 불포함). 세금 계산 시에는 현금주의가 아닌 발생주의 회계가 적용되기 때문이다.

대체충당금이란 엘리베이터 등 주요 설비가 건물보다 내용연수가 짧은 경우 그 대체를 위해 미리 모아 놓는 금액을 말하고, 예를 들어 공동주택관리에서 특별수선충당금이 이에 해당한다. 과세소득을 구할 때 대체충당금은 순영업소득에 더해 주어야 한다.

부동산 투자자는 보통 다른 소득이 있고 영업소득은 불확실한 미래에 발생하는 소득이므로, 투자분석에 있어서 영업소득세를 계산할 때에는 누진세율 중 가장 높은 한계세율을 적용하는 것이 일반적이다. 즉 세후 현금흐름을 가능한 낮게, 보수적으로 추산한다.

- ATCF = BTCF – 영업소득세

2) 매각의 현금흐름(처분단계)

처분 시 지분투자자에게 돌아가는 지분복귀액(Equity Reversion)의 현금흐름을 의미하고, 자본현금흐름이라고도 한다. 영업 현금흐름과 마찬가지로 현금주의 회계에 따라 계산하지만, 매 기간 계산해야 하는 영업 현금흐름과 달리 최종 연도에 1회 계산한다는 데 특징이 있다.

(1) 매도가격(SP; Sales Price)

보유기간 말 처분 시점에 예상되는 매도가격을 추정한다. ① 보유기간 마지막 연도의 다음해 순영업소득을 환원이율로 환원하여 계산하는 방법(직접환원법)과, ② 향후 예측되는 연간 자산가격상승률을 적용하여 계산하는 방법[17] 등이 있다.

(2) 순매도가격(NSP; Net Sales Price)

매도가격에서 매도경비를 뺀 값이다. 매도경비에는 부동산을 처분할 때 발생하는 중개수수료나 법적 수수료, 공매 시 공매 공고료 등이 포함된다.

여기까지는 영업 현금흐름에서의 순영업소득과 마찬가지로 총 투자자의 몫이다.

- NSP = SP – 매도경비

---

17) 'FV=PV×$(1+r)^n$' 공식을 활용한다.

(3) 세전 지분복귀액(BTER; Before Tax Equity Reversion) 또는 세전 매각현금흐름

순매도가격에서 처분 시점의 미상환저당잔금(MB; Mortgage Balance)을 뺀 값이다. 미상환저당잔금은 대출자(저당투자자)의 몫이므로 세전 지분복귀액부터가 지분투자자에게 돌아가는 몫이 된다.

원리금균등분할상환 방식의 경우 연금의 현재가치계수를 활용하여 처분 시점의 미상환저당잔금을 구할 수 있다.

- MB = 매기당 저당지불액(원리금상환액) × 연금 현가계수(r, 남은 기간)[18]

그 밖에 임대보증금이 있을 경우 이 역시 미상환저당잔금에 포함된다.

- BTER = NSP − MB

(4) 세후 지분복귀액(ATER; After Tax Equity Reversion) 또는 세후 매각현금흐름

세전 지분복귀액에서 자본이득세를 뺀 값이다. 부동산 처분 시 세금을 내고 난 후에 지분투자자에게 돌아오는 최종적인 몫이다. 자본이득세는 개인의 경우 양도소득세, 법인의 경우 법인세이다. 자본이득세는 다음과 같이 계산한다.

① 먼저 '매도가격−취득원가(매수가격)=자본차익'을 구한다. 이때 취득원가에는 취득세가 포함되며, 투자기간 중 증·개축 등 자본적 지출을 한 경우 그 자본적 지출액도 포함된다.

② 이러한 자본차익은 감가상각이 반영되지 않은 것이므로 이를 반영하여 '자본차익+감가상각누계액=조정 자본차익'을 구한다. '조정 자본차익=매도가격−잔존가치'인데, '잔존가치=매수가격−감가상각누계액'이므로 결국 '조정 자본차익=매도가격−매수가격+감가상각누계액'인 것이다.

③ '자본이득세의 과세표준=조정 자본차익−매도비용'이고, 결국 '자본이득세=과세표준×세율'이다. 이때의 세율도 누진세율 중 가장 높은 한계세율을 적용한다.

- ATER = BTER − 자본이득세

---

18) 연금의 현가계수와 저당상수는 서로 역수의 관계이므로, 만약 문제에서 연금의 현가계수 대신에 저당상수가 주어졌다면 $\frac{1}{\text{저당상수}}$을 구하여 이를 연금의 현가계수로 활용할 수 있다.

제3절 부동산 투자의 타당성 분석 기법

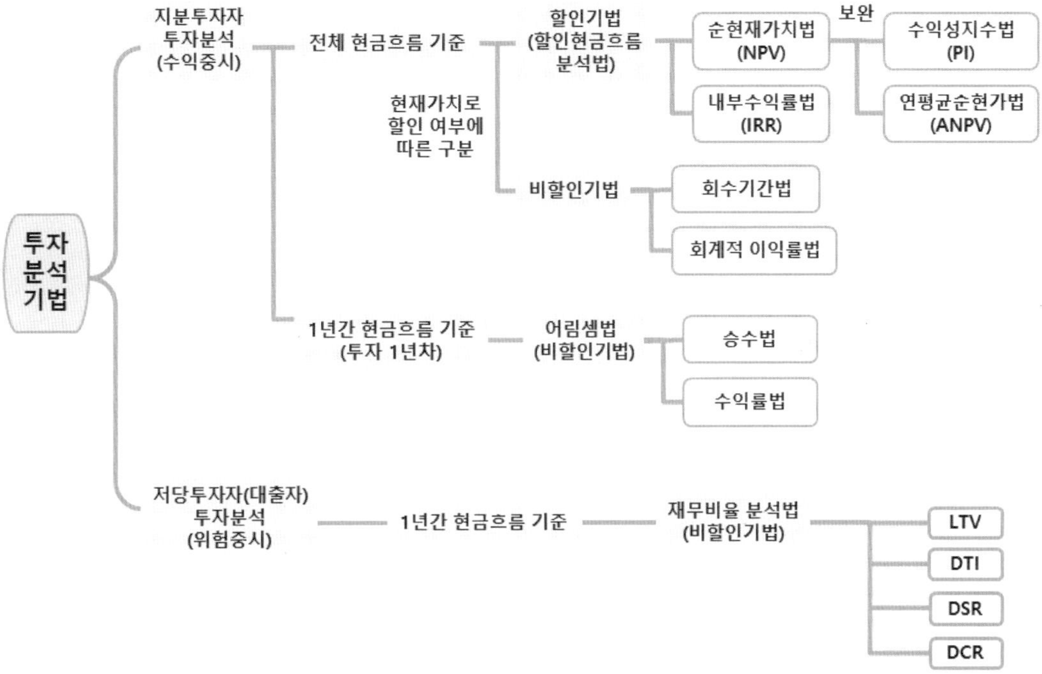

〈그림 1-1〉 부동산 투자분석을 위한 다양한 기법들

자료: 유주연 · 윤동건 · 최우석 · 손재영, 『알기 쉬운 부동산학 원론』, 건국대학교출판부, 2022

1 할인현금흐름(수지)분석법(DCF법; Discounted Cash Flow Method)

할인현금흐름분석법이란 부동산 투자로부터 미래 예상되는 현금유입과 현금유출을 적정한 할인율(요구수익률)을 적용하여 현재가치로 할인하고, 이를 비교함으로써 투자의 타당성 여부를 판단하는 방법이다. 현금유입은 미래가치(FV)이므로 당연히 현재가치로 할인해야 하고, 현금유출은 보통 투자시점 현재에 지출되는 현재가치(PV)이므로 할인할 필요가 없지만 투자 이후에도 미래 예상되는 자본적 지출이 있다면 이 역시 현재가치로 할인해야 한다. 투자로부터 발생하는 수익은 세금까지 다 낸 후에 최종적으로 지분투자자에게 들어오는 세후 현금흐름을 기준으로 측정한다.

할인현금흐름분석법은 투자 첫해뿐만 아니라 ① 여러 해의 전체 현금흐름을 고려하고, ② 소득이득과 자본이득을 모두 고려하며, 비할인기법과 달리 ③ 화폐의 시간가치를 고려한다[19]는 점에서 타당성이 높다. 할인현금흐름분석법에는 순현재가치법(NPV법)과 내부수익률법(IRR법)이 있고, 순현재가치법을 보완하는 기법으로 수익성지수법(PI법)과 연평균순현가법(ANPV법)이 있다.

이러한 기법들을 적용하기 위해서는 공통적으로 다음과 같은 절차를 거친다.

① 투자로부터 예상되는 현금흐름(수입과 지출)을 추계한다.[20]

② 예상되는 현금흐름의 위험을 평가한다.[21]

③ 평가된 위험을 반영하여 적정한 할인율(요구수익률)을 결정한다.[22]

④ 결정된 할인율을 적용하여 미래의 현금흐름을 현재가치로 할인한다.[23]

⑤ NPV, IRR 등을 적용하여 투자의 타당성 여부를 판단한다.

1) 순현재가치법(NPV법; Net Present Value Method)

(1) 순현재가치의 계산

순현재가치란 부동산 투자로부터 예상되는 미래 현금유입의 현재가치 합계에서 현금유출(지분투자비용)의 현재가치 합계를 뺀(현재가치를 기준으로 한) 순수익을 의미한다. 이때의 현금유입은 보유기간 동안 기대되는 영업 현금흐름과 보유기간 말 기대되는 매각 현금흐름을 포함하는 것이다. 따라서 임대료 수입, 매각차익 등에서 여러 비용지출을 제외한 순수입이고 세후소득으로 산정한다.

그리고 현금유출은 투자 현재 시점의 초기 지분투자비용[24]을 의미하므로 할인할 필요는 없지만, 구입한 이후에도 증·개축 등 자본적 지출(추가 지분투자)이 예상된다면 이를 현재가치로 할인할 필요가 있다. 현금유입과 현금유출의 현재가치는 위험을 고려한 투자자의 요구수익률을 할인율로 적용하여 결정한다. 이때 화폐의 시간가치 중 일시불의 현재가치계수($\frac{1}{(1+r)^n}$)를 활용한다.

---

19) 즉 할인을 한다.

20) 이는 앞에서 살펴본 영업의 현금흐름과 매각의 현금흐름 계산식을 활용한다. 투자대상 부동산과 시장상황에 대한 과거와 현재의 자료, 그리고 비교부동산의 시장자료 등을 토대로 미래의 현금흐름을 예측한다.

21) 이때의 위험은 투자대상 자체의 위험과 시장변동 위험을 포함한다. 따라서 위험 역시 대상부동산, 비교부동산, 시장상황 등의 자료를 종합적으로 분석하여 평가한다.

22) 할인율은 위험 프리미엄을 포함하므로 위험이 클수록 할인율도 커진다.

23) 할인율이 클수록 현재가치는 작아진다. 즉 할인의 폭이 커진다.

24) 부동산 구입가격 중 지분투자액

• 순현재가치 = (보유기간 동안 예상되는 매년의 세후 영업현금흐름의 현재가치 합) + (보유기간 말 처분 시 예상되는 세후 지분복귀액의 현재가치) – 지분투자액

• $NPV = -EQ + \sum_{1}^{n} \frac{ATCF_n}{(1+k)^n} + \frac{ATER}{(1+k)^n}$

(EQ: 지분투자액, ATCF: 세후 현금흐름, ATER: 세후 지분복귀액, k: 요구수익률)

(2) 순현재가치법에 따른 투자 타당성 판단

요구수익률로 할인한 것이므로 이렇게 구한 순현재가치가 (+)라는 것은 당해 투자가 투자자의 요구수익률을 만족하고도 남는 것이 있다는 의미이고, (–)라는 것은 당해 투자가 요구수익률에도 못 미친다는 의미이다. 이와 같이 순현재가치가 0보다 큰지 작은지를 기준으로 투자의 타당성 여부를 판단하는 기법을 순현재가치법(NPV법)이라 한다.

순현재가치는 결국 미래의 현금흐름을 현재 시점으로 할인한 투자가치에서 현재의 시장가치(구입가격)를 뺀 것이므로, 순현재가치가 0보다 크다는 것은 '투자가치(주관적) 〉 시장가치(객관적)'를 의미하고 동 투자안을 채택하는 것이 타당하다. 이는 투자의 객관적인 기대수익률이 투자자의 주관적인 요구수익률보다 높다는 뜻이다.

반면 순현재가치가 0보다 작다는 것은 '투자가치(주관적) 〈 시장가치(객관적)'를 의미하고 동 투자안을 채택하지 않아야 한다. 이는 투자의 객관적인 기대수익률이 투자자의 주관적인 요구수익률보다 낮다는 뜻이다.

하나의 투자안만 분석하는 경우[25]에는 순현재가치가 (+)이면 투자를 하고 (–)이면 투자를 하지 않으면 되지만, 2개 이상의 투자대안을 분석하여 그중 우월한 대안을 선택하는 경우[26]에는 순현재가치가 (+)인 것들 중 순현재가치가 가장 큰 대안을 선택해야 한다.

(3) 순현재가치법의 장단점

순현재가치법은 다른 할인현금흐름분석법들과 마찬가지로 ① 전체 현금흐름과 화폐의 시간가치를 고려한다는 점에서 장점이 있고, ② 이윤을 극대화할 수 있는 투자안을 채택할 수 있으며, ③ 가치의 가산원칙을 따른다는 등의 장점이 있다. 반면 ① 초기 투자비용이 서로 다른 투자대안을 비교하기 곤란하고, ② 순현재가치만으로는 기간에 따른 투자 위험을 측정하기가 곤란하다는

25) 투자안이 상호독립적인 경우
26) 투자안이 상호배타적인 경우

등의 단점이 있다.

예를 들어 1억원을 투자해서 NPV=1,000만원인 A안과 10억원을 투자해서 NPV=1,100만원인 B안이 있을 때, 단순한 순현재가치법에 따르면 B안을 선택하게 될 우려가 있다. 또한 결과치로서 NPV가 똑같은 투자안이라도 투자기간이 5년인 경우와 10년인 경우는 분명히 차이가 있는데, 단순한 순현재가치법에 따르면 이를 구별하지 않으므로 문제가 있다는 것이다.

전자의 단점을 보완하는 것이 수익성지수법(PI법), 후자의 단점을 보완하는 것이 연평균순현가법(ANPV법)이다.

2) 수익성지수법(PI법; Profitability Index Method)

수익성지수는 투자로부터 예상되는 현금유입의 현재가치를 현금유출의 현재가치로 나눈 값으로, 편익비용비율(Benefit Cost Ratio 또는 B/C Ratio)이라고도 한다. 투자안의 상대적 수익성을 나타낸다.

- 수익성지수(PI) = $\frac{\text{예상되는 현금유입의 현재가치}}{\text{예상되는 현금유출의 현재가치}}$

수익성지수법은 이러한 수익성지수를 통해 투자의 타당성 여부를 판단하는 기법이다. 이에 따르면 상호독립적인 투자안의 경우[27] PI가 1보다 크면 투자안을 채택하고 1보다 작으면 투자안을 기각하며, 상호배타적인 투자안의 경우[28] PI가 1보다 큰 투자안들 중에서 PI가 가장 큰 투자안을 채택한다. 'PI≧1'이라는 것은 결국 'NPV≧0', 'IRR≧요구수익률'과 각각 같은 의미이다.

다만 여러 투자대안들이 있고 각각에 소요되는 투자액이 서로 다른 경우 수익성지수법은 NPV법과 달리 투자규모를 표준화할 수 있으므로 투자액이 서로 다른 대안들을 비교하기 쉽다는 점에서 NPV법을 보완하는 지표로서의 의미가 있다. 예를 들어 1억원을 투자해서 NPV=1,000만원인 A안과 10억원을 투자해서 NPV=1,100만원인 B안이 있을 때, 각각의 수익성지수를 계산해 보면 'A안의 PI=$\frac{\text{1억1천만원}}{\text{1억원}}$ 〉 B안의 PI=$\frac{\text{10억1,100만원}}{\text{10억원}}$'이므로 수익성지수법에 따르면 A안을 선택하는 것이 타당하다.

27) 하나의 투자안만을 대상으로 분석하는 경우
28) 2개 이상의 투자대안을 비교, 분석하여 그중 우월한 대안을 선택하는 경우

3) 연평균순현가법(ANPV법; Annual Net Present Value Method)

연평균순현가란 투자를 통해 예상되는 순현재가치를 한계자본비용(요구수익률)으로 투자기간 동안 재투자했을 때 받을 수 있는 연금을 말한다. 즉 순현재가치를 투자기간 동안의 연금의 개념으로 바꾼 것이고, 전체 순현재가치가 연평균 얼마씩의 순수익과 같은 것인지를 나타낸다.[29]

예를 들어 순현재가치가 1억원이라는 것은 전체 투자기간 동안 지분투자자는 원금 회수 이외에 추가로 1억원의 순수익을 더 획득했다는 의미이다. 이를 3년의 투자기간 동안 획득하고 요구수익률이 5%라면 지분투자자는 복리로 계산했을 때, '1억원×저당상수(5%,3년)≒35,970,000원'씩의 연평균 순수익을 3년간 매년 획득하는 것과 같다고 볼 수 있다.

- 연평균순현가(ANPV) = 순현가(NPV) × 저당상수(r,n)
  (r: 요구수익률, n: 투자기간)

투자기간이 서로 다른 투자대안들 간에 전체 순현재가치만 비교하는 것은 투자기간에 따른 투자위험을 반영할 수 없기 때문에 부적절하다. 연평균순현가법은 투자위험[30]을 측정하여 투자기간이 서로 다른 투자대안들 사이의 비교가 가능하다는 점에서 NPV법을 보완하는 지표로서의 의미가 있다. 이때 투자기간(n)이 길어질수록 저당상수(r,n)는 작아지고 연평균순현가도 작아진다.

연평균순현가는 실제 매년 현금유입의 현재가치가 예상치에 미치지 못하더라도 그 감소의 허용 폭, 즉 최대 수용가능한 투자오차의 한계를 의미한다. 투자기간 동안 예상된 현금유입의 현가보다 연평균순현가만큼 실제 현금유입의 현가가 감소되더라도 여전히 NPV는 0보다 크거나 같으므로 투자의 타당성이 인정될 수 있다.

따라서 연평균순현가가 클수록 위험이 작은 안전한 투자안에 해당한다.

4) 내부수익률법(IRR법; Internal Rate of Return Method)

(1) 내부수익률의 계산

내부수익률은 예상되는 미래 현금유입의 현재가치 합과 현금유출의 현재가치 합을 서로 같게 만드는 할인율, 즉 순현재가치를 0으로 만드는 할인율[31]이다. 이는 부동산 투자의 복리

29) 전체 순현재가치를 투자기간으로 나눈 연간 복리평균이다.
30) 투자기간이 길수록 위험↑

기준 연 수익률을 의미하며 기대수익률이라고도 부른다.

투자기간 초기에 현금유입이 많은 투자대안이 후기에 현금유입이 많은 대안보다 내부수익률과 순현재가치가 높게 나타난다. 이는 할인율(요구수익률)이 동일하더라도 기간이 다르므로 초기의 현금유입액은 적게 할인되는 반면, 후기의 현금유입액은 많이 할인되기 때문이다.

• $NPV = -EQ + \sum_{1}^{n} \frac{ATCF_n}{(1+r)^n} + \frac{ATER}{(1+r)^n} = 0$

→ 이 조건을 충족하는 r이 내부수익률이다.

(2) 내부수익률법에 따른 투자 타당성 판단

이렇게 구한 내부수익률과 투자자의 요구수익률을 비교하여, 내부수익률이 요구수익률보다 큰지 작은지를 기준으로 투자의 타당성 여부를 판단하는 기법을 내부수익률법(IRR법)이라 한다. NPV법은 위험을 감안한 요구수익률을 할인율로 설정하여 NPV를 구하고 이를 0과 비교하는 것인 반면, IRR법은 NPV=0을 만드는 내부수익률을 먼저 구한 후 이를 요구수익률과 비교하여 투자 여부를 판단한다는 점에서 차이가 있다. 요구수익률을 목표수익률, 최저수익률, 자본의 기회비용 등으로도 부른다.

내부수익률은 결국 투자안의 객관적인 기대수익률이므로 투자자의 주관적인 요구수익률과 비교하여, '내부수익률(객관적) 〉 요구수익률(주관적)'이면 동 투자안을 채택하는 것이 타당한 반면 '내부수익률(객관적) 〈 요구수익률(주관적)'이면 동 투자안을 채택하지 않아야 한다. 상호독립적인 투자안의 경우 내부수익률이 요구수익률보다 크면 투자안을 채택하고 작으면 채택하지 않아야 하지만, 상호배타적인 투자안의 경우 내부수익률이 요구수익률보다 큰 여러 투자안들 중 내부수익률이 가장 큰 투자안을 채택해야 한다.

(3) 내부수익률법의 장단점과 순현재가치법과의 비교

내부수익률법은 순현재가치법과 마찬가지로 ① 전체 현금흐름과 화폐의 시간가치를 고려한다는 점에서 장점이 있고, 순현재가치법과 달리 ② 수익률의 개념이므로 투자금액이 서로 다른 투자대안 간 비교가 가능하고, ③ 사전적으로 요구수익률(할인율)을 결정할 필요 없이 일단 내부수익률을 구한 후 이를 위험을 반영하는 요구수익률과 비교할 수 있으며, ④ 수익률은

---

31) 이는 수익성지수를 1로 만드는 할인율과 같다.

투자자에게 친숙한 개념이라는 등의 장점이 있다.

반면 ① 재투자수익률을 가정할 경우에 내부수익률은 비현실적이라는 점, ② 수학적으로 내부수익률을 구할 수 없는 경우도 있고, ③ 투자기간 중에 자금이 투입되어 현금흐름의 부호(+, -)가 한 번 이상 바뀌는 경우에는 복수의 해가 발생한다는 등의 단점이 있다.

이에 따라 내부수익률법은 순현재가치법에 따른 타당성 판단과 다른 결과가 나올 수도 있다. 일반적으로 순현재가치법이 내부수익률법보다 선호되고 이론적으로도 우월한 것으로 평가되는데, 그 이유는 다음과 같다.

① 투자기간 동안 재투자를 가정할 때 내부수익률법은 해당 투자 그 자체에 대한 내부수익률을 재투자수익률로 가정하지만, 순현재가치법은 유사한 투자대상에 대한 요구수익률을 재투자수익률로 가정하므로 순현재가치법이 더 현실적이다.

② 순현재가치는 구할 수 없거나 복수의 해가 발생하는 경우가 없다.

③ 순현재가치법은 자원을 하나의 대안에 투자하든 여러 대안에 나눠 투자하든 부의 가치부분에 대한 판단[32]이 들어가므로 투자자에게 부와 이윤의 극대화를 가져다주는 반면, 내부수익률법은 반드시 그렇지는 않다. 즉 내부수익률법에 따라 투자의 우선순위를 정하는 것이 반드시 투자자에게 부의 극대화를 가져다주지는 않는다.

2 비할인기법

1) 회수기간법

회수기간(Pay Back Period)은 투자로부터 발생하는 현금유입으로 투자에 사용된 투자비용을 전부 회수할 때까지 소요되는 기간(투자액의 회수기간)으로서, 통상 초기 투자비용만 고려한다.

목표 회수기간과 비교하여 상호독립적 투자안의 경우 목표 기간보다 짧으면 투자안을 채택하고 길면 채택하지 않는 반면, 상호배타적 투자안의 경우에는 목표 기간보다 짧은 여러 대안들 중에 소요기간이 가장 짧은 투자안을 채택한다.

① 단순회수기간법은 초기 투자비용을 화폐의 시간가치를 고려하지 않고 회수하는 데 소요되는 기간을 기준으로 하고, ② 현가회수기간법(할인회수기간법)은 미래 현금유입을 현재가치로

32) 순현재가치는 더할 수 있으므로 순현재가치법은 가치의 가산 원칙이 적용된다. 반면 수익률은 더해지지 않는다. 즉 5% 수익률의 A안과 7% 수익률의 B안이 있을 때, A와 B 모두에 투자하더라도 수익률이 12%가 되지는 않는다.

할인하여 초기 투자비용을 회수하는 데 소요되는 기간을 기준으로 한다. 보통 자본회수기간이라 하면 특별한 사정이 없는 한 단순회수기간을 의미한다.

예를 들어 300만원을 투자해서 해마다 100만원씩 수익이 난다면 단순회수기간은 3년이지만, 요구수익률이 r이라 했을 때 3년간의 수익을 현재가치로 할인한 값 '$\frac{100만원}{1+r}+\frac{100만원}{(1+r)^2}+\frac{100만원}{(1+r)^3}$'은 초기 투자비용 300만원보다 작으므로 현재가치로 회수하려면 3년보다 더 걸릴 것이다. 따라서 동일한 투자안을 분석할 때 단순회수기간이 현가회수기간보다 더 짧다.

2) 회계적 이익률법

연평균 세후 순수익을 해당 투자안의 연평균 투자액으로 나눈 비율(회계적 이익률)에 의해 투자의 타당성 여부를 판단하는 기법이다. 회계적 수익률법, 재무수익률법, 평균이익률법이라고도 한다. 전체 투자기간의 수익과 비용을 분석하되 현재가치로 할인하지 않으므로 비할인기법에 해당한다.

상호독립적인 투자안의 경우 회계적 이익률이 목표 이익률보다 크면 투자안을 채택, 작으면 투자안을 기각하지만, 상호배타적인 투자안의 경우에는 회계적 이익률이 목표 이익률보다 큰 여러 대안들 중 회계적 이익률이 가장 큰 대안을 선택한다.

3) 어림셈법

투자 후 최초 1년간(투자 첫해)의 영업 현금흐름만을 분석하여 투자의 타당성 여부를 판단하는 기법으로서, 화폐의 시간가치를 고려하지 않는다. 2년차 이후의 소득이득뿐 아니라 처분 시에 발생하는 자본이득도 고려하지 않으므로 아주 개략적인 투자분석에 활용된다 하여 이를 어림셈법 또는 재무어림셈법이라 부른다.

이는 다시 투자액이 첫해 영업 현금흐름의 몇 배인지를 계산하는 ① 승수법(배수법)과, 첫해의 영업 현금흐름을 투자액으로 나눈 ② 수익률법으로 구분된다.

(1) 승수법

가) 조(총)소득승수(GIM; Gross Income Multiplier)

총 투자액(=부동산 가치)이 1년차 조소득의 몇 배인지를 나타낸다. '총 투자액=자기자본+타인자본'이고, 이때 조소득은 주로 유효조소득(EGI)을 활용한다.

이는 계산이 간단하지만 영업경비, 대출이자, 세금 등에 대한 고려가 전혀 없다는 단점이 있다.

- $\text{GIM} = \dfrac{\text{총투자액(부동산 가치)}}{EGI}$

나) 순소득승수(NIM; Net Income Multiplier)

총 투자액(=부동산 가치)이 1년차 순영업소득(NOI)의 몇 배인지를 나타낸다. 이럴 경우 영업경비는 고려되지만 대출이자, 세금 등에 대한 고려는 여전히 없다.

순소득승수를 자본회수기간이라고도 하며, 종합환원율(=순영업소득/총 투자액)과 역수관계이다.

- $\text{NIM} = \dfrac{\text{총투자액(부동산 가치)}}{NOI}$

다) 세전현금흐름승수(BTCFM; Before Tax Cash Flow Multiplier)

지분투자액이 1년차 세전현금흐름(BTCF)의 몇 배인지를 나타낸다. 영업경비, 대출이자 등은 고려되지만 세금에 대한 고려는 여전히 없다. 이러한 세전현금흐름승수는 지분배당률(=세전현금흐름/지분투자액)과 역수관계이고, 이를 세전자기자본회수기간이라고도 한다.

BTCF와 ATCF는 지분투자자에게 할당되는 수익이므로, 세전현금흐름승수와 세후현금흐름승수를 계산할 때 총 투자액이 아닌 지분투자액을 나눈다는 점에 유의한다.

- $\text{BTCFM} = \dfrac{\text{지분투자액}}{BTCF}$

라) 세후현금흐름승수(ATCFM; After Tax Cash Flow Multiplier)

지분투자액이 1년차 세후현금흐름(ATCF)의 몇 배인지를 나타낸다. 이는 계산이 복잡하지만 영업경비, 대출이자뿐 아니라 세금까지 고려된다는 장점이 있다.

이러한 세후현금흐름승수는 세후수익률(=세후현금흐름/지분투자액)과 역수관계이고, 이를 세후자기자본회수기간이라고도 한다.

- $\text{ATCFM} = \dfrac{\text{지분투자액}}{ATCF}$

(2) 수익률법

가) 종합(자본)환원율(Cap Rate; Capitalization Rate)

순영업소득을 총 투자액(부동산 가치)으로 나눈 값으로서 순소득승수의 역수이다. 이를 총투자수익률 또는 총자본수익률이라고도 부른다.

이는 감정평가 수익방식 중 직접환원법에 적용되는 환원이율과 같은 개념이다. 환원이율은 순수익을 총 투자자본(부동산 가치)으로 환원하는 역할을 한다.

- 종합(자본)환원율 = $\dfrac{NOI}{\text{총 투자액}(=\text{시장가치}=\text{구입가격})}$
- 시장가치 = $\dfrac{NOI}{\text{종합(자본)환원율}}$ → 직접환원법

나) 지분배당률(Equity Dividend Rate)

세전현금흐름을 지분투자액으로 나눈 값으로서 세전현금흐름승수의 역수이다.

이를 지분(투자)수익률, 지분환원율, 자기자본(투자)수익률이라고도 부르며, 세금을 내기 전 세전수익률에 해당한다.

- 지분배당률 = $\dfrac{BTCF(=NOI-DS)}{\text{지분투자액}}$

다) 세후수익률(After Tax Rate)

세후현금흐름을 지분투자액으로 나눈 값으로서 세후현금흐름승수의 역수이다.

- 세후수익률 = $\dfrac{ATCF(=BTCF-\text{영업소득세})}{\text{지분투자액}}$

(3) 어림셈법과 할인현금흐름분석법의 비교

어림셈법은 투자 첫해 분의 영업 현금흐름만 고려하고 2년 차 이후의 영업 현금흐름이나 기간 말의 매각 현금흐름 등은 고려하지 않으며 화폐의 시간가치를 고려하지 않는다(현재가치로 할인하지 않는다)는 점에서, 보유기간 동안 매년의 영업 현금흐름과 기간 말의 매각 현금흐름을 예측하여 이를 현재가치로 할인하는 할인현금흐름분석법과는 근본적으로 다르다. 어림셈법은 감정평가 수익방식 중 환원방법(직접환원법)과 유사하고, 할인현금흐름분석법은 수익방식 중 할인방법과 유사하다.

따라서 어림셈법은 보유기간 중 현금흐름의 변동이 심한 경우에는 적용이 곤란하고, 주로 소규모 부동산 중 수입과 영업경비 등 현금흐름이 안정적인 경우에 적용된다. 예비적 · 개략적 분석방법이다.

반면 할인현금흐름분석법은 주로 대규모 부동산에 적용되며, 정밀하고 보다 과학적인 분석방법이라 할 수 있다.

4) 재무비율분석법

재무비율분석법은 주로 대출자(저당투자자)가 대출(저당투자)의 위험성을 판단하는 기법으로 많이 쓰인다. 분석수단으로 흔히 사용되는 비율로는 다음과 같은 것들이 있다.

(1) 담보인정비율(LTV; Loan To Value)

부동산 가치에 대한 대출액(융자액)의 비율로서 대부비율, 저당비율, 레버리지비율 또는 주로 주택에 적용된다 하여 주택담보대출비율이라고도 한다.

LTV가 높을수록 지분투자자 입장에서는 레버리지 효과가 커질 수 있지만, 대출자(저당투자자) 입장에서는 채무불이행 시 원금회수가 어려워지는 채무불이행 위험이 커진다.

- $\text{LTV} = \dfrac{\text{대출액}}{\text{부동산 가치}} = \dfrac{\text{타인자본}}{\text{총 투자자본}}$
- $\text{자기자본비율} = \dfrac{\text{자기자본}}{\text{총 투자자본}}$

('총 투자자본=자기자본+타인자본'이므로 'LTV+자기자본비율=1'이다.)

(2) 부채비율(Debt Ratio)

지분투자액에 대한 대출액(융자액)의 비율로서 LTV와 마찬가지로 부채비율이 높을수록 채무불이행 위험이 커진다.

- $\text{부채비율} = \dfrac{\text{대출액}}{\text{지분투자액}} = \dfrac{\text{타인자본(저당)}}{\text{자기자본(지분)}}$

'부동산 가치(V)=타인자본(L)+자기자본(E)'이므로, LTV=50%라면 L=E, 부채비율=100%가 되고, LTV=20%라면 부채비율=25%가 된다. 만약 LTV=80%라면 부채비율=400%가 되고,

LTV=100%라면 E=0이므로 부채비율=∞(무한대)가 된다.

즉 LTV가 높아질수록 부채비율은 더 급격히 상승한다. 부동산 가치가 하락할 때는 LTV가 100%를 초과하는 경우도 나타날 수 있는데, 그런 경우 역시 부채비율=∞(무한대)가 된다.

(3) 총부채상환비율(DTI; Debt To Income)

연간 총소득에 대한 주택담보대출의 연간 원리금상환액과 기타 부채의 연간 이자지급액을 합한 금액(연 총부채상환액)의 비율로서, 연 총소득 대비 상환액 비율이라고도 한다. 소득이 없거나 적은 사람이라도 담보물만 있으면 대출받을 수 있는 LTV 제도의 문제점을 보완하는 제도이므로 부동산 대출에 대한 이중규제라 할 수 있다. LTV와 마찬가지로 DTI가 높아지면 채무불이행 위험도 커진다.

우리나라에서 주택담보대출에 적용되는 DTI는 구 DTI와 신 DTI가 있다. 신 DTI가 보다 더 강화된 대출규제이다.

- $\text{구 DTI} = \dfrac{\text{신규 주택담보대출 연간 원리금상환액} + \text{기타 부채 연간 이자지급액}}{\text{연간소득}}$
- $\text{신 DTI} = \dfrac{\text{모든 주택담보대출 연간 원리금상환액} + \text{기타 부채 연간 이자지급액}}{\text{연간소득}}$

(4) 총부채원리금상환비율(DSR; Debt Service Ratio)

연간 총소득에 대한 주택담보대출의 연간 원리금상환액과 기타 부채의 연간 원리금상환액을 합한 금액의 비율로서, DTI와 마찬가지로 소득이 없는 사람이라도 담보대출을 받을 수 있는 LTV 제도의 문제점을 보완한 것이다. 다만 주택담보대출에 적용되는 DTI 제도를 더욱 확장하여 DSR은 모든 가계대출에 적용된다.[33]

주택담보대출의 연간 원리금상환액과 기타 부채의 연간 원리금상환액을 합한 금액이라는 것은 결국 대출받는 사람의 모든 대출의 원리금상환액을 의미한다.[34]

- $\text{DSR} = \dfrac{\text{주택담보대출 연간 원리금상환액} + \text{기타 부채 연간 원리금상환액}}{\text{연간소득}}$

---

33) 즉 DTI보다 DSR이 더욱 강화된 규제를 위한 지표이다.

34) 주택담보대출, 전세자금대출, 신용대출, 학자금대출, 할부금 등 모든 종류의 대출을 포함한다.

(5) 임대업이자상환비율(RTI; Rent To Interest)

연간 이자지급액에 대한 연간 부동산 임대소득의 비율로서, 부동산 임대업 대출에 적용되고 해당 임대업 대출뿐 아니라 임대건물 관련 기존 대출 이자지급액까지 모두 합산하여 계산한다. 수익형 부동산에 대한 대출을 규제하기 위한 지표이다.

RTI는 원칙적으로 임대사업 대상인 개별 임대물건을 기준으로 계산한다.

- $RTI = \dfrac{\text{임대건물의 연간 임대소득}}{\text{임대건물 관련 모든 대출의 연간 이자지급액}}$

(6) 자영업자 소득 대비 대출비율(LTI; Loan To Income)

해당 자영업자의 총 대출액을 해당 자영업자의 근로소득, 사업자소득(영업이익), 기타소득 등을 더한 총소득으로 나눈 비율로서, 보통 자영업자가 가계대출 부문과 개인사업자 대출 부문 양쪽에서 대출을 받으므로 양쪽의 대출액을 모두 합하여 총 대출액을 정한다.

자영업자의 대출을 규제하기 위한 지표이고, 간접적으로 수익형 부동산에 대한 대출을 규제하는 효과도 있다.

- $LTI = \dfrac{\text{자영업자의 총 대출액}}{\text{자영업자의 연간 총소득}}$

(7) 부채감당률(DCR; Debt Coverage Ratio)

연간 부채서비스액(원리금상환액)에 대한 순영업소득(NOI)의 비율로서, 부동산 투자로부터 발생하는 순영업소득으로 원리금상환액을 어느 정도 감당할 수 있는지, 즉 채무상환능력을 측정하는 보상비율을 의미한다. DCR이 높을수록 채무불이행 위험이 작아지고 안전한 반면, DCR이 낮을수록 채무불이행 위험은 커진다.

DCR〈1이면 순영업소득만으로는 대출의 원리금을 모두 상환할 수 없다는 뜻이고, DCR〉1이면 순영업소득으로 대출의 원리금을 모두 상환하고도 남는 것이 있다는 뜻이다. 그런데 순영업소득으로 원리금 상환뿐만 아니라 영업소득세 등도 지불해야 하므로, DCR이 1.0이라면 채무불이행 위험이 있게 되고 통상 은행에서는 DCR 1.2 이상을 요구한다.

- $DCR = \dfrac{\text{순영업소득}(NOI)}{\text{대출금의 연간 원리금 상환액}(DS)}$

제4절 부동산 투자의 위험과 수익

1 위험과 수익(률)의 의의와 종류

1) 부동산 투자의 위험

부동산 투자의 위험이란 예상되는 미래의 현금흐름(소득이득, 자본이득)이 실현되지 못할 가능성(불확실성) 또는 변동가능성을 의미한다. 투자에 따르는 위험은 분산투자 또는 기타 위험회피수단을 통해 회피 가능한 ① 비체계적 위험(정적 위험)과, 이를 통해서도 회피 불가능한 ② 체계적 위험(동적 위험)으로 구분된다. 체계적 위험은 시장의 힘에 의해 발생하므로 투자자 개인으로서는 도저히 회피할 수 없는 위험이다.

비체계적 위험의 예로는 개별적인 부동산 투자에서 발생하는 개별위험, 위치적 위험, 운영위험 등이 있고, 체계적 위험의 예로는 시장위험, 인플레이션이나 경기변동 위험, 부동산 정책이나 세제 등 변화에 따른 정책적 위험, 기술의 발전과 혁신에 따른 위험 등이 있다. 체계적 위험은 일반 경제상황과 밀접한 관련이 있고 정치 · 경제 · 사회 환경의 동태적 변화를 원인으로 한다는 점에서 동적 위험이라고도 한다.

부동산 투자 위험의 구체적 종류는 다음과 같다.

(1) 시장위험(Market Risk)

시장에서의 수요와 공급이 예측과 달리 변화함에 따라 미분양이나 공실 증가, 임대료 하락 등의 수익성이 악화될 위험이다.

예를 들어 중대형 아파트 투자자로서는 1인 가구의 증가로 인해 소형 아파트나 임대주택 수요가 증가하고 중대형 아파트에 대한 수요가 감소하는 것이 시장위험에 해당한다.

이는 투자자가 회피할 수 없는 체계적 위험에 해당한다.

(2) 운영위험(Operating Risk)

부동산의 부적절한 운영과 관리, 뜻하지 않은 영업경비의 변동 등으로 인해 수익성이 악화될 위험이다.

이는 투자자가 회피할 수 있는 비체계적 위험에 해당한다.

(3) 위치적 위험(Locational Risk)

입지적 환경의 불리한 변화로 인해 수익성이 악화되고, 가치상승에 대한 기대가 사라질 위험이다. 부동산의 부동성, 지리적 위치의 고정성으로 인해 발생하는 위험이다.

예를 들어 경쟁하는 인근지역의 개발이나 도로의 신설 등으로 인해 기존의 입지적 이점이 없어지는 위험과 같은 것들이다.

시장위험, 운영위험, 위치적 위험 등을 묶어서 임대사업 등 부동산 투자사업 자체로부터 발생하는 수익성에 관한 위험이라 하여 경영위험 또는 사업상의 위험이라고 분류한다.

(4) 금융적 위험(Financial Risk)

부동산 투자 시 타인자본(대출)을 이용할 경우 레버리지 효과를 누릴 수 있다는 장점이 있지만, 원리금 상환을 제때 하지 못할 금융적 위험도 생긴다. 대출이 많을수록 금융적 위험은 커지는 반면, 전액 자기자본만으로 조달할 경우에는 금융적 위험은 없다.

금융시장에서 예상치 못한 금리상승 등이 일어나면 야기될 수 있는 위험으로서, 저당투자자(대출자) 입장에서는 채무자가 채무를 불이행할 위험, 지분투자자 입장에서는 채무를 이행하지 못해 파산할 위험이다(채무불이행(Default) 위험, 금리변동 위험).

이자율 변동(상승)에 따라 보유한 부동산의 자산가치가 하락할 위험 또는 원리금상환액이 증가할 위험(변동금리) 등을 이자율 위험이라 하며 이는 금융적 위험에 해당한다.

(5) 유동성 위험(환금성 위험)

부동산은 거래가 쉽지 않아 현금화가 어렵고, 환금 시 시장가치의 손실이 발생할 위험이 크다. 주택 특히 아파트는 비교적 유동성 위험이 작고 환금성이 높은 반면, 거래가 적고 가격대가 높은 빌딩이나 토지는 유동성 위험이 크고 환금성이 낮다.

특히 대단지의 중소형 아파트가 환금성이 높다고 평가되며, 특정한 목적의 부동산보다는 용도전용이 용이한 부동산일수록 유동성 위험이 작다.

(6) 인플레이션 위험(물가변동 위험)

부동산 가격상승이 일반 물가상승률에도 미치지 못할 경우 부동산의 상대적 가치가 낮아지는 위험이 있다. 또한 인플레이션(물가상승)으로 인해 투자로부터 발생하는 미래 현금흐름의 실질가치, 즉 임대료 등의 실질수익이 감소하는 위험도 있다.

그리고 변동이자율 대출 시 인플레이션이 발생하면 그만큼 변동이자율이 상승하므로 이자부담이 증가한다. 물가상승률만큼 신규 투자자의 요구수익률도 상승하므로 투자가치가 하락[35]하고, 투자수요의 감소로 인해 기존에 투자한 부동산의 가격도 하락하는 위험이 있다.

인플레이션 발생 시 대출이자율이 상승하므로 채무불이행 위험, 금융적 위험도 커지고, 영업경비가 상승하므로 영업수익성이 하락하는 등 시장위험, 운영위험 등도 함께 커진다.

(7) 물리적 위험(개별위험)

투자자는 투자대상 개별 부동산에 속한 물리적 특성에 따른 위험에도 직면한다.

이는 분산투자 등을 통해 회피 가능한 비체계적 위험에 해당한다.

(8) 법적 위험(정책적 위험)

정부 정책이나 법제도의 변경 등으로 인해 발생하는 위험이다. 용도지역 · 지구제(Zoning) 등 토지이용에 관한 규제, 임대료 규제, 부동산 세제 등의 변경으로 인한 위험이 이에 해당한다.

또한 정부의 기준금리 변경에 따라 부동산 가격에 영향을 미칠 위험도 법적 위험(정책적 위험)에 해당한다. 예를 들어 기준금리를 인상하면 부동산 시장에서 수요 감소와 공급 감소가 시차를 두고 함께 나타나고, 반대로 기준금리를 인하하면 수요 증가와 공급 증가가 시차를 두고 함께 나타난다.

2) 부동산 투자의 수익과 수익률

부동산 투자로부터 발생하는 수익은 보유하는 동안 매 기간마다 정기적으로 발생하는 ① 소득이득(Income Gain)과, 보유기간 말에 처분을 통해 발생하는 ② 자본이득(Capital Gain)으로 나뉜다.

부동산 투자수익률(Rate of Return)이란 부동산에 투자된 자본에 대해 그로부터 발생하는 순수익의 비율을 의미한다. 이러한 투자수익률의 종류로는 기대수익률, 요구수익률, 실현수익률 등이 있는데, 그중에 기대수익률과 요구수익률을 비교함으로써 투자를 할 것인지 여부를 결정한다.

---

35) 투자가치$=\frac{\text{순수익}}{\text{요구수익률}}$, 요구수익률=무위험률+위험할증률+예상된 인플레이션율

(1) 기대수익률(Expected Rate of Return)

투자로부터 기대되는 예상수입에서 예상되는 지출을 공제하고 이를 투자자본으로 나누어 계산하는 수익률이다. 이를 예상수익률, 내부수익률이라고도 하며 투자 타당성 의사결정 이전에 계산한다는 점에서 사전수익률에 해당한다.

단순히는 $\frac{\text{첫해순수익}}{\text{투자자본}}$ 또는 $\frac{\text{첫해순영업소득}}{\text{부동산가치}}$으로 계산할 수 있지만, 앞에서 본 IRR(내부수익률) 계산방식처럼 보유기간(투자기간) 전체를 통한 복리수익률로 계산할 수도 있다.

기대수익률은 시장에서 객관적으로 결정되는 객관적 수익률이다.

(2) 요구수익률(Required Rate of Return)

투자에 대한 위험이 주어졌을 때 이러한 위험에 대한 비용을 감안하여 투자자가 투자자본에 대해 요구하는 최소한의 수익률이다. 이를 필수수익률, 목표수익률, 외부수익률, 대안적 수익률이라고도 한다.

어떤 대상에 투자한다는 것은 다른 투자대상과 방법에 대한 기회를 포기하는 것이므로, 포기된 투자안 이상 벌어들여야 하는 최소한의 수익률이라는 점에서 요구수익률을 자본의 기회비용이라고 할 수 있다. 기회비용이란 예산이 제약되어 있을 때, 어떤 투자(소비)를 위해 포기한 다른 수익률(효용) 중 가장 큰 것을 뜻한다. 따라서 다른 투자대상의 수익률이 커질수록 기회비용, 즉 요구수익률도 커진다.

이 역시 투자 타당성 의사결정 이전에 결정된다는 점에서 사전수익률에 해당한다.

요구수익률은 미래의 현금흐름을 현재가치로 할인하는 데 사용되는 할인율의 역할도 하고, 감정평가방식 중 수익환원법에서 순수익을 부동산 가치(투자가치)로 환원하는 데 사용되는 자본환원율의 역할도 한다.

투자자의 요구수익률은 위험의 크기에 비례한다. 기대수익률이 객관적 수익률인 것에 비해, 요구수익률은 투자자가 결정하는 주관적 수익률이다.

- 요구수익률 = 무위험수익률 + 위험할증률(위험 프리미엄) + 예상된 인플레이션율

(3) 실현수익률(Realized Rate of Return)

투자가 종료된 시점에 투자를 통해 실제로 달성된 결과적 수익률이다. 이를 사후수익률, 역사적 수익률이라고도 한다.

투자 타당성 의사결정 시점에는 과거의 실현수익률 자료만이 있을 뿐 대상 투자안에 대한 실현수익률을 알 수 없으므로, 투자 의사결정 당시에는 기대수익률과 요구수익률만 비교하여 투자 타당성 여부를 판단한다. 실현수익률은 사후적으로 투자성과를 평가할 때 활용된다.

2 수익률과 가치 비교에 따른 투자 판단

1) 기대수익률과 요구수익률의 관계에 따른 투자 판단

특정 투자자 개인의 입장에서 투자 여부의 판단은 다음과 같다.

- 기대수익률(객관적 수익률) 〈 요구수익률(주관적 수익률) → 투자안 기각
- 기대수익률(객관적 수익률) 〉 요구수익률(주관적 수익률) → 투자안 채택

시장 전체에서 각 투자자들의 요구수익률과 기대수익률을 비교하여 시장의 균형과정을 살펴보면 다음과 같다.

• 기대수익률〈요구수익률 → 투자자들의 투자수요 감소 → 대상 부동산 가격 하락 → 기대수익률 상승(∵기대수익률=$\frac{\text{기대순수익}}{\text{시장가치(구입가격)}}$) → 기대수익률과 요구수익률이 같아질 때 균형

• 기대수익률〉요구수익률 → 투자자들의 투자수요 증가 → 대상 부동산 가격 상승 → 기대수익률 하락(∵기대수익률=$\frac{\text{기대순수익}}{\text{시장가치(구입가격)}}$) → 기대수익률과 요구수익률이 같아질 때 균형

만약 '기대수익률=요구수익률'인 상태에서 투자위험이 증가하거나 인플레이션율이 상승하면 각 투자자들의 요구수익률이 상승하므로 '기대수익률〈요구수익률'이 된다. 이는 투자수요 감소, 부동산 가격의 하락으로 이어져 기대수익률은 상승하게 되고, 결국 다시 기대수익률과 요구수익률이 일치하는 지점에서 새로운 균형이 성립한다.[36)]

만약 '기대수익률=요구수익률'인 상태에서 투자위험이 감소하거나 인플레이션율이 하락하면 각 투자자들의 요구수익률이 하락하므로 '기대수익률〉요구수익률'이 된다. 이는 투자수요

36) 이때 처음에 기대수익률과 요구수익률이 일치했던 지점보다 높은 지점에서 새로운 균형이 성립한다.

증가, 부동산 가격의 상승으로 이어져 기대수익률은 하락하게 되고, 결국 다시 기대수익률과 요구수익률이 일치하는 지점에서 새로운 균형이 성립한다.37)

2) 시장가치와 투자가치의 관계에 따른 투자 판단

기대수익률과 요구수익률을 비교하여 투자 여부를 판단하듯이, 대상 부동산이 투자자에게 얼마만큼의 가치가 있는지(투자가치)와 대상 부동산을 시장에서 구입하는 데 얼마만큼의 비용이 들 것인지(시장가치)를 비교하여 투자 여부를 판단할 수도 있다.

투자가치는 투자자가 판단하는 주관적 가치이고, 예상 순수익(NOI)을 요구수익률로 환원한 값이다. 이는 특정 투자자에게 기대되는 효용의 가치이다. 따라서 위험에 비례하는 요구수익률과 달리 투자가치는 위험에 반비례한다.

- 투자가치 = $\frac{\text{예상 } NOI}{\text{요구수익률}}$

반면 시장가치는 대상 부동산에 대해 시장에서 결정되는 객관적 가치로서, 공개 경쟁시장에서 거래가 성립될 가능성이 가장 높은 가격이다. 이는 시장에서 전형적 · 평균적인 투자자에게 기대되는 효용의 가치이다. '기대수익률=$\frac{\text{예상 } NOI}{\text{시장가치}}$'라는 점에서 시장가치는 다음과 같이 정의될 수 있다.

- 시장가치 = $\frac{\text{예상 } NOI}{\text{기대수익률}}$

또한 수익환원법으로 시장가치를 구한다면 다음과 같이 정의될 수도 있다. 이때의 자본환원율은 시장에서 결정되는 객관적인 환원율이다.

- 시장가치 = $\frac{\text{예상 } NOI}{\text{자본환원율}(=\text{자본수익률}+\text{자본회수율})}$

투자자의 입장에서 투자가치는 투자의 수익성을 나타내고, 시장가치는 투자의 비용성을 나타낸다. 특정 투자자 개인의 입장에서 투자 여부의 판단은 다음과 같다.

---

37) 이때 처음에 기대수익률과 요구수익률이 일치했던 지점보다 낮은 지점에서 새로운 균형이 성립한다.

- 투자가치(주관적 가치) 〈 시장가치(객관적 가치) → 투자안 기각
- 투자가치(주관적 가치) 〉 시장가치(객관적 가치) → 투자안 채택

시장 전체에서 각 투자자들의 투자가치와 시장가치를 비교하여 시장의 균형과정을 살펴보면 다음과 같다.

- 투자가치 〈 시장가치 → 투자자들의 투자수요 감소 → 대상 부동산 가격 하락 → 시장가치 하락 → 투자가치와 시장가치가 같아질 때 균형
- 투자가치 〉 시장가치 → 투자자들의 투자수요 증가 → 대상 부동산 가격 상승 → 시장가치 상승 → 투자가치와 시장가치가 같아질 때 균형

만약 '투자가치=시장가치'인 상태에서 위험이 증가하면 투자가치는 하락하므로 '투자가치 〈 시장가치'가 되고 투자수요 감소, 시장가치 하락으로 이어져 결국 다시 투자가치와 시장가치가 일치하는 지점에서 새로운 균형이 성립한다.[38]

만약 '투자가치=시장가치'인 상태에서 위험이 감소하면 투자가치는 상승하므로 '투자가치 〉 시장가치'가 되고 투자수요 증가, 시장가치 상승으로 이어져 결국 다시 투자가치와 시장가치가 일치하는 지점에서 새로운 균형이 성립한다.[39]

3 위험과 수익의 관계

1) 위험에 대한 투자자의 태도

위험이란 예상된 결과(수익)와 실현된 결과(수익) 간에 차이가 발생할 가능성을 의미하고, 수익의 불확실성, 수익의 변동가능성을 뜻한다. 이러한 위험을 측정하는 척도로서 수학적 개념인 수익률의 분산 또는 표준편차를 사용한다.

수익률의 평균(Mean)과 분산(Variance) 두 가지 요인으로 투자 여부를 판단하는 모델을 평균-분산 모형(M-V model)이라고 한다. 위험에 대한 투자자의 태도를 위험혐오형으로 전제한다면 평균-분산 모형에서 평균(수익)은 높을수록, 분산(위험)은 낮을수록 선호된다.

위험에 대한 투자자의 태도는 다음의 세 가지 경우로 구분된다.

---

38) 이때 처음에 투자가치와 시장가치가 일치했던 지점보다 낮은 지점에서 새로운 균형이 성립한다.
39) 이때 처음에 투자가치와 시장가치가 일치했던 지점보다 높은 지점에서 새로운 균형이 성립한다.

(1) 위험혐오형(Risk Averse) 투자자

위험혐오형 투자자는 기대수익률이 동일한 두 개의 투자안 중 덜 위험한 쪽을 선택하는 투자자이다. 위험을 회피하는 것이 인간의 본성이므로 대부분의 투자자들은 이에 속하고, 이를 위험회피형 또는 위험기피형 투자자라고도 한다. 이러한 위험혐오형 투자자는 주로 저위험 · 저수익 자산을 선호한다.

위험혐오형 투자자라고 해서 전혀 위험을 감수하려 하지 않는 것은 아니고, 위험 감수에 대한 충분한 보상(수익)이 있거나 회피할 수 없는 위험일 경우 위험혐오형 투자자는 기꺼이 이를 감수하고 투자한다. 즉 기대수익률이 충분히 높아진다면 그만큼 커진 위험도 감수한다. 투자에는 항상 위험이 따르고 위험을 전혀 감수하지 않고 얻을 수 있는 수익률은 무위험수익률뿐이므로, 위험을 전혀 수반하지 않는 경우는 진정한 의미의 투자라고 할 수 없기 때문이다.

위험혐오형 투자자는 위험이 증가할수록 요구수익률이 급격하게 상승하는 유형이고, 위험이 커지면 수익률이 상승하므로 총효용은 증가하지만 수익률의 한계효용은 체감한다. 이는 단위당 위험증가에 따른 한계수익률에 대한 효용이 작아진다는 뜻이고, 결국 같은 한 단위의 위험이 증가하더라도 위험이 커질수록 요구하는 수익률의 상승치가 더 커진다는 의미이다.

〈그림 1-2〉에서 보듯이 낮은 위험 수준에서 위험 1단위 증가에 따른 보상으로서의 수익률은 약간만 상승하면 되지만, 높은 위험 수준으로 갈수록 보상(수익률)이 급격히 커져야 한다.

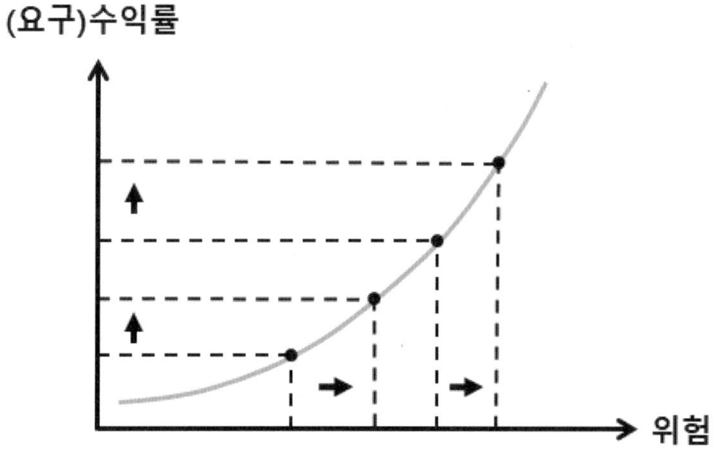

〈그림 1-2〉 위험혐오형 투자자의 위험과 (요구)수익률의 상관관계

자료: 유주연 · 윤동건 · 최우석 · 손재영, 『알기 쉬운 부동산학 원론』, 건국대학교출판부, 2022

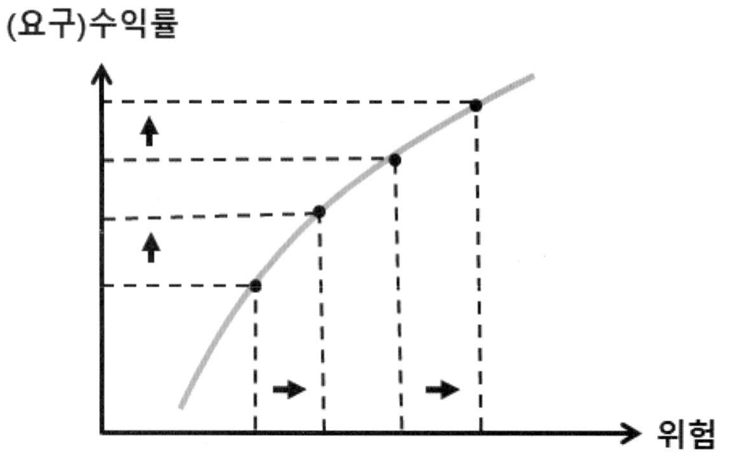

〈그림 1-3〉 위험추구형 투자자의 위험과 (요구)수익률의 상관관계

자료: 유주연 · 윤동건 · 최우석 · 손재영, 『알기 쉬운 부동산학 원론』, 건국대학교출판부, 2022

(2) 위험추구형(Risk Seeking) 투자자

위험추구형 투자자는 기대수익률이 동일한 두 개의 투자안 중 높은 수익률을 획득할 기회를 얻기 위해 오히려 더 위험한 쪽을 선택하는 투자자이다. 위험이 1단위 증가했을 때 그에 대한 보상으로 수익률이 적게 상승하더라도 기꺼이 그 위험을 감수하려는 유형이고, 위험선호형 투자자라고도 한다. 이러한 위험추구형 투자자는 주로 고위험 · 고수익 자산을 선호한다.

위험추구형 투자자는 위험혐오형과 달리 위험 증가와 그에 따른 수익률의 상승에 대한 한계효용은 체증한다. 즉 수익률이 약간만 높아져도 그로 인한 효용은 급격히 증가한다는 뜻이고, 결국 같은 한 단위의 위험이 증가하더라도 위험이 커질수록 요구하는 수익률의 상승치는 더 작아진다. 이는 위험이 증가할수록 요구수익률은 완만히 상승한다는 의미이다.

〈그림 1-3〉에서 보듯이 낮은 위험 수준에서 높은 위험 수준으로 갈수록 위험 1단위 증가에 따른 보상으로서의 수익률은 약간만 상승하면 된다.

(3) 위험중립형(Risk Neutral) 투자자

위험의 크기와 관계없이 기대수익률에 따라서만 행동하는 투자자이다. 위험수준과 상관없이 수익률의 한계효용은 일정하고 총효용은 수익률에 정비례한다.

따라서 위험중립형 투자자의 경우 기대수익률을 극대화하면 기대효용을 극대화할 수 있다.[40)]

40) 위험을 따질 필요가 없다.

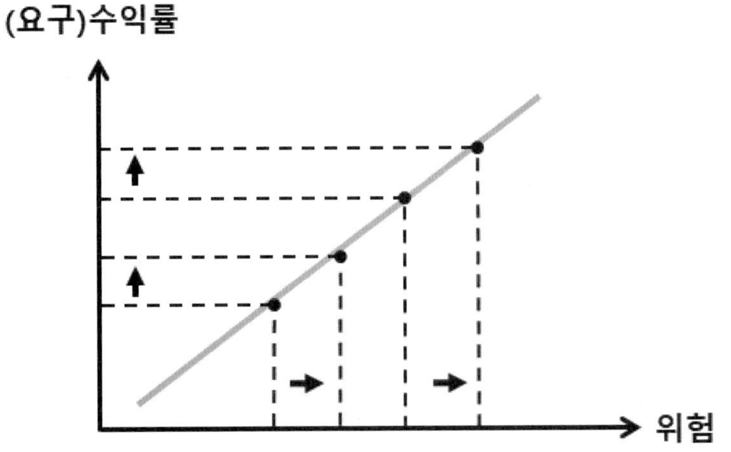

〈그림 1-4〉 위험중립형 투자자의 위험과 (요구)수익률의 상관관계

자료: 유주연 · 윤동건 · 최우석 · 손재영, 『알기 쉬운 부동산학 원론』, 건국대학교출판부, 2022

동일한 위험에 대해 요구하는 보상(수익률)의 크기는 '위험혐오형 〉 위험중립형 〉 위험추구형'의 순이다.

예를 들어 A 투자안은 50%의 확률로 수익률 110, 50%의 확률로 수익률 90이 예상되고 B 투자안은 50%의 확률로 수익률 150, 50%의 확률로 수익률 50이 예상된다면, 기대수익률의 평균값은 둘 다 100이지만 A 투자안이 B 투자안보다 위험이 작다.[41] 따라서 위험혐오형 투자자는 A 투자안을 선택하고, 위험추구형 투자자는 B 투자안을 선택하며, 위험중립형 투자자는 양자에 대해 중립적이다.

2) 요구수익률의 구성요소

앞에서 본 바와 같이 위험이 클수록 투자자의 요구수익률도 상승하므로 위험과 수익(률)은 상쇄(Trade-Off)관계 또는 비례관계에 있다. 투자자의 성향과 관계없이 모든 투자자는 위험부담이 크면 높은 수익률을 요구하고, 위험부담이 작으면 낮은 수익률을 요구한다.

투자자에게 있어서 수익이란 투자에 따른 위험에 대한 보상(대가)를 의미하고, 이때의 보상은 현재의 확실성을 포기하고 미래의 불확실성을 선택한 것에 대한 기회비용이므로 ① 시간(시차)에 대한 보상(순수한 시간가치)과 ② 위험에 대한 보상의 두 가지로 구성된다.

41) 즉 편차가 작다.

따라서 투자자들이 보상으로서 요구하는 요구수익률은 시차보상을 의미하는 ① 무위험률(최저수익률)과, 개별 투자에 내포된 위험보상을 의미하는 ② 위험할증률(위험 Premium)로 구성된다. 그 밖에 피셔(Fisher) 효과에 따르면 요구수익률은 ③ 인플레이션율을 감안해야 한다.

이에 따라 요구수익률을 구성하는 요소들은 다음과 같다.

(1) 무위험률(Risk-Free Rate)

미래 기대되는 수익의 발생이 확실한 경우, 즉 위험이 전혀 없는 경우에 얻을 수 있는 수익률이다. 이는 위험이 전혀 없는 순수한 시간가치에 대한 보상(대가)을 의미한다. 예를 들어 정부가 발행하는 국공채의 실질이자율(수익률)과 같은 것이 무위험률이라고 할 수 있다. 제1금융권 은행의 정기예금금리도 사실상 무위험률에 가깝다고 본다.

이러한 무위험률의 크기는 개별 투자대상과 관계없이 화폐의 수요와 공급 등 일반경제상황이나 시장상황에 따라 객관적으로 결정된다. 예를 들어 시중은행의 지불준비율이나 콜금리가 인상되면 시장이자율이 상승하고 무위험률도 상승한다. 무위험률이 상승하면 요구수익률선(투자효용 무차별곡선) 전체가 위로 이동하고, 무위험률이 하락하면 요구수익률선 전체가 아래로 이동한다.

(2) 위험할증률(Risk Premium)

투자자로서 회피할 수 없는 위험(체계적 위험)이 커짐에 따라 투자자가 추가적으로 요구하는 수익률이다. 대상 투자에 영향을 미치는 위험에 대한 보상(대가)을 의미한다. 이때의 위험에는 시장위험과 개별 투자의 위험이 모두 포함된다. 일반적으로는 민감도분석으로 산정된 경기상황별 기대수익률의 표준편차 값을 위험할증률로 사용한다.

시장에서 객관적으로 결정되는 무위험률은 투자자의 주관적 성향과는 상관없지만, 위험할증률은 투자자의 위험에 대한 태도나 성향에 따라 반영되는 정도가 다르다.[42] 같은 위험에 대해서 위험혐오형 투자자는 위험할증률을 높게 잡겠지만, 위험추구형 투자자는 낮게 잡을 것이다. 따라서 동일한 위험에 대해 위험혐오형 투자자의 요구수익률이 위험추구형 투자자의 요구수익률보다 더 높다. 위험혐오도가 클수록 요구수익률선(투자효용 무차별곡선)의 기울기는 가팔라지고, 위험혐오도가 작을수록 요구수익률선의 기울기는 완만해진다.

---

42) 위험할증률은 투자자가 주관적으로 결정한다.

(3) 위험조정률(Risk-Adjusted Rate)과 피셔(Fisher) 효과

인플레이션이 없다고 가정할 때 무위험률에 위험할증률이 가산된 요구수익률을 위험조정률이라 한다. 즉 '위험조정된 요구수익률=무위험률+위험할증률'이다. 이에 따라 위험과 요구수익률의 관계를 표현한 것이 요구수익률선이다.

그러나 현실 경제에서 인플레이션이 없을 수는 없으므로, 투자자는 요구수익률을 정할 때 장래 인플레이션이 예상되는 만큼 더 높은 수익률을 요구할 것이다. 경제학자 어빙 피셔(Irving Fisher)는 이와 같이 요구수익률의 결정에 예상된 인플레이션율이 반영된다고 주장하였고, 그에 따라 이를 피셔(Fisher) 효과라고 부른다.

피셔(Fisher) 효과에 따라 인플레이션을 반영하여 위험조정된 요구수익률은 다음과 같이 결정된다.

- 요구수익률 = 무위험률 + 위험할증률 + 예상된 인플레이션 할증률[43)]

만약 투자대상 부동산 자체의 가격상승이 예상된다면 요구수익률을 결정할 때 그 예상된 가격상승률만큼을 빼줘야 한다.

예를 들어 시장에서 무위험률이 2%, 대상 투자의 위험할증률이 3%, 그리고 1년간 인플레이션율이 3%로 예상되고, 대상 부동산 자체의 가격이 연간 2% 상승할 것으로 예상된다면 투자자의 요구수익률은 6%(=2%+3%+3%−2%)로 결정된다. 만약 대상 부동산 자체의 가격이 연간 2% 하락할 것으로 예상된다면 요구수익률은 10%(=2%+3%+3%+2%)로 결정된다.

3) 위험과 수익의 상관관계를 나타내는 요구수익률선

요구수익률선(투자효용 무차별곡선)은 위험의 증가에 따른 (요구)수익률의 변화 관계를 나타내는 곡선이다. 일반적으로 위험혐오형 투자자를 전제하므로 요구수익률선은 아래로 볼록한 형태가 된다.[44)] 요구수익률선상의 각각의 투자대안들은 모두 투자자에게 동일한 효용을 준다는 점에서 투자효용 무차별곡선이라고도 한다.

이때 투자자의 위험혐오도가 클수록 요구수익률선의 기울기는 커지고 가팔라진다. 위험혐오도가 클수록 동일한 위험수준에서 요구하는 수익률의 크기가 커지기 때문이다.

---

43) 만약 디플레이션이 예상된다면 인플레이션 할증률을 더하는 대신에 디플레이션 할인율만큼 빼주면 될 것이다.
44) 이는 가파르게 우상향하는 모양으로 나타난다.

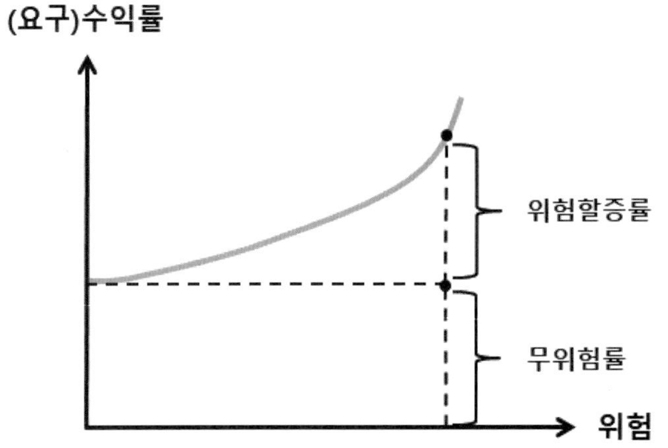

〈그림 1-5〉 요구수익률선(투자효용 무차별곡선)

자료: 유주연 · 윤동건 · 최우석 · 손재영, 『알기 쉬운 부동산학 원론』, 건국대학교출판부, 2022

이렇게 투자자가 가진 위험혐오도의 수준에 따라 투자자 각자의 요구수익률이 달리 결정되고 투자자 각자의 요구수익률과 객관적인 기대수익률을 비교하여 투자 여부를 판단하므로, 동일한 위험과 기대수익률을 가진 투자대안이라도 투자자에 따라 투자안을 채택할지 여부가 달라지는 것이다. 기대수익률이 자신의 요구수익률보다 큰 투자자의 경우에만 해당 투자안을 채택하게 된다.

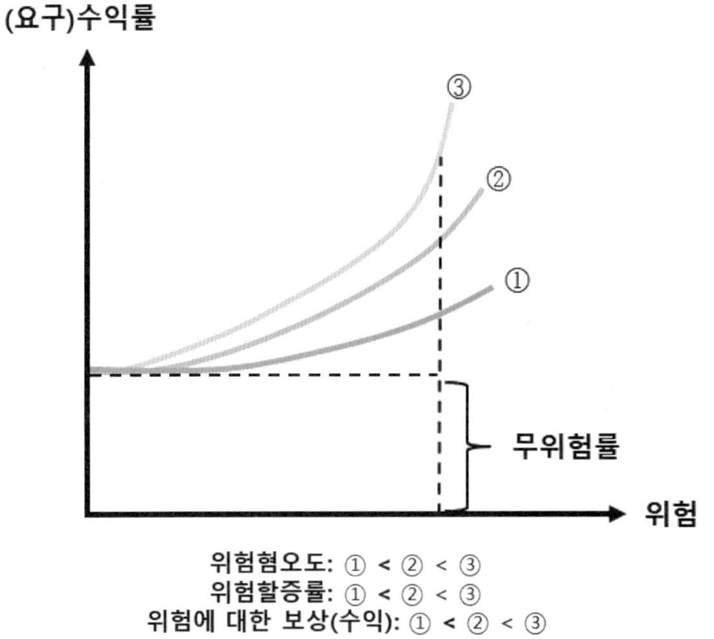

〈그림 1-6〉 위험혐오도에 따른 요구수익률선의 기울기 차이

자료: 유주연 · 윤동건 · 최우석 · 손재영, 『알기 쉬운 부동산학 원론』, 건국대학교출판부, 2022

4 위험의 분석과 관리

1) 평균-분산 모형(평균-분산 결정법, Mean-Variance Decision Rule)

(1) 위험과 수익의 측정

투자안의 위험과 수익을 분석하여 그 채택 여부를 판단하기 위해서는 먼저 통계적인 기법을 사용하여 그 위험과 수익을 측정해야 한다. 위험이란 투자에 따른 수익(현금흐름)의 불확실성, 즉 예상된 수익과 실현된 수익이 달라질 가능성이나 달라지는 정도를 의미한다. 모든 투자는 위험을 수반하지만 그 위험의 정도는 다 다르고 통계적 · 확률적으로 측정된다.

일반적으로 투자의 수익성을 나타내는 통계적 지표에는 수익의 기대치(평균값)가 있고, 위험을 나타내는 통계적 지표에는 분산과 표준편차가 있다. 분산과 표준편차는 각 상황(Event)별 수익이 기대치(평균값)를 중심으로 흩어진 정도를 나타낸다. 분산은 표준편차의 제곱이며 표준편차는 분산의 제곱근이다.

투자로부터 기대되는 수익은 확률적으로 계산된다. 앞으로 일어날 수 있는 여러 가지 상황(Event)에 각각 확률을 부여한 후 이를 가중평균하여 수익의 기대치를 계산하고, 각 상황별 수익이 기대치에서 벗어나는 정도를 계산하여 위험을 측정한다. 각 상황에 부여되는 확률은 유사한 부동산에 대한 시장자료를 분석하여 도출한다.

예를 들어 어떤 투자안에 대한 순영업소득이 각각 50%의 확률로 1억원, 40%의 확률로 1억2천만원, 10%의 확률(초호황일 확률)로 3억2천만원이 발생할 것으로 예상된다면, 해당 투자안의 '순영업소득의 기대치=1억원×0.5+1억2천만원×0.4+3억2천만원×0.1=1억3천만원'이다.

그리고 해당 투자안의 위험을 나타내는 '분산 값[45]$=(10,000-13,000)^2\times0.5+(12,000-13,000)^2\times0.4+(32,000-13,000)^2\times0.1=41,000,000$'이고, '표준편차 값$=\sqrt{41,000,000}\fallingdotseq6,400$(만원)'이다.

만약 해당 투자안의 투자자본으로 10억원이 필요하다면 수익의 기대치는 $\frac{\text{1억3천만원}}{\text{10억원}}=13\%$, 표준편차는 $\frac{\text{6천4백만원}}{\text{10억원}}=6.4\%$와 같이 비율로 표시할 수도 있다. 표준편차가 크다는 것은 위험 즉 수익의 변동가능성이 크다는 뜻이고, 표준편차가 작다는 것은 위험이 작다는 뜻이다.

---

45) 계산의 편의를 위해 1만원 단위로 끊어서 계산하였다.

수익을 측정할 때 이와 같이 절대적인 수익을 기준으로 할 수도 있지만 기대수익률(내부수익률)을 기준으로 할 수도 있다. 이 역시 민감도 분석을 통해 호황 · 불황 등의 시장상황별 기대수익률(내부수익률, IRR)을 추정하고, 유사부동산의 시장자료 분석으로 도출된 상황별 확률로 가중평균하여 대상 부동산 투자의 기대수익률의 기대치를 계산한다. 그리고 이러한 시장상황별 기대수익률의 표준편차를 계산하여 투자의 위험[46]을 측정한다. 이렇게 구한 기대수익률의 표준편차를 위험률(위험할증률)로 사용할 수 있다.

(2) 평균-분산 모형

위험혐오형 투자자를 전제할 때, 2개의 투자대안 중 수익의 기대치가 같으면 위험이 작은 투자안을 채택하고 위험이 같으면 수익의 기대치가 큰 투자안을 채택해야 한다. 수익의 기대치는 평균, 위험은 분산으로 표현되므로 이러한 원리를 평균-분산 모형 또는 평균-분산 결정법이라 한다. 동일한 기대수익률을 갖는 투자대안들 중에는 가장 위험이 작은 투자안이 우월하고, 동일한 위험을 갖는 투자대안들 중에는 가장 기대수익률이 높은 투자안이 우월하다는 것이다.

문제는 위험과 수익의 상쇄관계(비례관계)에 따르면, 시장이 완전할 경우 위험과 수익은 비례하므로 기대수익률이 높은 투자안이 부담하는 위험도 더 크다는 점이다. 이럴 경우 평균-분산 모형에 따라서는 적절한 투자안을 선택하기 곤란하다는 한계 내지 오류가 발생한다. 이러한 경우에는 투자자가 어느 정도 위험을 감수하려 하는지, 추가적인 수익에 비해 추가위험이 어느 정도인지(변이계수로 측정) 등을 종합 고려하여 결정한다.

평균-분산 모형에 따르면 투자안 A와 B가 있을 때, A의 평균(수익)이 B보다 크거나 같고 A의 분산(위험)이 B보다 작으면 투자자는 A를 선택하고, A의 평균(수익)이 B보다 크고 A의 분산(위험)이 B와 같은 경우에도 역시 투자자는 A를 선택한다.

그러나 A의 평균(수익)이 B보다 크고 A의 분산(위험)도 B보다 큰 경우에는 평균-분산 모형으로는 풀기 어려운 오류가 발생한다. 또한 A의 평균(수익)이 B보다 작고 A의 분산(위험)도 B보다 작은 경우 역시 이러한 오류에 직면한다.

(3) 변이계수(변동계수, 분산계수, Coefficient of Variation)

평균-분산 모형의 오류를 해결하기 위해 사용되는 것이 변이계수이다. 변이계수란 기대수익률

---

46) 기대수익률의 기대치가 달성되지 않을 가능성

이나 기대수익의 평균값에 대한 표준편차의 상대적 비율[47]을 말한다.

• 변이계수 = $\frac{\text{표준편차}}{\text{수익의 기대치(가중평균값)}}$ 또는 $\frac{\text{표준편차}}{\text{기대수익률}}$

즉 기대수익률 1단위당 위험도를 의미하므로 변이계수가 크다는 것은 기대수익률 1단위당 위험도가 크다는 뜻이고, 위험혐오형 투자자를 전제할 때 변이계수가 작을수록 선호된다. 변이계수는 위험성을 상대적으로 측정할 수 있는 방법이고, 이를 통해 여러 투자대안들 간의 순위 비교가 가능하며, 평균-분산 모형의 오류를 해결할 수 있다.

예를 들어 투자안 A의 수익의 기대치는 1억원, 표준편차는 250만원이고 투자안 B의 수익의 기대치는 1억5천만원, 표준편차는 500만원이라 할 때, '평균A < 평균B'이고 '표준편차A < 표준편차B'이므로 평균-분산 모형으로는 해결할 수 없다.

그러나 각 투자안의 변이계수를 계산하면 '변이계수 A=$\frac{250}{10,000}$=0.025 < 변이계수 B=$\frac{500}{15,000}$=0.033'이고, 이는 기대수익 1단위당 위험의 크기에 있어서 투자안 A가 투자안 B보다 작다는 뜻이다. 즉 투자안 A에서 B로 대상을 바꾸면 기대수익이 1억원에서 1억5천만원으로 50% 증가하지만, 위험을 나타내는 표준편차가 250만원에서 500만원으로 100% 증가한다는 것이다. 따라서 위험혐오형 투자자의 입장에서는 변이계수가 더 작은 투자안 A가 우월하다(선호된다).

2) 위험의 관리기법

위험의 관리란 투자를 함에 있어서 투자자가 부담할 수 있는 위험을 미리 파악하고 그 적정 수준을 설정하여, 현재 측정된 위험이 적정위험보다 크다면 이를 감소시키고 너무 작다면 이를 증가시킴으로써 위험을 적정 수준으로 관리하는 행위를 뜻한다.[48]

이러한 위험의 관리기법으로는 다음과 같은 것들이 있다.

(1) 위험의 회피(Risk Avoidance)

국공채나 은행 정기예금과 같이 위험이 없는 안전한 곳에만 투자를 하며 위험한 투자를

47) 표준편차를 평균으로 나눈 값이다.
48) 위험이 너무 작다는 것은 그만큼 기대되는 수익도 지나치게 작다는 것을 뜻하므로 투자라는 측면에서 위험을 적정 수준으로 유지, 관리할 필요가 있다.

아예 제외시키는 방법이다. 그러나 위험과 수익은 비례한다는 점에서 모든 위험을 제외한다면 수익 또한 얻을 수 없고 투자대상이 없어진다는 문제점이 있다.

'듀 딜리전스(Due Diligence)'란 투자자나 대출자가 위험을 감소시키기 위해 투자수익과 부동산의 가치에 영향을 미칠 수 있는 모든 법적 · 경제적 · 환경적 요소들에 대한 충분한 현장조사 등을 통해 자산을 면밀히 실사하는 것을 의미한다(기업 M&A 용어). 이를 통해 발견된 위험을 회피할 수 있다.

(2) 위험의 보유(Risk Retention)

투자자가 위험을 그대로 보유하면서 장래 발생 가능한 잠재적 손실을 스스로 부담하는 방법이다. 예를 들어 부동산에 투자하면서 외부적 감가상각요인이 발생할 것에 대비하여 충당금을 넉넉히 설정한다든지, 결손을 대비해 결손충당금을 쌓아놓는 것 등이다.

(3) 위험의 전가(Risk Transfer)

장래 발생 가능한 잠재적 손실을 보험회사나 임차인 등 제3자에게 떠넘기는 방법이다. 예를 들어 보험계약, 리스계약 등을 하거나 인플레이션 발생 시 임대료를 인상하는 조건으로 임대차계약을 하는 것 등이다. 이로써 보험회사, 리스회사, 임차인 등에게 위험을 전가할 수 있다.

(4) 위험의 통제(Risk Control)

위험에 따른 손실 규모를 축소시키기 위해 전략적으로 대응하는 방법으로서, 투자 결정 시부터 위험을 감안하여 투자 타당성 여부를 보수적으로 판단하는 것이다.

이에 따르면 먼저 ① 불확실성을 감안하여 수익은 가능한 낮게, 비용은 가능한 높게 추정함으로써 순수익을 비관적 · 보수적으로 예측하는 방법이 있다. 이렇게 투자에 따른 현금흐름을 하향편의(Downward Bias)하여 추계하면 더 많은 위험이 배제될 수 있고, 그 하향 조정된 최소화된 순수익이라도 투자자의 요구수익률을 충족한다면 비로소 투자안을 채택한다. 그러나 이 방법은 부의 극대화라는 투자 본연의 목적에 맞지 않다는 비판이 있다.

다음으로 ② 미래 예상되는 수익을 현재가치로 할인 또는 환원할 때 위험이 조정된 요구수익률(위험조정률)을 할인율로 사용하는 방법이 있다. 동일한 순수익이 예측되는 경우라도 위험이 더 크다면 위험 프리미엄만큼 할인율을 높게 잡아야 하고 그럴수록 현재가치는 더 작아진다.

민감도 분석을 통해 구한 기대수익률을 요구수익률과 비교하여 투자 여부를 판단할 때에도, 위험이 조정된 요구수익률을 사용한다면 위험이 커질수록 요구수익률도 높아지므로 투자안을 채택하기가 어려워진다. 그렇게 높아진 요구수익률보다도 더 높은 기대수익률을 가진 투자안만을 채택하게 되므로 이 역시 보수적으로 투자 여부를 판단하는 방법이다.

그러나 위험조정할인율을 사용하는 방법은 일반적으로 매 기간마다 예상되는 순수익을 동일한 할인율로 할인하는데, 이는 매 기간의 위험이 똑같다는 것을 전제하므로 문제가 있다. 따라서 만약 매 기간별로 위험이 각각 다르다면 그에 따라 매 기간마다 다른 할인율을 적용해야 할 것이다.

그 밖에 위험의 통제방법으로는 ③민감도 분석(시뮬레이션 기법), ④포트폴리오 구성을 통한 분산투자 등이 있다.

(5) 출구전략(Exit Strategy)과 최적 보유기간(Optimal Holding Period)의 설정

시장과 지역은 끊임없이 변화하고 건축양식이나 법과 제도 등도 시간이 지남에 따라 변화하므로 너무 장기적인 보유는 위험이 크다. 따라서 적정한 보유기간을 설정하여 그 기간 만료 시에 처분하는 전략이 필요하다.

참고 | 민감도 분석(감응도 분석)

투자수익에 영향을 미치는 여러 가지 위험요소가 변동될 때 수익은 어느 정도 변화하는가를 분석하는 것이다. 이때 위험요소는 독립변수, 수익은 종속변수가 된다. 이를 통해 불확실성 하에서 투자수익에 가장 큰 영향을 미치는 위험요소가 무엇인지 파악하여 이를 집중적으로 관리할 수 있고, 수익과 수익률의 범위를 예측할 수 있다.

위험은 수익의 변동가능성을 의미하므로 민감도가 높다는 것은 결국 위험이 크다는 뜻이다. 회귀분석법에서의 회귀계수[49]는 민감도의 크기를 나타낸다. 예를 들어 예상되는 임대료, 공실률, 관리비 등 영업경비, 대출금리, 세금, 가격 변동, 보유기간 등의 변수가 변할 때 투자의 순현재가치(NPV)나 내부수익률(IRR)이 얼마나 변화하는지를 분석하는 것이다.

이러한 민감도 분석은 부동산 투자분석, 부동산 감정평가 중 할인현금흐름분석법(DCF법), 부동산 금융 및 개발, 관리에 이르기까지 다양한 분야에서 활용된다.

---

49) 'Y = a + bX'에서 b가 회귀계수이다.

3) 포트폴리오 이론(Portfolio Theory)

한정된 투자자금을 하나의 투자자산에만 집중한다면 위험과 불확실성이 커지므로, 여러 가지 투자자산에 분산투자(Diversification)함으로써 기대수익률을 유지하면서 위험을 감소시킬 수 있다. 투자자가 이렇게 분산된 다양한 투자자산으로부터 안정된 결합이익을 획득하도록 하는 자산관리 기법을 포트폴리오 이론이라 한다.

포트폴리오에 들어가는 투자자산의 수가 많으면 많을수록 위험이 통계학적으로 제거되지만,[50] 무한한 자산집합을 만드는 것은 비현실적이므로 포트폴리오 관리를 통해 최소한의 자산집합으로 불필요한(비체계적) 위험을 제거하여 위험을 최소화하고 수익을 최대화하는 방법을 찾는 것이 중요하다.

(1) 포트폴리오 관리와 포트폴리오 효과(위험분산효과)

투자자금을 단순히 분산투자하는 것만으로는 부족하고 여러 가지 포트폴리오 중 최적의 포트폴리오를 선택해야 한다. 이를 위해서는 다양한 자산을 배합할 때 자산의 종류나 배합비율, 투자시기 등을 결정하는 포트폴리오 관리가 필요하다.

부동산을 지역 · 유형 · 용도별로 구분하여 포트폴리오를 구성함으로써 비체계적 위험을 제거할 수 있다. 포트폴리오를 구성하는 부동산 간에 지역이 멀수록, 그리고 유형이나 용도가 다를수록 분산효과는 커진다. 분산투자를 통해 각 투자자산 고유의 위험이 제거되는 것은 아니고 자산 상호 간에 위험이 분산되는 것에 불과하다. 분산투자를 통해 분산되는 위험은 불필요한 위험(비체계적 위험)이고 체계적 위험은 감소하지 않는다.

투자자산들의 수익률이 모두 같은 방향, 같은 크기로 움직인다면 수익률 간의 상관계수는 +1이 되고, 이러한 자산들로 포트폴리오를 구성한다 해도 위험은 전혀 감소하지 않는다. 예를 들어 같은 단지 내 같은 평수의 아파트들로 포트폴리오를 구성하는 경우가 그렇다. 반면 투자자산들의 수익률이 정반대로 움직인다면 수익률 간의 상관계수는 −1이 되고, 이러한 자산들로 포트폴리오를 구성한다면 비체계적 위험은 통계적으로 완전히 제거된다.[51]

따라서 상관계수가 +1이 아닌 한은 분산투자를 통해 어느 정도 위험을 감소시킬 수 있고, 상관계수가 −1에 가까울수록 위험분산효과가 커진다. 그러나 포트폴리오를 아무리 잘 구성한다

---

50) 다만 적절한 포트폴리오 구성(분산투자)을 통해 비체계적 위험은 감소시킬 수 있지만, 체계적 위험은 감소하지 않고 그대로 남는다.
51) 최소한의 자산집합으로 최대한의 위험분산효과

해도 이를 통해 제거할 수 있는 위험은 비체계적 위험(정적 위험, Nonsystematic Risk)뿐이고, 모든 투자자산에 공통적으로 영향을 미치는 경제요인 변화에 따른 체계적 위험(동적 위험, Systematic Risk)은 감소시킬 수 없다는 한계가 있다.

(2) 최적의 포트폴리오 선택

최적의 포트폴리오란 투자자 입장에서 수익(률)이 최대화되고 위험이 최소화되는 자산집합을 의미하고, 최적의 포트폴리오를 선택했을 때 투자자에게 가장 높은 효용을 줄 수 있다. 최적의 포트폴리오는 효율적 전선(효율적 프론티어)과 투자효용 무차별곡선이 접하는 점에서 결정된다.

무수한 포트폴리오 중에서 평균–분산 모형에 따라 선택된 포트폴리오를 효율적 포트폴리오(Efficient Portfolio)라고 한다. 따라서 평균–분산 모형에 따라 동일한 위험 수준에서 기대수익률(평균)을 최대로 하는 자산집합들이나 동일한 기대수익률(평균) 수준에서 위험을 최소로 하는 자산집합들이 효율적 포트폴리오에 속한다.

이러한 효율적 포트폴리오들의 집합을 효율적 전선(효율적 프론티어, Efficient Frontier)이라고 한다. 즉 효율적 전선이란 동일한 위험 수준에서 최고의 기대수익률을 나타내는 효율적 포트폴리오들을 선택하여 연결한 선을 말한다.[52] 효율적 전선은 〈그림 1-7〉에서 보는 것처럼

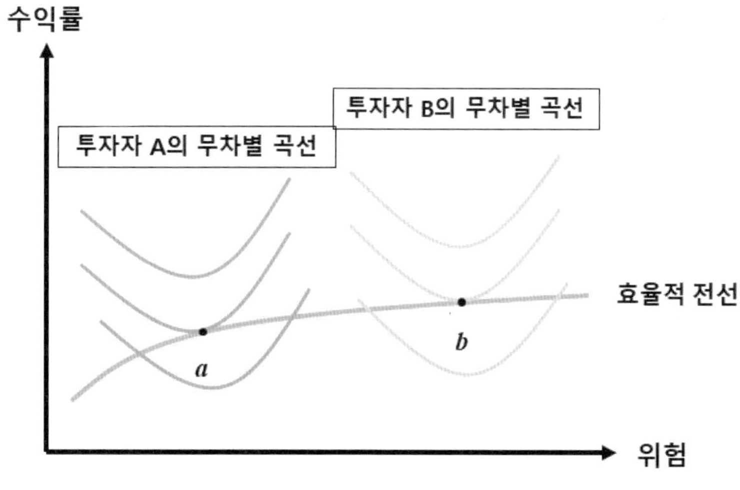

〈그림 1-7〉 효율적 전선과 투자효용 무차별곡선

자료: 유주연 · 윤동건 · 최우석 · 손재영, 『알기 쉬운 부동산학 원론』, 건국대학교출판부, 2022

52) 이는 동일한 기대수익률 수준에서 위험이 가장 작은 효율적 포트폴리오들을 선택하여 연결한 선과 같은 의미이다.

우상향하는데, 이는 위험과 수익의 비례관계에 따라 투자자가 더 많은 수익을 얻기 위해서는 더 큰 위험을 감수해야 한다는 것을 의미한다.

평균-분산 모형으로 해결할 수 없는[53] 투자대안들도 각각이 효율적 포트폴리오에 해당된다면 일련의 효율적 전선에 속한다. 즉 평균-분산 모형으로는 해결(선택)할 수 없는 경우에도 포트폴리오 이론에 따르면 해결(선택)할 수 있게 된다.

앞에서 본 바와 같이 위험에 대한 태도에 따라 투자자마다 투자효용 무차별곡선이 달라지는데, 일반적으로 위험혐오형 투자자를 전제하므로 투자효용 무차별곡선은 아래로 볼록한 우상향하는 형태가 된다. 위험혐오도가 클수록 그 기울기는 크고 가팔라진다.

〈그림 1-7〉에서 위험혐오도가 큰 보수적인 투자자 A의 투자효용 무차별곡선은 저위험 · 저수익을 기대하며 그래프상 좌하방에 위치하고, 위험혐오도가 작은 보다 공격적인 투자자 B의 무차별곡선은 고위험 · 고수익을 기대하며 그래프상 우상방에 위치한다. 개별적인 투자자의 무차별곡선의 묶음에서는 위로 이동할수록 더 높은 효용수준을, 아래로 이동할수록 더 낮은 효용수준을 나타낸다.

이렇게 효율적 전선과 각 투자자의 투자효용 무차별곡선이 주어졌을 때 양자가 접하는 점에서 각 투자자는 가장 높은 효용을 얻을 수 있는 최적의 포트폴리오를 결정할 수 있다(기대효용의 극대화). 따라서 어떤 투자자에게 최적의 포트폴리오라 하더라도 다른 투자자에게는 최적이 아닐 수도 있다.

〈그림 1-7〉에서 투자자 A는 B보다 위험혐오도가 높고 보수적인 투자자이므로 비교적 저위험 · 저수익인 a점이 그에게는 최적의 포트폴리오로 결정되지만, 투자자 B는 A보다 위험혐오도가 낮고 공격적인 투자자이므로 비교적 고위험 · 고수익인 b점이 그에게는 최적의 포트폴리오로 결정되는 것이다.

또한 위험혐오도에 따라 무차별곡선의 기울기도 달라지므로 다른 조건이 동일할 때, 위험혐오도가 높아서 무차별곡선의 기울기가 크다면 기울기가 작은 경우보다 저위험 · 저수익의 포트폴리오가 최적으로 선택될 것이다.

(3) 부동산 투자에 있어서 포트폴리오 이론의 한계

이와 같은 포트폴리오 이론은 주식, 채권 등의 금융투자에서는 보편화된 이론으로서 부동산

53) 투자대안 A와 B 중 A가 B보다 기대수익률(평균)이 더 높고 위험도 더 큰 경우가 이에 해당한다.

투자에서도 적용될 수 있지만 ① 부동산 투자는 금융투자와 달리 분할 투자가 어렵다는 점, ② 포트폴리오 모형은 단기간의 투자를 전제로 한 모형인데 부동산 투자는 일반적으로 투자기간이 장기라는 점, ③ 완전경쟁시장에 가까운 금융시장과 달리 부동산 시장은 불완전경쟁시장이라는 점 등에서 한계가 있다.

제5절 부동산 투자론 계산문제

01. 당신은 A 부동산에 대한 투자안과 B 부동산에 대한 투자안을 분석한 결과 다음의 표와 같은 데이터를 얻었다. 이러한 경우 평균-분산 모형에 따라 우월한 투자안을 선택할 수 있는지 살펴보고(평균-분산 모형에 따라 선택할 수 없다면 그 이유를 설명), 각 투자안의 변이계수를 비교하여 A와 B 중 어떤 투자안을 채택할 것인지를 제시하시오.

투자대안	수익의 기대치	위험(표준편차)
A	600만원	100만원
B	1,000만원	200만원

풀이와 답

B가 A보다 수익의 기대치가 크지만 동시에 위험(표준편차)도 A보다 크기 때문에 평균-분산 모형에 따라서는 A와 B 중에 선택할 수 없다. 평균-분산 모형으로는, 예를 들어 A의 수익의 기대치는 B보다 크지만 표준편차가 B보다 작거나 같을 때 또는 A의 수익의 기대치는 B보다 크거나 같지만 표준편차가 B보다 작을 때에 있어서 투자대안을 선택할 수 있다.[54]

- 변이계수(A) = $\frac{100\text{만원}}{600\text{만원}} = 0.1667$

- 변이계수(B) = $\frac{200\text{만원}}{1{,}000\text{만원}} = 0.2$

'변이계수(A) 〈 변이계수(B)'이고 이는 A 부동산에 대한 투자안이 B보다 기대수익 한 단위당 위험도가 낮다는 것을 의미하므로, A 투자안을 채택해야 한다.

---

54) 이와 같은 예시들의 경우에는 A를 선택한다.

02. 당신은 어떤 부동산에 20억원을 투자하려 하는데, 이때 은행으로부터 연 이자율 10%의 조건으로 14억원을 대출받을 수 있고, 따라서 당신은 자기자본으로 6억원만 투자하면 된다고 가정하자. 이러한 부동산 투자로부터 당신은 해마다 4억5천만원의 유효총소득(EGI)을 얻고 해마다 5천만원을 영업경비로 지출하게 된다면, 당신에게는 어떤 형태의 지렛대 효과가 발생하는가?

풀이와 답

- 총자본수익률(전체투자에 대한 수익률)$=\frac{\text{순영업소득}(NOI)}{\text{총투하자본}}=\frac{\text{4억5천만원}-\text{5천만원}}{\text{20억원}}=20\%$
- 지분수익률(자기자본 수익률)$=\frac{\text{지분소득}(NOI-DS=BTCF)}{\text{자기자본}}=\frac{\text{4억원}-(\text{14억원}\times 0.1)}{\text{6억원}}=43.33\%$

'지분수익률(43.33%) 〉 총자본수익률(20%) 〉 저당수익률(이자율 10%)'이므로 (+)의 지렛대 효과가 발생한다.

03. A 부동산은 100실로 구성된 원룸형 건물로서, 시장에서 평가하는 일반적이고 표준적인 임대료는 1실당 월 10만원으로 파악되고 있고, A 부동산의 시장가치는 10억원으로 평가되고 있다. 그리고 A 부동산의 일반적인 공실률은 평균 10% 정도이고, 영업경비는 월 100만원 정도 소요되며, 기타 소득 등은 없다고 가정한다. 이때 다음의 자료를 활용하여 A 부동산의 투자가치를 구하고, 이 부동산에 투자할 것인지 말 것인지를 판단하시오.

〈자료〉
- 국공채 이자율: 연 3%
- 위험할증률: 연 4%
- 예상된 인플레이션율: 연 3%

풀이와 답

- 연간 가능총소득(PGI): 100×10만원×12 = 1억2,000만원
- 연간 유효총소득(EGI): 1억2,000만원×(1 − 0.1) = 1억800만원
- 연간 순영업소득(NOI): 1억800만원 − 100만원×12 = 9,600만원
- A 부동산의 투자가치 $=\frac{\text{순영업소득}(NOI)}{\text{요구수익률}}=\frac{\text{9,600만원}}{3\%+4\%+3\%}$ = 9억6,000만원

'A 부동산의 투자가치(=9억6,000만원) 〈 A 부동산의 시장가치(= 10억원)'이므로, A 부동산에 투자하면 안 된다.

04. A는 은행으로부터 10억원을 대출받고 여기에 자기 돈 10억원을 포함하여 총 20억원의 수익형 원룸건물을 매수하려 한다. 은행은 A의 신용과 담보가치를 검토한 결과 이자율 연 15%의 조건으로 A에게 10억원을 대출해 줄 수 있다고 통보하였다. 이 원룸건물은 50개의 방으로 구성되었으며, 방 하나당 월 40만원에 임대를 놓을 수 있다. 공실률은 5%로 예상되며, 동 건물을 운영하는 데 1년간 영업경비 2,800만원이 소요될 것으로 판단된다. A가 은행 대출을 이용해서 동 건물을 매수하는 것이 타당한지를 지렛대 효과를 통해 판단하시오.

풀이와 답

- 가능총소득(PGI) = 50개 × 40만원 × 12개월 = 2억4천만원
- 유효총소득(EGI) = 2억4천만원 × (1 − 0.05) = 2억2,800만원
- 순영업소득(NOI) = 2억2,800만원 − 2,800만원 = 2억원
- 총자본수익률(전체투자에 대한 수익률) = $\frac{\text{순영업소득}(NOI)}{\text{총투하자본}} = \frac{2\text{억원}}{20\text{억원}} = 10\%$
- 지분수익률(자기자본 수익률)= $\frac{\text{지분소득}(NOI-DS=BTCF)}{\text{자기자본}} = \frac{2\text{억원}-(10\text{억원}\times 0.15)}{10\text{억원}} = 5\%$

'지분수익률(5%) 〈 총자본수익률(10%) 〈 저당수익률(이자율 15%)'이므로 (−)의 지렛대 효과가 발생한다. 따라서 이런 식의 투자는 타당하지 않다.

05. 순현가법(NPV법)에 따라 다음 투자안의 NPV를 구하고, 이 투자안에 투자를 할 것인지 말 것인지를 결정하시오.

〈투자안〉

(1) 투자대상 부동산의 현재 시장가치: 20억원(현재 20억원을 주면 당장 매수할 수 있음)
(2) 총 투자액(20억원) 중 은행 대출 예정액: 14억원(연 이자율 10%, 2년간 이자만 상환하다가 2년 후 부동산 처분 시에 원금 일시 상환 조건)
(3) 투자대상 부동산의 예정 보유기간: 2년(2년 후에 당시 시세로 처분)
(4) 보유기간 2년 동안의 예상 순영업소득(NOI): 1년차 2억원 / 2년차 2억4,000만원
(5) 2년 후 시점의 예상 시장가치: 24억원
(6) 매도시점 예상 매도경비: 2억원
(7) 영업소득세는 순영업소득의 10%, 자본이득세(양도소득세)는 순매도액의 10%로 한다.
(8) 요구수익률은 연 12%로 한다.
(9) 순현가(NPV) 계산 시 세후현금흐름(ATCF) 및 세후지분복귀액(ATER)을 사용한다.
(10) $\frac{1}{1.12} = 0.8929$, $\frac{1}{1.12^2} = 0.7972$

풀이와 답

- 1년차 ATCF = 2억원 − (14억원×0.1) − (2억원×0.1) = 4,000만원
- 2년차 ATCF = 2억4,000만원 − (14억원×0.1) − (2억4,000만원×0.1) = 7,600만원
- ATER = 24억원 − 2억원 − 14억원 − {(24억원 − 2억원)×0.1)} = 5억8,000만원
- EQ = 20억원 − 14억원 = 6억원
- $NPV = -EQ + \sum_{1}^{n} \frac{ATCF}{(1+k)^n} + \frac{ATER}{(1+k)^n}$

(EQ: 지분투자액, ATCF: 세후현금흐름, ATER: 세후지분복귀액, k: 요구수익률)

사안에서 'NPV = −6억원 + 4,000만원× $\frac{1}{1.12}$ + 7,600만원× $\frac{1}{1.12^2}$ + 5억8,000만원× $\frac{1}{1.12^2}$ = −4,131만원'이고, NPV 〈 0이므로 이 투자안에 투자를 하지 말아야 한다.

06. 다음과 같은 오피스빌딩을 2년간 운영한 후 처분하는 경우, 영업현금흐름(세후)과 매각 시 지분복귀액(세후)을 각각 계산하여 이를 바탕으로 NPV를 산정하고, 해당 부동산 투자의 연간 최대 수용가능한 오차의 한계(현금유입액 현가의 감소 허용 폭)를 구하시오.

- 해당 오피스빌딩의 현 시점 매입가능가격: 100억원
- 호당 연간 임대료: 5천만원
- 임대가능호수: 10호
- 공실률: 10%
- 연간 영업경비: 5천만원
- 매입시점 융자액: 10억원(대출이자율 연 5%, 5년 만기 원리금균등분할상환 조건)
- 연간 감가상각액: 5천만원
- 영업소득세율: 30%
- 해당 빌딩의 향후 예상되는 연간 가격상승률: 5%
- 매각경비: 매각가격의 5%
- 자본이득세율: 30%
- 국공채수익률: 3%
- 해당 투자의 위험할증률: 5%
- 예상된 인플레이션율: 2%

※ 세전 영업현금흐름은 1년차와 2년차가 동일하고, 투자자의 요구수익률을 할인율로 한다.

※ $\frac{1}{1.05}$=0.95, $\frac{1}{(1.05)^2}$=0.91, $\frac{1}{(1.05)^3}$=0.9, $\frac{1}{(1.05)^5}$=0.8, $(1.05)^2$=1.1

풀이와 답

(1) 1년차 세후 영업현금흐름 계산

- 가능조소득 = 5천만원×10 = 5억원
- 유효조소득 = 5억원×(1 − 0.1) = 4억5천만원

• 순영업소득 = 4억5천만원 − 5천만원 = 4억원

• 세전현금흐름 = 4억원 − 원리금상환액 = 1억5천만원

(원리금상환액 = 10억원 × 저당상수(5%, 5년),

저당상수(5%, 5년) = $\dfrac{0.05}{1-\dfrac{1}{(1+0.05)^5}} = \dfrac{0.05}{1-0.8} = 0.25$

→ ∴원리금상환액 = 10억원 × 0.25 = 2억5천만원)

• 세후현금흐름 = 1억5천만원 − 영업소득세 = 6천만원

(과세표준 = 순영업소득 − 이자지급액 − 감가상각비 = 4억원 − (10억원 × 5%) − 5천만원 = 3억원

→ ∴영업소득세 = 3억원 × 0.3 = 9천만원)

(2) 2년차 세후 영업현금흐름 계산

• 가능조소득 = 5천만원 × 10 = 5억원

• 유효조소득 = 5억원 × (1 − 0.1) = 4억5천만원

• 순영업소득 = 4억5천만원 − 5천만원 = 4억원

• 세전현금흐름 = 4억원 − 원리금상환액 = 1억5천만원

(원리금상환액 = 10억원 × 저당상수(5%, 5년),

저당상수(5%, 5년) = $\dfrac{0.05}{1-\dfrac{1}{(1+0.05)^5}} = \dfrac{0.05}{1-0.8} = 0.25$

→ ∴원리금상환액 = 10억원 × 0.25 = 2억5천만원)

• 세후현금흐름 = 1억5천만원 − 영업소득세 = 5천7백만원

(1년차 원리금상환액 2억5천만원 중 이자지급액은 5천만원이므로 1년차의 원금상환액은 2억원이고 대출잔금은 8억원,

2년차 과세표준 = 순영업소득 − 이자지급액 − 감가상각비 = 4억원 − (8억원×5%) − 5천만원 = 3억1천만원

→ ∴영업소득세 = 3억1천만원 × 0.3 = 9천3백만원)

(3) 매각 시 세후 지분복귀액

• 2년 후 예상 매각가격 = 100억원 × $(1+0.05)^2$ = 110억원

• 순매각액 = 110억원 × (1 − 0.05) = 104억5천만원

• 세전지분복귀액 = 104억5천만원 − 미상환저당잔금 = 99억5천만원

(미상환저당잔금 = 2억5천만원 × 연금의 현가계수(5%, 3년),

연금의 현가계수(5%, 3년) = $\dfrac{1-\dfrac{1}{(1+0.05)^3}}{0.05} = \dfrac{1-0.9}{0.05} = 2$

→ ∴미상환저당잔금 = 2억5천만원×2 = 5억원)

• 세후지분복귀액 = 99억5천만원 − 자본이득세 = 97억8천5백만원

(과세표준 = 순매각액 − 매수가격 + 감가상각누계액 = 104억5천만원 − 100억원 + (5천만원×2)

= 5억5천만원

→ ∴자본이득세 = 5억5천만원×0.3 = 1억6천5백만원)

(4) 순현재가치(NPV) 계산

• 투자자의 요구수익률(할인율) = 3% + 5% + 2% − 5% = 5%

• NPV = −90억원 + 6천만원 × $\frac{1}{1+0.05}$ + 5천7백만원 × $\frac{1}{(1+0.05)^2}$ + 97억8천5백만원 × $\frac{1}{(1+0.05)^2}$ = 1,322만원

• NPV 〉 0이므로 투자해야 한다.

(5) 연간 최대 수용가능한 오차의 한계(=해당 사업 투자기간 동안의 연평균순현가, ANPV)

• ANPV = NPV × 저당상수(5%, 2년) = 1,322만원 × $\frac{0.05}{1-\frac{1}{(1+0.05)^2}}$ = 1,322만원 × $\frac{0.05}{1-0.91}$

≒ 734만원

07. 다음과 같은 임대주택사업을 2년간 운영한 후 처분하는 경우, 영업현금흐름(세후)과 매각 시 지분복귀액(세후)을 각각 계산하여 이를 바탕으로 순현재가치를 산정하고, 해당 사업의 타당성 여부를 판단하시오.

• 해당 임대주택의 현시점 매입가능가격: 100억원
• 호당 연간 임대료: 5천만원 • 임대가능호수: 10호
• 공실률: 10% • 연간 영업경비: 5천만원
• 매입시점 융자액: 10억원(대출이자율 5%, 5년 만기 원리금균등분할상환 조건)
• 연간 감가상각액: 5천만원 • 영업소득세율: 30%
• 해당 임대주택의 향후 예상되는 연간 가격상승률: 5% • 매각경비: 매각가격의 5%
• 자본이득세율: 30% • 국공채수익률: 2%
• 해당 사업의 위험할증률: 5% • 예상된 인플레이션율: 3%

※ 세전 영업현금흐름은 1년차와 2년차가 동일하고, 투자자의 요구수익률을 할인율로 한다.

※ 저당상수(2%, 2년)=0.52, 저당상수(2%, 5년)=0.22, 저당상수(3%, 2년)=0.53, 저당상수(3%, 5년)=0.23, 저당상수(5%, 2년)=0.55, 저당상수(5%, 5년)=0.25

※ 연금의 현가계수(5%, 3년)=2, 연금의 현가계수(5%, 5년)=4

※ $(1.05)^2=1.1$, $\frac{1}{1.05}=0.95$, $\frac{1}{(1.05)^2}=0.91$, $\frac{1}{(1.05)^3}=0.9$

풀이와 답

(1) 1년차 세후 영업현금흐름 계산

- 가능조소득 = 5천만원×10 = 5억원
- 유효조소득 = 5억원×(1 − 0.1) = 4억5천만원
- 순영업소득 = 4억5천만원 − 5천만원 = 4억원
- 세전현금흐름 = 4억원 − 원리금상환액 = 1억5천만원

(원리금상환액 = 10억원×저당상수(5%, 5년),

저당상수(5%, 5년) = 0.25

→ ∴원리금상환액 = 10억원×0.25 = 2억5천만원)

- 세후현금흐름 = 1억5천만원 − 영업소득세 = 6천만원

(과세표준 = 순영업소득 − 이자지급액 − 감가상각비 = 4억원 − (10억원×5%) − 5천만원 = 3억원

→ ∴영업소득세 = 3억원×0.3 = 9천만원)

(2) 2년차 세후 영업현금흐름 계산

- 가능조소득 = 5천만원×10 = 5억원
- 유효조소득 = 5억원×(1 − 0.1) = 4억5천만원
- 순영업소득 = 4억5천만원 − 5천만원 = 4억원
- 세전현금흐름 = 4억원 − 원리금상환액 = 1억5천만원

(원리금상환액 = 10억원×저당상수(5%, 5년), 저당상수(5%, 5년) = 0.25

→ ∴원리금상환액 = 10억원×0.25 = 2억5천만원)

- 세후현금흐름 = 1억5천만원 − 영업소득세 = 5천7백만원

(1년차 원리금상환액 2억5천만원 중 이자지급액은 5천만원이므로

1년차의 원금상환액은 2억원이고 대출잔금은 8억원,

2년차 과세표준 = 순영업소득 − 이자지급액 − 감가상각비 = 4억원 − (8억원×5%) − 5천만원

= 3억1천만원

→ ∴영업소득세 = 3억1천만원×0.3 = 9천3백만원)

(3) 매각 시 세후 지분복귀액

- 2년 후 예상 매각가격 = 100억원×$(1+0.05)^2$ = 110억원

- 순매각액 = 110억원 × (1 − 0.05) = 104억5천만원
- 세전지분복귀액 = 104억5천만원 − 미상환저당잔금 = 99억5천만원

(미상환저당잔금 = 2억5천만원 × 연금의 현가계수(5%, 3년), 연금의 현가계수(5%, 3년) = 2

→ ∴미상환저당잔금 = 2억5천만원 × 2 = 5억원)

- 세후지분복귀액 = 99억5천만원 − 자본이득세 = 97억8천5백만원

(과세표준 = 순매각액 − 매수가격+감가상각누계액 = 104억5천만원 − 100억원+(5천만원 × 2)

= 5억5천만원

→ ∴자본이득세 = 5억5천만원 × 0.3 = 1억6천5백만원)

(4) 순현재가치(NPV) 계산

- 투자자의 요구수익률(할인율) = 2% + 5% + 3% − 5% = 5%
- NPV = −90억원 + 6천만원 × $\frac{1}{1+0.05}$ + 5천7백만원 × $\frac{1}{(1+0.05)^2}$ + 97억8천5백만원 × $\frac{1}{(1+0.05)^2}$ = 1,322만원
- NPV 〉 0이므로 투자해야 한다.

08. 다음 갭 투자의 자기자본수익률을 계산하시오.

- A아파트를 6억원에 매입
- 투자자는 기존 세입자의 전세금 4억원을 인수하고, 차액 2억원을 자기자본(지분)으로 지급
- 해당 아파트의 가격은 1년간 10% 하락

풀이와 답

자기자본 2억원을 투자해서 1년간 6천만원(=6억원 × 10%)의 손실이 발생하였으므로

- 해당 투자의 자기자본수익률 = $\frac{-6천만원}{2억원}$ = −30%

09. 4년간 매년 세후현금흐름(ATCF)이 2억원, 기간 말 세후지분복귀액(ATER)이 8억원이 예상되는 투자안이 있다. 할인율을 10%로 적용했을 때, 이 투자안의 현금흐름(현금수지)의 현재가치 합은 얼마인지 구하시오.

〈 표 〉 할인율 10% 시 자본환원계수 (내가계수=미래가치계수, 현가계수=현재가치계수)

구분	일시불의 내가계수	일시불의 현가계수	연금의 내가계수	연금의 현가계수	감채기금계수	저당상수
1년	1.1000	0.9091	1.0000	0.9091	1.0000	1.1000
2년	1.2100	0.8264	2.1000	1.7355	0.4762	0.5762
3년	1.3310	0.7513	3.3100	2.4869	0.3021	0.4021
4년	1.4641	0.6830	4.6410	3.1699	0.2155	0.3155
5년	1.6105	0.6209	6.1051	3.7908	0.1638	0.2638

풀이와 답

• 해당 투자안의 현금흐름(현금수지)의 현재가치 합
= 2억원 × 연금의 현가계수(4년) + 8억원 × 일시불의 현가계수(4년)
= 2억원 × 3.1699 + 8억원 × 0.6830
= 11억8,038만원

10. 다음은 A부동산에 대한 투자안의 1년간 예상되는 현금흐름이다. 해당 투자안의 세후현금흐름(ATCF)을 구하시오.

• 호당 임대료: 5백만원
• 임대가능호수: 50호
• 공실률: 10%
• 영업경비(운영비용): 1천5백만원
• 원리금상환액: 1억원
• 대출이자지급액: 2천만원
• 감가상각액: 1천만원
• 영업소득세율: 30%

풀이와 답

• PGI = 50 × 5,000,000 = 250,000,000원
• EGI = 250,000,000 − (250,000,000 × 0.1) = 225,000,000원
• NOI = 225,000,000 − 15,000,000 = 210,000,000원
• BTCF = 210,000,000 − 100,000,000 = 110,000,000원
• ATCF = 110,000,000 − {(210,000,000 − 20,000,000 − 10,000,000) × 0.3}
= 110,000,000 − 54,000,000 = 56,000,000원

11. 다음은 B부동산에 대한 투자안의 1년간 예상되는 현금흐름이다. 해당 투자안의 세후현금흐름(ATCF)을 구하시오.

- 임대면적: 1만㎡
- 임대면적당 매년 임대료: 3만원/㎡
- 공실 및 불량부채 상당액: 연 임대료의 10%
- 영업경비(운영비용): 1억원
- 원리금상환액: 5천만원
- 대출이자지급액: 2천만원
- 감가상각액: 1천만원
- 영업소득세율: 30%

풀이와 답

- PGI = 10,000×30,000 = 300,000,000원
- EGI = 300,000,000 − (300,000,000×0.1) = 270,000,000원
- NOI = 270,000,000 − 100,000,000 = 170,000,000원
- BTCF = 170,000,000 − 50,000,000 = 120,000,000원
- ATCF = 120,000,000 − {(170,000,000 − 20,000,000 − 10,000,000)×0.3}
  = 120,000,000 − 42,000,000 = 78,000,000원

12. 다음과 같이 다양한 부동산에 분산투자할 때, 전체 구성자산(포트폴리오)의 기대수익률은 얼마인지 계산하시오.

구분	자산비중	경제상황별 예상수익률	
		호황	불황
아파트	40%	20%	5%
오피스텔	10%	10%	2%
상가	20%	30%	2%
토지	30%	25%	4%

※ 향후 경제상황이 호황일 확률은 70%, 불황일 확률은 30%이다.

풀이와 답

Solution ①: (0.4×0.2 + 0.1×0.1 + 0.2×0.3 + 0.3×0.25) × 0.7 + (0.4×0.05 + 0.1×0.02 + 0.2×0.02 + 0.3×0.04) × 0.3 = 0.225×0.7 + 0.038×0.3 = 0.1689 (16.89%)

Solution ②:

- 포트폴리오의 기대수익률 = Σ(개별자산의 기대수익률×개별자산의 구성비율)
- 아파트의 기대수익률 = 40% × (20%×70% + 5%×30%) = 6.2%
- 오피스텔의 기대수익률 = 10% × (10%×70% + 2%×30%) = 0.76%
- 상가의 기대수익률 = 20% × (30%×70% + 2%×30%) = 4.32%
- 토지의 기대수익률 = 30% × (25%×70% + 4%×30%) = 5.61%

∴해당 포트폴리오의 기대수익률 = 16.89%

13. 가용 투자자금이 10억원으로 주어졌을 때, 다음의 네 가지 투자안 중 '부의 극대화'를 이룰 수 있는 투자방법은 무엇인가?

구분	필요 투자자금	순현재가치(NPV)	내부수익률(IRR)
A	5억원	7,000만원	17%
B	3억원	4,000만원	20%
C	8억원	9,000만원	16%
D	4억원	6,000만원	18%

풀이와 답

내부수익률만을 기준으로 투자안을 선택한다면 B를 선택해야겠지만, '부의 극대화'를 위해 순현재가치를 기준으로 선택한다면 A안+D안을 선택하는 것이 최대 순현재가치 1억3천만원(=7,000만원 +6,000만원)을 달성하는 것이므로 타당하다.

(∵A+B=순현가 1억1천만원, A+C=투자 불가능, B+C=투자 불가능, B+D=순현가 1억원, C+D=투자 불가능)

순현재가치가 높은 순서에 따라 A안+D안을 선택하면 순현재가치는 총합 1억3천만원이 되고, 내부수익률이 높은 순서에 따라 B안+D안을 선택하면 순현재가치는 총합 1억원이 된다. 따라서 순현재가치법에 의해 투자를 결정하는 것이 내부수익률법에 의해 투자를 결정하는 것보다 투자자의 부를 3천만원 증가시킨다.

14. 할인율 연 10%를 적용하여 다음 투자안 A의 순현재가치(NPV)와 수익성지수(PI)를 구하고, 내부수익률(IRR)을 계산하시오.

〈투자안 A〉

초기 현금지출	3년 후 현금유입
7,000만원	9,500만원

풀이와 답

- 순현재가치 = $9,500 \times \frac{1}{1.1^3} - 7,000 \fallingdotseq 137$만원
- 수익성지수 = $\frac{9,500 \times \frac{1}{1.1^3}}{7,000} \fallingdotseq 1.02$
- $9,500 \times \frac{1}{1+r^3} - 7,000 = 0$'을 만족하는 r(내부수익률) ≒ 10.716%

15. 다음의 향후 2년간 현금흐름 자료를 활용하여 해당 투자안의 순현재가치(NPV)와 수익성지수(PI)를 구하시오.

- 현금유입은 1년차 2억원, 2년차 2억5천만원
- 현금유출은 1년차 1억5천만원, 2년차 2억원

(모든 현금유입과 현금유출은 매년 말에 발생하는 것으로 가정)

- 1년 후 일시불의 현재가치계수: 0.95
- 2년 후 일시불의 현재가치계수: 0.90

풀이와 답

- 현금유입의 현재가치 = 2억원×0.95 + 2억5천만원×0.90 = 4억1,500만원
- 현금유출의 현재가치 = 1억5천만원×0.95 + 2억원×0.90 = 3억2,250만원
- 순현재가치 = 4억1,500만원 − 3억2,250만원 = 9,250만원
- 수익성지수 = $\frac{4억1,500만원}{3억2,250만원} \fallingdotseq 1.29$

16. 다음의 투자안에서 단순자본회수기간법에 따라 자본회수기간을 구하시오.

기간	1기	2기	3기	4기	5기
순현금흐름	1억원	1억2천만원	1억5천만원	1억8천만원	2억원

※ 초기 투자액 6억원

※ 기간은 연간 기준, 회수기간은 월단위로 계산, 각 기간 내 현금흐름은 매월 말 균등하게 발생하는 것으로 가정

풀이와 답

자본회수누적액은 1기: 1억원, 2기: 2억2천만원, 3기: 3억7천만원, 4기: 5억5천만원이고, 5기 순현금흐름 2억원의 $\frac{1}{4}$인 5천만원을 더하면 총 자본회수누적액이 초기 투자액과 같은 6억원이 된다.

따라서 해당 투자안의 자본회수기간은 '4년 + 12개월 × $\frac{1}{4}$ = 4년 3개월'이다.

17. **다음의 1년치 자료를 통해 ① 순소득승수, ② 세후현금흐름승수, ③ 자본환원율, ④ 부채감당률, ⑤ 채무불이행률(손익분기율), ⑥ 지분환원율(지분배당률), ⑦ 영업경비비율, ⑧ 대부비율(저당비율), ⑨ 부채비율을 각각 구하시오.**

- 부동산 가치(총투자액): 80억원
- 지분투자액: 32억원
- 가능총소득: 12억원
- 유효총소득승수: 8
- 순영업소득: 8억원
- 세전현금흐름: 6억원
- 영업소득세: 1억원

풀이와 답

① 순소득승수 = $\frac{\text{총투자액}}{\text{순영업소득}} = \frac{80\text{억원}}{8\text{억원}} = 10$

② 세후현금흐름승수 = $\frac{\text{지분투자액}}{\text{세후현금흐름}} = \frac{32\text{억원}}{6\text{억원} - 1\text{억원}} = 6.4$

③ 자본환원율 = $\frac{\text{순영업소득}}{\text{부동산가치}} = \frac{8\text{억원}}{80\text{억원}} = 10\%$

④ 부채감당률 = $\frac{\text{순영업소득}}{\text{부채서비스액}} = \frac{8\text{억원}}{8\text{억원} - 6\text{억원}} = 4.0(400\%)$

(부채서비스액 = 순영업소득 − 세전현금흐름)

⑤ 채무불이행률(손익분기율) = $\frac{\text{영업경비} + \text{부채서비스액}}{\text{유효총소득}} = \frac{2\text{억원} + 2\text{억원}}{10\text{억원}} = 40\%$

(유효총소득승수= $\frac{\text{총투자액}}{\text{유효총소득}}$ = 8이므로 유효총소득 = 10억원,

영업경비=유효총소득−순영업소득=10억원−8억원=2억원, 부채서비스액=8억원−6억원=2억원)

⑥ 지분환원율(지분배당률) = $\frac{\text{세전현금흐름}}{\text{지분투자액}} = \frac{6\text{억원}}{32\text{억원}} = 18.75\%$

⑦ 영업경비비율 = $\frac{\text{영업경비}}{\text{유효총소득}} = \frac{\text{2억원}}{\text{10억원}}$ = 20%

⑧ 대부비율(저당비율) = $\frac{\text{대출액(저당투자액)}}{\text{부동산가치}} = \frac{\text{80억원} - \text{32억원}}{\text{80억원}}$ = 60%

⑨ 부채비율 = $\frac{\text{대출액(저당투자액)}}{\text{지분투자액}} = \frac{\text{48억원}}{\text{32억원}}$ = 150%

18. 다음의 자료를 활용하여 영업소득세를 구하시오.

- 유효총소득: 1억원
- 영업경비비율: 40%
- 대체충당금: 500만원
- 대출이자지급액: 450만원
- 감가상각액: 550만원
- 소득세율: 30%

풀이와 답

- 영업소득세 = (순영업소득 + 대체충당금 − 이자지급액 − 감가상각액) × 소득세율
  = (6천만원 + 500만원 − 450만원 − 550만원) × 30%
  = 1,650만원
  (순영업소득 = 유효총소득 × (1 − 영업경비비율) = 1억원 × (1−0.4) = 6천만원)

19. 다음의 자료를 활용하여 해당 투자안의 1년간 자기자본수익률을 계산하시오.

- 해당 부동산 가격: 6억원
- 자기자본: 2억원, 대출액: 4억원
- 대출기간: 10년, 대출금리: 연 5%, 원금만기일시상환 조건
- 1년간 순영업이익(NOI): 4천만원
- 1년간 부동산 가격은 5% 상승

풀이와 답

- 자기자본수익률 = $\frac{\text{세전소득이득} + \text{세전자본이득}}{\text{자기자본투자액}} = \frac{(\text{4천만원} - \text{4억원} \times 5\%) + (\text{6억원} \times 5\%)}{\text{2억원}}$
  = 25%

20. 투자자 A는 매년 말 2,000만원씩 3년간 납입하는 정기적금에 가입하였다. 다음의 자료를 활용하여 이 정기적금의 현재가치를 구하시오.

- 1년 후 일시불의 현재가치계수: 0.95
- 2년 후 일시불의 현재가치계수: 0.90
- 3년 후 일시불의 현재가치계수: 0.85

풀이와 답

- 2,000만원×0.95 + 2,000만원×0.90 + 2,000만원×0.85 = 5,400만원

(이는 2,000만원에 3년치 연금의 현재가치계수를 곱해서 구한 값과 같다. 즉 이때 3년치 연금의 현재가치계수는 2.7이다.)

21. 다음의 표와 같은 투자사업 A, B, C가 있다. 모든 사업기간이 1년이며, 사업 초기(1월 1일)에 현금지출만 발생하고 사업 말기(12월 31일)에는 현금유입만 발생한다고 한다. 할인율이 연 5%라고 할 때 각 사업의 순현재가치와 수익성지수를 구하시오.

투자사업	초기 현금지출	말기 현금유입
A	3,800만원	6,825만원
B	1,250만원	2,940만원
C	1,800만원	4,725만원

풀이와 답

투자사업	초기 현금지출	말기 현금유입	말기 현금유입의 현재가치[55] $(=\frac{\text{말기 현금유입}}{1+0.05})$	순현재가치[56]	수익성지수[57]
A	3,800만원	6,825만원	6,500만원	2,700만원	1.71
B	1,250만원	2,940만원	2,800만원	1,550만원	2.24
C	1,800만원	4,725만원	4,500만원	2,700만원	2.5

55) 말기 현금유입액을 할인율 연 5%를 적용하여 현재가치로 할인한 값이다.

56) 현금유입의 현재가치 – 현금유출의 현재가치

57) $\frac{\text{현금유입의 현재가치}}{\text{현금유출의 현재가치}}$

22. A씨는 원리금균등분할상환 조건으로 1억원을 대출받았다. 은행의 대출조건이 다음과 같을 때, 대출 후 5년이 지난 시점에 남아있는 대출잔액은 얼마인가? (단, 만원 단위 미만은 절사하며, 주어진 조건에 한함)

- 대출금리: 고정금리, 연 5%
- 총 대출기간과 상환주기: 30년, 매월 말 원리금균등분할상환
- 월별 원리금지급액: 54만원
- 기간이 30년인 저당상수: 0.0054
- 기간이 25년인 연금의 현가계수: 171.06

풀이와 답

Solution ①: 540,000원×171.06(5%, 25년(300개월) 연금의 현가계수) ≒ 9,237만원

Solution ②: 잔금비율 = $\frac{\text{연금의 현가계수(5\%, 남은기간 25년)}}{\text{연금의 현가계수(5\%, 전체기간 30년)}} = \frac{171.06}{\frac{1}{0.0054}} ≒ 0.9237$

(연금의 현가계수(30년)는 저당상수(30년)의 역수이다.)

→ 대출원금(1억원)×잔금비율(0.9237) = 9,237만원

23. A는 1년간 임대사업을 하기 위해 10억원을 주고 부동산을 매입하였다. 10억원 중 자기자본으로 4억원을 지급하였고, 나머지 6억원은 이자율 10%로 대출을 받아 완불하였다. 이 임대사업을 통해 1년간 순영업소득(NOI)이 2억원 발생하였다면 A의 1년간 자기자본수익률은 얼마인가?

풀이와 답

- A의 자기자본수익률 = $\frac{\text{2억원} - (\text{6억원} \times 0.1)}{\text{4억원}} = 35\%$

24. 종합수익률(총자본수익률) = 12%, 대출이자율 = 10%, 부채비율 = 4인 투자안의 자기자본수익률을 구하시오.

풀이와 답

부채비율이 4라는 것은 자기자본비율 = 20%, 타인자본비율 = 80%라는 의미이다.

'종합수익률 = 자기자본비율 × 자기자본수익률 + 타인자본비율 × 대출이자율'이므로,

12% = 20% × 자기자본수익률 + 80% × 10%

→∴자기자본수익률=20%

25. 종합수익률(총자본수익률)=10%, 대출이자율=8%인 투자안에서 대부비율이 50%에서 60%로 완화된다면 자기자본수익률은 얼마나 상승하는가?

풀이와 답

대부비율이 50%일 때, 10%(종합수익률) = 50% × 자기자본수익률 + 50% × 8%

→ 자기자본수익률 = 12%

대부비율이 60%일 때, 10%(종합수익률) = 40% × 자기자본수익률 + 60% × 8%

→ 자기자본수익률 = 13%

∴대부비율이 50%에서 60%로 완화되면, 자기자본수익률은 1% 상승한다.

26. 다음의 투자안에서 ① 타인자본을 활용하지 않는 경우와 ② 타인자본을 50% 활용하는 경우, 각각의 1년간 자기자본수익률을 구하시오.

- 기간 초 부동산 가격: 5억원
- 1년간 순영업소득(NOI): 1,500만원(기간 말 발생)
- 1년간 부동산 가격 상승률: 연 2%, 1년 후 부동산 처분
- 대출조건: 이자율 연 4%, 대출기간 1년, 원리금만기일시상환

풀이와 답

① 타인자본을 활용하지 않는 경우

- 소득수익(소득이득)률 = $\frac{1{,}500\text{만원}}{5\text{억원}}$ = 3%
- 자본수익(자본이득)률 = 2%
- 자기자본수익률 = 3% + 2% = 5%

② 타인자본을 50% 활용하는 경우

• 소득수익(소득이득)률 = $\frac{1{,}500\text{만원} - (2\text{억}5\text{천만원} \times 0.04)}{2\text{억}5\text{천만원}}$ = 2%

• 자본수익(자본이득)률 = $\frac{5\text{억원} \times 1.02 - 2\text{억}5\text{천만원(미상환잔금)} - 2\text{억}5\text{천만원(초기지분액)}}{2\text{억}5\text{천만원}}$

= 4%

• 자기자본수익률 = 2% + 4% = 6%

∴타인자본을 전혀 활용하지 않는 경우보다 타인자본을 50% 활용하는 경우의 자기자본수익률이 1% 더 높다.

27. 자본시장에서의 이자율이 연 7%, 투자위험에 따른 위험할증률이 연 4%, 예상 물가상승률이 연 4%이다. 세금을 전혀 고려하지 않을 때, 매년 2%씩 가격이 상승하는 부동산은 연간 임대료 수익률이 최소 얼마가 되어야 투자가치가 있는지 구하시오.

풀이와 답

• 요구수익률 = 무위험률 + 위험할증률 + 예상된 물가상승률 − 대상 부동산의 가격상승률
= 7% + 4% + 4% − 2% = 13%

28. 시장상황별 수익률의 예상치가 다음과 같을 때, 해당 투자안의 기대수익률과 분산을 구하시오.

시장상황	시장상황의 발생확률	수익률
불황	30%	20%
보통	40%	30%
호황	30%	50%

풀이와 답

• 기대수익률 = 0.3×0.2 + 0.4×0.3 + 0.3×0.5 = 0.33(33%)

• 분산 = $0.3\times(0.2-0.33)^2 + 0.4\times(0.3-0.33)^2 + 0.3\times(0.5-0.33)^2$ = 0.00507 + 0.00036 + 0.00867
= 0.0141

29. 다음 부동산의 투자가치를 구하시오.

- 예상순수익: 연 2천만원(매년 영구히 확정적 · 규칙적으로 발생)
- 제1금융권의 정기예금이자율: 연 4%
- 위험프리미엄: 3%
- 예상된 인플레이션율: 연 4%
- 부동산 가격상승률: 연 3%

풀이와 답

- 요구수익률 = 4% + 3% + 4% − 3% = 8%
- 부동산의 투자가치 = $\frac{\text{순영업소득}}{\text{요구수익률}} = \frac{\text{2천만원}}{8\%}$ = 2억5천만원

30. 다음 부동산 투자안의 변이계수(변동계수)를 구하시오.

- 시장상황이 호황일 확률과 불황일 확률은 50%로 같다.
- 호황일 경우 동 부동산의 예상수익률 = 10%
- 불황일 경우 동 부동산의 예상수익률 = 6%

풀이와 답

- 기대수익률(평균) = 0.5×0.1 + 0.5×0.06 = 0.08(8%)
- 분산 = $0.5\times(0.1-0.08)^2 + 0.5\times(0.06-0.08)^2 = 0.0004$
- 표준편차 = $\sqrt{0.0004} = 0.02$
- 변이계수 = $\frac{\text{표준편차}}{\text{기대수익률}} = \frac{0.02}{0.08} = 0.25$

31. 투자자 A는 부동산을 구입하기 위해 B은행으로부터 대출기간 10년, 이자율 10%, 원리금균등분할상환 조건으로 4억원을 대출받았다. 이를 4년간 상환한 후 동 부동산을 처분할 경우 현재 시점의 미상환저당잔금은 얼마인가?(이자율이 연 10%일 때, 저당상수(10년)=0.16, 연금의 현가계수(6년)=4.35)

풀이와 답

- 미상환저당잔금 = 저당불입액 × 연금의 현가계수(잔여기간)
  = 저당대부액 × 저당상수(총 대출기간) × 연금의 현가계수(잔여기간)
  = 4억원 × 0.16 × 4.35
  = 2억7,840만원

32. 다음의 자료를 통해 해당 부동산의 (상각 전)순영업소득을 구하시오.

- 임대면적: 250㎡
- 임대면적당 매월 임대료: 30,000원/㎡
- 공실 및 불량부채 상당액: 연간 임대료의 5%
- 영업경비: 유효총소득의 50%(감가상각비 3,000,000원 포함)

풀이와 답

- 가능총소득 = 30,000원 × 250 × 12 = 9,000만원
- 유효총소득 = 9,000만원 × (1 − 0.05) = 8,550만원
- 순영업소득 = 8,550만원 − (8,550만원 × 0.5 − 300만원) = 4,575만원

33. 다음의 자료를 통해 영업소득세를 구하시오.

- 세전현금수지: 5,000만원
- 대체충당금: 450만원
- 원금상환액: 350만원
- 감가상각액: 200만원
- 세율: 30%

풀이와 답

- 영업소득세의 과세표준 = 5,000만원 + 450만원 + 350만원 − 200만원 = 5,600만원
  ('영업소득세의 과세표준 = 순영업소득 + 대체충당금 − 이자지급액 − 감가상각비'인데, '순영업

소득 – (원금상환액 + 이자지급액) = 세전현금수지'이므로 '순영업소득 – 이자지급액 = 세전현금수지 + 원금상환액'이다.)

• 영업소득세 = 5,600만원×0.3 = 1,680만원

34. 다음 자료를 분석하여 해당 투자안의 수익성지수를 구하시오.

• 시장가격: 6억원
• 순현재가치(NPV): 3,000만원
• 대출이자율: 연 6%
• 대출원금: 3억원
• 투자자의 요구수익률: 8%

풀이와 답

• 순현재가치 = 현금유입의 현가 합 – 현금유출의 현가 합(지분투자액)

→ 3,000만원 = 현금유입의 현가 합 – (6억원 – 3억원)

→ 현금유입의 현가 합 = 3억3,000만원

$$\therefore \text{수익성지수} = \frac{\text{현금유입의 현가 합}}{\text{현금유출의 현가 합}} = \frac{\text{3억3,000만원}}{\text{3억원}} = 1.1$$

(대출이자율이나 투자자의 요구수익률은 필요 없는 자료임)

35. 다음 투자안의 예상 현금흐름표를 분석하여 이 투자안의 수익성지수를 구하시오(투자자의 요구수익률(할인율)은 10%를 적용).

사업기간	0년 (기초 현금유출)	1년 (기말 현금유입)	2년 (기말 현금유입)	3년 (기말 현금유입)
현금흐름	–5,000만원	1,100만원	2,420만원	2,662만원

풀이와 답

$$\bullet \ \text{수익성지수} = \frac{\frac{1,100}{1.1} + \frac{2,420}{1.1^2} + \frac{2,662}{1.1^3}}{5,000} = 1$$

36. 다음의 자료를 분석하여 ① 저당환원율(저당상수), ② 지분환원율(지분배당률), ③ 공실률, ④ 영업경비비율, ⑤ 자본환원율(종합환원율)을 각각 구하시오(단, 잠재총소득과 유효총소득의 차이는 공실로 인한 것일 뿐 기타소득은 없는 것으로 가정).

- 부동산 가치: 12억원
- 대출비율: 40%(원리금균등분할상환 조건)
- 잠재총소득: 1억원
- 유효총소득: 9,500만원
- 순영업소득: 6,000만원
- 세전현금흐름: 2,500만원

풀이와 답

① 저당환원율(저당상수) = $\frac{\text{부채서비스액}}{\text{저당대부액}} = \frac{\text{6,000만원} - \text{2,500만원}}{\text{4억8,000만원}(= \text{12억원} \times 0.4)}$ = 7.3%

② 지분환원율(지분배당률) = $\frac{\text{세전현금흐름}}{\text{지분투자액}} = \frac{\text{2,500만원}}{\text{7억2,000만원}(= \text{12억원} - \text{4억8천만원})}$ = 3.5%

③ 공실률 = $\frac{\text{공실 및 불량부채충당금}}{\text{잠재총소득}} = \frac{\text{1억원} - \text{9,500만원}}{\text{1억원}}$ = 5%

④ 영업경비비율 = $\frac{\text{영업경비}}{\text{유효총소득}} = \frac{\text{9,500만원} - \text{6,000만원}}{\text{9,500만원}}$ = 36.8%

⑤ 자본환원율(종합환원율) = $\frac{\text{순영업소득}}{\text{총투자액(부동산 가치)}} = \frac{\text{6,000만원}}{\text{12억원}}$ = 5%

제2장

부동산 투자와 개발을 위한 금융구조의 이해

제2장 부동산 투자와 개발을 위한 금융구조의 이해

제1절 부동산 금융의 개요

1 부동산 금융의 의의

1) 의의

부동산 금융은 좁은 의미로는 부동산을 담보(저당권설정등기)로 하는 대출을 뜻하지만, 넓은 의미로는 부동산과 관련된 여러 가지 자금조달 활동을 통칭한다.

2) 자금조달 방법에 따른 구분

(1) 부채금융(Debt Financing)

저당권 설정이나 사채 발행 등 타인자본을 조달하는 방법이다.[1] 저당금융(저당대출), 신탁증서금융(신탁증서담보대출), 주택상환사채, 자산담보부증권(ABS), 프로젝트 파이낸싱(Project Financing), 회사채, 국공채 등이 이에 속한다.

가) 저당금융(Mortgage Financing)

채무자(차입자) 또는 물상보증인이 소유권을 보유한 채 대상 부동산에 저당권을 설정해 주고 대출자로부터 직접 자금을 대출받는 방법이다. 금융기관으로부터 받는 주택담보대출이나 토지담보대출이 바로 이러한 방식이다.

---

1) 타인자본 조달방식은 이자를 지급하고 장부에는 부채(채무) 증가로 나타난다.

나) 신탁증서금융

차입자가 신탁회사와 대상 부동산에 관한 신탁계약을 체결하고 자신의 소유권을 일단 신탁회사에 넘기면, 신탁회사는 금융기관에 수익증권(담보신탁증서)을 교부하여 질권을 설정해 주고, 금융기관은 차입자에게 필요한 자금을 대출하는 방법이다(담보신탁을 통한 대출방법).

수익증권을 교부받은 금융기관은 매 기간마다 차입자로부터 저당지불액(원리금상환액)을 수취하고, 신탁회사는 소유권을 대신 보유하다가 대출금이 완전히 상환되면 차입자(원소유자)에게 소유권을 반환한다. 만약 차입자가 대출금을 못 갚을 때에는 신탁회사가 대상 부동산을 팔아서 변제한다.

신탁금융에서는 차입자의 채무불이행 시 신탁회사에게 대상 부동산을 공매처분할 수 있는 매각권이 있으므로, 일반적인 저당금융에 비해 저당권 실행절차가 간편하고 시간과 비용을 절약할 수 있다는 장점이 있다.

다) 주택상환사채

주택법에 의해 주택건설사업자가 주택건설에 필요한 자금을 마련하기 위해 장차 건설될 주택을 분양받고자 하는 자를 대상으로 발행하는 채권을 말한다. 주택가격의 일부를 미리 내고 채권을 매입한 후 일정 기간이 지나 만기가 되면 주택으로 상환(분양)받는 사채이다.

라) 자산담보부증권(ABS)

자산유동화에 관한 법률에 의해 부동산 등 자산으로부터 발생하는 미래 현금흐름에 기초하여 발행하는 일종의 채권이다. 저당담보부증권(MBS)도 ABS의 일종이다. 자산 소유자가 대상 자산을 유동화기구에 넘겨 동 기구가 자산담보 ABS를 발행하여 투자자에게 판매하면 투자자의 대금이 유동화기구를 거쳐 자산 소유자에게 들어오게 된다.

마) 프로젝트 파이낸싱(PF)

대출자가 실제 사업주(모회사, 실제 차주)의 보증 없이 사업주의 프로젝트 회사에 자금을 빌려준 뒤, 향후 사업자체에서 발생하는 수익으로부터 대출금을 상환받는 금융방식이다. 원칙적으로는 비소구 또는 제한소구 금융의 형태이다.

바) 회사채

회사가 일반 대중으로부터 자금을 모집하기 위해 집단적 · 대량적으로 발행하는 채권(Bond)을 말한다. 주택상환사채도 회사채의 일종이다.

(2) 지분금융(Equity Financing)

기업의 주식 발행 등 지분권을 판매하여 자기자본을 조달하는 방법이다.[2] 부동산 신디케이트, 조인트벤처, 부동산 투자신탁(REITs), 공모 등이 이에 속한다. 주택 등의 소규모 부동산의 경우 대체로 개인이 저축 등을 통해 모은 자금을 가지고 단독으로 지분 전부를 취득하지만, 대규모 부동산의 경우에는 대규모 자금이 필요하므로 집단으로 지분투자를 하는 것이 일반적이다.

부동산 신디케이트, 조인트벤처, 부동산 투자신탁은 부동산에 특유한 집단금융방식으로서 일종의 부동산 공동투자에 해당한다. 부동산 펀드를 조성하여 지분투자를 하는 것도 이러한 방식으로 볼 수 있다.

가) 부동산 신디케이트(Realestate Syndicate)

부동산 투자조합을 결성하여 자본을 조달하는 방법이다. 여러 명의 투자자가 부동산 전문가의 경험을 이용하여 공동으로 부동산 개발사업 등을 수행하는 것을 말한다.

나) 조인트벤처(Joint Venture)

지분투자의 한 방식으로서, 미국 세법상 20% 이상 50% 미만의 투자지분을 가진 파트너를 말한다.

다) 부동산 투자신탁(REITs)

다수의 투자자로부터 자금을 모아 전문인력을 통해 부동산에 투자하거나 부동산 관련 증권·채권 또는 대출 등에 투자하여 얻은 수익을 투자자에게 배분해 주는 제도이다. 부동산 투자를 위한 일종의 뮤추얼펀드이다.

라) 자본시장법에 의한 부동산 간접투자펀드

자본시장과 금융투자업에 관한 법률에 따라 투자자들의 자금을 모아 부동산 관련 자산에 투자하는 집합투자기구(펀드)를 말한다. 일종의 Paper Company인 부동산 투자 목적의 특수목적회사(SPC; Special Purpose Company)를 설립하고 이를 통해 자본을 조달하는 방법이다.

마) 공모

회사가 주식을 공모하여 자본을 조달하는 방법이다. 회사설립, 신주(보통주) 발행, 증자 등을 공모를 통해 하는 방식이다.

---

2) 자기자본 조달방식은 이자가 아닌 배당을 지급한다.

(3) 메자닌 금융(Mezzanine Financing)

일반적인 주식발행이나 대출을 통한 자금조달이 어려운 기업이 원활한 자금 확보를 위해, 일정한 금리 외에 사업이 성공할 경우 투자자(대출자)에게 신주인수권이나 주식전환권과 같은 특정 권리(인센티브)를 부여하기로 하고, 무담보로 자금을 조달하는 금융기법이다. 부채금융과 지분금융의 중간적 성격의 금융이고, 성과공유형 대출이라 할 수 있다.

메자닌 금융은 기업이 파산하여 청산하는 경우 선순위채권에 비해 후순위이기 때문에, 위험이 크고 이에 따라 수익률도 상대적으로 높다.

가) 후순위채권

발행기업이 파산한 경우 선순위채권자들에게 원리금을 전부 지급한 후에야 원리금 지급이 가능한 채권이다. 주식보다는 우선(선순위)하지만, 다른 채권들에 비해서는 우선순위가 늦은(후순위) 채권이다.

나) 배당우선주(상환우선주)

일정 기간 동안 배당이나 상환에 있어서 우선주의 성격을 갖지만, 기간 만료 후 발행회사가 이를 다시 사들여서 소각하도록 한 주식이다. 재무제표상 자본으로 분류되지만 앞으로 상환해야 할 의무가 있으므로 성격상 부채에 해당한다.

투자자로서는 보통주보다는 우선하여 높은 배당을 받을 수 있지만, 채권보다 후순위로 무담보이므로 발행기업의 파산 시 투자금 회수가 어렵다.

다) 전환사채(CB; Convertible Bond)

미래의 특정 시점에 정해진 가격으로 주식으로 전환할 수 있는 조건부 채권이다. 투자자로서는 일정 기간 동안 채권으로서 안정적인 확정이자를 받다가, 특정 시점 후 주식으로 전환하여 배당과 시세차익을 노릴 수 있다.

사채가 주식으로 전환되면 발행기업으로서는 부채는 감소하고 자기자본은 늘어나므로, 재무구조가 개선되는 효과가 있다.

라) 신주인수권부사채(BW; Bond with Warrant)

발행기업의 주식을 미리 정해진 가격으로 매입할 수 있는 조건부 채권이다. 전환으로 인해 채권의 성격이 소멸하는 전환사채에 비해, 신주인수권부사채는 인수권을 행사하여 대금을 지불하고 신주를 별도로 인수하는 것이므로 채권은 그대로 유지된다.

신주인수권을 행사해도 발행기업으로서는 부채가 감소하지는 않고 다만 자기자본이 늘어나 재무구조가 개선되며, 현금이 들어오는 것이므로 기업의 유동성이 증가하게 된다. 신주인수권을 행사한 투자자는 채권자이면서 주주가 된다.

3) 자금조달 목적에 따른 구분

(1) 주택금융

일정한 자금을 확보하여 주택의 수요자(소비자) 또는 주택을 공급하는 주택건설업자에게 장기 · 저리로 주택자금을 대출(자금을 효율적으로 배분)함으로써, 수요자의 주택 매수를 용이하게 하거나(주택거래 활성화) 주택의 공급을 확대(주택건설의 촉진)하도록 하는 특수금융제도이다.

주택금융은 다시 주택소비금융과 주택개발금융으로 구분되는데, 주택소비금융(저당대부)은 주택을 매수하거나 개량하고자 하는 개인 · 가계에 대한 10년 이상의 장기 금융이고, 주택으로 담보하므로 위험성이 낮아 상대적으로 낮은 이자율의 대출이라는 특징을 갖는다. 반면 주택개발금융(건축대부)은 건설업자 등 주택을 개발하는 기업에 대한 10년 미만의 단기 대출이고, 미분양 등의 위험성이 높아 상대적으로 높은 이자율의 대출이라는 특징을 갖고 있다.

주택개발금융은 착공에서 완공까지 2~3년이라는 비교적 짧은 기간 동안 이루어지며, 공사진척도에 따라 단계적으로 대출금을 지급하고, 차입자는 완공 시 일시에 상환하는 것이 일반적이다. 반면 주택소비금융은 대출자가 자금을 일시에 전액 제공하고, 차입자가 장기간 단계적으로 원리금을 상환하는 것이 일반적이다. 주택소비금융은 실수요자인 가계에 대한 금융으로서 소비자금융이고, 주택개발금융은 주택개발업자 · 건설업자에 대한 금융으로서 공급자금융이다.

특히 주택소비금융은 대출자가 금리변동 위험, 인플레이션 위험과 유동성 위험 등을 부담하게 되므로, 대출자는 금리변동 위험, 인플레이션 위험을 회피하기 위해 고정금리 대신 변동금리 대출을 선호하고, 유동성 위험을 회피하기 위해 관련 채권의 유동화를 행한다.

(2) 토지금융

토지의 수요자(소비자) 또는 토지개발업자에게 토지자금을 대출해 주는 금융제도이다. 대표적인 것이 금융기관의 토지개발을 위한 PF이다.

경제 전반적으로 토지금융보다는 주택금융의 중요성이 더 크다고 할 수 있다.

(3) 매입금융(Purchase Finance)과 개발금융(Development Finance)

부동산 활동에 있어서 대규모 자금이 필요한 경우로는 ① 토지를 개발하고 주택이나 상가건물 등을 신규로 건설하는 경우와 ② 이미 개발된 부동산을 매입하는 경우 등이 있다. 전자에 필요한 자금을 조달하는 것이 개발금융, 후자에 필요한 자금을 조달하는 것이 매입금융이다.

부동산 개발은 토지매입, 인허가, 설계, 시공, 분양 및 마케팅, 완공 후 운영 및 매각 등 각 단계마다 높은 위험들이 존재한다. 반면 이미 개발된 부동산 매입은 이러한 위험들이 없거나 상대적으로 낮다. 이에 따라 개발금융과 매입금융에 참여하는 자금 수요자와 공급자, 금융상품, 위험분담 방식, 수익률 등은 크게 다르다. PF 대출과 같은 개발금융은 개발 단계마다 발생하는 높은 위험을 분산시키고 낮출 수 있는 안전장치를 갖추는 것이 가장 큰 관건이 된다.

매입금융의 경우에도 상권이나 임차인 구성이 안정화되지 않은 신축 상업용 건물의 경우와 상권과 임차인 구성, 임대조건 등이 안정화된 상태의 상업용 건물의 경우는 위험부담에 있어서 큰 차이가 있다. 전자의 경우에는 위험이 높은 만큼 단기 고위험 · 고수익을 노리는 투자자들의 자금이나 메자닌 금융(Mezzanine Loan)이 활용된다. 반면 후자의 경우에는 장기 저위험 · 저수익을 노리는 투자자들의 자금이나 금융기관들의 장기대출(Permanent Loan)을 활용한다.

이렇듯 부동산 활동의 내용과 단계마다 발생하는 위험이 다르고, 투자자나 자금의 성격에 따라 위험에 대한 선호도나 감당할 수 있는 위험의 수준이 다르다. 따라서 개발, 매입 등 각각의 부동산 활동에 맞는 위험을 분석하고 이에 적합한 수익구조를 갖춘 금융상품을 개발함으로써, 다양한 부동산 활동에 자금이 원활하게 공급되도록 부동산 금융시스템이 활성화될 필요가 있다.

(4) 주거용 부동산 금융과 상업용 부동산 금융

주거용 부동산 금융은 주택을 매입하거나 생활자금, 사업자금 등으로 활용하기 위해 쓰이는 주택담보대출을 말하고, 상업용 부동산 금융은 상업용 · 업무용 빌딩, 물류창고, 임대사업을 위한 주택 등 수익형 부동산을 담보로 하는 대출을 말한다.

상업용 부동산은 대규모 자금이 소요되고 유형이 다양하기 때문에 대출에 대한 심사가 개개의 건별로 정밀하게 이루어지는 반면, 주거용 부동산의 경우 국민 주거생활의 안정을 위한 정부의 개입을 통해 심사와 대출상품이 정형화되었다. 정형화된 주택담보대출은 2차 저당시장에서 쉽게 유동화될 수 있다. 주택담보대출이 2차 시장에서 유동화되어 발행된 증권을 MBS(Mortgage Backed Securities), 상업용 부동산 담보대출이 2차 시장에서 유동화되어 발행된 증권을 CMBS(Commercial Mortgage Backed Securities)라고 각각 부른다.

주택담보대출은 대출 이후 시장금리가 하락하는 등 채무자에게 유리한 시점에 채무자가 조기상환권리, 즉 콜 옵션(Call Option)을 갖는 것이 일반적이다. 반면 상업용 부동산 담보대출의 경우에는 일반적으로 일정한 기간 동안 조기상환이 금지되거나 높은 조기상환 수수료가 부과된다. 또한 상업용 부동산 담보대출은 일반적으로 만기가 짧고 만기 전에는 이자만 내다가 만기에 원금을 일시 상환하는 구조로 실행되는 반면, 주택담보대출은 만기가 장기이고 원금균등 또는 원리금균등분할상환 방식인 경우가 많다.

2 부동산 금융의 역할과 특징

1) 부동산 금융 특히 주택금융의 역할과 기능

① 주택시장에 필요한 주택자금의 조성

② 주택 수요자에게 주택구입자금을 대출함으로써 주택에 대한 유효수요를 확대시키고, 이를 통해 주택거래와 부동산 시장을 활성화한다.

③ 주택 개발업자에게 주택건설자금을 지원하고, 이를 통해 주택산업을 육성 및 발전시킨다.

④ 부동산 시장의 경기침체 시 주택금융을 확대함으로써 경기를 부양하고, 경기과열 시 주택금융을 축소함으로써 이를 완화시키는 등 부동산 경기를 조절할 수 있다(부동산 시장의 수급조절기능).

⑤ 주택금융을 통해 자가주택의 공급과 수요를 증가시킴으로써 국민의 주거불안정을 해소하고 주거의 안정에 기여할 수 있다.

⑥ 주택금융을 통해 주택의 수급조절과 가격안정 등 주택시장의 작동을 원활하게 하고, 주택자원을 효율적으로 배분할 수 있다.

⑦ 그 밖에 부동산 경기의 조절을 넘어 일반경기 조절기능을 할 수도 있다.

2) 주택금융 특히 주택소비금융의 특징

① 장기 · 저리대출

② 대출채권의 유동화 필요성: 주택소비금융에 있어서 금융기관의 대출기간은 보통 10년 이상의 장기인 반면, 예금 등을 통해 조성되는 대출 재원은 주로 단기적으로 조달한 자금이므로 유동성 위험의 문제가 발생한다. 따라서 금융기관은 주택저당채권 등을 유동화할 필요가 있고, 2차 저당시장에서 이를 매각(유동화)하여 또 다른 대출자금을 확보하는 것이 일반적이다.

③ 신용보완제도의 확립: 저소득층을 위한 고액대출이 많으므로 신용 위험의 문제가 발생하고, 이를 보완하는 제도가 필요하다. 우리나라는 이를 위해 '주택금융신용보증기금'을 설치 및 운영하고 있다.

3 부동산 개발금융과 실물 부동산 투자금융

1) 부동산 개발금융

부동산 개발금융은 투자나 대출 등을 통해 부동산 개발사업에 필요한 자금을 조달하는 금융이다. 부동산 개발사업에 대한 대출을 PF(Project Financing)라고 한다. 개발사업의 주체인 시행자(Developer)는 자신이 갖고 있는 자금에 더해 지분투자자로부터 자금을 모아 사업에 필요한 자기자본(Equity)을 조달하고, 토지대금 · 공사대금 중 나머지 부족분은 PF 대출을 통해 타인자본(Debt)으로 조달한다.

최근에는 개발을 위한 리츠(REITs) 등이 직접 시행자가 되어 자기자본을 조달하고 사업을 진행하거나, 금융기관이 개발사업을 위한 특수목적회사(SPC)에 지분을 투자하고 사업에 직접 참여하는 등 다양한 자기자본 조달방식이 활성화되고 있고, 개발사업에 있어서 FI(Financial Investor)의 역할이 커지고 있다.

PF 대출을 통한 타인자본 조달은 대출 금융기관을 통해 시행자에게 직접 대출해 주는 방식과 자산운용사가 투자자들로부터 자금을 모아 부동산 펀드를 설정하고 이를 통해 시행자에게 간접 대출해 주는 방식(대출형 부동산 펀드)으로 구분된다. 금융기관이 보유한 PF 대출채권을 기초로 PF-ABS, PF-ABCP 등[3]을 발행하고, 계속 차환(Refinancing) 발행이 이뤄지도록 하는 것도 부동산 개발금융에 해당한다.

2) 실물 부동산 투자금융

실물 부동산(주로 오피스 등 수익형 부동산)을 매입하고 보유하는 기간 동안 리모델링이나 임차인 MD 재구성, 그리고 효율적인 건물 경영관리 등을 통해 부동산의 수익성과 가치를 극대화한 후, 이를 매각하여 수익을 얻는 일련의 투자 과정에서도 부동산 금융은 큰 역할을 한다. 이 역시 자기자본(Equity)으로 조달하는 방식과 타인자본(Debt)으로 조달하는 방식으로 구분된다.

---

3) 이러한 금융상품들의 구조는 주로 증권사가 주도한다.

국내외 연기금, 기관투자자, 보험회사 등 금융기관과 기업 등 실수요자들이 대형 부동산 투자시장에서 지분투자자로 참여하고 있고, 일반 투자자들도 부동산 투자회사(리츠, REITs)와 부동산 펀드 등을 통해 간접투자자로 참여한다. 연기금 등이 직접 투자할 때에도 위험을 줄이고 세제 혜택 등을 받기 위해 리츠(REITs)나 부동산 펀드를 통한 금융구조화 방식을 활용하는 경우가 많다.

4 부동산 간접투자와 부동산 금융

부동산 직접투자는 투자자가 부동산의 소유권이나 지분을 투자자 본인명의로 취득하는 것인 반면, 부동산 간접투자는 투자자가 자금을 투입하지만 투자자 본인명의가 아닌 다른 사람의 명의로 취득하는 것이다. 직접투자는 투자자가 투자에 따른 모든 수익을 다 가져갈 수 있다는 장점이 있으나, 투자자 단독으로 부동산 투자에 필요한 거액의 자금을 조달하기 어렵고 복잡·다양한 부동산 상품과 시장경제전망에 대해 전문적 지식이 없는 투자자가 올바른 의사결정을 하기가 쉽지 않다는 단점이 있다. 이에 따라 우리나라에서도 리츠(REITs)나 부동산 펀드에 가입하여 간접적으로 자산을 운용하려는 일반 투자자들이 늘어나고 있다.

부동산 간접투자는 실물자산인 부동산이 부동산 증권화 등을 통해 금융상품으로 변화하는 과정에서 등장했다는 점에서 부동산 금융과 밀접한 관계가 있다. 우리나라에서도 1998년 자산담보부증권(ABS)의 근거법인 「자산유동화에 관한 법률」이, 1999년 주택저당증권(MBS)의 근거법인 「주택저당채권 유동화회사법」이, 그리고 2001년에는 리츠(REITs)의 근거법인 「부동산 투자회사법」이 각각 제정되면서 부동산 금융의 발전과 함께 부동산 간접투자가 활성화되었다.

과거에는 부동산과 금융이 전혀 별개의 상품과 시장으로 인식되었지만, 오늘날에는 부동산 증권화와 간접투자제도를 통해 부동산과 금융이 밀접하게 결합되어 상호 간 큰 영향을 주고받고 있다. 부동산 증권화와 간접투자를 통해 투자자는 소액으로 대형 부동산에 투자하는 것이 가능해지고, 현금화가 쉬워져 부동산의 유동성을 높일 수 있다. 이는 투자에 거액이 소요되고 유동성이 낮다는 부동산 투자의 중요한 단점들을 보완하는 것이다.

또한 부동산 간접투자가 활성화되면 그동안 소수 투자자들이 주도했던 우리나라 부동산 시장에 다수의 소액 투자자들이 참여하게 되고, 전문적이고 합리적인 투자 의사결정이 이뤄짐에 따라 부동산 가격의 왜곡현상이 방지될 것으로 기대된다.

제2절 부동산 저당대출

1 저당대출(Mortgage Loan)

저당이란 부동산을 담보로 잡는 것을 말하고, 저당대출은 원리금 상환 등 차입자의 채무변제를 담보하기 위해 부동산 특히 주택에 저당권을 설정하고 필요한 자금을 대출해 주는 제도이다.

*LTV와 DTI, DSR

- LTV(Loan To Value) = $\frac{\text{융자금액(저당대출액)}}{\text{부동산가치}}$
- DTI(Debt To Income) = $\frac{\text{주택담보대출의 연간원리금상환액} + \text{기타 부채 연간 이자지급액}}{\text{연간총소득}}$
- DSR(Debt Service Ratio) = $\frac{\text{주택담보대출 연간 원리금상환액} + \text{기타 부채 연간 원리금상환액}}{\text{연간총소득}}$

일정한 DTI나 DSR이 주어졌을 때, 대출의 상환기간이 길어질수록 매 기간마다 불입해야 하는 원리금 상환액이 적어지므로 더 많은 금액을 대출받을 수 있다. LTV와 DTI, DSR의 상한선이 높아질수록 더 많이 대출받을 수 있으므로 부동산의 수요는 증가하고, 낮아질수록 더 적게 대출받을 수밖에 없으므로 수요는 감소한다.

참고 | 스트레스 DSR[4)]

미래 금리변동 위험을 DSR에 정교히 반영한 '스트레스 DSR'이 24.2.26.(월)부터 전 은행권 주택담보대출을 대상으로 시행되었다. 스트레스 DSR 제도란, 변동금리 대출 등을 이용하는 차주가 대출 이용기간 중 금리상승으로 인해 원리금 상환부담이 상승할 가능성 등을 감안하여 DSR 산정 시 일정 수준의 가산금리(스트레스 금리)를 부과하는 제도이다.

스트레스 금리는 과거 5년 중 가장 높았던 수준의 월별 가계대출 가중평균금리(한국은행 발표)와 현 시점 금리(24년 상반기의 경우 24년 1월 발표금리 기준)를 비교해서 결정하되, 금리 변동기의 과다 또는 과소 추정 경향을 보완하기 위해 일정 수준의 하한(1.5%) 및 상한(3.0%)을 부여한다.

4) 금융위원회 24.2.26. "2.26일(월)부터 은행권 주택담보대출을 대상으로 스트레스 DSR이 시행됩니다." 보도자료 인용

제도 시행에 따른 충격을 최소화하기 위해 24년 상반기(2.26.~6.30.)에는 상기 산식에 따른 스트레스 금리의 25%, 하반기에는 50%만 적용되며, 25년부터는 그대로(100%) 적용한다. 이에 따라 24년 상반기에 적용되는 스트레스 금리는 하한금리 1.5%에 25%를 적용한 0.38%(소수점 셋째 자리에서 반올림)로 운영된다.

■ 24년 상반기(2.26.~6.30.) 스트레스 금리: 0.38%
- 과거 5년간 최고 예금은행 가계대출 신규취급 가중평균금리: 5.64%(22년 12월) → (A)
- 현재 예금은행 가계대출 신규취급 가중평균금리: 4.82%(24년 1월 발표, 23년 12월 금리) → (B)
- "(A)-(B)" = 0.82% → 하한금리 1.5% 적용
- 가중치 25% 적용: 1.5% × 25% = 0.38%(소수점 셋째자리에서 반올림)

스트레스 금리(0.38%) 적용에 따른 24년 상반기 차주별 주담대 대출한도는 변동형/혼합형/주기형 대출유형에 따라 약 △2~△4% 수준의 감소가 예상된다.

소득 5천만원 차주를 가정할 경우(만기 30년, 원리금분할상환 기준) 주담대 대출한도는 기존 3.3억원에서, ▲변동금리 대출을 이용하는 경우 3.15억원(-1,500만원, 약 -4% 감소), ▲혼합형 대출(최초 대출 후 5년간 고정금리 대출상품 가정)을 이용하는 경우 3.2억원(-1,000만원, 약 -3% 감소), ▲주기형 대출(5년 주기로 금리변동 대출상품 가정)을 이용하는 경우 3.25억원(-500만원, 약 -2% 감소)으로 감소된다.

※ 상기 시뮬레이션은 단순 참고용도이며, 개별차주의 상황 등에 따라 구체적인 대출한도 변동 가능

스트레스 DSR은 제도 도입에 따른 충격을 최소화하기 위해 단계적으로 시행되는 만큼, 24년 하반기부터는 적용범위 등이 확대된다. 24년 하반기부터는 은행권 신용대출 및 제2금융권 주택담보대출까지로 적용이 확대되며, 스트레스 DSR 안착 상황 등을 보아가며 25년부터는 전 업권의 DSR이 적용되는 모든 가계대출까지 순차적으로 확대해 나갈 방침이다.

금융위원회 관계자는 "미래 금리변동 위험을 반영하는 스트레스 DSR 시행으로 인해 상환능력심사의 한 축으로 자리잡았던 DSR 제도가 한 단계 발전할 것"이라 언급하며, "이를 통해 차주 상환능력이 중·장기적인 관점에서 미래 금리변동 위험 등을 감안하여 보다 면밀히 심사될 수 있고, 소비자도 장기대출 이용에 따르는 금리변동 위험을 명확하게 인식하게 되는 등 가계부채의 질적 개선에도 기여할 것으로 기대한다"고 밝혔다.

아울러, "제도 시행 초기인 만큼, 스트레스 금리의 일부분만 반영하고, 적용대상을 은행권 주담대부터 시작하여 점차 확대해 나가는 등 단계적으로 시행하여, 스트레스 DSR 시행에 따른 소비자의 충격이 최소화될 수 있도록 세심히 챙겨나갈 계획"이라고 밝혔다.

2 저당대출의 위험[5)]

1) 채무불이행 위험

차입자가 원리금 상환의무를 제때 이행하지 않아 채무불이행에 빠질 위험을 말한다. 이는 신용위험으로서 차입자의 신용도나 대출의 내용에 따라 그 위험의 정도가 달라진다. 또한 변동금리 하에서 시장금리가 상승할 때 채무불이행 위험이 증가한다.

이러한 위험은 대출자가 부담하는 것으로서, 대출자는 담보를 요구하거나 그 위험만큼 위험 프리미엄을 가산하여 대출금리를 인상하는 방법 등으로 위험에 대응한다. 채무불이행 위험은 고정금리보다 변동금리에서 그 위험이 더 커진다는 점에서, 변동금리보다 고정금리에서 위험이 더 커지는 금리변동 위험이나 인플레이션 위험 등과 반대된다.

2) 금리(변동) 위험

자금조달비용(자금 코스트)과 대출금리의 차이에서 발생하는 위험이다.[6)] 대출자들의 자금 코스트는 시장금리와 연동되는데, 향후 경제전반의 자금의 수급, 인플레이션 수준 등에 따라 시장금리가 변화하고 대출자들의 자금 코스트도 변화한다. 고정금리 장기대출에서 대출 이후 시장금리가 상승하면, 자금의 코스트는 상승(예금금리↑)하는데 대출금리는 그대로이므로 이러한 금리위험이 증가(예대마진↓)한다.

금융기관이 부담하는 이자율 위험에는 자산운용상의 위험도 포함된다. 시장이자율이 높아지면 금융기관이 보유하고 있는 기존의 대출채권의 자산가치가 낮아진다. 시장금리가 오르면 채무자들은 과거에 낮은 금리로 받은 대출을 더 오래 유지할 것이므로 금융기관의 악화된 재무상태도 더 오래 지속된다. 인플레이션이 진행되면 시장이자율이 상승하므로 금융기관이 보유하는 대출채권의 자산가치가 하락하고 금융기관의 재무구조는 악화된다.

3) 유동성 위험

대출자는 단기로 자금을 조달하여 장기로 운용(대출)하므로 자금수급이 미스매치(Miss-Match)되는 유동성 위험에 빠질 수 있다(Bank-Run 위험). 특히 10년 이상의 장기대출과

---

5) 저당대출을 하는 대출자 입장에서의 위험을 말한다.
6) 금융기관의 경우 자금조달비용은 예금금리를 뜻하며, 자금조달비용 즉 예금금리가 상승하면 금융기관의 예대마진은 하락한다.

같이 저당대출 원금에 대한 회수기간이 길수록 유동성 위험은 증가한다.

대출자는 유동화제도를 활용하여 유동성 위험에 대응한다. 즉 주택저당대출채권을 대출자가 보유하지 않고 2차 저당시장에 유통시킬 경우 유동성 위험을 낮출 수 있다.

4) 조기상환 위험(만기 전 변제 위험)

이는 차입자의 만기 전 조기상환이 가능하도록 콜 옵션(Call Option)부 대출한 경우 발생한다. 보통 고정금리 대출 이후에 시장금리가 하락할 때 차입자는 차환대출(대출 갈아타기)을 실행하게 되므로 대출자에게는 조기상환 위험이 발생한다.

즉 대출금리보다 시장금리가 하락하면 차입자는 원리금을 상환하고 보다 낮은 금리로 대출을 갈아탐으로써 금융비용을 감소시킬 수 있고, 이에 따라 대출자는 보다 높은 수익률을 안정적으로 추구할 수 있는 기회를 상실하게 된다.

이러한 위험은 대출자가 부담하는 것으로서, 대출자는 일반적으로 조기상환수수료나 위약금(만기 전 변제 벌금)을 약정(콜 방어 약정)하여 그 위험에 대응한다. 또는 채권발행 시에 콜 방어를 위해 아예 콜 옵션을 금지하는 채권을 발행하기도 한다.

5) 인플레이션 위험

인플레이션으로 인해 대출자로서는 장래의 현금유입액(원리금상환액)의 실질가치가 하락하는 위험이다. 원리금의 명목금액은 정해져 있으므로, 인플레이션이 발생하면 그 실질가치가 하락하기 때문이다.

대출자는 애초에 인플레이션율을 반영하여 대출금리를 정하거나 변동금리로 대출함으로써 그 위험에 대응한다.

6) 법적 위험

부동산 금융 관련 법과 제도의 변화로 인한 손실가능성을 말한다.

3 저당대출의 금리

1) 실질금리와 명목금리

저당대출계약에서 결정되는 주택저당대출금리는 명목금리이고, 이러한 명목금리에서 인플레이션율(물가상승률)을 제외한 금리가 실질금리이다. 즉 '실질금리=명목금리-인플레이션율'이고, '주택저당대출금리(명목금리)=실질금리+인플레이션율'이다.

2) 금리의 결정

'저당대출금리=시장금리를 감안한 적정금리+신용 프리미엄+기대 인플레이션율'이다.[7] 신용 프리미엄은 저당대출의 위험에 따라 결정된다. 이는 차입자의 신용위험에 따른 할증률이므로 차입자의 신용도가 낮을수록 할증률은 높아지고 대출금리는 상승하는 반면, 차입자의 신용도가 높을수록 대출금리는 하락한다.

제3절 저당대출의 종류

1 원금상환 방법에 의한 구분

1) 원금만기일시상환 저당대출

대출기간 동안에는 이자만 지불하다가 만기에 원금을 일시 상환하는 저당대출이다.

2) 할부상환 저당대출

대출기간 동안 원금을 나누어서 상환하는 저당대출이다. 주택의 고가성과 주택금융의 고액성에 따라 일반화된 저당대출 방법이다.

---

7) 투자자의 요구수익률(=무위험률+위험 프리미엄+예상된 인플레이션율)의 구조와 사실상 같다.

(1) 원리금균등분할상환 저당대출(CPM; Constant Payment Mortgage Loan)

① 대출기간 동안 매 기간마다 차입자가 지불해야 할 원리금상환액(저당지불액)이 동일한 저당대출이고, 만기에는 잔금=0이 된다.

② 대출원금에 저당상수(MC)를 곱하여 매월 불입액(원리금)을 계산할 수 있다.

③ 대출초기에는 일정한 월 불입액 중 이자지급분의 비중이 높고 원금상환분의 비중이 낮은 반면, 시간이 지나 만기 쪽으로 갈수록 이자지급분의 비중이 낮아지고 원금상환분의 비중이 높아진다.

이자는 감소하는 원금에 이자율을 적용하여 계산하므로, 뒤로 갈수록 원금잔액이 적게 남아 이자지급액도 적어진다. 월 불입액은 시간이 지나도 일정하므로 일정한 불입액 중 만기로 갈수록 이자지급분의 비중이 낮아지는 대신 원금상환분의 비중은 높아지는 것이다.

④ 매기 상환금의 액수가 이자보다 크므로 DTI 규제하에서 이자만 갚아가는 만기일시상환 대출에 비해 차입자가 받을 수 있는 대출금의 액수가 작아진다.

⑤ 원리금균등분할상환(CPM) 방식은 원금균등분할상환(CAM) 방식에 비해 대출 초기 월 불입액이 적으므로 대출 초기에 소득이 낮은 차입자에게 유리하다. 따라서 CPM이 CAM에 비해 DTI나 DSR 규제를 받을 때에도 더 유리하다. 즉 CPM이 CAM보다 차입자가 받을 수 있는 대출금의 액수가 더 크다.

예를 들어 대출원금 1억원을 10년간 매년 원리금균등분할상환, 금리 연 10%의 조건으로 대출받았다면(저당상수 = 0.15),[8)]

· 1년차 원리금 = 1억원×0.15 = 1,500만원 → 1년차 이자지급액 = 1억원×10% = 1,000만원
↘ 1년차 원금상환액 = 1,500 − 1,000 = 500만원
(1년차 말의 대출잔금 = 9,500만원)

· 2년차 원리금 = 1,500만원 → 2년차 이자지급액 = 9,500만원×10% = 950만원
↘ 2년차 원금상환액 = 1,500 − 950 = 550만원
(2년차 말의 대출잔금 = 9,500 − 550 = 8,950만원)

· 3년차 원리금 = 1,500만원 → 3년차 이자지급액 = 8,950만원×10% = 895만원
↘ 3년차 원금상환액 = 1,500 − 895 = 605만원
(3년차 말의 대출잔금 = 8,950 − 605 = 8,345만원)

8) 이때 시간이 지나도 원리금상환액은 일정하고 이자지급액은 감소하며 원금상환액은 증가한다.

↓

· 10년차 원리금 = 1,500만원 → 10년차 이자지급액 = 9년차 말의 대출잔금 × 10%

↘ 10년차 원금상환액 = 1,500만원 – 10년차 이자지급액

(10년차 말의 대출잔금 = 9년차 말의 대출잔금 – 10년차 원금상환액 = 0원)

(2) 원금균등분할상환 저당대출(CAM; Constant Amortization Mortgage Loan)

① 대출기간 동안 원금은 매 기간 균등하게 분할하여 상환하고, 이자는 감소하는 원금을 기준으로 계산하여 지불하는 방식의 저당대출이다. 이 역시 만기에 잔금=0이 된다.

② 원금상환액은 매 기간 균등하지만 이자지급액은 감소하는 원금에 이자율을 적용하여 계산하므로, 대출 후 차입자의 원리금상환액은 초기에는 많다가 후기로 갈수록 점차 감소한다(원리금체감식 저당대출).

③ 대출 초기에는 CPM보다 월 불입액이 많지만, 일정 기간 경과 후에는 CPM보다 적어진다.

④ 대출 초기에 원금이 많이 회수되므로 대출자 입장에서는 원금회수위험이 상대적으로 적은 대출방식이다.

⑤ 대출시점 현재에는 소득이 높지만 장래 소득 감소가 예상되는 중년층 이상의 월급생활자들에게 유리하다.

예를 들어 대출원금 1억원을 10년간 매년 원금균등분할상환, 금리 연 10%의 조건으로 대출받았다면,[9)]

· 1년차 → 원금상환액=1억원/10년=1,000만원 → 원리금상환액=2,000만원

↘ 이자지급액=1억원 × 10%=1,000만원 ↗ (1년차 말 대출잔금=9,000만원)

· 2년차 → 원금상환액=1억원/10년=1,000만원 → 원리금상환액=1,900만원

↘ 이자지급액=9,000만원 × 10%=900만원 ↗ (2년차 말 대출잔금=8,000만원)

· 3년차 → 원금상환액=1억원/10년=1,000만원 → 원리금상환액=1,800만원

↘ 이자지급액=8,000만원 × 10%=800만원 ↗ (3년차 말 대출잔금=7,000만원)

↓

· 10년차 → 원금상환액=1억원/10년=1,000만원 → 원리금상환액=1,100만원

↘ 이자지급액=1,000만원 × 10%=100만원 ↗ (10년차 말 대출잔금=0원)

9) 이때 시간이 지나도 원금상환액은 고정되고 이자지급액은 감소하며 원리금상환액도 감소한다.

| 표 2-1 | 시간경과에 따른 CAM과 CPM의 비교

구분	매월 불입액(A+B)	매월 원금상환액(A)	매월 이자지급액(B)
원금균등분할상환 (CAM)	감소(체감 · 점감)	고정	감소(체감 · 점감)
원리금균등분할상환 (CPM)	고정	증가(체증 · 점증)	감소(체감 · 점감)

(3) 점증(체증)상환 저당대출(GPM; Graduated Payment Mortgage Loan)

① 대출 이후 일정 기간 동안 차입자가 지불하는 원리금상환액이 점차 증가하는 저당대출이다.

② 대출시점 현재는 소득이 낮지만 장래 소득 증가가 예상되는 젊은 월급생활자나 사회초년생, 신혼부부 등에게 유리하다.

③ 이 방식은 대출 초기에 원리금상환액이 적으므로 총부채상환비율(DTI)이 낮아져서 차입자의 대출한도를 높여준다. 따라서 GPM 방식으로 대출을 받는 것이 DTI나 DSR 규제를 적용받을 때 가장 유리하다.[10)]

④ 한편 이 방식은 대출 초기에 부(-)의 상환(Minus Amortization)이 발생할 수 있다. 부(-)의 상환이란 대출 초기에 대출원금에 대한 이자액을 전부 상환하지 못할 경우에 상환하지 못한 이자가 원금에 붙어서 오히려 대출잔액이 최초의 대출원금보다 더 커지는 경우를 말한다.

| 표 2-2 | 저당의 상환방법 비교(대출 초기 기준)

원금상환액	원금균등(CAM) 〉 원리금균등(CPM) 〉 체증식(GPM)[11)]
원리금 합계액 (초기 원리금상환액)[12)]	원금균등(CAM) 〉 원리금균등(CPM) 〉 체증식(GPM)
대출잔액 (미상환저당잔금)[13)]	체증식(GPM) 〉 원리금균등(CPM) 〉 원금균등(CAM)[14)]
이자누적액[15)]	체증식(GPM) 〉 원리금균등(CPM) 〉 원금균등(CAM)
총상환액[16)]	체증식(GPM) 〉 원리금균등(CPM) 〉 원금균등(CAM)

※ 이자누적액에 있어서 '원리금균등방식(CPM) 〉 원금균등방식(CAM)'이므로 원금균등방식(CAM)보다 원리금균등방식(CPM)이 대출자에게 유리하다고 할 수 있지만, 원금균등방식(CAM)이 초기에 원금을 많이 회수하게 되므로 원금회수의 위험은 원금균등방식(CAM)이 원리금균등방식(CPM)보다 작다.

---

10) GPM 방식은 초기 상환금이 작기 때문에 DTI 규제하에서 동일한 소득을 가진 차입자가 더 큰 액수의 대출을 받을 수 있게 해 준다.
11) 이는 가중평균상환기간(Duration)이 짧은 순서와 같다. 대출상환방식을 제외한 대출조건이 동일한 경우 대출채권의 원금상환이 더 빠르고 초기에 많은 방식일수록 가중평균상환기간은 짧아진다. 따라서 가중평균상환기간이 짧은 기간에서 긴 기간의 순서로 나열하면 원금균등(CAM)→원리금균등(CPM)→만기일시상환의 순이 된다.
12) DTI나 DSR과 관련
13) LTV와 관련
14) 이는 원금상환액의 크기 순서와 반대된다.
15) 대출잔액에 이자율을 곱한 것이 이자액이 되므로, 이자누적액의 크기 순서는 대출잔액의 크기 순서와 동일하다.
16) '총상환액=원금+이자누적액'이므로 원금이 동일한 상태에서는 이자누적액의 크기 순서와 총상환액의 크기 순서가 같다.

예를 들어 대출원금 1억원에 연 이자율 10%라면 1년에 1,000만원을 이자로 지급해야 하는데, 만약 500만원만 이자로 지급한다면 1년 후 대출잔액(저당잔금)은 오히려 1억500만원으로 증가하는 것이다.

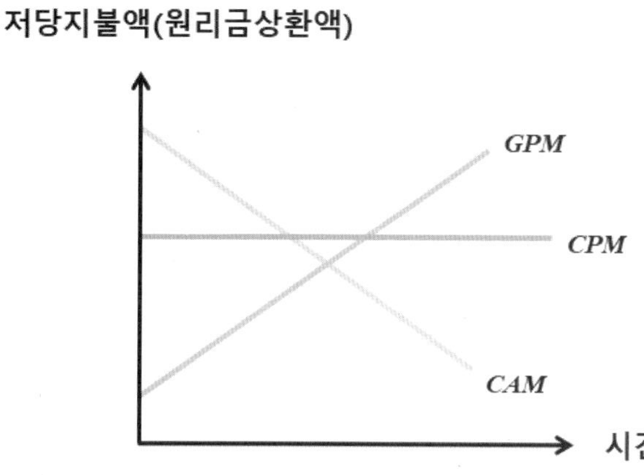

*** 대출 초기 저당지불액이 큰 순서: *CAM > CPM > GPM***

*** 대출 말기 저당지불액이 큰 순서: *GPM > CPM > CAM***

〈그림 2-1〉 시간 경과에 따른 저당지불액(원리금상환액)의 변화

자료: 유주연 · 윤동건 · 최우석 · 손재영, 『알기 쉬운 부동산학 원론』, 건국대학교출판부, 2022

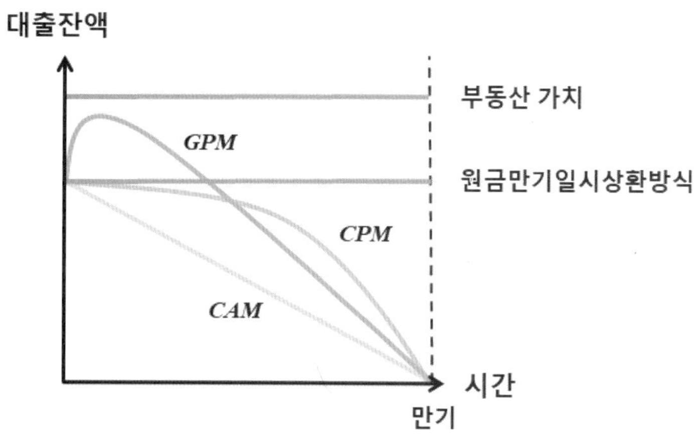

*** 중도상환 시 차입자가 상환해야 하는 저당잔금의 크기: *CPM > CAM***

〈그림 2-2〉 시간 경과에 따른 대출잔액(저당잔금)의 변화

자료: 유주연 · 윤동건 · 최우석 · 손재영, 『알기 쉬운 부동산학 원론』, 건국대학교출판부, 2022

(4) 계단식상환 저당대출(SRM; Stepwise Repayment Mortgage Loan)

① 원리금균등분할상환 저당대출과 점증상환 저당대출의 두 가지 방식을 절충한 저당대출 방식이다.

② 대출 후 일정 기간 동안은 원리금상환액이 원리금균등분할상환 방식의 경우보다 낮은 수준에서 일정하게 유지되지만, 그 기간 이후에는 원리금균등분할상환 방식의 경우보다 높은 수준에서 일정하게 유지된다.

③ 주택건설업자가 금융기관으로부터 원리금균등분할상환 방식으로 주택자금을 대출받아 이를 주택수요자에게 점증상환 방식으로 전환하여 대출해 주는 경우가 이에 해당한다.

3) 부분할부상환 저당대출

대출기간 동안 대출금의 일부에 대해서만 할부상환하고, 만기에 남은 잔금을 일시에 상환하는 방식의 저당대출이다.

4) 거치식 저당대출

대출 초기 거치기간 동안에는 이자만 지급하다가, 거치기간이 지나면 그 후부터는 이자와 함께 원금을 할부상환하는 방식의 저당대출이다. 한국장학재단의 학자금 대출이 이와 같은 방식이다.

2 이자율변동 여부에 의한 구분

1) 고정금리 저당대출(FRM; Fixed Rate Mortgage)

대출기간 동안 차입자가 부담하는 저당대출 이자율이 시장금리 변동에 관계없이 고정된 형태의 저당대출이다. 일반적으로 변동금리보다 차입자에게 유리(=대출자에게 불리)하다고 평가된다.

① 고정된 대출금리에 비해 시장금리가 높아질 경우 대출자에게 금리변동 위험에 따른 손실이 발생한다. 즉 높아진 시장금리에 따라 신규 예금금리도 상승하므로, 예대마진이 하락하고 대출자의 수익성이 악화된다. 반면 고정된 대출금리에 비해 시장금리가 낮아질 경우에는 차입자에게 금리변동 위험에 따른 손실이 발생한다.

② 통상적으로 주택저당대출의 경우 차입자에게 콜 옵션(조기상환권리)이 부여되므로, 시장금리가 대출금리보다 낮아져서 차입자에게 금리변동 위험이 발생할 경우에는 차입자가 콜 옵션을 행사하여 조기상환함으로써 금리변동 위험을 회피할 수 있다. 보통 차입자는 다른 은행에서 더 낮은 금리로 신규대출을 받아 기존의 대출을 조기에 상환하는 차환이나 재금융(Refinancing) 방식을 사용한다. 이를 '대출 갈아타기'라고도 부른다. 즉 고정금리 저당대출의 경우 대출자와 차입자 모두가 금리변동 위험을 부담하지만, 콜 옵션으로 인해 일반적으로 대출자가 더 많은 위험을 부담한다(금리위험 부담의 비대칭성).

③ 이에 대해 대출자는 콜 방어 장치로서 콜 옵션을 금지하는 조항이나 조기상환위약금 조항을 약정에 삽입할 수 있다. 조기상환위약금 약정을 할 경우 차입자가 조기상환을 하더라도 위약금을 내야 하므로 차입자 역시 어느 정도 금리변동 위험을 부담하게 된다.

④ 대출금리보다 시장금리가 낮아질 경우에는 일단 차입자에게 금리변동 위험이 발생하지만, 이에 따른 차입자의 조기상환으로 인해 오히려 고정금리 대출자에게 안정적인 수익을 해치는 손실이 발생할 가능성도 있다. 이를 조기상환 위험(만기 전 변제 위험)이라 하며 대출자가 부담하는 위험이다.

⑤ 결국 고정금리 저당대출에서 대출자는 대출금리보다 시장금리가 높아질 경우에는 금리변동 위험을, 대출금리보다 시장금리가 낮아질 경우에는 조기상환 위험을 각각 부담하게 되므로 일반적으로 차입자보다 불리하다고 평가된다.

⑥ 고정금리의 경우 대출시점에 예상했던 인플레이션율보다 실제 인플레이션율이 더 높으면 대출자에게는 손해, 차입자에게는 이익이 발생한다. 높은 인플레이션이 발생함으로써 화폐의 가치가 떨어지고 대출자가 돌려받게 되는 고정된 대출원금과 이자의 가치도 같이 하락하기 때문이다. 따라서 인플레이션 위험도 대출자가 부담한다. 또한 고정금리의 경우 인플레이션 발생 시 실질이자율이 하락하는 위험이 있으므로 대출자 입장에서는 불리하다(∵명목이자율=실질이자율+인플레이션율).

⑦ 이와 같이 고정금리의 경우 금리변동 위험+조기상환 위험+인플레이션 위험 등을 모두 대출자가 주로 떠안아야 하는 구조이므로, 그 위험만큼 고정금리 저당대출의 이자율이 더 높을 수밖에 없다. 따라서 다른 대출조건이 동일하다면 일반적으로 대출시점에 고정금리 주택담보대출의 이자율이 변동금리 주택담보대출의 이자율보다 높다(고정금리 〉 변동금리).

즉 '고정금리 이자율=변동금리 이자율+위험할증률'이다. 이때 위험은 대출자가 부담하는 금리변동 위험, 조기상환 위험, 인플레이션 위험을 포함한다.

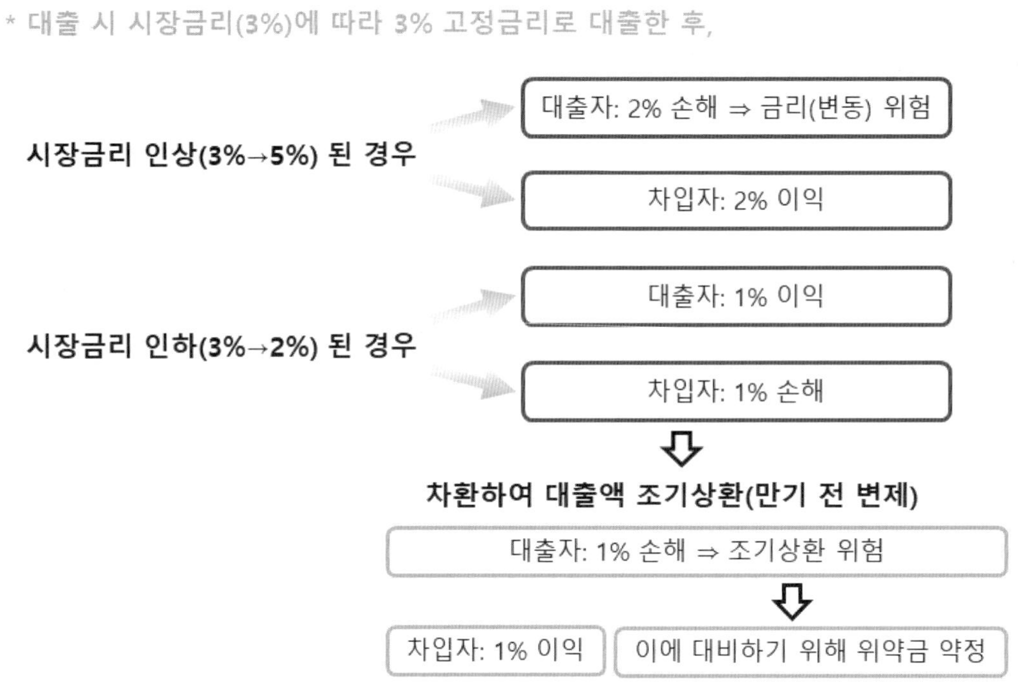

〈그림 2-3〉 고정금리 대출에서 시장금리 변동에 따른 대출자와 차입자의 손익 비교

자료: 유주연 · 윤동건 · 최우석 · 손재영, 『알기 쉬운 부동산학 원론』, 건국대학교출판부, 2022

⑧ 고정금리 대출은 일반적으로 대출시점에 변동금리 대출보다 금리가 높아서 대출승인 받기 어렵거나 대출액수가 작을 수 있다.

2) 변동금리 저당대출(금리조정 저당대출)(VRM; Varying Rate Mortgage)

대출기간 동안 차입자가 부담하는 저당대출 이자율이 시장금리의 변동에 따라 조정되는 형태의 저당대출이다. 시장금리의 변동으로 인한 위험을 차입자에게 전가함으로써 대출자의 위험을 줄일 수 있으므로, 일반적으로 대출자에게 유리하다고 평가된다. 변동금리를 통해 금리변동 위험, 조기상환 위험, 인플레이션 위험 등을 대출자가 차입자에게 전가할 수 있다. 다만 변동금리로 인해 차입자의 원리금상환의 부담이 늘어날 수 있으므로, 대출자에게도 채무불이행(Default) 위험이 증가한다.

금융기관의 위험부담이 작으므로 동일한 시장이자율 하에서 변동금리의 대출금리는 고정금리의 경우에 비해 낮다. 이렇듯 변동금리는 대출시점에 금리가 낮고 상환액이 작아서 보다 많은 사람들이 쉽게 대출을 받을 수 있지만, 금리상승기에 상환부담이 커지므로 차입자가 큰 어려움을 겪을 수 있다. 일반적으로 대출시점에 고정금리 대출보다 금리가 낮아서 대출승인을 받기 용이하고 대출액수도 늘릴 수 있다.

대출금리의 조정주기 사이에는 위험전가가 불가능하므로, 그 조정주기가 짧을수록 대출자는 금리변동 위험을 차입자에게 더 빠르게 더 많이 전가할 수 있다. 일반적으로 금리의 변동은 기준이 되는 지표금리(Index)에 가산금리(Spread)를 더하는 방식을 사용한다. 이에 따라 변동금리는 인플레이션율을 반영하는 지표금리에 차입자의 신용도를 고려하여 금융기관이 자체적으로 산정한 가산금리를 더하여 결정한다. 일반적으로 변동금리를 결정할 때 가산금리는 고정으로 놓고, 시장상황의 변화에 따라 COFIX 등 기준금리(지표금리)를 조정한다.

(1) 가변이자율저당

차입자와 대출자 간 미리 합의된 인플레이션 민감지수에 따라 대출금리가 변동하는 방식이다.

(2) 조정이자율저당

대출금리가 다양한 조정지수에 따라 변동하는 방식이고, 대출금리 조정에 적용되는 변수가 가변이자율저당보다 다양하여 대출자에게 더 많은 재량을 부여한다는 것이 특징이다.

과거에는 주로 CD(양도성예금증서) 금리에 연동하여 조정했으나, 최근에는 자금조달비용지수인 COFIX(Cost of Funds Index)에 연동하는 방식을 많이 사용한다.

(3) 재협상이자율저당

대출금리가 미리 정해진 지수에 의해 변동하는 것이 아니라, 일정 기간마다 차입자와 대출자 간 재협상에 의해 결정되는 방식이다.

(4) 물가수준조정저당

대출금리를 변동시키는 방식 대신 추정된 인플레이션율에 따라 대출잔금을 일정 기간마다 조정하는 방식이다. 추정된 인플레이션율만큼 대출잔금을 증액시킨다.

3 역연금식[17] 저당대출(역저당, 역모기지(Reverse Mortgage), 주택연금)

1) 의의

주택을 담보로 하여 대출기간 동안 차입자는 연금의 형태로 매월 일정 금액을 지급받다가, 대출기간 만료 시 담보주택을 매각하여 대출자에게 원리금을 상환하는 방식의 저당대출이다. 차입자의 입장에서는 대출금을 일시금이 아닌 연금으로 지급받고, 통상 차입자의 사망 시점으로 정한 대출기간 만료 시에 목돈으로 상환하는 방식이다. 이는 일반 저당대출이 대출금을 일시에 목돈으로 받고 연금의 형태로 상환한다는 점과 비교되며, 일반저당과 자금흐름이 반대라 하여 역저당이라고 부른다.

소유하고 있는 집 한 채를 지금 당장 매도할 수 없지만 은퇴 후 노후 생활자금을 위해 추가 소득이 필요한, 즉 주택은 소유하고 있지만 소득이 없는 노년층을 위한 제도이다. 주택의 소유자는 매월 대출금을 분할 지급받으면서 주택을 그대로 이용할 수 있고, 주택을 매도하거나 본인이 사망할 때까지 대출금을 상환할 필요가 없다. 주택 매도나 사망 시에 대출금을 일시에 상환한다. 부부의 경우에는 나중에 부부 모두 사망 후에야 주택을 매각해서 정산하면 된다.

2) 장단점

(1) 장점

주택소유자가 연금을 지급받는 효과가 있고, 소유자(차입자)가 계속 거주하면서 주택가격 상승에 따른 자본이득을 향유할 수 있다. 다음은 우리나라 주택연금 제도의 장점이다.

① 평생거주, 평생지급: 평생 동안 가입자 및 배우자 모두에게 거주와 연금지급을 보장한다.

② 국가의 보증을 통한 지급보장: 국가가 연금지급을 보증하므로 연금지급이 중단될 위험이 없다.

③ 낮은 금리: 일반 주택담보대출 금리보다 낮은 금리를 적용한다.

④ 세제 혜택: 저당권 설정 시 등록면허세가 감면되고 농어촌특별세와 국민주택채권 매입의무가 면제되며(금융기관에 혜택), 해당 주택에 대한 재산세 감면과 대출이자비용의 소득공제(가입자에 혜택) 등의 세제 혜택이 있다.

⑤ 부부 모두 사망 시 또는 원하는 때에 정산이 가능: 주택연금은 언제든지 별도의 중도상환수수

17) 역연금저당을 Reverse Annuity Mortgage, 약자로 RAM이라고 부른다.

료 없이 전액 또는 일부 정산이 가능하다. 다만 초기보증료는 환급되지 않는다.

(2) 단점

시간이 지날수록 차입자의 부채가 점점 증가하고, 연금액이 일정하다면 인플레이션 발생 시 생활이 불안정해질 수 있다.

3) 한국주택금융공사의 주택연금제도

만 55세 이상(주택소유자 또는 배우자)의 대한민국 국민(주택소유자 또는 배우자)이 소유주택을 담보로 맡기고 평생 혹은 일정한 기간 동안 매월 연금방식으로 노후생활 자금을 지급받는 국가 보증의 금융상품(역모기지론)이다.

주택연금의 가입요건은 다음과 같다.

① 부부 중 1명이 만 55세 이상일 것

② 부부 중 1명이 대한민국 국민일 것

③ 부부기준 9억원 이하 주택소유자: 다주택자라도 합산가격이 9억원 이하면 가능하고, 9억원 초과 2주택자는 3년 이내에 1주택을 팔면 가능하다.

④「주택법」상 주택연금을 받을 수 있는 주택의 유형으로는 단독주택, 다세대주택, 연립주택, 아파트, 신고된 노인복지주택 등이 있다.[18]

⑤ 가입자 또는 배우자가 실제 거주해야 한다.

주택연금의 지급방식으로는 종신방식과 확정기간 방식이 있는데, 종신지급 방식[19]의 경우 가입자가 사망 시까지 지급받은 주택연금의 대출원리금이 담보주택의 처분가격을 초과하더라도 초과지급된 금액을 법정상속인이 상환할 필요는 없다. 따라서 가입자 사망 시 담보주택을 매각해서 원리금을 상환하고 남은 돈이 있으면 상속인이 이를 상속하고, 모자라면 정부가 책임을 진다(정부보증). 한국주택금융공사를 통한 정부보증[20]에 의해 금융기관은 리스크를 완화할 수 있고, 가입자는 생활 및 주거안정을 보장받는다. 만약 상속인이 대출금의 원리금을 상환하면 담보주택의 소유권은 상속인에게 넘어간다.

가입자가 사망하여 일시에 상환할 시점에 '주택가격[21] < 대출잔액'이면 주택가격만큼만 상환

18) 주거용 오피스텔(O), 업무용 오피스텔(X)

19) 부부 중 한 명이 사망해도 감액 없이 100% 동일금액을 지급한다.

20) 주택가격 하락 위험을 한국주택금융공사가 부담한다.

21) 주택의 매각대금

하면 되고, 부족분에 대해 가입자의 상속인에게 청구할 수 없다(한국주택금융공사 보증). 반면 일시 상환시점에 '주택가격 〉 대출잔액'이면 대출잔액만큼만 상환하면 되고, 남은 부분은 가입자의 상속인에게 귀속된다. 사망이 아닌 기간 만료로 인해 일시 상환하는 경우에는 남은 부분이 있다면 가입자에게 귀속될 것이다. 주택연금 가입자가 중도에 주택연금에 대한 원리금의 전액 또는 일부를 상환할 때 중도상환수수료는 없다.

4) 주택연금의 예시

Q. 가입자의 기대여명이 20년이고 그가 소유한 주택의 20년 후 미래가격이 3억원인 경우, 가입자는 매월 얼마씩을 금융기관으로부터 지급받는가?(연 이자율은 6%)

A. 매 기간 수령 가능한 주택연금액(역연금액)을 계산할 때에는 감채기금계수(SFF)를 활용한다. '주택연금 수령액=미래 주택가격×감채기금계수(SFF)'이다.

• 매월 지급금액=3억원×감채기금계수(0.5%(=$\frac{6\%}{12}$, 월 이자율), 240개월(=20년×12))

=3억원×0.002=60만원

| 표 2-3 | 주택연금(역모기지)과 일반적인 주택담보대출의 비교

구분	주택연금	주택담보대출
주된 이용대상	노년층	청년 · 장년층
자금의 주용도	은퇴 후 노후 생활자금	주택의 구입자금
대출기간	- 종신방식은 평생 동안(미확정) - 확정기간 방식은 일정한 기간 동안	일정한 기간 동안
대출금 지급방식	매월 분할하여 지급(연금방식)	대출 시 일시금으로 지급
대출금 상환방법	사망 시점에 일시 상환	원리금분할상환 또는 원금분할상환
부채의 규모	기간이 경과함에 따라 증가	기간이 경과함에 따라 대출원금은 감소
대출기간 종료 후 주택의 소유	주택 매각(처분)하여 원리금 상환	원리금을 상환한 경우 차입자 측이 계속 주택 소유

제4절 부동산 유동화 및 증권화

1 자산유동화

자산유동화는 개인이나 기업이 보유한 부동산 등 유동성 낮은 자산을 유동성을 높여 증권화(유동화증권)하고, 이를 매각하여 자금을 조달하는 금융기법이다. 유동화의 대상이 되는 자산은 일반적으로 미래 일정한 현금흐름이 지속적으로 발생하는 자산이어야 하고, 부동산뿐만 아니라 주택저당채권(Mortgage), 상업용 부동산 저당채권(Commercial Mortgage), 자동차할부금융채권(Auto Loan), 카드할부금융채권 등의 채권도 포함된다.

주택저당채권(Mortgage)이나 상업용 부동산 저당채권(Commercial Mortgage)을 유동화 대상으로 하는 저당유동화도 자산유동화의 일종이다. 자산유동화 제도는 부동산 등 유동성 낮은 자산의 유동성을 제고하기 위해 1998년 9월 「자산유동화에 관한 법률」에 의해 제도화되었다.

1) 자산유동화증권(ABS; Asset Backed Securities)

유동화자산을 기초로 하여 자산유동화 계획에 따라 발행되는 출자증권, 수익증권 등을 말한다. 금융기관이나 기업 등이 보유하고 있는 매출채권(외상매출금), 대출채권, 부동산 저당채권, 할부채권 등의 자산 중 일부를 유동화자산으로 집합(Pooling)하여 이를 바탕으로 증권을 발행하고, 유동화자산으로부터 발생하는 현금흐름으로 발행된 증권의 원리금을 상환한다.

즉 여러 자산(Asset)들을 근거 · 담보(Backed)로 발행된 증권(Securities)이라 하여 자산담보부증권(ABS)이라고도 한다. 자산유동화를 통해 발행되는 증권에는 저당담보부증권(MBS; Mortgage Backed Securities), 상업용 부동산 저당담보부증권(CMBS; Commercial Mortgage Backed Securities), 자산담보부증권(ABS; Asset Backed Securities) 등이 있다.

주택저당채권(Mortgage)은 MBS 발행을 통해, 상업용 부동산 저당채권(Commercial Mortgage)은 CMBS 발행을 통해, 그리고 자동차할부금융채권이나 카드할부금융채권 등은 ABS 발행을 통해 각각 유동화된다. 넓은 의미의 ABS는 이들 모두를 포함하고, 좁은 의미로는 저당대출채권 이외의 유동화자산을 기초로 발행하는 자산담보부증권만을 의미한다.

ABS를 발행하기 위해서 담보가 되는 자산은 현금흐름이 보장되는 건전한 자산이어야 한다.

그래야만 ABS 투자자들에게 안정적으로 원금과 이자를 지불할 수 있기 때문이다. 자산을 보유하는 금융기관이나 기업은 자산을 특수목적회사인 유동화전문회사에 양도하고, 유동화전문회사는 양도받은 자산을 담보로 하여 증권을 발행하고 이를 투자자들에게 매각하여 필요한 자금을 조달한다.

2) 유동화전문회사

자산유동화에 따른 투자자 보호 차원에서 자산유동화계획별로 유동화전문회사를 1개씩 설립한다. 유동화전문회사는 특수목적회사(SPC; Special Purpose Company)로서 명목상의 회사(형식적 회사, Paper Company)이며 도관체에 불과하다.

자산유동화에 있어서 유동화전문회사의 업무는 다음과 같다.

① 유동화자산의 양수 · 양도 또는 다른 신탁업자에의 위탁

② 유동화자산의 관리 · 운용 및 처분

③ 유동화증권의 발행 및 상환

④ 자산유동화계획의 수행에 필요한 계약의 체결

⑤ 유동화증권의 상환 등에 필요한 자금의 일시적 차입

⑥ 여유자금의 투자

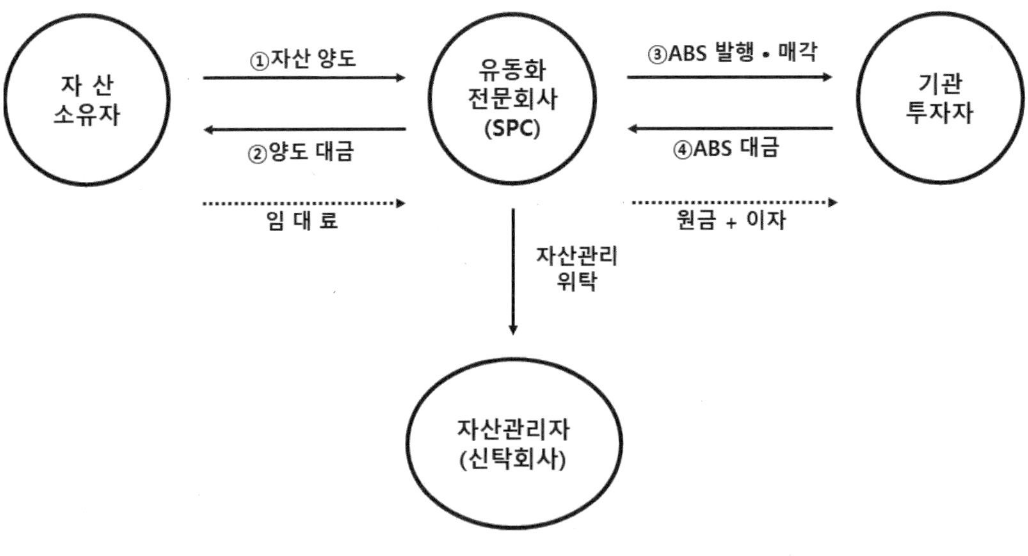

〈그림 2-4〉 자산유동화의 기본 구조

※ 매 기간 임대료와 기간 말 환매대금으로 ABS의 원리금 상환

참고 | PF-ABS와 PF-ABCP

1. PF-ABS

PF-ABS는 금융기관 등이 보유하는 부동산 개발사업에 대한 PF 대출채권을 기초로 하여 발행된 자산유동화증권이다. 부동산을 직접 유동화하여 ABS를 발행하는 것도 가능하지만, 부동산 자산은 후순위채 비중이 높고 부동산 경기에 따라 현금흐름에 불확실성이 커서 다른 금융자산의 유동화보다 더 높은 수준의 외부 신용보강이 필요하므로 ABS 발행비용이 높아짐에 따라 유동화에 한계가 있다. 따라서 부동산 자체보다는 부동산을 매개로 한 금융자산을 유동화하는 것이 일반적이고, 그 대표적인 예가 PF-ABS이다.[22)]

PF-ABS는 PF 대출채권의 보유자나 시행사의 신용도와는 별개의 독립적(Bankruptcy Remote)인 증권이고, PF 대출채권이라는 유동화자산의 현금흐름을 기초(Asset-Backed)로 발행되며, 신용보강에 따라 등급상향(Credit Enhancement)도 가능하다는 특징이 있다.

일반 회사채의 경우 발행주체인 기업[23)]의 수익력과 자금조달능력을 원리금상환의 원천으로 하므로 기업의 원리금상환능력을 기초로 발행된다. 이에 비해 ABS의 경우 발행주체는 유동화전문회사가 되고 유동화자산의 현금흐름을 원리금상환의 원천으로 하므로, 신용평가를 할 때에도 자산보유자로부터 완전 매각(True Sale)되고 발행기관의 신용도와도 완전 분리된 유동화자산의 현금흐름이 원리금상환에 얼마나 적합한지를 중점적으로 따지게 된다.

따라서 회사채는 그 구조가 단순한 데 비해, ABS는 자산보유자(Originator), 유동화전문회사(SPC), 자산관리자(Servicer) 및 수탁기관 등 다양한 주체가 발행절차에 참여하고 별도의 신용보강이 이뤄지는 등 복잡한 구조로 되어 있다. 일반적으로 신용보강이 이뤄진 ABS는 자산보유자의 신용도보다 높은 신용등급을 받는다. 다만 유동화 규모가 크지 않을 경우에는 신용보강 등을 위한 부대비용이 상대적으로 과다하게 소요될 수 있다.

자산보유자는 ABS의 신용등급을 자신의 신용등급보다 높일 수 있으므로 그만큼 자금조달비용을 낮출 수 있고, 유동화자산의 현금흐름이 부족하여 원리금상환이 다 되지 않더라도 자산보유자가 상환의무를 부담하지 않는 비소구금융(Non-Recourse Financing) 구조라는 것도 장점이다.

또한 자산보유자가 자산을 완전 매각하는 것이므로 자산보유자의 대차대조표의 고유자산 항목에서 삭제(Off the Balance)되며 부채로 계상되지 않는다. 이렇게 위험자산이 빠짐에 따라 자산보유자의 위험가중자산 대비 자기자본비율(BIS 비율)이 상승하는 등 각종 재무지표가 개선될 수 있다.

그리고 자산보유자는 자산매각을 통해 들어온 신규 자금을 새롭게 투자, 대출 등으로 운용할 수 있으며, 자산관리자 역할을 대행함으로써 자산관리수수료를 받을 수도 있다. 투자자는 일반 회사채보다

22) 분양대금채권을 유동화자산으로 하여 이를 SPC로 양도하고 유동화할 경우에는 입주자 보호를 위해 주택도시공사의 사전동의를 받아야 한다는 점에서 현행 제도상 ABS 발행에 한계가 있다. 제도적으로 이를 완화해 준다면 시행사 등이 유동성을 손쉽게 확보함으로써 보다 안정적으로 사업을 추진할 수 있고 입주자 보호에도 유리할 것이다.

23) 무보증채의 경우 발행기관(기업)의 원리금상환능력을 기초로 하지만, 보증채의 경우에는 보증기관의 원리금상환능력을 기초로 한다.

신용도가 높고 수익률이 좋은 ABS에 투자함으로써 다양한 포트폴리오를 구성하거나 위험을 분산시킬 수 있다.

2. PF-ABCP

각종 규제와 공시의무가 강화되는 등 「자산유동화법」상 부동산 관련 유동화에 대한 기준이 강화되면서 ABS 발행이 어려워짐에 따라 이를 대체하는 ABCP(Asset Backed Commercial Paper) 시장이 확대되었고, 특히 PF 대출채권을 기초로 발행되는 ABCP가 늘어나고 있다. PF-ABS는 「자산유동화법」에 근거하여 설립된 SPC를 통해 발행되는 반면, PF ABCP는 주로 상법 등에 근거하여 설립된 회사형태의 SPC를 통해 발행한다는 점에서 차이가 있다.

ABCP는 일반적으로 단기자금을 조달하는 목적으로 발행되므로 발행기간은 통상 1년 이내이다. ABCP는 만기가 장기인 ABS에 비해 낮은 금리로 자금을 조달할 수 있는 등 각종 비용절감의 효과가 있고, 만기가 짧으면서 발행조건이 간단하므로 자금을 쉽게 조달할 수 있다. 반면 만기가 해당 유동화자산의 현금흐름보다 짧아서 만기 시마다 차환(Refinancing) 발행을 계속해야 하고, 사업 완료 전에 차환발행이 무산될 위험(금리변동 위험, 유동성 위험)이 존재한다.

이렇듯 SPC가 만기가 긴(장기) ABS를 발행하는 대신 단기 ABCP를 반복적으로 차환발행함으로써 이자비용을 절감할 수 있지만, 금융시장의 상황에 따라[24] 장기적으로는 오히려 비용이 늘어날 수도 있다. 차환발행을 실패하면 기존 ABCP는 부도 처리된다. PF-ABCP는 시공사의 신용등급에 따라 다르긴 하지만, 일반적으로 전통적인 PF 대출보다는 낮은 금리로 자금조달이 가능하다.

일반적인 ABS의 경우 유동화자산으로부터 발생하는 현금흐름으로 원리금을 상환하는 방식인 반면, 부분차환구조 ABS는 그 만기를 유동화자산의 현금흐름 만기보다 짧게 발행하면서 유동화자산의 현금흐름으로 원리금상환액 중 일부를 지급하고 나머지 부족분은 단기 ABCP를 발행하여 지급하는 방식이다. 일반적으로 장기금리가 단기금리보다 높으므로 부분차환구조 ABS는 장단기 금리 차이만큼 자금조달비용을 절감하고, 유동화자산으로부터 발생하는 유휴자금(Idle Money)의 운용손실(운용하지 못한 데 따른 기회비용)을 회피할 수 있다는 장점이 있다. 물론 단기 ABCP의 차환발행이 실패할 위험이 존재하므로 일반적인 ABS보다 더 큰 신용보강이 필요하다.

ABCP는 단기에 돌아오는 만기 시마다 차환을 계속해야 하므로, 기초자산으로부터 발생하는 수익률이 고정된 경우 차환 시 시장금리에 연동되는 ABCP의 발행금리에도 미치지 못하는 이자율 위험에 노출된다. 금융시장의 상황에 따라 시장금리(자금조달금리)가 크게 오르면 차환에 실패할 위험도 커진다. 일반적으로 PF-ABCP는 증권사의 매입보장약정을 통해 차환발행의 위험을 축소하고 있는데, 투자자 입장에서는 증권사의 면책조항의 유무나 면책조건에 대한 확인이 필요하다.

PF-ABCP의 경우 미상환 위험을 축소하고 투자자를 유치하기 위해 시공사가 연대보증을 하는 등 제3자의 지급보증이나 물적담보 제공 등의 채권보전방안을 제시한다. 따라서 보증을 제공하는 시공사

24) 금리 급등기에는 더 높은 금리로 차환발행해야 하고 차환발행에 실패할 위험도 커진다.

등의 신용도를 잘 검토해야 하고, 특히 주된 채무자와 보증을 제공하는 제3자가 신용위험을 같이 하는 경우에는 채권보전방안이 ABCP의 미상환 위험을 전혀 줄여주지 못하므로 투자자 입장에서 주의가 필요하다. 그 밖에 ABCP는 유통시장이 제대로 형성되어 있지 않아 유동성과 환금성이 매우 낮다는 점도 주의해야 한다.

2 저당유동화와 저당의 증권화

저당유동화는 금융기관이 주택자금을 대출한 후 보유한 주택저당채권을 직접 매각하거나 증권화하여 대출자금을 회수하는 금융기법이다. 한편 저당의 증권화란 2차 저당대출기관이 1차 저당대출기관으로부터 사들인 저당을 담보로 하여 새로운 형태의 저당담보증권을 새로 만드는 것을 뜻한다. 예를 들어 저당대출채권 특히 주택저당채권을 많이 모아서 그 집합물(Pool)로부터 발생하는 원리금을 기초로 하여 새로운 증권을 발행하는 방식이다.

이를 통해 발행되는 증권을 저당유동화증권(MBS; Mortgage Backed Securities)이라 하며 주택저당증권, 주택저당담보증권 또는 주택저당채권이라 부르기도 한다. 다만 주택저당채권이라는 용어는 1차 저당대출기관이 차입자에게 대출해 주고 발생한 원 저당채권을 지칭하는 것으로 쓰이는 것이 일반적이다.

저당의 증권화도 저당유동화의 일종이며, 저당권을 보다 용이하게 유통시키기 위해 증권을 발행하는 것이다. 저당권부 채권처럼 유동성이 낮은 장기 고정화된 자산을 유동성이 높은 증권 등의 자산으로 바꾸어 놓아 하나의 금융상품처럼 유통되게 한다. 이로써 대출자가 갖고 있는 저당권부 채권을 다른 사람에게 양도하여 새로운 대출재원을 확보하고 새로운 신용창조의 수단으로 활용할 수 있다.

1) 저당유동화증권(MBS; Mortgage Backed Securities)

금융기관 등이 주택자금을 대출하고 취득한 저당대출채권(주택저당채권)을 유동화자산으로 집합(Pooling)하여 이를 바탕으로 증권을 발행하고, 이 증권을 투자자에게 매각하여 다시 주택자금을 조달하는 제도이다. 주택저당(Mortgage)을 근거(Backed)로 발행된 증권(Securities)이라 하여 주택저당담보증권(MBS)이라고 한다.

| 표 2-4 | 주택저당채권(Mortgage)과 저당유동화증권(MBS)의 비교 예시

구분	Mortgage(또는 모기지 풀)	MBS
금액	10억원	10억원짜리 하나의 모기지 풀을 100만원짜리 1,000개의 MBS로 쪼개어 발행
만기	30년	조기상환을 미리 예측하여 원래의 모기지 만기보다 짧은 만기(예를 들어 10년)로 발행
수익성	대출금리 5%	MBS 투자자의 수익률은 대출금리 5%보다 낮다.[25]
안전성	낮음	정부가 한국주택금융공사를 통해 지급보증하므로 안전성이 높음
유동성	낮음	유동화(증권화)되어 거래되므로 유동성이 높음

금융기관들은 주택저당채권을 유동화전문회사(한국주택금융공사) 등에 양도하고, 유동화전문회사는 이러한 주택저당채권을 바탕으로 증권(MBS)을 발행하여 투자자에게 매각함으로써 주택자금을 조달한다. 한국주택금융공사는 일반적인 유동화전문회사가 서류상의 회사(Paper Company)인 것과는 달리 실체상의 회사이다.

ABS는 매출채권(외상매출금), 대출채권, 부동산 등 유동성이 낮은 모든 종류의 자산을 기초로 하여 발행된 증권인 반면, MBS는 여러 자산 중 주택저당대출채권(Mortgage)을 기초로 하여 발행된 증권을 말한다. 따라서 MBS는 ABS의 한 종류이다.

2) 저당유동화의 전제

(1) 저당대출자금의 원활한 공급

저당유동화가 되기 위해서는 먼저 저당대출에 필요한 자금이 저당시장(Mortgage Market)에 계속해서 원활하게 공급되어야 한다. 이를 위해서는 저당수익률이 투자자들의 요구수익률을 만족시킬 수 있어야 하고, 다양한 투자자들에게 적합한 다양한 형태의 투자상품이 개발되어야 한다.

(2) 저당투자에 수반되는 위험의 제거

위험과 수익은 비례관계에 있으므로 만약 저당투자에 수반되는 위험이 제거되지 않는다면

25) 예를 들어 대출금리 5% 중 대출은행이 1%, 한국주택금융공사가 1%의 수수료를 각각 가져간다면 MBS 투자자의 수익률은 3%이다.

투자자들의 요구수익률도 그만큼 높아지게 되고, 저당수익률(이자율)은 이렇게 높아진 요구수익률을 만족시켜야 하므로 저당금융의 수요자들에게 부담을 주게 된다.

따라서 저당유동화가 원활히 이루어지려면 저당투자에 수반되는 위험을 제거하여 투자자의 요구수익률을 낮춰줄 필요가 있다. 위험을 제거하는 구체적인 방법으로는 정부보증, 분산투자를 통한 위험의 분산[26] 등이 있다. MBS는 정부가 지급을 보증하기 때문에 시장에서 쉽게 유통될 수 있다.

(3) 주택대출상품과 대출심사기준의 표준화

Mortgage Pool(Mortgage Package) 구성이 용이하도록 주택대출상품과 대출심사기준이 표준화되어야 한다.

3) 저당유동화의 효과

(1) 차입자에 대한 효과

① 주택담보대출의 규모 확대 가능 → 주택금융 수혜의 폭이 확대되고, 차입규모나 금리 등의 대출조건이 개선됨으로써 장기 · 저리의 주택자금 대출이 가능 → 이를 통해 주택수요자가 소규모 자본으로 주택구입이 가능

② 주택금융시장의 활성화

③ 금리, 기간(만기) 등이 다양한 대출상품 및 대출기관 선택 가능

(2) 대출자(금융기관)에 대한 효과

① BIS 기준 자기자본비율($=\frac{\text{자기자본}}{\text{위험가중자산}}$)이 제고되어 재무건전성 강화 및 금융기관의 신인도 상승

② 대출의 장기 · 고정화 현상을 완화하여 대출에 따른 채무불이행 위험(신용위험), 금리변동 위험과 자금조달(단기)−운용(장기) 간의 만기불일치로 인한 유동성(환금성) 위험 등을 경감 가능

③ 자산관리 위탁에 따른 안정적인 수수료 수익 확보

④ 자금회전율 제고에 따른 대출가능 자금의 증대(융자여력의 확대), 계속적인 대출재원의 확보

---

26) 무수히 많은 다양한 저당자산으로 Pooling함으로써 위험을 분산시킬 수 있다.

⑤ 주택금융을 위한 자금조달 여건의 호전

⑥ 금융기관의 자금조달기간(예금기간, 단기)과 운용기간(대출기간, 장기)의 불일치(Miss Match) 문제를 해결하여 금융의 효율성 제고

(3) 투자자에 대한 효과

① 다양한 투자목적에 적합한 투자상품을 제공함으로써 자산포트폴리오 구성의 다양화 및 상대적으로 안정적인 수익 획득을 가능케 한다.

② 유동화전문회사의 신용도를 높이면 투자상품의 안전성도 높일 수 있다.

③ 우리나라의 경우 한국주택금융공사의 지급보증 등으로 인해 위험부담을 낮추고 국채수익률 이상의 수익률이 보장된다.

④ 기관투자자에게 기존의 단기(1년~5년)채권 투자 위주에서 벗어나 장기적으로 고정 내지 안정적인 수익률을 확보할 수 있는 투자기회를 제공한다.

(4) 경제 전반에 미치는 효과

① 서민층의 내 집 마련을 지원하여 주택보급률의 확대 → 사회안전망 구축과 주거안정

② 주택금융시장을 통해 주택시장의 경기조절 가능[27)]

③ 주택산업의 육성 및 발전

④ 주택자금을 대출한 금융기관 외에 생보사, 투신사, 연기금 등 다른 기관투자자들이 MBS에 투자함으로써, 자본시장의 투자자금이 간접적 · 연쇄적으로 부동산 부문에 유입되어 부동산(주택) 부문에 대한 자금 배분을 촉진시킨다. MBS를 매각하여 회수한 자금으로 금융기관의 단기대출을 갚음으로써 단기자금이 장기자금으로 전환되는 효과를 가져 온다.

⑤ 주택 수요가 증가하고 주택가격 상승

4) 한국주택금융공사의 필요성

① 장기주택금융시장이 활성화되려면 1차 저당시장과 2차 저당시장을 유기적으로 연결할 수 있는 공적 기관이 필요하다.

② 2차 저당시장이 활성화되려면 공신력 있는 유동화중개기관이 필요하다.

---

27) 정부는 MBS 발행량을 조정해서 주택금융자금의 수급불균형을 해소하고 주택시장을 안정시킬 수 있다.

③ 1차 저당시장에서 단기 · 변동금리 · 만기일시상환식의 주택담보대출이 이루어진다면 금융기관과 차입자 모두 금리상승기 등의 경우에 연체 및 대손위험, 상환불능 위험 등이 증가한다.

따라서 1차 저당시장에서 장기 · 고정금리 · 분할상환식의 주택담보대출이 활성화되는 것이 바람직하고, 이를 위해 한국주택금융공사를 통한 MBS 발행이 필요하다.

④ 한국주택금융공사가 MBS를 발행하게 되면 규모의 경제를 통해 MBS 발행비용을 낮출 수 있다.

5) 저당유동화시장의 구조

저당 관련 시장(넓은 의미의 저당유동화시장)은 저당대출채권이 발생하는 1차 저당시장과 발생한 저당대출채권을 유동화하는 2차 저당시장으로 구분된다. 그중 2차 저당시장이 좁은 의미의 저당유동화시장이다.

(1) 1차 저당시장(Primary Mortgage Market)

저당대출(저당대부)을 받으려는 차입자(수요자)와 대출을 제공하는 금융기관(공급자)으로 구성된 시장으로서, 대출자가 주택자금을 차입자에게 직접 공급하는 시장이다. 주택자금의 대차가 이루어지고 저당대출채권(Mortgage)이 최초로 발생하는 단계이다.

1차 저당시장의 대출자들은 주택을 구입하고자 하는 일반수요자와 새로이 주택을 공급하고자 하는 주택건설업자에게 저당을 설정하고 주택자금을 대여한다. 주로 은행 등의 예금수취기관이 자금을 공급하는 금융기관이 되지만 생명보험회사 등도 참여한다. 1차 저당시장에서 발생한 저당대출채권은 대출해 준 금융기관이 자신들의 자산 포트폴리오의 일부로 보유하거나 2차 저당시장에서 유동화하여 매각한다.

(2) 2차 저당시장(Secondary Mortgage Market)

저당대출한 금융기관과 그로부터 저당대출채권을 매입하거나 유동화전문회사가 발행한 저당유동화증권(MBS)에 투자하는 투자자[28]로 구성되는 저당의 유통시장이다. 금융기관이 자산으로 보유하고 있던 저당대출채권을 매각하여 신규대출을 위한 재원으로 활용하는 과정이라 할 수 있다.

28) 주로 생보사, 투신사, 연기금 등의 기관투자자

주로 저당대출채권을 매각하는 금융기관과 이를 매입하는 투자자, 그리고 이들을 연결하는 유동화중개기관 및 채권지급보증기관 등으로 구성된다. 따라서 1차 저당시장에서 저당대출을 받은 차입자는 2차 저당시장에 참여하지 않는다. 즉 2차 저당시장은 부동산 담보부 대출을 받은 저당차입자나 주택담보대출채권과는 별개로 형성되는 시장이다.

금융기관은 대출자금이 고갈되면 2차 저당시장에서 다른 투자자들에게 기존의 저당을 팔아서 새로운 대출재원을 조달할 수 있다. 이를 통해 이론상으로는 무한정 대출이 가능하다. 이러한 2차 저당시장으로 인해 금융기관은 대출재원이 부족하더라도 계속 새로운 저당대출을 할 수 있게 된다.

2차 저당시장에서의 저당대출채권의 유동화 방법으로는, 대출한 금융기관이 해당 채권을 직접 매각하는 방법과 금융기관이 직접 또는 유동화중개기관을 통해 주택저당대출채권의 집합(Mortgage Pool)을 담보로 저당유동화증권(저당담보부증권, MBS)을 발행하는 방법이 있다. 하나의 저당을 여러 개로 쪼개어 MBS를 발행할 수도 있다. 1차 대출기관, 2차 대출기관, 유동화전문회사(특수목적회사, SPC) 모두 MBS의 발행기관이 될 수 있는데, 우리나라 제도상 MBS는 한국주택금융공사 또는 주택저당대출채권을 갖고 있는 금융기관이 설립한 유동화전문회사(특수목적회사, SPC)가 발행할 수 있다.

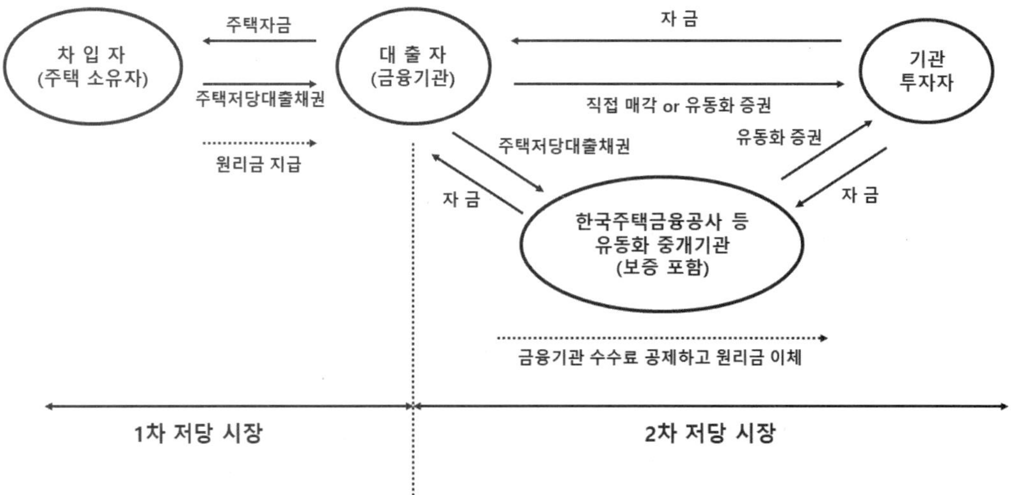

〈그림 2-5〉 저당유동화의 기본 구조

※ 2차 저당시장에서 유동화증권을 발행해서 매각하는 방식은 개별채권을 직접 매각하는 방식보다 위험이 분산되는 장점이 있다(∵저당 Pool 구성).

※ 2차 저당시장에서 유동화증권을 발행할 때, 한국주택금융공사의 보증을 통해 채무불이행 위험은 사라지고 금리변동 위험, 조기상환 위험만 남는다.

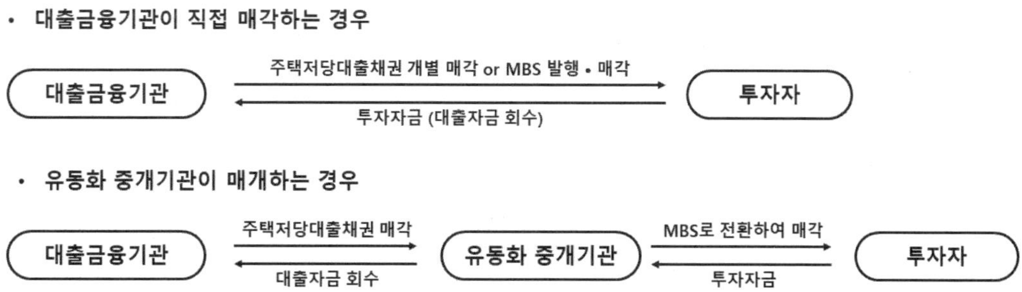

〈그림 2-6〉 2차 저당시장에서의 유동화 과정

주택저당의 집합(Mortgage Pool)을 저당패키지(Mortgage Package)라고도 하는데, 이는 지역별 · 가격별 · 만기별로 유사한 저당들을 모아서 만든다.[29] Mortgage Pool에는 무수히 많은 주택저당대출채권들이 포함되므로 이를 담보로 발행하는 MBS는 포트폴리오 효과(위험분산효과)를 누릴 수 있다. 이에 따라 MBS는 개별적인 주택저당대출채권보다 위험이 작은 자산이 된다.

또한 한국주택금융공사와 같은 유동화중개기관이 저당대출채권에 포함된 채무불이행 위험을 보증하므로 MBS는 채무불이행 위험이 제거된 안전자산이 된다. 그러나 발행비용, 금융기관의 수수료, 채무불이행에 대한 보증료, 유동화중개기관의 수수료 등 여러 가지 비용으로 인해 2차 저당시장의 MBS의 수익률은 1차시장의 주택저당대출 금리보다 낮을 수밖에 없다.[30]

3 저당유동화 방법에 따른 주택저당증권(MBS)의 종류

금융기관이 저당을 유동화하는 방법에는 기본적으로 다음의 세 가지 유형이 있다.

첫째, 저당대출채권(저당담보부채권)의 전부 또는 일부를 채권형태로 직접 매각하는 방법이다. 이 경우 저당대출을 한 금융기관이 저당대출채권을 양수인에게 양도하고 저당권의 이전등기를 해 주면 된다.

둘째, 저당대출채권을 담보로 하여 대출 금융기관이 자신의 명의로 채권(MBB; Mortgage Backed Bond)을 발행함으로써 저당대출채권을 간접적으로 유동화하는 방법이다. 즉 저당권부채권을 담보로 새로운 채권을 발행하여 유통시키는 방법이다(저당채권방법).

29) 저당대출이자율, 잔여만기 등 특성이 유사한 저당대출을 집합(Pooling)
30) 위험과 수익은 비례하므로 위험이 낮아진 만큼 수익도 낮아진다.

셋째, 저당대출채권을 원리금자동이체증권(Mortgage Pass Through Security)으로 전환하여, 대출 금융기관이 투자자에게 직접 매각하거나 중개인을 통하여 매각함으로써 유동화하는 방법이다. 즉 피담보채권과 저당권을 분리하여 저당권 자체를 증권화한 후 유통시키는 방법이다(저당증권방법).

저당의 유동화가 원활히 이루어지려면 금리구조가 '저당대출금리 > MBS발행금리(기대수익률) > 투자자의 요구수익률' 순으로 되어 투자자의 자금이 저당시장에 공급될 유인이 있어야 한다. 저당대출금리는 1차 저당시장에서의 차입자가 대출 금융기관에 지불하는 금리이고, MBS 발행금리는 MBS발행기관이 MBS를 매입한 투자자에게 지불하는 금리이다. MBS발행금리는 결국 MBS의 기대수익률을 의미한다.

MBS를 발행하고 관리하는 데에는 각종 수수료 등 비용이 소요되므로 MBS발행금리가 원래의 저당대출금리보다 낮을 수밖에 없다. 이것은 발행자가 주택저당담보증권(MBS)을 발행하고 저당풀(Pool)을 운영 · 관리하는 데에 비용(수수료 등)이 들기 때문이다. 이렇게 MBS를 매입했을 경우에 투자자들이 얻는 수익은 개별저당을 직접 샀을 경우보다 약간 떨어진다. MBS의 발행근거가 되는 모저당이 고정금리 대출이었다고 하더라도 MBS는 가변금리로 발행될 수 있다.

만약 MBS발행금리보다 투자자의 요구수익률이 더 높다면 자금이 투자될 이유가 없으므로, MBS의 위험을 낮춤으로써 투자자의 요구수익률[31)]도 낮춰주어야 할 것이다. 예를 들어 ① 많은 수의 다양한 저당의 Pool을 구성(포트폴리오 구성)하여 위험을 분산시키거나, ② 한국주택금융공사 등의 공적 기관이 투자자에게 원리금 지급을 보증하는 등의 방법으로 위험을 낮추고 투자자의 요구수익률도 낮출 수 있다. 이를 통해 더 많은 투자자금이 2차 저당시장에 들어오게 되고 저당의 유동화가 원활하게 이루어져 금융기관의 유동성 위험을 낮출 수 있다.

1) 지분형 MBS – 주택저당이체증권(MPTS; Mortgage Pass Through Securities)

① 저당대출에서 발생하는 현금흐름(원리금상환)에 대한 소유권(원리금수취권)과 저당대출의 소유권(저당권)을 모두 투자자에게 지분형태로 매각하는 방식이다.[32)] 이에 따라 유동화기관(발행기관)의 대차대조표상에서 저당대출이라는 자산이 감소하고 현금이 증가하는 변화가 나타난다.

② 모저당이 되는 저당대출채권의 집합(Mortgage Pool)의 지분권을 판매하므로 투자자가 모저당

31) '요구수익률=무위험률+위험할증률+예상된 인플레이션율'이므로 요구수익률은 위험에 비례한다.

32) 저당대출에 대한 소유권은 채무불이행 위험과 결합되고, 원리금수취권은 조기상환 위험과 결합되므로 MPTS는 채무불이행 위험과 조기상환 위험이 모두 투자자에게 이전된다.

의 소유자(지분권자)가 되고, 투자자가 금리위험이나 조기상환 위험, 차입자의 신용위험 등을 모두 부담한다.[33] 따라서 고위험 · 고수익을 노리는 투자자에게 적합한 상품이다. 즉 MBB 투자자의 수익률보다 MPTS 투자자의 수익률이 더 높다.

③ 대출한 금융기관이 차입자로부터 수령하는 현금흐름(원리금상환액=저당지불액=부채서비스액)과 MPTS를 매입한 투자자에게 이체되는 현금흐름(원리금이체액)은 저당관리비용과 송 · 수금 등 수수료 등을 제외하고는 동일하다.

④ 이를 이체증권, 자동이체식 이전저당증권 또는 주택저당채권지분이전증권이라고도 부른다.

⑤ MPTS는 초과담보가 없다. 즉 100의 Mortgage를 담보로 100의 MBS(MPTS)를 발행한다.

2) 채권형 MBS – 주택저당담보부채권(MBB; Mortgage Backed Bonds)

① 저당대출채권의 집합물(Pool)을 담보로 하여 발행기관이 자신의 신용으로 새로이 발행하는 유동화채권(주택저당채권)이다.

② 모저당(저당대출의 집합물)의 현금흐름에 대한 소유권(원리금수취권)과 저당대출의 소유권(저당권)은 모두 발행기관이 보유하면서,[34] 모저당인 저당대출의 집합물을 담보로 해서 발행기관 자신의 부채로 새로운 채권을 발행하여 매각하는 유동화 방법이다. 모든 것을 발행자가 갖고 발행자가 책임지며, MBB 투자자는 아무것도 갖지 않는다. 이에 따라 발행기관의 대차대조표상에서 채권발행액만큼 부채와 현금이 동시에 증가하는 변화가 나타난다.

③ 저당집합(Mortgage Pool)을 위탁받은 제3자(신탁기관, Trustee)는 충분한 담보가치가 유지되도록 저당집합을 관리 · 감독한다.

④ 모저당의 금리위험이나 조기상환 위험 등은 투자자에게 전가되지 않고, 모저당의 소유자인 발행기관의 부담으로 남는다. 즉 투자자의 위험이 가장 낮다.[35]

MBB 투자자는 MBB 발행 시 모저당의 차입자가 만기 전에 조기상환하더라도 MBB를 만기 전에 변제하지 않는다는 약속을 함으로써 조기상환 위험에서 벗어난다(콜 방어, 조기상환 방어). 이에 따라 발행기관은 유동화를 통해 위험을 전가시키지 못한다. 따라서 저위험 · 저수익을 노리는 투자자에게 적합한 상품이다.

⑤ 대출한 금융기관이 차입자로부터 수령하는 현금흐름(원리금상환액)을 그대로 투자자에게

---

33) 투자자에게 위험과 수익이 모두 높다(콜 방어 X, 조기상환 방어 X). MBS 중 MPTS의 수명(존속기간)이 가장 짧다.
34) 저당대출채권은 매각되지 않고 담보로 제공될 뿐이다.
35) 콜 방어가 가능하고 MBS의 수명이 길다.

이체하는 것이 아니라, 자신의 부채로 된 새로운 현금흐름을 지급하는 것이기 때문에 양 현금흐름은 같지 않다.

⑥ 일반적으로 MBB 발행총액보다 더 큰 액수의 대출채권을 담보로 제공함으로써 MBB의 안정성을 높인다.[36] MBB 투자자는 발행기관의 신용에 의해 투자금 상환을 보장받고, 추가로 MBB 발행총액보다 더 큰 대출채권의 Pool을 담보로 제공받는다. 이와 같이 이중의 보장을 받고 조기상환의 위험이 없기 때문에, MBB는 상대적으로 낮은 금리(∵위험↓)로 발행될 수 있다.

⑦ MPTS는 대출기관이 저당대출의 소유권과 원리금수취권 등 모든 권리를 투자자에게 넘기고 그 이후의 위험에 대해서는 책임을 지지 않는 반면, MBB는 대출기관(발행기관)이 자신의 부채로 발행하여 상환을 책임지고 위험도 스스로 부담하기 때문에 대출을 할 때부터 세밀한 심사를 하고 관리하게 된다.

⑧ 이를 주택저당채권담보부채권 또는 저당채권이라고도 부른다.

3) 지분 · 채권 혼합형 MBS – 저당대출원리금이체채권(MPTB; Mortgage Pay-Through Bond)

① 발행기관이 모저당 또는 MPTS를 담보로 하여 새로운 채권을 발행하면서 모저당은 여전히 발행기관이 소유[37]하고, 투자자에게는 현금흐름에 대한(원리금 수취에 따른) 지분권을 이전[38]하는 주택저당증권(MBS)이다.

② 모저당의 소유권(저당권)이 투자자에게 이전되지 않고 발행기관에 유보된다는 점에서 채권형의 특성을 갖지만, 원리금이체권은 투자자에게 이전된다는 점에서 지분형의 특성도 함께 갖는다. 즉 지분형(MPTS)과 채권형(MBB)의 특성이 혼합된 형태의 유동화 방법이다. 다만 기본적으로 채권의 성격을 갖는다는 점에서 저당대출원리금이체채권이라고 부른다.

③ 모저당을 담보로 해서 새로운 채권을 발행하여 매각하므로 모저당의 소유자는 발행기관이 되지만 원리금이체권은 투자자에게 이전됨으로써, 발행기관이 금리위험 등을 부담하고 투자자는 조기상환 위험을 부담한다. 따라서 중위험 · 중수익을 노리는 대부분의 일반 투자자들에게 적합한 상품이다.

④ 모저당(저당대출)의 소유권은 채권형 MBS와 마찬가지로 발행기관에게 있고 저당대출은 담보로만 제공되므로 발행기관의 대차대조표에 그대로 존속하지만, 발행된 MPTB만큼 부채가

---

36) 이렇게 채권발행액보다 더 많은 담보를 제공하는 신용보강 방법을 Over-Collateralization이라 한다. MBB는 신용보강을 위해 초과담보가 가장 많다. 예를 들어 100의 Mortgage를 담보로 50의 MBS(MBB)를 발행한다.

37) 따라서 채무불이행 위험은 발행기관이 부담한다.

38) 따라서 조기상환 위험은 투자자가 부담한다.

증가하는 변화가 나타난다.

⑤ 모저당(저당대출)의 현금흐름은 지분형 MBS와 마찬가지로 투자자에게 그대로 이체된다.

⑥ MBB와 마찬가지로 초과담보가 필요하지만 필요한 초과담보의 양은 MBB보다는 낮은 수준이다. 예를 들어 100의 Mortgage를 담보로 50의 MBB만을 발행할 수 있는 데 비해 MPTB는 70만큼 발행할 수 있다는 식이다.

⑦ 이를 원리금이체식저당채권, 주택저당권원리금이전채권, 저당채권지불이체채권, 저당직불채권, 현금수지채권 등으로도 부른다.

4) 다계층채권(CMO; Collateralized Mortgage Obligation)

① 여러 가지 저당대출(주택저당채권)들을 모은 하나의 집합(Pool)에서 발생하는 미래 현금흐름에 기초하여 만기와 이자율, 원금지급순서를 다양화한 여러 종류의 채권을 발행하는 유동화 방법이다. MPTB의 발행방법 중 하나이고 MBB와 MPTS의 특성이 혼합되었다.

② 발행자는 모저당인 저당대출에 대한 소유권을 갖고 이를 담보로 하여 위험과 수익 구조가 다양한 트랜치(Tranche)의 증권(채권)을 발행한다. 이에 따라 투자자는 위험의 분산과 다양한 투자욕구를 충족할 수 있다.

③ 투자자에게는 각 트랜치별로 다양한 만기에 따른 위험 및 이에 대한 다양한 보상(수익률, 이자율)이 제공된다. 이렇게 트랜치별로 만기가 각각 다르고 수익률(이자율)에도 차이가 있으므로, 투자자는 그 위험 선호도에 따라 투자상품을 선택할 수 있다. 만기가 짧고 금리가 낮은 선순위 증권은 신용등급이 높지만, 만기가 길고 금리가 높은 후순위 증권은 신용등급이 낮다.

④ 기관투자자별로 CMO 중 선호하는 상품이 차별화되는데, 단기자금을 주로 취급하는 은행 등의 일반 금융회사는 만기가 빠른 단기 · 중기 트랜치에, 보험회사는 중기 · 장기 트랜치에, 그리고 장기자금을 주로 취급하는 연기금은 장기 트랜치 그중에서도 만기는 가장 늦지만 수익률이 가장 높은 Z 트랜치에 투자하는 경향이 있다. 이와 같이 투자자들에게 각각의 선호도에 맞춘 투자기회를 균등하게 제공함으로써 MBS의 발행을 보다 수월하게 한다는 장점이 있다.

⑤ CMO는 MPTB의 발행방법이므로 발행기관이 모저당인 저당대출채권 집합에 대한 소유권을 가지고 원리금이체권(현금흐름)은 투자자에게 이전된다.[39] 이에 따라 발행기관은 금리위험 등을, 투자자는 조기상환 위험을 각각 부담한다. 기본적으로 채권의 형태이므로 발행기관의

39) 저당차입자의 원리금상환액이 트랜치별로 직접 지급된다.

대차대조표상 부채로 계상된다.

투자자가 부담하는 조기상환 위험의 크기는 만기가 늦을수록 커지고(1순위 트랜치 〈 2순위 트랜치 〈 3순위 트랜치 〈 Z순위 트랜치), 이에 따라 수익률의 크기도 역시 1순위 트랜치 〈 2순위 트랜치 〈 3순위 트랜치 〈 Z순위 트랜치 순으로 커진다. 즉 CMO의 조기상환 위험은 존속기간(만기)이 길수록 커지므로, 선순위 트랜치보다 이러한 위험이 큰 후순위 트랜치의 수익률이 더 높다. 이는 낙찰계와 유사한 구조이다.

⑥ 1순위 트랜치 투자자에게 약정된 기간 동안 원금과 이자가 지불되는 동안 다른 트랜치 투자자에게는 이자만 지불된다. 1순위 트랜치 투자자에게 원리금이 모두 상환된 후에, 그다음 2순위 트랜치 투자자에게 원금과 이자가 지불되고, 그동안 나머지 트랜치 투자자에게는 역시 이자만 지불된다.

Z순위 트렌치 투자자는 선순위 트렌치 투자자의 전부 또는 일부에게 모든 원리금 상환이 완료된 후에야 마지막으로 원금과 이자를 만기 때 한 번에 지불받는다. 여러 개의 트랜치 중 가장 마지막 트랜치를 뜻하는 Z 트랜치는 중간에 원금과 이자를 전혀 지불받지 못한다. 원리금 상환이 전혀 없는 기간 동안 지급받지 못한 이자에 또 다른 이자가 가산되므로 Z순위 트랜치를 적립형 다계층채권이라고도 부른다.

⑦ 다계층채권에 적용되는 이자율로는 고정금리와 변동금리 모두 가능하고, 우리나라에서 MBS는 대부분 CMO 방식으로 발행된다. 이를 저당채권담보부 다계층채권 또는 담보저당채권이라고도 부른다.

⑧ 이러한 구조화를 통해 각 트렌치의 채권은 원래의 기초자산이 가졌던 위험 · 수익 구조와는 전혀 다른 구조를 갖게 된다. 원래의 기초자산이 아무리 연체 위험이 높은 서브프라임 모기지(Subprime Mortgage)라고 해도 모든 대출들이 동시에 연체되는 일은 거의 없으므로, 최우선적으로 원리금을 수령하는 CMO의 상위 트렌치 채권은 위험도가 낮은 자산으로 인정받을 수 있고 높은 신용등급을 받게 된다.[40]

MPTS는 원래의 기초자산이 가졌던 위험 · 수익 구조를 그대로 반영하므로 서브프라임 모기지 풀을 기초로 발행된 MPTS에 최고 신용등급에만 투자할 수 있는 연기금 등 기관투자자들이 투자할 수는 없지만, 같은 풀을 기초로 발행된 CMO의 상위등급 채권에는 기관투자자들의 투자가 가능하게 된다. 우리나라의 한국주택금융공사가 발행하는 MBS는 일부를 제외하면 대부분 CMO 방식이다.

40) 위험분산(포트폴리오 효과)

| 표 2-5 | MPTS, MBB, MPTB, CMO의 비교

구분	MPTS	MBB	MPTB	CMO
성질	지분형	채권형	혼합형	혼합형
발행형태	증권	채권	채권	채권
저당의 소유권	투자자 (자산매각방식)	발행기관이 자산으로 보유	발행기관이 자산으로 보유	발행기관이 자산으로 보유
원리금이체권 (원리금수취권)	투자자	발행기관	투자자	투자자
조기상환 위험 (=원리금수취권이 있는 자)	투자자	발행기관	투자자	투자자
투자자의 위험과 수익률	상	하	중	만기에 비례 (후순위 트랜치일수록 위험↑, 수익률↑)

제5절 그 밖의 부동산 금융을 통한 자금조달 방법
-부동산 펀드, REITs와 Project Financing-

처음에 우리는 부동산 금융을 그 자금조달 방법에 따라 자기자본을 조달하는 지분금융(Equity Financing)과 타인자본을 조달하는 부채금융(Debt Financing)으로 구분하였고, 지금까지 부채금융의 일종인 저당금융(저당대출), 자산유동화증권(ABS), 주택저당증권(MBS) 등에 대해 자세히 살펴보았다.

이제 부동산 금융에 있어서 그 밖의 중요한 제도로서 지분금융의 일종이라 할 수 있는 부동산 펀드, 부동산 투자신탁(REITs)과 부채금융의 일종인 프로젝트 파이낸싱(PF)에 대해 살펴본다.

1 부동산 펀드

부동산 집합투자기구 속칭 부동산 펀드란 2인 이상의 투자자에게 수익증권 또는 지분증권을 발행 · 매각하여 모은 금전[41]의 100분의 50을 초과하여 부동산 투자, 부동산 개발법인에 대한 대출, 부동산 개발, 부동산 임대, 분양권 등 부동산 권리취득, 부동산 관련 증권 및 채권 등에 투자하고 그 결과를 투자자에게 배분하는 기구를 말한다. 부동산 펀드는 부동산 시장에서의 수요자이면서 부동산 금융시장에서는 자금공급자의 역할을 수행한다.

1) 부동산 펀드의 구조

부동산 펀드는 일반적으로 집합투자업자인 자산운용회사에 의해 투자신탁형으로 설립되고, 발행된 수익증권은 집합투자매매업자인 판매회사(증권회사 등)를 통해 개인 및 기관투자자에게 판매된다. 이렇게 투자자들로부터 모집한 자금(집합투자재산)은 수탁회사에 보관되고, 자산운용회사의 지시에 따라 수탁회사는 부동산 등 취득 및 처분업무[42]를 수행한다. 이를 통해 부동산 펀드는 투자자, 자본시장, 부동산 시장을 연결하는 매개체로서의 역할을 한다.

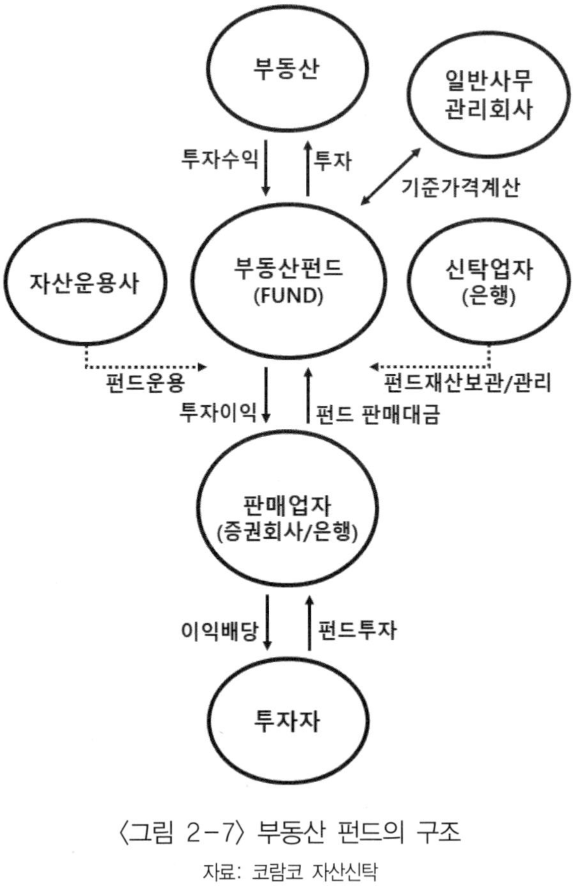

〈그림 2-7〉 부동산 펀드의 구조

자료: 코람코 자산신탁

부동산 펀드의 자산운용은 자산운용회사(AMC; Asset Management Company)가 담당하고, 자산운용회사는 효율적인 투자 및 자산운용을 위해 부동산 관리회사(PMC; Property Management Company), 부동산 투자자문회사 등을 자회사로 두거나 위탁한다.[43] 또한 투자자 보호를 위해 외부의 자산보관관리기관이나 업

41) 차입을 포함하며 이렇게 모은 금전을 집합투자재산이라 한다. 그리고 투자자에게 발행 · 매각한 수익증권 또는 지분증권을 집합투자증권이라 한다.

42) 부동산이나 부동산 관련 증권의 매입 및 매각, 부동산 PF 대출, 부동산 개발 등

43) 「자본시장법」상 부동산 펀드(부동산 집합투자기구)의 AMC는 자산운용회사라고 부르고, 「부동산 투자회사법」상 부동산 투자회사의 AMC는 자산관리회사라고 구별해서 부른다.

무수탁기관 등도 필요하다.

부동산 펀드와 리츠(REITs)는 다수의 투자자로부터 자금을 모집하여 부동산에 투자 · 운용하고 그 수익을 배분한다는 점에서 실질이 유사하다. 리츠가 공모를 통해 주주를 모집할 경우에는 「자본시장법」에 따라 부동산 집합투자기구라는 명칭을 사용해야 하므로, 넓은 의미로는 리츠도 부동산 펀드에 속한다.

2) 실물형 부동산 펀드

집합투자재산의 50%를 초과하여 실물로서의 부동산에 투자하는 부동산 펀드이다. 이는 다시 그 운용방법에 따라 다음과 같이 세부적으로 나눌 수 있다.

(1) 매매형 부동산 펀드

매매형 부동산 펀드는 집합투자재산으로 부동산을 취득하고 보유한 후, 그 가격이 취득시점 대비 적정 수준으로 상승한 때 매각함으로써 자본이득(시세차익)을 획득하는 것을 목적으로 한다. 완성된 부동산을 주로 취급하지만 미완성 부동산이라도 매매대금 중 일부를 계약금으로 먼저 지급하고 완성시점에 잔금을 지급하여 소유권을 취득하는 방식으로 투자하기도 한다.

매매형 부동산 펀드는 취득 후 매각시점까지 보유만 할뿐 임대나 개량행위 등 수익이나 자산가치를 높이기 위한 활동은 하지 않는 것이 원칙이다. 다만 현실에서 이렇게 순수한 의미의 매매형은 찾기 어렵고, 시세차익에 보다 중점을 둔다는 의미로 보면 된다. 수익성이 좋고 향후 가치상승이 기대되는 우량한 부동산을 매입하고, Lease Back이나 Buy Back 옵션계약 등을 통해 위험을 헤지(Hedge)하는 것이 중요하다.

(2) 임대형 부동산 펀드

임대형 부동산 펀드는 집합투자재산으로 임대선호도가 높은 지역의 상업용 · 업무용 등 수익형 부동산을 취득하고, 안정적인 임대수익을 취하다가 적정가격으로 매각하여 자본이득을 획득하는 것을 목적으로 한다(Buy&Lease 방식의 부동산 펀드). 직접 부동산을 매입하여 임대하는 경우뿐 아니라 부동산의 임대수익을 기초자산으로 발행된 유동화증권에 투자하는 경우도 임대형 부동산 펀드에 해당한다.

투자자의 입장에서는 안정성 높은 장기 투자이익을 확보할 수 있고, 취득 부동산의 가치상승에 따른 추가적인 이익을 기대할 수도 있다는 장점이 있다. 임대형 부동산 펀드는 적정한 수익률을 확보하는 것이 중요하므로 취득 시에 예상 임대료, 공실률, 건물의 노후도, 관리의 난이도, 매입가격과 예상 매각가격 등을 면밀하게 검토해야 한다.

국내 · 외 REITs는 대부분 수익형 부동산을 바이 앤 리스(Buy&Lease) 하는 방식으로 운용된다. 임대형 부동산 펀드는 평상시에는 임대수익으로 투자자들에게 배당하다가 만기 시 부동산을 매각하여 투자원금과 자본이득을 추가적으로 배당한다.

(3) 개량형 부동산 펀드

개량형 부동산 펀드는 집합투자재산으로 부동산을 취득하고 이를 적극적으로 개량함으로써 수익과 자산가치를 증대시킨 후, 대상 부동산을 단순 매각 또는 일정 기간 임대 후 매각을 목적으로 한다. 개량형 부동산 펀드는 투자에 앞서 개량 시 소요비용과 증가할 것으로 기대되는 수익 및 자산가치를 잘 비교 · 검토해야 한다.

(4) 경 · 공매형 부동산 펀드

경 · 공매형 부동산 펀드는 집합투자재산으로 경매 및 공매 부동산을 취득하고 이를 단순 매각하거나 일정 기간 임대 후 매각을 목적으로 한다. 임대형 부동산 펀드가 임대수익을 주된 운용목적으로 하는 반면, 경 · 공매형 부동산 펀드는 자본이득(시세차익)을 주된 운용목적으로 하는 점에서 차이가 있다. 경 · 공매를 통해 대상 부동산을 시세대비 저가에 낙찰받아 고가에 매각함으로써 시세차익을 노리는 일종의 가치투자형 펀드이다.

복잡한 권리분석과 물건분석 리스크, 임장에 필요한 시간의 부족, 낙찰 후 명도의 어려움 등의 여러 가지 문제로 인해 개인이 경 · 공매에 직접 참여하기는 쉽지 않으므로 이를 대신하여 간접투자할 수 있는 방법으로 주목받고 있다.

(5) (직접)개발형 부동산 펀드

(직접)개발형 부동산 펀드는 집합투자재산으로 펀드가 직접 부동산을 개발하여 이를 분양하거나 일정 기간 임대 후 매각하는 것을 목적으로 한다. 부동산 펀드가 사업시행자의 역할을 직접 수행하여 부동산 개발사업을 추진하고 이를 통해 개발이익을 추구한다. 다른 부동산 펀드에 비해 높은 수익률을 기대할 수 있으나, 사업기간이 길고 펀드의 리스크 부담이 큰 만큼 전문성이 많이 요구된다.

부동산 개발사업에 직접 투자하거나 개발전문 특수목적회사(SPC)에 투자하는 부동산 펀드(지분형)와 개발회사나 건설회사에 대한 대출채권에 투자하는 부동산 펀드(대출형)도 넓은 의미에서 개발형 펀드로 분류될 수 있지만, 여기에서 (직접)개발형 부동산 펀드는 펀드가 직접 개발사업을 수행하는 것만을 뜻한다.

3) 비실물형 부동산 펀드

(1) 대출형 부동산 펀드[44)]

집합투자재산의 50%를 초과하여 부동산 개발 관련 법인에 대한 대출 형태로 투자를 하는 부동산 펀드이다. 개발사업의 분양채권 현금흐름을 담보로 자금을 대출해 주고, 분양수입에 따라 원리금을 회수하여 투자자들에게 배분한다. 부동산 개발사업에 필요한 자금을 시행사에게 제공(대출)해 주고 대출이자를 받는 것을 운용목적으로 한다(Project Financing 방식)는 점에서 회사채 투자와 유사하다. 대출형 부동산 펀드의 수익은 대출금리 조건에 따라 제한적이라는 점에서 수익이 무제한적인 실물형 부동산 펀드와 차이가 있다.

일반적으로 시행사는 자본금이 적고 신용등급이 낮으며 프로젝트의 수익성과 사업성도 미리 예측하기 힘들기 때문에, 부동산 펀드가 대출할 때에는 부동산에 대한 담보권 설정, 시공사와의 보증약정 등 별도의 담보장치나 개발사업 위험에 대한 안전장치[45)]를 마련할 필요가 있다. 미분양 및 시공사 부도 등에 따른 대출원금 손실 위험이 존재하므로 이에 대한 헤지(Hedge) 수단이 필요하다. 수분양자가 분양대금을 관리계좌(Escrow Account)에 입금하면 시행사는 부동산 펀드에게 대출 원리금을 상환하고 시공사에게 공사대금을 지급한다.

부동산 개발사업에 대출해 주는 부동산 펀드로서는 영세하고 소규모인 시행사가 사업주체가 되면 시행사의 부도 · 파산과 우발채무 등으로 인한 법률적 리스크가 생길 수 있으므로, 이를 회피하기 위해 부동산 신탁을 활용할 수 있다. 즉 신탁을 통해 신탁회사가 개발사업의 시행자가 되고 펀드를 통해 자금을 조달하여 사업을 진행하게 되면, 투명하고 공정한 사업관리 및 자금관리가 가능하고 다양한 이해관계를 공정하게 조정하여 사업의 속도를 높이고 분양촉진 효과도

---

44) 기존의 PF는 일반적으로 토지대금에 한정하여 대출하고 시공사는 분양불 조건으로 분양수입금이 발생해야 공사비를 지급받게 되지만, 대출형 부동산 펀드의 경우 토지대금 뿐 아니라 공사비의 일부 또는 전부를 포함하여 펀드가 설정되므로 시공사의 책임준공을 안정적으로 확보할 수 있다. 이를 통해 개발사업이 안정적으로 진행됨으로써 펀드투자자와 수분양자를 동시에 보호할 수 있고, 시공사의 부담과 공사비를 낮출 수 있어 개발사업의 수익성을 개선시킬 수 있다.

45) 분양 완료 후 분양수입이 보장가액에도 미치지 못할 경우 (금융기관의 대출원금잔액을 한도로) 보험보상한도액 내에서 보상을 해 주는 자산가치하락보험을 활용할 수도 있다.

기대할 수 있다. 다만 신탁을 하더라도 우량한 시공사가 신용보강을 하지 않으면 펀드의 자금조달이 어렵고, 고액의 펀드수수료와 신탁보수가 이중으로 발생한다는 단점이 있다.

(2) 권리형 부동산 펀드

집합투자재산의 50%를 초과하여 지상권, 지역권, 전세권, 임차권, 분양권, 부동산 담보부 금전채권, 시행사에 대한 대출채권, 부동산 관련 신탁수익권 등 각종 부동산 관련 권리취득에 투자하는 펀드이다. 분양권에 투자한 후 높은 프리미엄이 형성되면 차익실현이 가능하지만, 분양권 전매금지제도 등 다양한 제도적 제약이 있으므로 이에 대한 법적 검토가 필요하다.

(3) 증권형 부동산 펀드

집합투자재산의 50%를 초과하여 부동산 관련 증권에 투자하는 펀드이다. 다른 부동산 펀드의 집합투자증권에 투자하거나 부동산 개발회사[46], 부동산 투자목적회사 등이 발행한 증권, 「부동산 투자회사법」에 의한 REITs 주식 등에 재투자하는 재간접펀드 형태이다.

「자본시장법령」에 따르면 다음의 증권들에 투자하는 펀드가 증권형 부동산 펀드로 분류된다.

① 일정한 자산[47]이 신탁재산, 집합투자재산 또는 유동화자산의 50% 이상을 차지하는 경우 그 수익증권, 집합투자증권 또는 유동화증권

② 「부동산 투자회사법」에 따른 부동산 투자회사가 발행한 주식

③ 특정한 부동산을 개발하기 위해 존속기간을 정하여 설립된 회사(부동산 개발회사)[48]가 발행한 증권

④ 부동산과 부동산 관련 자산을 기초로 하여 「자산유동화법」에 따라 발행된 유동화증권으로서 그 기초자산의 합계액이 유동화자산 가액의 70% 이상인 유동화증권

⑤ 「한국주택금융공사법」에 따른 주택저당채권담보부채권 또는 주택저당증권

⑥ 부동산 투자목적회사가 발행한 지분증권

---

46) 이때의 부동산 개발회사란 PFV 등 한시적 회사를 말하며, 부동산 개발사업을 영속적으로 수행하거나 이에 투자하는 회사가 발행한 주식이나 채권에 투자하는 펀드는 '증권펀드'에 속한다. 다만 이러한 경우에도 실질은 부동산 개발사업의 성패에 큰 영향을 받으므로 일종의 준부동산 펀드로 분류될 수 있다.

47) ① 부동산, ② 지상권 · 지역권 · 전세권 · 임차권 · 분양권 등 부동산 관련 권리, ③ 금융기관이 채권자인 부동산 담보부 금전채권 중 어느 하나에 해당할 것

48) 대표적인 예로 프로젝트금융투자회사(PFV; Project Financing Vehicle)가 있다. PFV는 부동산 개발사업의 효율적 추진을 위해 설립한 서류상 명목회사(Paper Company)이다. PFV는 PF 금융기관과 프로젝트 참여기업 등으로부터 자금 및 현물을 받아 해당 프로젝트를 수행하고, 외부의 전문 자산관리업자에게 자산의 관리를 위탁한다. PFV는 각종 세금감면의 혜택이 있다.

(4) 파생상품형 부동산 펀드

집합투자재산의 50%를 초과하여 부동산을 기초자산으로 하는 파생상품에 투자하는 펀드이다. 아직 부동산을 기초자산으로 한 파생상품펀드가 개발된 사례가 없으나, 앞으로 부동산 가격하락에 대한 헤지(Hedge) 수단으로 부동산의 매매가격지수, 임대료지수, 공실률지수 등과 연계된 파생상품이 개발될 가능성이 있다.

참고 | 다양한 유형의 펀드들

1. 블라인드(Blind) 펀드

펀드의 설정 · 설립 이전에 투자대상자산이나 투자행위가 사전에 특정되는지 여부에 따라 사전 특정형 부동산 펀드(Designated형 부동산 펀드)와 사전 불특정형 부동산 펀드(Blind형 부동산 펀드)로 나누어진다. 사전 불특정형 부동산 펀드는 미리 자금을 모집하여 펀드를 설정한 후에야 투자대상 부동산이나 대출대상 개발사업을 찾는 방식이다.

국내에서 설정되는 대부분의 부동산 펀드는 사전 특정형이고, 경 · 공매형 부동산 펀드는 사전 불특정형이다. 부동산 펀드의 경우 미리 자금이 모집되어 있는 상태에서만 적시에 우량한 투자대상 부동산이나 대출대상 개발사업을 확보하고 유리한 거래조건을 이끌어낼 수 있으므로, 투자자에게 신뢰를 줄 수 있다면 사전 불특정형 부동산 펀드가 더 적합하고 높은 수익률을 기대할 수 있다.

2. 헤지펀드(Hedge Fund)

헤지펀드는 소수의 거대자본 투자자들로부터 자금을 모집하여 주식, 채권, 외환, 파생금융상품 등에 대한 투자를 통해 고위험 · 고수익을 추구하는 펀드이다. 헤지펀드는 주로 대출을 통해 자기자본 대비 투자규모를 크게 늘리는 경향이 있고, 투기성 단기자금 형태로 다양한 시장에 투자하여 국제금융시장에 큰 영향을 미친다. 일반적으로 비공개 펀드로 운영되므로 일반 개인이 직접 헤지펀드에 투자하기는 어렵다.

3. 사모투자펀드(PEF; Private Equity Fund)

PEF는 소수의 개인이나 기관투자자로부터 자금을 모집하여 주로 성장가능성이 높은 특정 비상장기업의 주식을 대량으로 인수하고, 경영참여 · 경영개선 및 구조조정을 통해 기업가치와 수익성을 높인 후, 이를 다시 매각하여 고수익을 추구하는 펀드이다. PEF는 기업공개(IPO) 시장이나 M&A 시장에서 주로 활동한다.

경영개선과 구조조정에는 상당기간이 소요되므로 단기자금 위주인 헤지펀드와 달리 주로 중 · 장기자금을 조달하여 투자한다. 소수의 전문투자자로부터 자금을 조달하는 사모방식이기 때문에 공모방식의 일반펀드에 비해 투자자보호를 위한 공시의무나 자산운용상의 제약이 대폭 완화된다.

4. 뮤추얼펀드(Mutual Fund)

뮤추얼펀드는 발달된 금융시장을 통해 불특정다수를 대상으로 한 공모 방식으로 자금을 조달하고, 공개시장에서의 매입방식으로 주식 등에 투자하여 자산을 운용함으로써 시세차익을 추구하는 펀드이다. 헤지펀드나 PEF와 달리 공모 방식이므로 투자자 보호를 위해 각종 법적 규제를 받는다. 뮤추얼펀드는 공개된 기업의 주식이나 채권 등 금융시장에서 활발히 거래되고 유동성이 큰 금융상품에 주로 투자한다.

개별 투자자가 갖기 어려운 정보와 분석력을 갖춘 전문 펀드매니저가 분산투자를 통해 위험을 낮추고 안정적인 수익을 기대할 수 있다는 장점이 있지만, 직접투자에 비해 운용 수수료와 판매 수수료 등 수수료 부담이 크다는 단점이 있다.

2 부동산 투자신탁(REITs; RealEstate Investment Trusts)

1) 부동산 투자신탁 제도

(1) 의의

부동산 투자신탁이란 다수의 투자자로부터 자금을 조달한 후, 전문인력을 통해 부동산의 소유지분이나 MBS · ABS 등의 부동산 관련 증권 · 채권 또는 부동산 관련 대출(Mortgage Loan) 등에 투자하여 얻은 매매차익, 임대료, 이자, 배당금 등의 운영수익을 투자자에게 배분(배당)해 주는 제도를 말한다.

자본시장에서 주식 또는 주식형 수익증권을 발행하여 불특정 다수의 소액투자자로부터 투자자금을 모아 부동산 관련 분야에 투자하고, 그 수익을 투자지에게 배분해 주는 일종의 투자금융이자 부동산 뮤추얼펀드라 할 수 있다.

유동성이 낮은 부동산을 증권화하여 투자자에게 매각함으로써, 유동성을 높이고 부동산에 대한 간접투자를 이끌어낸다. 투자자는 자금을 위탁하여 주주로서 참여하고 해당 주식을 공개된 주식시장에서 자유롭게 매매할 수 있으므로, 부동산을 직접 위탁하는 방식의 부동산 신탁과 구별된다.

리츠(REITs)는 자금조달 방법의 형태에 따라 신탁형 REITs(계약형 REITs)와 회사형 REITs로 구분된다. 신탁형 REITs는 부동산 신탁회사에서 주식형 수익증권을 발행하여 자금을 조달하는 방법으로서, 주로 주거용 부동산 개발에 단기간 투자하고 투자자는 위탁자가 된다. 반면 회사형 REITs는 부동산 투자회사에서 주식을 발행하여 자금을 조달하는 방법으로서, 주로 상업용 부동산에 장기간 투자하고(∵회사개념의 영속성) 투자자는 회사의 주주가 된다.

(2) 도입의 필요성

① 부동산의 고가성으로 인해 부동산 시장 참여가 어려운 소액투자자들도 이를 통해 주식의 형태로 대규모 부동산을 소유할 수 있으므로, 그 운영수익(Income Gain)과 주식가격 상승에 따른 차익(Capital Gain) 등을 누릴 수 있다. 즉 소액투자자에게 투자기회를 제공하고, 이를 통해 부동산 시장을 활성화시킬 수 있다.

② 유동성이 특히 낮은 대규모 기업부동산을 유동화할 수 있고, 이를 통해 기업과 경제 구조조정의 수단을 확보할 수 있다. 기업으로서도 부동산을 매각한 후에 소유지분의 일부를 보유할 수 있다는 장점이 있다.

③ 부동산 정보의 투명성과 부동산 자산운용의 효율성을 제고하여 부동산 시장을 선진화할 수 있고, 부동산 시장으로의 외자유치를 확대할 수 있다.

④ 부동산의 유동화와 증권화를 촉진할 수 있다.

(3) 부동산 투자신탁(REITs)의 특징

① 유동성이 낮은 대규모 부동산의 투자지분을 소액 단위로 분할하고 증권화하여 유동성을 높인다. REITs를 통해 부동산과 금융이 효율적으로 접목되면서 부동산 투자가 주식, 채권처럼 유동성이 높은 금융상품으로 전환될 수 있다.

② 기업공개(IPO)를 통해 REITs 주식을 주식시장에 상장함으로써 부동산 투자지분의 유동성과 환금성을 더욱 높일 수 있고, 투자자는 이를 주식시장에서 매도하여 투자금을 쉽게 회수할 수 있다.

③ REITs의 배당은 보유자산의 운용을 통해 발생하는 현금흐름을 기준으로 한다. 이로써 부동산 시장에 간접투자와 현금흐름을 중시하는 장기적인 투자패턴이 정착되고, 단기 투기가 감소할 수 있다.

④ 발생한 이익을 내부에 유보하지 않고 거의 대부분을 투자자에게 배당하므로, 성장이 제약되는 대신 배당의 안정성을 중시한다. 따라서 REITs의 성장은 주로 유상증자를 통해 이루어진다.

⑤ 투자자에게는 직접 관리에 대한 비용과 부담이 없다(간접투자의 장점). 이러한 간접투자의 특성상 각종 공시제도와 금융감독 등을 통해 투자자를 보호하는 것이 필요하다. 자산운용과 경영성과에 대해 끊임없이 내 · 외부적인 감사와 감시를 받으므로 안전성과 투명성이 높다.

⑥ REITs 주식은 상장된 경우 공개된 주식시장에서 자유롭게 매매되므로 투자자는 그 주식가

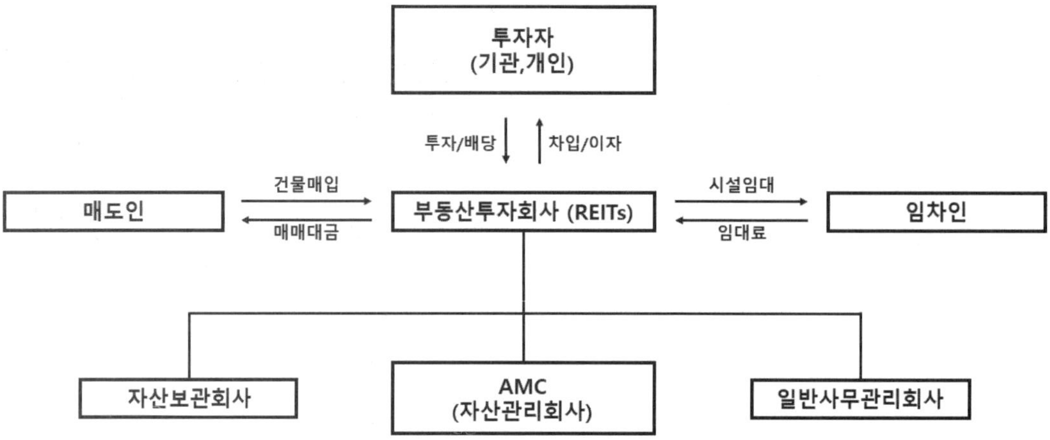

〈그림 2-8〉 REITs의 구조

치를 시장에서 쉽게 확인할 수 있고, 관련 정보가 투자자에게 투명하게 제공된다. 또한 전문적인 자산관리회사에게 자산운용을 위탁관리함으로써, 부동산 자본의 전문화 · 대형화가 가능하고 효율성이 확보된다(특히 위탁관리 REITs의 경우).

⑦ 부동산 투자신탁(REITs)은 배당가능이익을 내부에 유보하지 않고 대부분을 투자자에게 의무적으로 배당함으로써 일종의 투자의 도관체(Conduit)로 기능한다. 이론적으로 도관체 자체에는 법인세가 부과되지 않고, 그 운용수익에 대해서는 배당단계에서 투자자의 배당소득에 대해서만 소득세가 부과된다. 이 때문에 법인세와 배당소득세가 이중으로 부과되는 일반적인 주식의 경우와 달리 이중과세가 문제 되지 않는다는 장점이 있다. 우리나라의 위탁관리 REITs와 기업구조조정용 REITs는 배당가능이익의 90% 이상을 배당한 경우 해당금액에 대해 법인세 소득공제 혜택을 주고 있다(자기관리 REITs는 제외).

2) 우리나라 「부동산 투자회사법」상 부동산 투자회사(REITs) 제도

「부동산 투자회사법」상 부동산 투자회사란 자산을 부동산에 투자하여 운용하는 것을 주된 목적으로 설립된 회사로서, 투자자들에게 주식의 형태로 지분을 나눠주는 회사형 부동산 투자신탁이다. 부동산 투자회사는 상법상 '주식회사'로 하고, 상호 중에 '부동산 투자회사'라는 명칭을 사용한다. 부동산 투자회사는 발기설립 방법에 의해 설립되고, 현물출자에 의한 설립은 불가하다.

(1) 장점(투자자와 부동산 투자회사 측면에서의 장점)

가) 높은 유동성 · 환금성

기업공개를 통해 지분의 환금성을 확보할 수 있다. 또한 공개된 주식시장에서 자유롭게 매매될 수 있으므로 일반적인 부동산이나 채권보다 유동성과 환금성이 높다. 부동산 시장이 침체되더라도 부동산 투자회사 주식을 주식시장에서 쉽게 매매할 수 있으므로 부동산에 직접 투자한 것에 비해 투자금 회수가 용이하다. 즉 유동성(환금성) 위험을 낮출 수 있다.

나) 안정적이고 높은 수익의 획득

발생된 수익의 대부분을 의무적으로 배당하도록 되어 있으므로 안정적인 배당수익을 확보할 수 있고, 주식매각에 따른 매매차익도 기대할 수 있다. 일반적으로 예금보다 수익성이 높다.

다) 높은 안전성

부동산 투자회사는 부동산을 담보로 하고 채무를 제한하기 때문에 재무구조상 안전성이 높다. 그리고 임대료 소득이나 향후 매매차익 등이 어느 정도 예측가능하기 때문에 일반적인 주식에 비해 안전성이 높고, 실물자산 투자에 기반하므로 다른 일반주식에 비해 인플레이션 헤지 효과가 크다.

또한 다수의 투자자가 참여하고 투자대상을 분산함으로써 위험분산을 통한 위험감소 효과도 기대할 수 있다. 투자자가 여러 부동산 투자회사에 분산투자함으로써 투자대상에 대한 포트폴리오를 구성하여 위험을 감소시킬 수 있고, 부동산의 지역과 유형을 다양화한 투자도 가능하다.

라) 자금조달의 용이성

기업공개(IPO)를 통한 공모, 유상증자 등이 가능하고 신용한도를 이용하여 거액의 대출을 받을 수도 있다. 대규모의 부동산 투자 및 개발을 위해 필요한 많은 자금(자본)을 주식발행의 형태로 자본시장을 통해 저렴한 비용으로 조달할 수 있다.

마) 공개된 정보를 이용한 투자 가능

이를 통해 부동산 시장의 효율성을 증대시키고 객관적인 공시에 의해 투자의 공정성이 확보된다. 부동산 투자회사 주식이 거래되는 주식시장은 부동산 관련 다양하고 투명한 정보를 투자자에게 제공하므로 투자의 안전성이 높다.

바) 감가상각을 통한 절세효과

부동산 투자회사가 운용하는 포트폴리오에 속하는 부동산에서 매년 발생하는 감각상각액이 비용처리됨으로써, 이에 주주의 배당소득세 한계세율이 적용되는 금액만큼 절세효과를 볼 수 있다.

사) 직접관리비용의 감소(특히 위탁관리 REITs와 CR-REITs의 경우)

직접관리 대신 자산관리회사에게 부동산 자산관리 업무를 위탁할 수 있으므로 관리의 효율성이 증대되고, 직접관리에 들어가는 시간과 비용을 줄일 수 있다. 자기관리 REITs 역시 투자자 입장에서는 간접투자이므로 투자자가 직접관리하는 데 필요한 시간과 비용이 절약된다.

(2) 부동산 투자회사(REITs)의 종류

가) 자기관리 부동산 투자회사(자기관리 REITs)

자산운용전문인력을 포함한 임직원이 상근하면서 자산의 투자운용 업무를 직접 수행하는 실체회사이다.

나) 위탁관리 부동산 투자회사(위탁관리 REITs)

자산의 투자운용 업무를 직접 수행하지 않고 외부의 전문 자산관리회사에 위탁하는 부동산 투자회사이다. 본점 외의 지점을 설치할 수 없고 상근 임원을 둘 수도, 직원을 고용할 수도 없는 명목회사(Paper Company)이다.

다) 기업구조조정 부동산 투자회사(CR-REITs)

다수 투자자의 자금을 받아 기업이 구조조정을 위해 매각하는 부동산을 매입하고 개발 · 관리 · 운영하여 그 수익을 투자자에게 배분하는 뮤추얼펀드이다. 이 역시 위탁관리 REITs와 마찬가지로 자산의 투자운용 업무를 외부의 자산관리회사에 위탁하는 위탁관리의 형태를 취하고, 서류상으로만 존재하는 명목회사(Paper Company)이다. CR-REITs는 총자산의 70% 이상을 기업구조조정용 부동산에 투자해야 한다.

| 표 2-6 | 부동산 투자회사(REITs)[49]의 종류

구분	자기관리 REITs	위탁관리 REITs	기업구조조정 REITs
투자의 대상	일반 부동산, 개발사업 등	일반 부동산, 개발사업 등	기업구조조정용 부동산
회사의 형태	실체회사	명목회사	명목회사
상근 임직원	있음(지사도 O)	없음(지사 X)	없음(지사 X)
자산운용전문인력[50]	5인 이상(상근 고용)	자산관리회사(5인 이상)에 위탁 운용	자산관리회사(5인 이상)에 위탁 운용
설립자본금	5억원	3억원	3억원
최저자본금(6개월 이내)	70억원	50억원	50억원
주식 공모의무	주식총수의 30% 이상	주식총수의 30% 이상	의무사항 X
주식의 분산	1인당 50% 이내	1인당 50% 이내	제한 없음
자산의 구성(매분기 말)	부동산에 70% 이상(부동산, 부동산 관련 증권 및 현금에 80% 이상)	부동산에 70% 이상(부동산, 부동산 관련 증권 및 현금에 80% 이상)	기업구조조정용 부동산에 70% 이상
자금차입과 사채발행	자기자본의 2배 이내(주총 특별결의 시 10배 이내)		
배당의무	90% 이상 의무배당(단, 2021.12.31.까지는 50% 이상)	90% 이상 의무배당(초과배당 가능)	90% 이상 의무배당(초과배당 가능)
법인세	배당금액에 대한 소득공제 X	90% 이상 배당 시 배당금액에 대해 법인세 소득공제	90% 이상 배당 시 배당금액에 대해 법인세 소득공제
부동산 처분의 제한	1년(단, 나대지는 개발사업 시행 후가 아니면 처분 금지)	1년(단, 나대지는 개발사업 시행 후가 아니면 처분 금지)	제한기간 없음
	개발사업 후 분양하는 경우에는 처분 제한기간 없음		
존속기간	영속적	선택적	일시적 · 한시적

※ 자산관리회사: 상근 임직원 O, 지사 O, 자산운용전문인력(5인 이상) O, 최소자본금 70억원+국토부 영업인가 필요
※ 투자자문회사: 최소자본금 10억원+국토부 등록

49) 자산의 투자 · 운용방법은 공통적으로 부동산의 취득 · 관리 · 개량 및 처분, 개발사업, 임대차 및 전대차 등이다.
50) 감정평가사 또는 공인중개사로서 해당 분야에 5년 이상 종사한 자는 자기관리 부동산 투자회사의 상근 자산운용전문인력이 될 수 있다.

| 표 2-7 | 부동산 투자회사(REITs)와 부동산 펀드의 비교(부동산 간접투자 방법의 비교)

구분	부동산 투자회사(REITs)	부동산 펀드
근거법	「부동산 투자회사법」	「자본시장과 금융투자업에 관한 법률」
설립/감독	국토교통부 인가[51]	금융위원회 신고/금융감독원
존재 형태	주식회사(상법 적용) (위탁관리 REITs나 CR-REITs는 한시적 Paper Company)	신탁형 · 회사형 · 조합형/공모형 · 사모형 등 제한 없음
증권의 형태	주식	주식형 수익증권
최소자본금	위탁관리 · CR-REITs는 50억원 자기관리 REITs는 70억원	제한 없음
현물출자	현물출자에 의한 설립은 불가 (설립 후 50%까지 현물출자 가능)	가능(사모펀드)
주식의 분산	1인 지분 50% 초과 금지 (단, 국민연금이나 공제회 등 공모예외기관은 1인 100% 투자 가능)	- 신탁형은 제한 없음 - 회사형은 금융업법 등에 의해 제한
자산운용	- 자기관리 REITs는 자체관리 - 위탁관리 REITs와 CR-REITs는 자산관리회사에 위탁	자산운용사, 은행, 보험사 등
개발사업	주주총회 특별결의	제한 없음
자금의 차입	자기자본의 2배 이내 (주총 특별결의 시 10배 이내)	제한 없음
자금의 대여	불가 (다만 20.2.부터 일정한 범위에서 PF 대출 허용)	가능 (순자산총액 100% 이내에서 부동산 개발사업에 금전대여 가능)
투자기간	- 자기관리 REITs: 영속적 - 위탁관리 REITs: 선택적 - CR-REITs: 한시적	2~10년의 다양한 상품
세제 혜택	90% 이상 배당 시 법인세 비과세 (단, 자기관리 REITs는 제외)	90% 이상 배당 시 법인세 비과세

51) 자기관리 REITs와 공모형 위탁관리 REITs 등은 국토부 영업인가가 필요하지만, 사모형(비개발) 위탁관리 REITs와 기업구조조정 REITs는 국토부에 등록하면 된다.

3 프로젝트 파이낸싱(PF; Project Financing)

1) 의의

프로젝트 파이낸싱(PF)이란 대출 금융기관이 모회사의 보증 없이 프로젝트 회사(자회사)에 자금을 대출해 준 후, 향후 프로젝트 사업 자체로부터 발생하는 수익으로 대출금을 상환받는 금융방식이다.[52] 해당 프로젝트 회사의 사실상 소유주인 프로젝트 스폰서(Sponsor) 회사(모회사)의 기존 자산이나 부채와는 별도로 순수하게 프로젝트 사업 자체의 현금흐름에 기초하여 대출이 이루어지는 장기금융이다. 즉 특정한 프로젝트 사업의 수익성과 미래의 현금흐름(Cash Flow)을 담보로 하여 해당 프로젝트 수행에 필요한 자금을 조달하는 금융기법이다. 이를 개발사업금융, 개발계획융자 등으로도 부른다.

2) 주된 적용대상

PF는 대형 부동산 개발사업이나 해외건설사업, 사회간접자본(SOC)의 민자유치사업 등에서 자주 볼 수 있는 금융방식이다. 주로 유료 도로 · 터널 · 교량 · 철도 등의 인프라 건설(Infra-Structure) 사업, 발전 · 가스 · 제련 및 비료 등의 대규모 제조 사업 등에 적합한 방법이다.

PF가 주로 적용되는 사업의 특징은 다음과 같다.

① 장기간 수익성이 높고 현금흐름이 안정적 · 독립적이어서 대출금 상환에 충분한 사업이다.

② 해당 프로젝트의 수익성과 해당 사업의 자산을 주된 채무변제의 재원으로 하기 때문에, 다른 사업과 회계상 명확히 분리 · 독립되고 그 수익성과 가치가 명확하게 파악되는 사업이다.

③ 대규모의 자본과 장기간의 사업기간이 소요되고 막대한 손실이 발생할 수 있는 복합적인 위험이 있어서 전통적인 부동산 담보대출 방식으로는 충분한 자금조달이 어려운 사업이다.

3) 특징

① 대출 금융기관과 사업주가 일종의 공동사업을 수행하는 형태라고 할 수 있는데, 지분금융의 형태인 신디케이트와 달리 PF는 부채금융의 형태로서 대출 금융기관들이 일종의 채권자조합을 결성하는 것이라는 점에서 구별된다.

---

52) 담보: 개발사업의 수익성(O) + 사업자체자산(O) + 사업주의 자산과 신용(X)
원리금 상환: 해당 사업에서 발생하는 현금흐름

② PF가 이루어지기 위해서는 먼저 법률적 · 경제적으로 완전히 독립된 프로젝트 회사(Project Company)가 설립되어야 한다. 이에 따라 사업주와 개발사업 프로젝트의 현금흐름을 분리시킬 수 있으므로, 사업주인 출자자가 파산하더라도 개발사업과 프로젝트 회사에게는 적어도 직접적인 영향을 미치지 못한다.

③ 프로젝트에 소요되는 차입금(대출금)이 사업주인 출자자의 대차대조표상에 표시되지 않으므로, 사업주는 자신의 신용상태나 대차대조표상에 아무런 영향을 받지 않고 자금조달이 가능하다. 또한 사업주가 금융기관으로부터 대출에 제한을 받는 경우라 하더라도 사업주의 신용과 관계없이 유망한 프로젝트라면 이에 대한 대출이 가능하다.

④ 사업주(모회사)가 아니라 명목상 회사에 불과한 사업 시행회사(프로젝트 회사)가 차입주체가 되어 대출을 받게 되므로, 사업주에게는 개인적인 추가채무가 발생하지 않는 부외금융(簿外金融)이다. 따라서 PF에 의한 대출금은 실제 사업주의 장부에는 부채로 기록되지 않는다는 회계처리상의 장점이 있다. 이러한 부외금융(Off-Balance Sheet Financing) 효과를 통해 개발사업주의 재무구조는 현 상태를 유지하면서 채무수용능력이 제고된다.

⑤ 원칙적으로 사업이 실패하더라도 해당 사업주의 개인적인 채무가 없는 비소구금융(Non-Recourse Finance)의 방식이다. 다만 사업주(출자자)가 보증을 제공하는 경우에는 일정 범위에서 채무를 추가 부담하는 제한적 소구금융(Limited Recourse Finance)의 형태를 띤다. 이러한 비소구금융이나 제한적 소구금융 방식을 통해 사업의 위험이 사업주가 아닌 프로젝트 회사에 전가된다. 일반적인 담보대출의 경우 담보물 처분으로도 부족할 때 차주나 보증인이 대출원리금 상환에 대해 무한책임(Full-Recourse)을 지는 반면, PF의 경우 대출원리금 상환 부담이 프로젝트의 수익성(사업성)과 가치, 그리고 예상 현금흐름의 범위 내로 한정(Non-Recourse)되는 것이 원칙이다.

따라서 프로젝트가 파산할 경우에도 채권자는 프로젝트로부터 발생하는 현금흐름과 사업부지 등 프로젝트 자산의 범위 내에서만 청구가 가능하며 사업주에게 청구할 수 없다. 즉 사업주의 입장에서 프로젝트를 부득이하게 포기하는 경우에도 사업주의 기존 자산은 영향을 받지 않고 계속 사업을 유지할 수 있는 구조이다. 다만 우리나라에서는 PF에 있어 금융기관이 시공사의 지급보증이나 시행사의 사업권 포기각서 등을 요구하는 것이 일반적이므로 전형적인 PF와는 다르게 운영되고 있다.

⑥ 해당 프로젝트 사업의 수익성을 담보로 하는 자금조달 방법이다. 즉 자금조달의 기초(담보)를 사업주의 신용이나 물적 담보(부동산)의 가치에 두는 것이 아니라, 해당 프로젝트 자체의

수익성에 두고 해당 사업의 자산 등으로 담보를 한정하여 회사채를 발행하고 자금을 조달한다. 따라서 사업의 미래 현금흐름을 주된 채무변제의 재원으로 한다.

⑦ 특정한 목적의 프로젝트에 적합한 새로운 사업구조나 금융구조를 적극적으로 조성해나간다는 점에서 구조화 금융(Structured Finance)의 성격을 갖는다. 프로젝트 자체를 금융기관에 자금조달용 담보로 제공하여 프로젝트의 사업위험을 낮추고 성공가능성을 높일 수 있다.

⑧ 다양한 사업주체가 참여하므로 이해당사자 간 위험분산이 가능하고, 프로젝트가 실패할 경우에도 이해당사자가 부담해야 할 손실은 제한적이다.

프로젝트 사업들은 대부분 오랜 기간과 대규모 자금이 소요되고 내재하는 위험도 매우 큰 사업들이다. 이에 따라 PF의 경우 일반적으로 여러 금융기관들이 대부단(대주단, 차관단)을 구성하여 공동으로 대출[53]하게 되고, 사업 참여자들이 사업에 수반하는 각종 위험에 대한 다양한 보증을 제공함으로써 사업의 위험성을 감소시킬 수 있다. 각종 보증과 보험을 통해 사업위험을 신용보완기관과 분담할 수도 있으므로 사업주의 신용상태가 취약하더라도 다소 높은 금리로나마 장기 자금조달이 가능하고, 사업주로서는 적은 자기자본으로 높은 레버리지 효과를 기대할 수 있다.

⑨ 담보가 해당 프로젝트에 국한되기 때문에 대출을 실행하는 금융기관으로서는 프로젝트 회사에 대한 대출을 결정하기에 앞서 프로젝트의 수익성과 위험에 대한 분석을 철저히 할 필요가 있다.

⑩ 대출 이후에도 금융기관이 그 프로젝트의 모든 정보를 파악하게 됨으로써 정보의 비대칭성 문제가 해소된다. 일반적인 부동산 담보대출의 경우 대출하는 금융기관이 대출시점의 담보가치만 파악하게 되고, 대출 이후에 그 부동산의 수익성 등에 대한 정보는 파악할 수 없다는 점에서 정보의 비대칭성 문제가 제기된다.

⑪ 장기금융이므로 장기간 진행되는 대형 개발사업에 적합하다.

⑫ 위험을 전가하는 대신 추가비용 부담이 증가한다. 계약 및 금융절차가 복잡하고 이에 따라 자금조달을 위한 시간과 비용(금리 등 금융비용)이 상대적으로 많이 소요된다. 복잡한 사업계획에 대한 심사비용과 법률자문비용, 다양한 위험에 대한 보험비용 등이 많이 발생하며 대출금리와 대출수수료도 매우 높은 편이다. 또한 위험분산을 위해 다양한 이해당사자가 참여하다보니 복잡한 의사결정구조와 의견불일치에 따른 사업지연 등으로 인해 추가비용이 발생할 수 있다.

---

53) 신디케이트 론(공동대출): 두 개 이상의 금융기관이 공통의 조건으로 대출 → 위험분산효과 기대

| 표 2-8 | 일반 대출과 프로젝트 파이낸싱(PF)의 비교

구분	일반 대출	프로젝트 파이낸싱(PF)
차입주체	사업주가 직접 필요자금을 조달하는 방식이므로 사업주의 신용도, 원리금 상환능력과 기존 채무의 규모에 따라 자금조달이 제한됨	사업주와는 독립된 프로젝트 회사를 통해 필요자금을 조달하는 방식이므로 사업주의 신용도 등과 무관하게 프로젝트의 사업성(수익성)에 비례하여 자금조달이 가능함 (부외금융효과로 인해 사업주의 채무수용능력이 증대됨)
담보 및 채무변제의 재원	사업주의 전 자산과 신용도를 담보로 대출이 이루어지므로 사업주의 자산에 대해 소구 가능	프로젝트 자체의 수익성과 그 자산으로 한정되므로 사업주에 대해 소구가 불가능하거나 제한됨
자금의 관리	사업주가 직접 관리	대주단이 위탁관리계좌를 통해 공동관리

4) 부동산 PF를 실행하는 금융기관의 위험 감소 방안

① 에스크로우(Escrow) 계정(위탁관리계좌)을 개설한다.[54]

PF의 담보는 프로젝트의 미래 현금흐름과 프로젝트 자체 자산에 한정되므로 대출금 상환도 1차적으로는 프로젝트의 현금흐름에 의존할 수밖에 없다. 이러한 현금흐름을 효율적으로 관리하고 원리금 상환을 확보하기 위해 대주인 금융기관은 해당 프로젝트의 독립적인 결제관리계좌(결제위탁계정, Escrow Account)를 설정할 필요가 있다.

결제관리계좌에는 대출금, 출자금, 운영수입 등 프로젝트 관련 모든 현금수입이 집중 입금되며, 대출에 대한 원리금상환액, 배당금, 건설비용, 운영비용 등 프로젝트 관련 모든 현금유출도 결제관리계좌에서 출금된다. 출금 시 대부단과 차주가 사전에 약정한 항목과 순위에 따라 결제가 이루어진다.

② 사업부지에 담보신탁과 질권을 설정한다.

③ 현금유출의 우선순위에 대해 미리 약정한다.

④ 시공사가 공사완공을 보증하도록 한다(책임준공).

⑤ 대출금에 대한 시공사의 신용보증을 강화한다.

⑥ 사업주가 투자하는 자기자본 비중을 높일 것을 요구한다.

⑦ 시공사가 부도나는 경우에는 시공권을 포기하고, 시행사가 부도나는 경우에는 사업권을 포기할 것 등을 미리 약정한다.

---

54) 주로 신탁회사에 위탁해서 개발자금을 별도 관리한다.

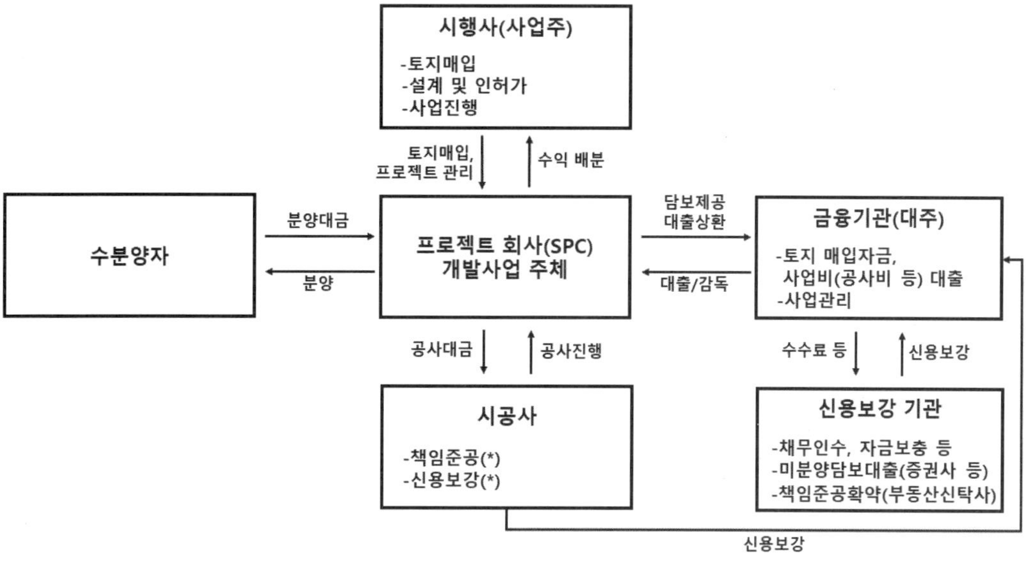

〈그림 2-9〉 프로젝트 파이낸싱(PF)의 기본구조

자료: 『부동산 금융의 현황과 과제』(KDI, 2012년 10월), 『부동산 PF의 구조적 문제와 해결방안』(한국건설산업연구원, 2011년 9월)을 바탕으로 NICE 신용평가 작성

주: 시공사 및 신용보강 기관의 책임준공 · 신용보강은 PF사업 진행의 의무 요건은 아님

참고 | 프로젝트금융투자회사(PFV; Project Financing Vehicle)

PFV는 도로 · 항만 · 철도 등 사회간접자본(SOC) 투자, 주택건설[55] 등 대규모 부동산 개발, 도시개발사업, 플랜트건설, 자원개발, 설비투자 등 상당한 기간과 대규모 자금이 소요되는 특정사업을 효율적으로 수행하여 그 수익(고위험 · 고수익)을 주주에게 배분하기 위한 목적으로 설립하는 2년 이상의 한시적인 특수목적법인[56]이다. PFV는 서류형태로만 존재하는 명목상의 회사(Paper Company)이다. PF 대출 금융기관과 프로젝트에 참여하는 기업 등으로부터 자금과 현물을 제공받지만, 자산관리업무는 외부의 자산관리회사(AMC; Asset Management Company)에게 위탁한다.

PFV는 「조세특례제한법」에 따라 배당가능이익의 100분의 90 이상을 배당한 경우 그 금액을 법인세 산정 시 소득금액에서 공제하는 세제상의 혜택[57]을 받고 있다. 또한 「지방세특례제한법」에 따라 PFV가 부동산 개발을 위해 토지 매입 시 취득세를 50% 감면받는 혜택도 있다. 이러한 세제혜택들은 법에 한시적으로 규정되어 있지만 일몰 시점에 계속 적용을 연장해 오고 있다.

55) 후분양제도에서 특히 유용하다.
56) 이를 영어 약자로 SPC(Special Purpose Company) 또는 SPV(Special Purpose Vehicle)라고 부른다.
57) 회사가 법인세를 납부하고, 이익배당 시 그 회사의 출자자가 다시 배당소득세를 납부하는 이중과세 방지

개발사업에서 PFV 방식을 활용하면 다음과 같은 장점이 있다.

① 「부동산 투자회사법」상의 리츠(REITs) 등 다른 방식에 비해 PFV 설립과 운영에 대한 규제가 상대적으로 약하다.[58]

② PFV가 세제혜택을 받기 위한 요건 충족이 다른 방식에 비해 상대적으로 용이하다.

③ 개발사업의 주체인 PFV에 금융기관 등의 출자제한이 완화됨에 따라 공신력 있는 금융기관 등의 지분참여를 통해 사업의 신뢰도와 성공가능성을 높일 수 있다.

④ 다수의 전문성 있는 기관들이 컨소시엄을 구성하여 지분참여할 수 있고, 이를 통해 복잡한 복합개발사업도 원활하게 추진할 수 있다.

⑤ PFV는 사업시행자의 신용과는 분리되므로 시행자의 파산이나 우발채무에 영향을 받지 않고, 공신력 있는 금융기관 등이 자금을 관리하므로 개발사업의 안전성과 투명성을 높일 수 있다.

다만 PFV 방식으로 개발사업을 추진하면 실질적 사업주체인 시행사가 아주 적은 자기자본만을 조달하고 매우 높은 레버리지(대출)를 일으켜 사업을 진행할 수 있는 구조가 되므로, 사업 진행 중 큰 위험이 존재한다. 따라서 PFV 설립 시 어느 정도 자본력을 갖춘 시행사가 총 사업비의 최소 20~30% 이상 자본금을 투자하도록 하는 것이 안정적인 사업추진에 중요하다.

또한 PFV는 프로젝트를 위한 한시적인 성격의 법인이므로 PFV 방식으로 개발사업을 추진하는 시행사는 단기 수익에 치중하는 경향이 강하다. 따라서 한 번의 사업성공이 아니라 장기 · 지속적으로 PFV를 통한 개발사업의 기회를 확대하고자 하는 신뢰성 있는 시행사의 참여가 중요하고, 이에 대한 유인책을 줄 수 있는 제도적 보완이 필요하다.

제6절 부동산 신탁

부동산 신탁이란 부동산의 소유자(위탁자)가 그 소유권을 부동산 신탁회사(수탁자)에게 이전(신탁등기)한 후, 위탁자의 신탁목적을 달성하기 위해 부동산 신탁회사가 회사의 자금 및 전문지식을 바탕으로 신탁재산을 효율적으로 개발 · 관리 · 처분 등을 하고 이를 통해 발생한 이익을 위탁자에게 되돌려주는 제도를 말한다. 금전을 수탁하여 운용한 후 수익을 배당하는 은행의 금전신탁과 비슷한 개념이지만, 신탁의 대상이 금전이 아닌 부동산으로 특정되는 점에서 차이가 있다.

58) PFV는 상법상의 주식회사 형태로서 투자자는 주식을 취득하는 방식으로 투자하고, 부동산 펀드나 REITs와 달리 특정한 감독기구가 없다.

부동산 신탁은 신탁의 대상이나 목적, 신탁회사의 업무범위에 따라 크게 토지신탁과 비토지신탁으로 구분되며, 다시 토지신탁은 차입형과 관리형으로, 비토지신탁은 관리신탁, 처분신탁, 담보신탁, 분양관리신탁 등으로 나누어진다.

부동산 개발 시 발생할 수 있는 토지소유자, 사업시행자, 시공사 간의 복잡한 이해관계를 신탁회사가 안정적으로 조정하여 이끌어갈 수 있다. 공신력 있는 신탁회사가 투명한 자금관리를 하고 신탁회사 명의로 분양이나 홍보를 함으로써, 사업의 안전성과 신뢰도가 높아지고 분양을 촉진시키는 효과를 기대할 수 있다. 또한 신탁회사가 안정적으로 자금을 조달하므로 사업이 종료될 때까지 자금 리스크 없는 안정적인 진행이 가능하다.

신탁을 하게 되면 신탁등기를 위한 법무사 보수 등 절차에 관한 비용이 들고, 계약이 정한 바에 따라 위탁자 또는 우선수익자가 신탁회사에 신탁보수도 부담한다. 신탁은 형식적인 소유권 이전이므로 「지방세법」에 따라 취득세가 면제되고, 등록비용으로도 건당 대략 3,600원 정도의 소액이 소요된다. 다만 신탁 시 재산세, 종합부동산세 등의 부동산 보유세가 면제되는 것은 아니고, 별도의 특약이 없는 한 위탁자가 이를 부담한다.

1 토지신탁(개발신탁, Land Trust)

토지신탁(개발신탁)은 부동산 특히 토지의 소유자가 해당 부동산(토지)을 개발 및 최유효이용하기 위한 목적으로 가입하는 신탁이다. 토지소유자가 소유권 기타 부동산에 관한 권리를 신탁회사에 신탁하고 수탁자인 신탁회사가 신탁계약에 따라 사업비 자금조달, 시공사 선정, 수분양자나 임차인에게 분양 및 임대 등의 개발사업[59]의 일련의 과정을 수행하여 사업이 완료되면, 신탁회사는 신탁보수, 비용 등을 정산한 후 신탁재산과 사업수익을 위탁자나 수익자에게 교부하는 것으로 신탁계약이 종결된다.

토지소유자인 위탁자와 자금조달 및 개발사업의 능력을 갖춘 수탁자(신탁회사) 간의 공동사업으로, 위탁자로서는 토지소유권을 완전히 포기하는 토지의 처분 대신에 토지신탁을 통해 토지의 개발 및 최유효이용을 함으로써 처분 시보다 더 큰 수익을 창출할 수 있다. 수탁자가 신탁재산에 대해 행하는 모든 관리 및 처분행위의 효과는 신탁재산에 귀속된다.

59) 건물의 건축 등 개발사업

토지신탁은 토지의 특성에 따른 개별성과 위탁자의 의사나 목적에 따른 가변성이 매우 큰 신탁상품이다. 신탁이 되면 사업부지에 대한 제3자의 압류나 강제집행 등의 가능성이 없으므로 대출 금융기관, 시공사, 수분양자, 임차인 등 사업과 관련된 이해관계인들이 큰 리스크 없이 안정적으로 사업수익을 향유할 수 있다.

개발사업비 조달책임의 주체가 누구인지에 따라 신탁회사가 조달책임의 주체가 되는 차입형(대출형) 토지신탁과 위탁자가 조달책임의 주체가 되는 관리형 토지신탁으로 구분되며, 개발 후 보유 또는 처분이라는 목적에 따라 임대형 토지신탁과 분양형 토지신탁으로도 구분된다.

1) 차입형(대출형) 토지신탁

신탁회사가 신탁된 부동산에 사업비 등 자금을 직접 투입함으로써 안정적인 사업비를 확보하고, 전문지식을 활용하여 건축이나 택지조성을 하고 이를 임대 또는 분양하여 발생한 수익을 위탁자에게 돌려주는 신탁이다. 신탁회사가 개발자금이나 개발에 관한 전문지식이 부족한 고객으로부터 토지를 위탁받아 개발계획 수립, 자금조달, 공사관리, 건축물의 분양 · 임대 등 개발사업의 전 과정을 수행하고, 발생한 수익을 토지소유자 등 위탁자나 수익자에게 돌려주는 방식이다.

신탁회사가 건축주로서 개발사업의 시행자가 되어 사업수행 의무를 부담하고, 개발자금조달의 차입주체가 된다.[60] 신탁회사의 리스크가 큰 만큼 신탁보수율도 높은 편이다.[61] 신탁회사가 사업에 대한 전체 자금조달의 차입주체가 되므로 대출 금융기관은 사업에 대한 세부적인 심사보다는 신탁회사의 신용도 등을 중점으로 심사하고, 신탁회사도 신중하게 사업을 추진한다.

토지소유자에게 개발사업의 자금이나 개발에 관한 경험이 없어도 전문가에 의한 최적의 토지개발과 토지소유자의 수익 극대화가 가능하고, 신탁회사와 같은 공신력 있는 사업주체가 직접 개발부터 분양 · 임대까지 전 사업과정을 진행함으로써 분양성 등 사업성이 향상된다는 점이 장점이다. 또한 「지방세법」 제9조에 의해 형식적인 소유권 취득등기는 비과세가 적용되므로, 토지등기가 신탁회사 명의로 이전되더라도 별도의 취 · 등록세 비용은 발생하지 않는다.

차입형 토지신탁은 토지소유자들이 소유 토지를 개발하고 싶지만 자금이나 개발에 관한 경험과 지식이 없을 때, 신탁회사가 토지비를 제외한 사업비를 투입하고 개발한 후 그 수익을 토지소유자에게 배당하는 형태로 주로 활용된다. 토지소유자는 이를 통해 절세와 재산가치 증식을 노릴 수 있다. 또한 토지비를 마련하기 어려운 개발시행사가 계약금 정도를 지급하고

60) 차입자 명의가 신탁회사가 된다.
61) 일반적으로 전체 매출액의 약 3% 정도 수준이다. 신탁회사 입장에서는 고위험 · 고수익 상품이다.

매수자의 권리를 확보했지만, 금융기관으로부터 대출이 어려울 경우 활용되기도 한다.[62)]

2) 관리형 토지신탁

토지소유자, 시행사 등의 위탁자가 개발사업의 사업비 조달책임을 직접 부담하고,[63)] 시공사는 책임준공과 지급보증을 통해 사업비 조달에 협조하며, 결과적으로 사업비는 토지소유자나 시행사가 분양수입금을 사용하여 지급하되 부족할 경우 시공사나 금융기관이 사업비를 부담하게 된다. 이에 따라 신탁회사는 인허가 및 분양계약 등의 주체로서 자금 입 · 출금 등의 관리업무만을 수행하게 되므로, 신탁회사의 리스크가 상대적으로 작고 신탁보수율도 비교적 낮은 편이다.

신탁회사는 사업시행자의 명의만을 관리한다는 의미에서 관리형 토지신탁이라 부른다. 이를 통해 사업기간 중 발생할 수 있는 시행사의 부도나 우발채무 등의 시행사 리스크를 절연할 수 있다. 위탁자가 부도를 맞거나 파산하게 되더라도 신탁회사가 명목상의 사업시행자로서 신탁재산을 독립재산으로 별도 관리하므로 안정적인 사업 추진이 가능하다는 점, 신탁회사 명의로 분양 · 임대 등 계약을 체결하므로 이중계약이나 분양대금 유용 등의 분양사고가 예방되며 약정위반이나 부당행위가 원천적으로 방지된다는 점, 신탁회사 명의로 보존등기가 되므로 시공사와 시행사간 예기치 않은 분쟁으로 인한 준공 및 입주 지연 등을 사전에 예방할 수 있다는 점, PF 대출해 준 금융기관의 담보가치 확보나 수분양자 보호 등의 장점이 있다. 관리형 토지신탁은 금융기관이나 대형 시공사 등이 참여하는 대형 개발사업에서 주로 활용된다.

| 표 2-9 | 차입형(대출형) 토지신탁과 관리형 토지신탁의 비교

구분	차입형(대출형) 토지신탁	관리형 토지신탁
건축주(사업주체)	신탁회사	신탁회사
실질적 사업주체(시행주체)	신탁회사	위탁자 또는 시공사
사업비 조달주체	신탁회사(토지비 제외)	위탁자 또는 시공사
개발사업 관련 용역계약 당사자	신탁회사	위탁자(필요시 신탁회사)
공사비 지급방식	기성불 및 책임준공	분양불 및 책임준공
위탁자(시행사) 디폴트(부도) 시	사업추진 가능	사업추진 가능
시공사 디폴트(부도) 시	신탁회사가 승계시공사 선정	신탁회사, 위탁자, 금융기관 협의 하에 승계시공사 선정

자료: 송석주 · 최호석 · 이지연, 『부동산 신탁: 이론과 실무』, 리북스, 2014

62) 사업성이 높은 개발사업의 경우에는 신탁회사가 적극적으로 컨설팅하여 신탁사업으로 추진되기도 한다.
63) 개발사업의 시행자 명의(사업주체)는 신탁회사가 되지만 신탁회사가 자금조달에 대한 차입주체에는 해당하지 않는다. 즉 신탁회사가 사업비를 직접 투입하지 않고, 대신 위탁자나 시공사가 개발사업의 자금조달을 책임지고 사업을 진행한다.

3) 책임준공[64]확약형 관리형 토지신탁(책준확약관토)

개발사업의 시행자 명의(사업주체)가 신탁회사에게 있을 뿐만 아니라 신탁회사가 정해진 준공시점(입주예정일)에 확실하게 준공될 것이라는 책임까지 확약하여 사업을 진행하는 토지신탁이다. 대부분의 개발사업 자금은 초기와 중기에는 대출로 조달하는데, 대출 금융기관은 준공 후 수분양자의 입주 및 잔금시점에 대출해 준 자금을 회수할 수 있으므로 책임준공이 있어야 담보로서의 가치가 생긴다.

4) 임대형 토지신탁

신탁된 토지에서 건축, 택지조성 등의 개발사업을 시행한 후 토지 등을 매각하지 않고 신탁을 통해서 일정 기간 동안 부동산 임대사업을 하고, 신탁계약이 종료된 때 신탁재산을 있는 그대로 위탁자나 수익자에게 반환하는 방식이다. 임대료 회수를 통해 사업 제경비와 신탁보수를 충당하고 남는 수익은 수익자 등에게 배당한다.

임대형 토지신탁에서는 분양형과 달리 완성된 토지 및 건물의 소유권을 수분양자에게 이전하는 것이 아니라, 일정 기간 동안 수탁자가 임대인으로서 임차인과 임대차계약을 맺고 임대료를 수취하며 건물을 관리한다는 점에서 차이가 있다. 장차 토지의 소유권을 되돌려 받아 실질적인 소유권을 보유하면서 토지 등의 최유효이용을 도모하고, 장기적으로 안정적인 임대수익 확보를 목적으로 하는 토지소유자에게 적합한 토지신탁이다.

5) 분양형 토지신탁

신탁된 토지에서 신탁회사가 건축, 택지조성 등의 개발사업을 시행하고 이를 즉시 분양한 후, 발생한 분양대금에서 대출 원리금, 건축비, 택지조성비 등 사업 제경비와 신탁보수를 차감하고 남는 개발이익 등을 신탁의 종료와 함께 수익자 등에게 신탁배당으로 지급하는 방식이다. 최종적으로 토지 및 건물의 소유권이 위탁자가 아닌 수분양자에게 이전된다. 토지의 소유권을 되돌려 받기보다는 단기적인 개발이익 회수를 목적으로 하는 토지소유자에게 적합한 토지신탁이다.

---

64) 책임준공이란 천재지변 등의 불가항력적인 경우를 제외하고는 공사대금 지급의 지연이나 민원 등을 이유로 하여 공사를 중단할 수 없고, 입주자 모집공고상의 입주예정일까지 본 건 건축물을 준공해야 한다는 것을 뜻한다. 준공은 관할구청의 사용승인과 임시 사용승인을 포함한다.

| 표 2-10 | 분양형 토지신탁과 임대형 토지신탁의 비교

구분	분양형 토지신탁	임대형 토지신탁
사업 기간	단기 개발 처분형	장기 개발 운용형
신탁종료 시 소유권의 이전	신탁종료 시점에 토지, 건물이 처분되기 때문에 토지소유자에게는 토지, 건물의 반환 대신 매각(분양)대금이 신탁배당으로서 교부됨	신탁종료 시점에 토지, 건물 자체가 소유자에게 반환됨
신탁배당의 주된 대상	분양대금	완성된 토지 및 건물

자료: 김재태 · 문형철, 『부동산 금융론 -이론과 실무-』, 부연사, 2021

6) 토지신탁(특히 차입형 토지신탁)의 구조

① 토지소유자 등 위탁자와 신탁회사 사이에 신탁계약을 체결하여 위탁자는 신탁회사에게 토지를 신탁하고, 신탁회사는 위탁자에게 수익권증서를 발행한다.

② 신탁회사가 금융기관으로부터 개발사업에 필요한 자금을 차입하고, 금융기관은 담보목적으로 수익권에 대한 질권을 설정한다.

③ 신탁회사가 외주회사에 개발사업 관련 용역을 발주하고 용역비를 지급, 건설회사(시공사)에 공사를 발주하고 공사비를 지급한다.

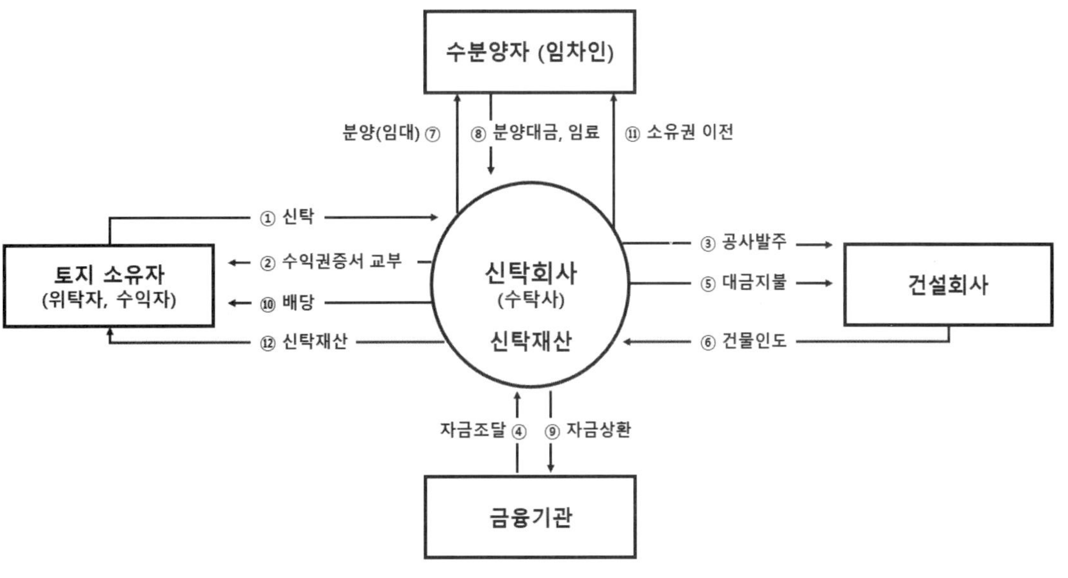

〈그림 2-10〉 차입형 토지신탁의 구조

자료: 코람코 자산신탁

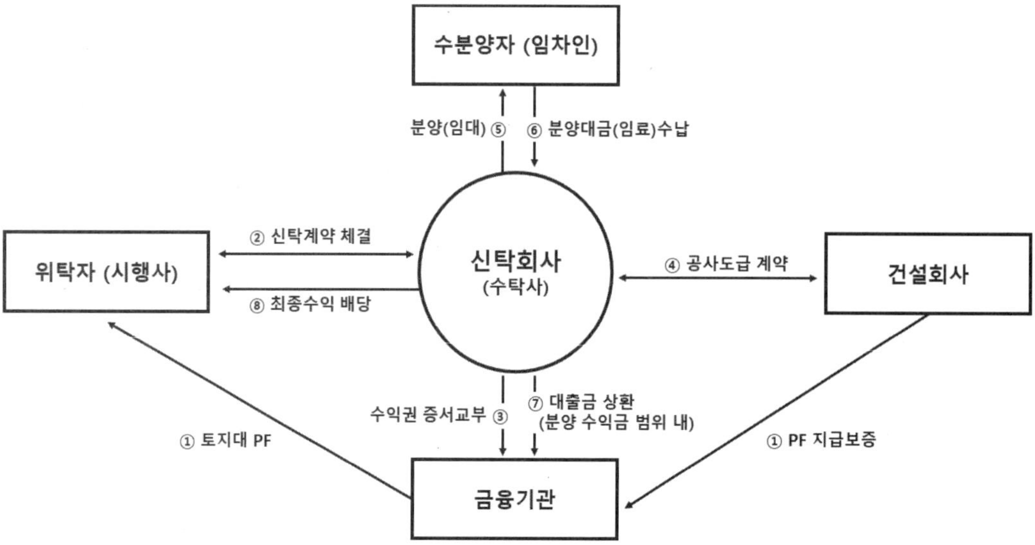

〈그림 2-11〉 관리형 토지신탁의 구조

자료: 코람코 자산신탁

④ 신탁회사가 분양을 통한 분양수입금으로 자금을 차입한 금융기관에 원리금을 상환한다.

⑤ 건설회사가 건물을 준공한 후 신탁회사에게 인도하면, 신탁회사는 인도받은 건물의 소유권을 수분양자에게 이전한다.

⑥ 신탁회사는 신탁의 수익금을 위탁자 또는 수익자에게 교부하고 신탁은 종료된다.

토지소유자의 소유권이 완전하지 않아도 신탁을 활용하여 개발할 수 있다. 예를 들어 부동산에 (근)저당권이 설정되어 있으면 거액의 자금을 들여 이를 해소하기 전에는 개발사업을 진행하기 어려운데, 신탁구조를 통해 (근)저당권부 채권자에게 선순위 수익권증서를 발급해 주고 (근)저당권을 말소한 후 개발사업을 진행할 수 있다.

7) 토지신탁의 성공조건(신탁회사의 입장)

① 개발사업의 사업성 분석을 통해 정확한 분양률 또는 임대율을 예측하는 등의 사업성 판단능력이 필요하다.

② 개발사업에 필요한 자금을 저금리로 조달할 수 있는 능력이 필요하다.

③ 시공사 부도 등으로 인한 공사중단 위험에 대처하기 위해 공사연대보증인을 세우거나 공사이행보증금, 선급금환급보증금 등을 징수함으로써 손실을 최소화하는 등 사업진행 중

돌발상황에 대한 관리능력이 필요하다.

④ 시공사, 하도급업체, 분양대행업체, 수분양자나 임차인 등 이해관계자들의 이해관계를 조정하고, 이에 대해 법률적으로 대처할 수 있는 능력이 필요하다.

⑤ 공사진행 기성고를 확인할 수 있는 인력을 확보하고 제도적 장치를 마련하는 등 공사진행에 대한 정확한 판단과 관리능력이 필요하다.

2 관리신탁

관리신탁이란 신탁계약에 따라 부동산의 소유권을 이전받은 신탁회사(수탁자)가 부동산의 소유자(위탁자)를 대신하여 임대차관리[65], 시설의 수선 · 유지관리[66], 법무 · 세무관리, 제세공과금 납부, 수입과 지출 계산, 수입금의 자금운용, 물건의 하자에 따른 제3자에 대한 손해배상 등 일체의 포괄적 관리를 수행하고 그로부터 발생하는 수익을 위탁자 또는 수익자에게 교부하거나, 신탁재산의 소유권을 관리해 주는 신탁의 형태를 말한다. 이때 신탁회사는 신탁계약에서 정해진 목적과 방법에 따라 신탁재산을 관리해야 한다. 관리신탁에서 수탁자인 신탁회사는 관리행위를 할 수 있는데, 한정된 범위의 처분행위나 소송행위도 관리행위에 포함되는 것으로 본다.

관리신탁은 장기 해외체류자, 고령자, 미성년자 등 부득이한 사유로 부동산의 직접 관리가 곤란한 경우[67]나 부동산의 임대차관리와 세금납부 등 복잡한 종합관리를 전문가에게 안전하게 맡기고자 할 경우 또는 본인 사망 후에 유족(수익자)의 생활보장을 위해 확실한 재산관리가 필요한 경우 등에 주로 활용된다. 관리신탁은 신탁회사의 구체적인 관리 범위와 목적에 따라 갑종 관리신탁과 을종 관리신탁으로 구분된다.

1) 갑종 관리신탁(물건관리신탁)

부동산의 전반적이고 종합적인 관리자체를 목적으로 한다. 수탁자(신탁회사)는 임대차관리, 시설의 유지관리 등 적극적인 관리업무를 수행하고, 종합적으로 관리 · 운용하여 얻은 수익을

65) 임차인 모집과 임대차계약 체결, 임대료 수수 등

66) 이를 위해 신탁회사가 관리업체와 용역계약을 체결한다.

67) 부모가 미성년이거나 장애가 있는 등 재산을 관리하기 어렵고 낭비하기 쉬운 자녀들에게 부동산을 증여하는 경우, 이를 함부로 처분하는 것을 방지하기 위해 해당 자녀를 수익자로 하여 관리신탁을 설정할 수 있다.

위탁자(소유자)에게 돌려준다.

신탁보수 대비 업무량이 많은 반면, 그에 대한 수탁자의 책임(위험)이 크고 관리신탁 수요가 많은 중소형 빌딩 등 작은 규모의 신탁부동산의 경우에는 수탁자의 수익성이 현저히 떨어지기 때문에 오늘날 갑종 관리신탁은 신탁시장에서 점점 사라지는 추세이다.

2) 을종 관리신탁(명의관리신탁)

신탁을 통해 등기부상의 소유권만을 보전하기 위하여 신탁하는 것이다. 수탁자가 부담하는 위험이 상대적으로 작고 업무량이 많지 않으므로 현재 실무상 실행되는 관리신탁의 대부분이 여기에 속한다. 이는 신탁재산의 소유명의만을 소극적으로 관리하는 것이다.[68] 다수의 이해관계인들이 특정 재산에 대한 분쟁을 하고 있는 경우 그 분쟁이 해결될 때까지 소유권 관리를 위해 신탁회사로 소유권을 이전해 놓을 수 있는데, 이러한 경우가 을종 관리신탁이 활용되는 사례이다.

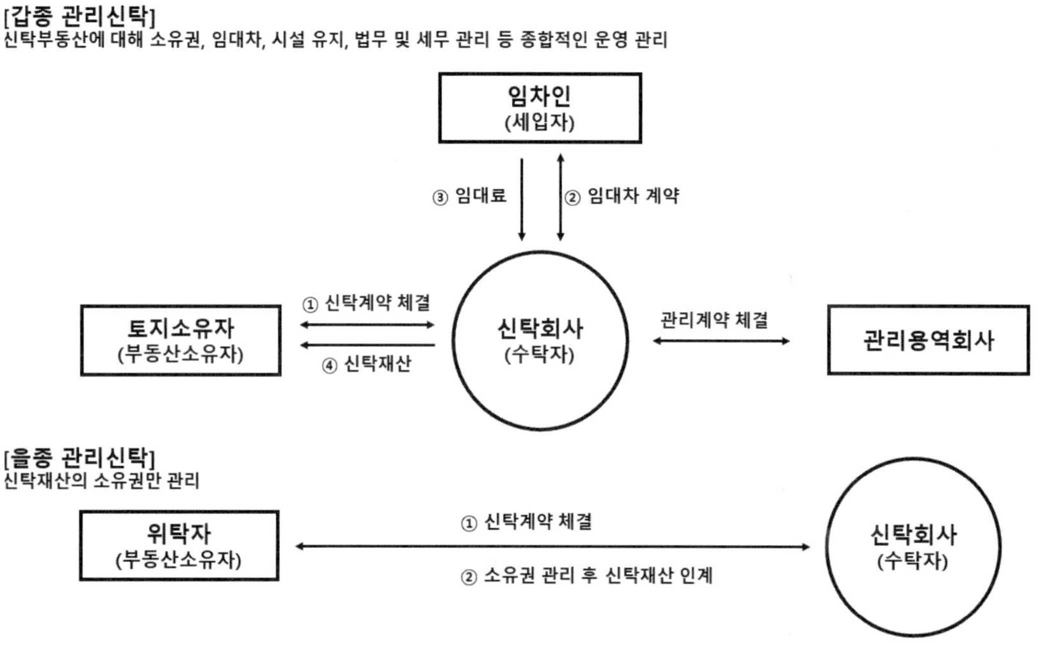

〈그림 2-12〉 관리신탁의 구조

자료: 무궁화 신탁

68) 명의관리신탁은 신탁을 소유권 이전등기의 원인으로 등기부에 공시하는 신탁인 데 반해, 명의신탁은 등기부상으로는 신탁을 등기원인으로 하지 않는 은닉된 신탁이라는 점에서 구별된다.

또한 부동산을 통해 현금을 확보하고 싶지만 향후 개발이익이 기대되기 때문에 처분하고 싶지도 않은 경우, 투자자들과 투자계약을 체결하고 그들이 관계된 을종 관리신탁을 하면 비록 투자자들에게 개발이익의 일정 부분을 나눠줘야 하지만, 지금 당장 필요한 현금을 확보하고 부동산을 계속 보유하면서 향후 기대되는 개발이익까지 향유할 수 있다. 투자자들의 동의를 얻어야만 신탁을 해지하여 처분할 수 있는 을종 관리신탁을 하게 되면, 원 소유자가 임의로 처분할 수 없으므로 투자자 입장에서도 안심하고 투자할 수 있다.

3 처분신탁

처분신탁이란 신탁회사(수탁자)가 처분에 어려움을 겪는 부동산의 소유자를 대신하여 적정한 매수자를 찾아 빠른 시일 내에 최적의 가격으로 처분하기 위한 신탁의 형태를 말한다. 부동산의 처분을 목적으로 수탁자에게 소유권을 이전하고 수탁자가 그 부동산을 처분하여 수수료를 공제한 후 위탁자 또는 수익자에게 정산하여 주는 방식이다.

위탁자가 신탁된 부동산을 임대하기 원하는 경우 신탁회사는 임대차계약을 체결하는 등의 관리행위를 할 수도 있다(관리처분형). 관리처분형 처분신탁은 신탁기간 중에는 수탁자가 관리행위를 하다가 신탁기간 만료 시 신탁재산을 처분하는 반면, 즉시처분형 처분신탁은 신탁계약과 동시에 신탁재산을 매각처분해야 하므로 관리의 문제가 발생하지 않는다.

일반적인 중개에 의한 처분과 달리 신탁회사가 신탁받은 부동산에 대해 매도자로서의 권리와 지위를 갖게 되므로, 매수자는 안심하고 거래에 임할 수 있다. 처분과정에서 일단 신탁회사로 신탁등기가 되므로 불의의 강제집행 등으로부터도 보호되고, 소유권이 신탁회사 명의로 되어 있으므로 필요시 명도가 신속하며, 신탁회사와 직접 매매계약을 체결하므로 분쟁을 예방할 수 있다.

그리고 매수자 입장에서는 매매계약 체결시점부터 잔금정산 및 등기이전 시까지 오랜 시간이 소요되는 부동산 거래에서 가등기와 같은 별도의 소유권 보전절차 없이도 안전한 거래가 가능하다. 또한 매도자 입장에서는 신탁회사의 전문적인 판매 노하우와 정보망을 활용하여 빠른 시일 내에 최적의 가격으로 처분이 가능하다는 장점이 있다.

처분신탁은 매수자가 제한되어 있는 대형 · 고가의 부동산이나 권리관계가 복잡하여 처분에 어려움이 있는 부동산, 장기 해외체류나 이민으로 인해 부동산을 직접 처분하기 어려운 경우,

부동산 소유자의 노출을 방지해야 하고 거래에 안전성과 신뢰성이 요구되어 일반 중개로 처분이 곤란한 경우 등에 주로 활용된다.

처분신탁의 수탁자는 처분가격의 결정, 매수자와의 교섭, 처분대금의 운용 등에 있어서 폭넓은 권한을 가지므로 통상적인 대리인의 권한보다 넓은 편이다. 실질과세의 원칙에 따라 수탁자의 부동산 처분시점에 위탁자가 처분한 것으로 간주하여 각종 부동산 관련 세금을 부과한다.

처분신탁은 신탁회사가 적극적으로 처분 활동을 하는 갑종 처분신탁과 처분 활동은 소극적으로 하면서 신탁회사를 단순히 비이클(Vehicle)로 이용하기 위한 을종 처분신탁으로 구분된다. 을종 처분신탁은 개발사업에서 준공 이후 시공사의 미지급 공사비에 대한 대물변제를 위한 처분신탁[69], 토지거래허가구역 내의 토지 매매계약에 따른 처분신탁[70] 등에서 활용된다.

4 담보신탁

담보신탁이란 채무자나 물상보증인 등의 위탁자가 자신의 채무이행을 보장하기 위해 채권자를 우선수익자, 자신을 수익자로 정하여 그 소유의 부동산 등을 수탁자(신탁회사)에 신탁하고, 향후 채무자가 채무불이행 시 우선수익자(채권자)의 요청에 따라 수탁자가 신탁재산을 처분하여 그 처분대금으로 채무를 변제한 후 잔액이 있으면 이를 위탁자 또는 수익자에게 돌려주는 신탁형태를 말한다.

채무자인 위탁자가 신탁회사를 수탁자로 하고 채권자를 신탁법상 (우선)수익자로 지정한 후 그 수탁자에게 담보목적 부동산의 소유권 자체를 이전하는 방법으로 채권자에게 담보로 제공하는 방식이다. 담보신탁은 신탁의 담보적 기능을 활용한 관리신탁과 처분신탁의 결합형으로서 (근)저당제도를 대체할 수 있는 새로운 형태의 담보제도이다. (근)저당권의 경우 법원 경매를 통해 담보부동산을 처분하는 것과 달리, 담보신탁의 경우 신탁회사가 공매를 통해 부동산을 처분한다.

---

69) 미분양분에 대해 대물로 공사비를 변제받는 경우 시공사에게 취득세 등 각종 제세공과금이 발생할 수 있는데, 처분신탁을 활용하면 시공사가 직접 취득하지 않고 신탁회사에 처분신탁 후 그 처분대금을 수취하면 되므로 시공사가 취득세 등을 부담하지 않아도 된다는 장점이 있다.

70) 토지거래허가를 받기 전 매매계약을 체결하는 경우 계약금과 중도금 등을 보전하고 안전성을 확보하기 위해 처분신탁을 할 수 있다.

신탁법상 신탁을 하면 신탁된 부동산의 소유권은 대내 · 외적으로 수탁자(신탁회사)에게 이전되므로 채무자나 물상보증인 등 위탁자의 부도 · 파산 등으로부터 절연되는 효과가 생기고, 혹시 수탁자가 파산하더라도 신탁된 부동산은 수탁자의 파산재단에 포함되지 않는다는 장점이 있다. 다만 위탁자의 소유권을 신탁회사로 이전하게 되므로 신탁회사가 담보부동산을 안전하게 유지 · 관리해 준다는 장점도 있지만, 임대차계약을 갱신할 때에도 신탁회사와 협의를 진행해야 하는 등 절차가 번거로워진다는 단점이 있다.

신탁계약을 통해 신탁회사는 위탁자로부터 부동산의 소유권을 이전받고 수익권증서를 발행한다. 위탁자는 이 수익권증서를 활용하여 금융기관으로부터 대출을 받는다. 신탁회사는 채권자(우선수익자)를 위하여 일정한 기간 동안 담보가치(담보력)가 유지되도록 신탁된 부동산을 관리한 후, 위탁자의 채무가 이행되면 이를 위탁자에게 반환하고, 채무가 불이행되면 신탁된 부동산을 처분 및 환가하여 그 대금으로 채무를 변제한다. 채무 변제 후에도 남은 대금이 있다면 이를 위탁자에게 교부한다.

담보신탁은 개발예정 토지, 리모델링 중인 빌딩 또는 개발사업 후 미분양 물건 등 지속적 · 계획적인 관리를 통해 담보가치를 유지 및 보전할 필요가 있는 부동산을 담보로 금융기관으로부터

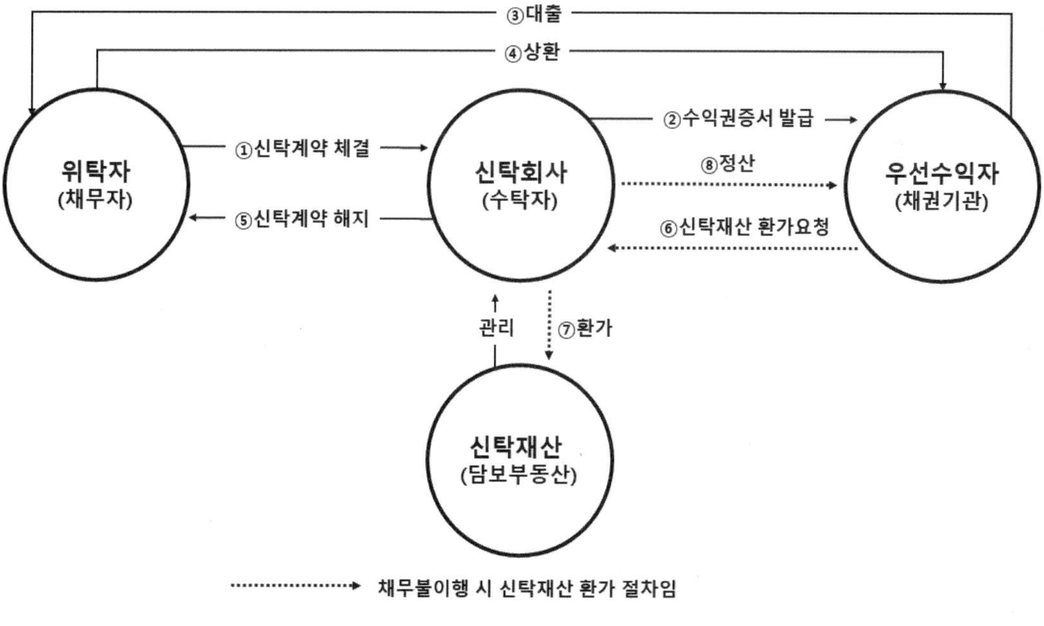

〈그림 2-13〉 담보신탁의 구조

자료: 코람코 자산신탁

| 표 2-11 | 담보신탁과 근저당의 비교

구분	담보신탁	근저당
담보권 설정방식	- 신탁등기(형식적 소유권 이전) - 등기부상 '갑구' 표시사항	- 근저당권 설정 - 등기부상 '을구' 표시사항
선순위 권리분석	- 신탁회사에서 조사	- 채권기관에서 조사
담보가치 보전	- 신탁회사에서 관리, 보전	- 채권기관에서 관리, 보전
채권 실행방법	- 절차 간편/단기간 소요[71] - 일반공개시장에서 공매[72] - 담보부동산의 고가 매각 가능[73]	- 절차 복잡/장기간 소요 - 법원을 통한 경매 - 담보부동산의 고가 매각 어려움
채무자 파산 시 파산재단 구성여부	- 파산재단에서 제외 (∴채권회수에 유리)	- 파산재단에 포함
신규임대차, 후순위 권리설정	- 배제가능 (∴담보가치 유지에 유리)	- 배제불가
담보취득 후 우선채권 발생 가능성	신탁등기 이후는 발생 불가	당해세, 소액임차인의 최우선변제권, 채무자 회사 근로자의 임금채권 등 발생 가능
소요비용[74]	- 등록면허세(6,000원), 지방교육세(1,200원) 저렴 - 국민주택채권 매입 면제 - 신탁보수가 근저당 비용보다 저렴[75] - 지상권 설정이 필요 없음	- 등록면허세, 지방교육세: 채권 최고액의 0.24% - 국민주택채권 매입: 채권 최고액의 1% - 지상권 설정이 필요함

자료: 코람코 자산신탁

자금을 조달하거나 차환(Refinancing)할 때 유용하게 활용된다. 금융기관은 사업성을 보고 대출을 하는데, 근저당의 경우 중도에 시행사가 사업을 포기하고 근저당이 설정된 상태에서 다른 사람에게 소유권을 이전하면 사업성과 담보가치가 떨어져 금융기관이 원리금을 회수하는 것이 어려워지므로, 오늘날 대부분의 개발사업에서는 근저당보다 주로 담보신탁을 활용한다.

71) 담보신탁에서의 공매는 최단 30일 내외 정도의 기간에도 완료될 수 있는 반면, 법원을 통한 경매는 적어도 대략 10개월 정도의 기간이 소요된다.
72) 유찰 시 수의계약에 의한 처분도 가능하다. 즉 채권의 실행을 수탁자의 임의매각 방법에 의하게 할 수 있다.
73) 법원을 통한 경매는 폐쇄된 시장에서의 제한적인 환경에서 진행되고 적극적인 매각촉진활동이 없으므로 적정가격이나 고가 매각이 어렵지만, 담보신탁에서의 공매는 일반공개시장에서 이루어지므로 신탁회사가 적극적인 매각을 시도할 수 있고 적정가격이나 고가 매각의 가능성이 커진다. 또한 법원경매는 명도가 어렵다는 점에서 명도가 용이한 신탁회사 공매를 통해 더 높은 가격으로 팔릴 가능성이 크다.

5 기타 신탁

1) 관리처분신탁(대물변제신탁)

관리처분신탁(대물변제신탁)이란 시공사가 사업시행자로부터 공사대금을 대물[76]로 변제받을 경우, 이를 시공사로 소유권 이전하지 않고 신탁회사로 신탁하여 제3자(수분양자)에게 분양하도록 하는 신탁형태를 말한다.

공사대금을 완성된 건물로 대물변제할 경우 어차피 분양하여 현금화해야 하는 대물의 소유권을 시공사 명의로 이전했다가 다시 수분양자에게 이전한다면 취 · 등록세를 이중으로 부담하게 될 것이므로 신탁회사로의 신탁을 통해 취 · 등록세를 절감[77]할 수 있고, 수분양자로의 소유권 이전 등 업무를 신탁회사가 처리함으로써 효율적인 대금회수가 가능하다는 장점이 있다. 안정성과 신뢰도가 높은 신탁회사가 개입함으로써 분양에 유리해지는 측면도 있다.

사업시행자(위탁자)가 신탁부동산을 신탁회사에 신탁하고 공사대금 등의 정산액을 수익한도금액으로 설정하여 시공사를 우선수익자로 지정하면, 분양이 확정될 때마다 수분양자가 납입한 분양대금은 우선수익자인 시공사에게 입금됨으로써 시공사는 미지급 공사대금채권을 확보할 수 있고, 신탁회사가 수분양자에게 직접 소유권을 이전하므로 시공사의 업무부담과 경비가 절감된다.

2) 분양관리신탁

분양사업의 시행자는 「건축물의 분양에 관한 법률」 제4조 제1항 제1호에 의해 일정 규모 이상의 건축물[78]을 신축 또는 증축하여 분양하고자 할 경우, 「자본시장과 금융투자업에 관한 법률」에 따른 신탁업자와 신탁계약 및 대리사무계약을 체결한 경우 또는 금융기관 등으로부터 분양보증을 받는 경우에는 「건축법」 제21조에 따른 착공신고 후 사용승인(준공) 전에 건축물을 선분양할 수 있다.[79]

---

74) 담보신탁을 이용하면 위탁자(채무자)는 별도의 소요비용이 없고, 금융기관도 근저당권 설정에 비해 소요되는 비용이 많이 낮아진다.
75) 다만 대출금액이 적은 경우에는 적용되는 신탁보수요율이 높아져서 상대적으로 수수료절감효과가 작아진다.
76) 시공사와 사업시행자 간 공사도급계약 시 원칙적으로 분양대금으로 공사대금을 지급하되, 건물 완공 시까지 분양이 일정 수준에 이르지 못할 경우에는 사업시행자가 시공사에게 잔여 공사대금을 현금 대신 완공된 건물로 변제하기로 약정할 수 있다.
77) 신탁회사로의 이전등기 시 취 · 등록세 면제
78) 분양하는 부분의 바닥면적의 합계가 3,000㎡ 이상인 건축물, 일반업무시설 중 30실 이상의 오피스텔, 주상복합건축물로서 주택 이외의 용도의 바닥면적의 합계가 3,000㎡ 이상인 건축물, 바닥면적의 합계가 3,000㎡ 이상으로서 임대 후 분양전환을 조건(분양전환 시 임차인에게 우선순위를 부여하는 것을 포함)으로 하는 건축물 등
79) 그 밖에 자본금이 연대보증 대상 건설공사에 해당하는 계약금액의 50% 이상 또는 해당 용도의 건축물을 시공한 실적이 있고 최근 5년간 수주한 금액이 연대보증 대상 건설공사 계약금액의 2배 이상인 건설업자 둘 이상의 연대보증을 받은 경우에는 골조공사 2/3 이상이 완료된 후에 사전분양을 할 수 있다.

분양관리신탁은 선분양 시 신탁회사가 분양대상 부동산의 소유권을 보전 및 관리하고 분양사업의 시행자(위탁자)의 채무불이행 시 신탁부동산을 환가 · 처분하는 등 수분양자가 안전하게 분양받은 건축물을 이전받을 수 있도록 보호하기 위한 신탁형태이다. 선시공 · 후분양을 하면 사업시행자의 초기부담이 커지지만, 신탁을 통한 선분양으로 조기에 분양대금을 회수하면 초기부담을 크게 줄이면서 안정적인 사업추진이 가능하다. 또한 신탁회사가 분양계약과 분양대금, 공사대금 지급, 대출금 상환 등을 안전하게 관리하므로 수분양자의 권리가 보호되고 분양이 촉진되는 효과를 기대할 수 있다.

제7절 부동산 금융론 계산문제

01. A는 시장가치가 3억원인 부동산을 소유하고 있다. 다음의 조건에 따라 대출 가능한 최대금액을 구하시오.

- 연소득: 5천만원
- 연간 저당상수: 0.1
- LTV: 시장가치 대비 50% 이하
- DTI: 연소득 대비 40% 이하

풀이와 답

(1) LTV 기준 최대 대출금액

$\frac{L}{V}$=0.5, 시장가치(V)=3억원이므로 대출금액(L)=1억5천만원

(2) DTI 기준 최대 대출금액

$\frac{D}{I}$=0.4, 연소득(I)=5천만원이므로 부채서비스액(D)=2천만원, 대출금액(L)=부채서비스액× 연금의 현가계수=$\frac{\text{부채서비스액}}{\text{저당상수}}=\frac{\text{2천만원}}{0.1}$=2억원

(3) LTV와 DTI는 대출에 대한 이중규제이므로 양 기준에 따른 금액 중 적은 금액이 대출가능

최대금액이 된다. 따라서 대출이 가능한 최대금액은 1억5천만원이다.

02. B는 시장가치가 6억원인 부동산을 소유하고 있다. 다음의 조건에 따라 대출 가능한 최대금액을 구하시오.

- 연간 순영업소득: 6천만원
- 연간 저당상수: 0.1
- LTV: 시장가치 대비 50% 이하
- 부채감당률: 1.2

풀이와 답

(1) LTV 기준 최대 대출금액

$\frac{L}{V}$=0.5, 시장가치(V)=6억원이므로 대출금액(L)=3억원

(2) 부채감당률 기준 대출금액

부채감당률=$\frac{순영업소득}{부채서비스액}$=1.2, 순영업소득=6천만원이므로 부채서비스액=5천만원, 대출금액=$\frac{부채서비스액}{저당상수}=\frac{5천만원}{0.1}$=5억원

(3) LTV와 부채감당률은 대출에 대한 이중규제이므로 양 기준에 따른 금액 중 적은 금액이 대출가능 최대금액이 된다. 따라서 대출이 가능한 최대금액은 3억원이다.

03. A씨는 자신의 주택을 담보로 은행에서 대출을 받고자 한다. 총부채상환비율(DTI)이 40%인 경우와 총부채원리금상환비율(DSR)이 40%인 경우 A씨의 소득을 기준으로 하여 각각의 최대 대출 가능금액은 얼마인가?

- A의 연소득: 5천만원
- 기타 부채의 연간 원금상환액: 1천만원
- 기타 부채의 연간 이자지급액: 1천만원
- 연간 저당상수: 0.1

풀이와 답

(1) DTI 기준 최대 대출금액[80]

- $\text{DTI} = \dfrac{\text{주택담보대출 연간 원리금상환액} + \text{기타 부채 연간 이자지급액}}{\text{연소득}} = 0.4$
- 연소득=5천만원이고 기타 부채 연간 이자지급액=1천만원이므로, 주택담보대출 연간 원리금상환액=1천만원이다. 따라서 최대 대출 가능 금액=$\dfrac{\text{원리금상환액(부채서비스액)}}{\text{저당상수}} = \dfrac{\text{1천만원}}{0.1}$=1억원이다.

(2) DSR 기준 최대 대출금액[81]

- $\text{DSR} = \dfrac{\text{주택담보대출 연간 원리금상환액} + \text{기타 부채 연간 원리금상환액}}{\text{연소득}} = 0.4$
- 연소득=5천만원이고 기타 부채 연간 원리금상환액=2천만원이므로, 주택담보대출 연간 원리금상환액=0원이다. 따라서 최대 대출 가능 금액도 0원이다.

(3) A씨는 DTI 기준으로는 1억원까지 대출이 가능하지만, DSR 기준으로 바뀌면 한 푼도 대출받지 못한다.

04. 다음의 대출조건으로 은행에서 5억원을 대출받은 B씨가 9회차에 상환할 원금, 이자, 원리금을 각각 구하시오.

- 대출금리: 고정금리, 연 5%
- 대출기간: 20년
- 원리금 상환조건: 원금균등분할상환(CAM)이고, 연 단위 매기말 상환

풀이와 답

(1) 원금상환액

- $\dfrac{\text{5억원}}{\text{20년}}$=2천5백만원

(2) 이자지급액

- 8회차까지 상환한 원금=2천5백만원×8=2억원

80) 계산에서 기타 부채의 이자지급액만 감안한다.
81) 계산에서 기타 부채의 원리금상환액을 감안한다.

- 9회차 시작 시점에 갚아야 할 남은 잔금 = 5억원 − 2억원 = 3억원
- 9회차 이자지급액 = 3억원×0.05 = 1천5백만원

(3) 원리금상환액

- 2천5백만원 + 1천5백만원 = 4천만원

05. 다음의 대출조건으로 은행에서 4억원을 대출받은 C씨가 3회차에 상환할 원금, 이자, 원리금을 각각 구하시오.

- 대출금리: 고정금리, 연 6%
- 대출기간: 20년
- 저당상수: 0.087
- 원리금 상환조건: 원리금균등분할상환(CPM)이고, 연 단위 매기말 상환

풀이와 답

(1) 매회 원리금상환액

- 4억원×0.087 = 3,480만원 (매회마다 동일)

(2) 1회차 이자지급액

- 4억원×0.06 = 2,400만원

(3) 1회차 원금상환액

- 3,480만원 − 2,400만원 = 1,080만원

(4) 1회차 말(=2회차 초) 남은 원금

- 4억원 − 1,080만원 = 3억8,920만원

(5) 2회차 이자지급액

- 3억8,920만원×0.06 = 2,335만원

(6) 2회차 원금상환액

- 3,480만원 − 2,335만원 = 1,145만원

(7) 2회차 말(=3회차 초) 남은 원금

- 3억8,920만원 − 1,145만원 = 3억7,775만원

(8) 3회차 이자지급액

- 3억7,775만원×0.06 = 2,266.5만원

(9) 3회차 원금상환액

- 3,480만원 − 2,266.5만원 = 1,213.5만원[82)]

06. 담보인정비율(LTV)과 총부채상환비율(DTI)이 다음과 같이 상향조정되었다. 상향조정됨에 따라 A는 변경 전 기준에 비해 최대 얼마를 추가로 대출받을 수 있는가? 단, 금융기관의 대출승인 기준은 같고, 다른 조건은 동일하다.

- 담보인정비율(LTV): 60% → 70%로 상향
- 총부채상환비율(DTI): 50% → 60%로 상향
- A 소유주택의 담보평가가격: 3억원
- A의 연간소득: 3천만원
- 연간 저당상수: 0.1

※ 담보인정비율(LTV)과 총부채상환비율(DTI)을 모두 충족시켜야 함. A에게 기타 부채는 없음. DSR은 고려치 않음.

풀이와 답

(1) 변경 전 기준 최대 대출 가능액

1) 변경 전 담보인정비율(LTV) 기준 최대 대출 가능액

- $60\% = \frac{\text{대출액}}{\text{3억원}}$, 대출액 = 3억원×60% = 1억8천만원

2) 변경 전 총부채상환비율(DTI) 기준 최대 대출 가능액

- $50\% = \frac{\text{원리금상환액}}{\text{3천만원}}$, 원리금상환액 = 3천만원×50% = 1,500만원
- 1,500만원 = 대출액×0.1, 대출액 = $\frac{\text{1,500만원}}{0.1}$ = 1억5천만원

3) LTV와 DTI를 모두 충족시켜야 대출이 가능하므로 변경 전 최대 대출 가능액은 1억5천만원

82) 원금상환액은 매회차마다 이자율만큼씩 증가하므로 3회차 원금상환액은 1,080만원(1회차 원금상환액)×1.06×1.06=1,213.5만원으로 간단히 구할 수도 있다. 매회차 원리금상환액은 3,480만원으로 동일하므로 3,480만원에서 1,213.5만원을 빼면 3회차 이자지급액 2,266.5만원을 구할 수 있다.

(2) 변경 후 기준 최대 대출 가능액

1) 변경 후 담보인정비율(LTV) 기준 최대 대출 가능액

- $70\% = \frac{\text{대출액}}{\text{3억원}}$, 대출액 = 3억원 × 70% = 2억1천만원

2) 변경 후 총부채상환비율(DTI) 기준 최대 대출 가능액

- $60\% = \frac{\text{원리금상환액}}{\text{3천만원}}$, 원리금상환액 = 3천만원 × 60% = 1,800만원

- 1,800만원 = 대출액 × 0.1, 대출액 = $\frac{\text{1,800만원}}{0.1}$ = 1억8천만원

3) LTV와 DTI를 모두 충족시켜야 대출이 가능하므로 변경 후 최대 대출 가능액은 1억8천만원

(3) 변경에 따라 추가되는 최대 대출 가능액 = 1억8천만원 − 1억5천만원 = 3천만원

07. 다음의 조건에서 A의 주택담보대출 최대가능금액은 얼마인가?

- 대출승인기준: 담보인정비율(LTV) = 60%
  총부채상환비율(DTI) = 40%
  (두 가지의 대출승인 기준을 모두 충족시켜야 함. DSR은 고려치 않음.)
- A 소유 주택의 담보평가가격: 5억원
- A의 연간 소득: 6천만원
- 기존 사업자금대출: 원금 1억2천만원, 연 이자율 10%, 원금만기일시상환 조건
- 연간 저당상수: 0.12

풀이와 답

(1) 담보인정비율(LTV) = $\frac{\text{융자액}}{\text{부동산가치}}$ = 60%이므로, 융자액 = 5억원(주택가격) × 60% = 3억원이 LTV에 의해서 대출받을 수 있는 최대가능금액이다.

(2) 총부채상환비율(DTI)= $\frac{\text{해당주택 담보대출의 연간 원리금상환액 + 기타 부채의 연간 이자상환액}}{\text{연소득}}$

=40%이고 기타 부채의 연간 이자상환액 = 1억2천만원 × 10% = 1천2백만원이므로,

$\frac{\text{해당주택 담보대출의 연간 원리금상환액 + 1천2백만원}}{\text{6천만원}} = 40\%$

→ ∴해당주택 담보대출의 연간 원리금상환액 = 2천4백만원 − 1천2백만원 = 1천2백만원이다.

(3) DTI를 통해 대출받을 수 있는 금액을 구하기 위해서는 저당상수를 활용한다.

연간 원리금상환액 = 융자액 × 저당상수(MC) → 1천2백만원 = 융자액(최대가능금액) × 0.12

→ ∴융자액 = $\frac{\text{1천2백만원}}{0.12}$ = 1억원

(4) LTV로는 3억원을 빌릴 수 있고 DTI로는 1억원을 빌릴 수 있는데, 결국 A가 받을 수 있는 최대 대출금액은 두 가지 모두를 충족시킬 수 있는 1억원이다.

08. 투자자 A는 은행으로부터 원금균등분할상환 방식과 원리금균등분할상환 방식으로 대출을 받을 수 있다. 다음의 자료를 분석하여 두 가지 상환방식에 따른 1회차 월 불입액의 차이를 구하시오.

- 부동산 가치: 10억원
- 담보인정비율(LTV): 60%
- 대출기간: 30년(매월 말 상환)
- 대출이자율: 연 6%(월 0.5%, 월 저당상수 = 0.006443)
- 원금균등분할상환 방식: 3년 거치 후 원금균등분할상환, 거치기간 동안에는 이자만 지급
- 원리금균등분할상환 방식: 거치기간 없음

풀이와 답

(1) 원금균등분할상환 방식에 의한 1회차 월 불입액(이자만 지급) = 6억원 × 0.005 = 3,000,000원

(2) 원리금균등분할상환 방식에 의한 1회차 월 불입액 = 6억원 × 0.006443 = 3,865,800원

(3) 두 가지 방식에 따른 1회차 월 불입액의 차이 = 3,865,800원 − 3,000,000원 = 865,800원

09. 투자자 B는 은행으로부터 원금균등분할상환 방식과 원리금균등분할상환 방식으로 대출을 받을 수 있다. 다음의 자료를 분석하여 두 가지 상환 방식에 따른 1회차에 납부할 원금상환액을 각각 구하시오.

- 대출금: 3억원
- 대출금리: 연 6%(고정금리)

- 대출기간: 10년(매월 말 상환)
- 월 저당상수: 0.0111
- 두 가지 방식 모두 거치기간 없음

풀이와 답

(1) 원금균등분할상환 방식에 의한 1회차 납부할 원금상환액 = $\frac{3억원}{10년 \times 12개월}$ = 250만원

(2) 원리금균등분할상환 방식에 의한 1회차 납부할 원금상환액 = 1회차 원리금상환액 − 1회차 이자지급액 = (3억원×0.0111) − (3억원× $\frac{0.06}{12}$) = 183만원

10. 다음의 자료를 분석하여 차입자의 1회차 월 불입액을 구하시오.

- LTV = 70%, DTI = 40%
- 차입자는 최대 대출가능금액을 대출받기를 희망
- 부동산 가치: 10억원
- 차입자의 연간 소득: 1억2,000만원
- 대출기간: 25년, 원리금균등분할상환 방식에 따라 매월 말 상환
- 대출이자율: 연 6%
- 월 저당상수: 0.006443

풀이와 답

(1) LTV에 따른 최대 대출가능금액 = 10억원×70% = 7억원

(2) DTI에 따른 최대 대출가능금액 = (1억2,000만원× $\frac{1}{12}$ ×40%)÷0.006443 = 6억2,083만원[83)]

(3) 두 가지 조건을 모두 충족시키는 최대 대출가능금액은 6억2,083만원

(4) 6억2,083만원을 대출받았을 때, 1회차 월 불입액 = 6억2,083만원×0.006443 = 400만원
(원리금균등분할상환 방식이므로 고정금리라면 매회차 월 불입액은 400만원으로 동일)

---

83) 문제에서 매월 말 상환을 전제하고 연 저당상수가 아닌 월 저당상수가 주어졌으니 이를 활용하기 위해서는 연 소득이 아닌 월 소득을 사용하여 매월 원리금상환액을 먼저 구해야 한다. 매월 원리금상환액을 월 저당상수로 나누면 대출액을 구할 수 있다.

제3장

부동산 가치평가

제3장 부동산 가치평가

제1절 부동산 가치이론

1 가치평가의 의의와 필요성

부동산 감정평가(가치평가)란 토지 등 부동산의 경제적 가치를 판정하여 그 결과를 가액으로 표시하는 행위이다(「감정평가 및 감정평가사에 관한 법률」 제2조 제2호). 이때의 경제적 가치는 부동산의 물리적 실체에 대한 가치라기보다는 부동산의 소유를 통해 얻을 수 있는 권리 · 이익에 대한 가치라고 할 수 있고, 통상적인 시장에서 정상적인 거래가 이루어질 경우 성립할 가능성이 가장 높다고 인정되는 시장가치를 의미한다.[1]

부동산은 부동성, 위치의 고정성 등의 특성이 있고, 이로 인해 부동산 시장은 지역성을 강하게 나타낸다. 지역별 하위시장이 형성되고 지역마다 가격형성요인이 달라서 일반인이 부동산의 적정한 가격을 파악하기 어렵다.

부증성으로 인해 공급이 비탄력적이므로 수요 · 공급에 의한 균형가격이 형성되기 어렵고(가격의 왜곡 발생), 개별성으로 인해 일물일가(一物一價)의 법칙이 적용되지 않아 개별적 · 구체적

---

1) 감정평가사가 수행하는 부동산 감정평가의 기능, 즉 감정평가를 통해 도출된 가격의 사회적 기능들은 다음과 같다.
① 이해조절기능: 이해관계자 사이에서의 다양한 이해관계를 조절
② 가격창출기능(가격의 파라미터적 기능): 부동산 거래가 거의 없는 산간오지나 농촌 또는 성숙된 시가지 등에서 거래당사자 사이에서 선택의 지표로 활용
③ 부동산 시장의 불완전성 보완하고 부동산의 시장가치 산정을 통한 부동산 자원의 효율적 배분 기능
④ 적정한 가격형성유도 등을 통한 부동산의 효율적 이용과 규제 기능 → 지가공시제도
⑤ 공익을 위해 특정 이해관계인이 받는 희생을 조정하기 위한 합리적인 손실보상과 과세 합리화 기능
⑥ 여러 가지 거래활동을 합리적 · 능률적으로 처리하도록 뒷받침하는 거래질서의 확립과 의사결정의 판단기준 기능

평가가 필요하며, 용도의 다양성으로 인해 최유효이용 상태[2]에서의 부동산의 가치를 추계해야 한다(가치의 다원성). 또한 위치의 고정성, 인접성으로 인해 외부효과에 의한 가격왜곡현상이 발생하므로 적정한 감정평가가 필요하다.

부동산의 가치형성요인은 사회적 · 경제적 · 행정적 요인 등의 인문적 특성으로 인해 매우 복잡하고 다양하며 항상 변동하므로 적정한 가격이 형성되지 못하고, 합리적인 가격형성을 저해하는 요인이 많아[3] 부동산 가격은 필요에 따라 개별적으로 형성되므로 부동산의 적정한 가격을 구하기 위해서는 평가활동이 필요하다.[4]

부동산은 사회성 · 공공성이 높은 재화이기 때문에 부동산의 가치판단에 높은 윤리성이 요구된다. 또한 부동산 감정평가에는 법적 · 경제적으로 전문적인 지식이 요구된다.

참고 | 대상 물건에 따른 부동산 감정평가 방법의 분류

1. 개별평가

감정평가에 관한 규칙 제7조 제1항은 감정평가는 대상 물건마다 개별로 하여야 한다는 개별평가의 원칙을 규정하고 있다.

2. 일괄평가

감정평가에 관한 규칙 제7조 제2항에 따르면, 둘 이상의 대상 물건이 일체로 거래되거나 대상 물건 상호 간에 용도상 불가분의 관계가 있는 경우에는 일괄하여 감정평가할 수 있다.

2개 이상의 부동산을 평가할 때, 동일한 단가를 적용할 수 있거나 주물과 종물 · 부합물 등을 한꺼번에 평가할 수 있는 경우 등이 일괄평가할 수 있는 경우에 해당한다. 예를 들어 여러 개의 필지가 일단의 주택부지(1획지)로 이용되는 경우 또는 복합부동산(토지+건물)이 일체로 거래되는 경우에는 일괄평가할 수 있다.

3. 구분평가

감정평가에 관한 규칙 제7조 제3항에 따르면, 하나의 대상 물건이라도 가치를 달리하는 부분은 이를 구분하여 감정평가할 수 있다.

예를 들어 1필지에서 상업용지로 이용가능한 전면부분과 주택지로 이용가능한 후면부분이 가치가 다른 경우, 1필지의 일부가 도시계획시설에 저촉된 경우 등에 있어서 이를 구분평가한다.

---

2) 부동산의 가치는 현재의 이용상태가 아닌 최유효이용 상태를 전제하므로 현재는 허름하고 낡은 주택부지도 높은 가치로 평가될 수 있다.

3) 부동산에는 합리적인 완전경쟁시장이 존재하지 않는다.

4) 부동산 가격은 끊임없이 변동하므로 가치평가의 기준시점과 그 특정시점으로의 시점수정이 필요하다.

4. 부분평가[5)]

일체로 이용되는 대상 물건의 일부는 평가하지 않는 것이 원칙이지만, 감정평가에 관한 규칙 제7조 제4항에 따르면 일체로 이용되고 있는 대상 물건의 일부분에 대하여 감정평가해야 할 특수한 목적이나 합리적인 이유가 있는 경우에는 그 부분에 대하여 감정평가할 수 있다.

복합부동산(토지+건물)의 경우, 복합부동산의 상태 하에서 그 구성부분을 각각 평가하는 것이 부분평가에 해당한다. 예를 들어 건부지를 평가할 때 전체 대지와 건물을 전제로 토지만을 평가하는 것이 부분평가에 해당한다. 이때 그 토지에는 건부감가나 건부증가가 발생한다. 또한 전체 1,000평의 토지 중 50평이 공공용지로 편입된 경우, 이때 50평은 과소면적으로 감가요인이 있으나 전체 1,000평을 기준으로 한 가격을 적용하여 편입된 50평의 가치를 구하는 것도 부분평가에 해당한다.

이는 일체로 이용되는 2개의 물건 전체를 기준으로(물건 전체를 주어진 상태로 보고) 그중 1개만 평가하는 것이기 때문에 일종의 현황평가에 속한다. 이렇게 토지(건부지)를 평가할 때에는 건부감가 또는 건부증가를 반영한다.

참고 | 현황평가와 조건부 평가

1. 현황평가

대상 부동산을 기준시점 현재 주어진 상태 그대로 평가하는 방법이다. 예를 들어 대상 부동산의 구조, 이용방법과 용도, 제한물권의 부착여부, 공법상 제한, 점유상태 등을 있는 그대로 평가하는 것이다. 감정평가에 관한 규칙 제6조 제1항은 감정평가는 기준시점에서의 대상 물건의 이용상황(불법적이거나 일시적인 이용은 제외) 및 공법상 제한을 받는 상태를 기준으로 한다는 현황기준 평가원칙을 규정하고 있다.

예를 들어 토지와 건물을 주어진 상태로 평가하여 토지만 또는 건물만의 가치를 구하는 경우, 건물이 현재 불법점유되어 있거나 대상 부동산에 제한물권이 부착된 경우 있는 그대로의 상태에서 평가하는 것 등이 이에 해당한다.

현 상태에서 구성부분 중 일부를 평가하는 부분평가는 일종의 현황평가에 해당한다. 이에 따르면 평가대상 토지 위에 건물이 있는 경우 건부감가를 고려하여 건물이 있는 상태 그대로 토지를 평가한다.

경매에서의 감정평가는 토지, 건물 각각에 대해 부분평가를 한다. 예를 들어 경매평가에서 단독주택가격을 3억원으로 평가하고 그중 토지가액은 2억원, 건물가액은 1억원으로 평가했다면, 3억원은 일괄평가를 한 것이고 2억원과 1억원은 각각 부분평가를 한 것이다. 이때 토지와 건물을 각각 있는 그대로의 상태에서 평가했기에 그 합이 단독주택 전체 가액과 일치한다.[6)]

5) 구분평가는 하나의 물건의 일부분이 다른 부분과 단위당 가격수준이 다른 경우에 성립하는 데 반해, 부분평가는 물건의 모든 부분의 가격수준이 같은 것을 전제로 그 일부분을 평가한다는 점에서 차이가 있다.

2. 조건부 평가

장래 불확실한 사태의 발생이라는 조건 성취를 전제로 적절한 증·감가 요인을 반영하여 행하는 평가방법이다. 감정평가에 관한 규칙 제6조 제2항에 따르면, 법령에 다른 규정이 있거나 의뢰인의 요청 또는 감정평가의 목적이나 대상 물건의 특성에 비추어 사회통념상 필요하다고 인정되는 경우 등에는 기준시점의 가치형성요인 등을 실제와 다르게 가정하거나 특수한 경우로 한정하는 조건을 붙여 감정평가할 수 있다.

예를 들어 지상에 건물이 있는 대지를 건물이 없는 나지로 상정하여 토지만의 가치를 평가하거나 건물만을 독립된 부동산으로 보고 평가하는 경우 또는 실제로는 제한물권이 부착되어 있지만 마치 제한물권이 없는 것으로 보고 부동산의 가치를 평가하는 경우 등을 독립평가라 한다. 이는 실제와 달리 건물이 없거나 제한물권이 없다는 것을 전제(가정)하여 평가하는 것이므로 일종의 조건부 평가에 해당한다.

복합부동산의 표준지 공시지가는 나지를 상정하여 독립평가 방식으로 평가한다. 즉 건부감가 등을 고려하지 않고 나지의 정상가격[7]으로 평가한다. 또한 토지가 장래 병합 또는 분할될 것을 전제로 병합·분할 후의 토지가치를 단독으로 평가하는 병합·분할 평가 역시 일종의 조건부 평가에 해당한다.

2 부동산의 가치(Value)와 가격(Price)

부동산의 가격(Price)이란 특정 부동산의 매매에 있어서 매도인과 매수인이 서로 주고받기로 합의한 화폐액이고, 매매 등의 거래가 일단 성립한 경우에 나타나는 매매가격(거래가격, 교환가격)을 의미한다. 가격은 시장에서 매수자와 매도자 간에 현실 거래에 의해 특정 시점에 지불된 금액이므로 과거에 이미 성립한 사실이다.

부동산의 가치(Value)란 경제적 효용 등의 욕망을 충족시키는 부동산의 중요정도 또는 진정한 값어치(진가)를 의미한다. 일반적으로 부동산의 가치라 하면 소유권가치이자 통상적인 가치를 의미하고, 부동산의 소유를 통해 장래 기대되는 이익의 총액을 현재가치로 환원한 값으로 정의된다. 장래 기대되는 이익에는 매 기간 정기적으로 발생하는 임대료 등 소득이익(Income Gain, 운영소득, 기간소득)과 기간 말 한번 발생하는 자본이익(Capital Gain, 매매(시세)차익,

6) 만약 건물이 있는 토지를 나지로 상정하여 평가한다면 건물이 있는 상태(건부감가)보다 높은 가치로 평가될 것이므로 토지와 건물 각각의 가액의 합이 단독주택 전체 가액보다 클 것이다.
7) 나지의 정상가격이란 토지의 최유효이용을 전제로 한 가격을 의미한다.

양도차익, 양도소득)이 포함된다. 부동산의 영속성에 따라 이러한 장래 기대되는 모든 이익을 현재가치로 환원한 값이 가치이다.

부동산의 가치에는 시장가치, 투자가치, 사용가치 등 다양한 종류가 있지만 통상적으로 부동산의 가치라 말할 때에는 시장가치를 의미한다.

가격과 가치는 불가분의 관계에 있는데, 그 관계를 다음과 같이 간단히 표시할 수 있다.

- $가격 = \dfrac{가치}{화폐가치}$

가격은 가치에 의해 결정되고 가치에 비례하므로 가치가 변동하면 가격도 그와 같은 방향으로 변동한다. 반면 가치는 화폐를 매개로 하여 가격이 된다는 점에서 가격은 가치의 화폐적 표현이라 할 수 있고, 화폐가치에 반비례하므로 화폐가치가 변동하면 가격은 그와 반대 방향으로 변동한다. 만약 인플레이션이 발생한다면 화폐가치가 하락하므로 부동산의 가치는 그대로라 하더라도 가격은 상승하게 된다.

| 표 3-1 | 부동산 가격과 가치의 비교

구분	가치(Value)	가격(Price)
정의	부동산이 공통적으로 지니는 효용성(개인적 만족감)의 정도를 나타내는 것으로서, 장래 기대되는 이익을 현재가치로 환원한 값이다.[8)]	부동산의 교환가치를 화폐액으로 표시한 단위로서, 특정부동산에 대한 교환의 대가로 시장에서 매도인과 매수인 간 실제 지불된 실지 거래액이다.
시점	장래 기대되는 편익이나 이익(유형 · 무형, 금전 · 비금전 포함)을 현재 시점의 가치로 환원한 값이다(대상 부동산에 대한 현재의 값).	시장에서 이미 거래된 결과라는 점에서 대상 부동산에 대한 과거 시점의 값이다.
특성	주관적 효용에 중점을 두므로 평가자나 평가방법에 따라 무수히 많은 다양한 가치가 존재한다(가치의 다원성). 주관적이고 추상적인 값이다.	객관적인 개념이므로 주어진 시점에서 대상 부동산에 대한 가격은 하나뿐이다. 객관적이고 구체적인 값이다.
상호관계	부동산 시장은 불완전하므로 단기적으로는 가치와 가격 간에 차이가 발생할 수 있으나(가격=가치±오차) '가격 〉 가치'이면 초과공급 발생하여 가격↓, '가격 〈 가치'이면 초과수요 발생하여 가격↑. 결국 장기적으로 가치와 가격은 일치한다. 이렇듯 이론적으로는 가치와 가격을 엄격히 구별하지만 일반적으로는 혼용되기도 한다.[9)]	

8) 부동산의 가치는 매 기간마다 지불되는 임대료와 기간 말 발생하는 시세차익에 적절한 할인율을 적용하여 현재가치로 환원한 값이다.

9) 일반 재화에 있어서 가치와 가격은 관념상의 차이일 뿐 거의 같은 의미로 사용되고 있지만, 영속성이 있거나 장기간에 걸쳐 효용을 제공하는 부동산 등 내구재의 경우에는 현재 시장에서 거래된 가격과 장래 이익을 반영한 가치가 일치하지 않을 수 있으므로 이를 구별하는 것이 맞다. 그러나 대부분의 교과서나 국가시험에서는 가격과 가치를 혼용해서 쓰고 있다.

가치(시장가치)는 시장에서의 수요와 공급에 의해 결정되는데, 시장에서 일시적인 수요와 공급의 미스매치(Miss-Match)로 인해 초과수요나 초과공급이 발생하여 가격이 진정한 가치와 괴리될 수 있지만, 완전경쟁시장이라면 수요와 공급의 자동조절기능에 따라 결국 가격과 가치가 일치하게 된다. 시장이 완전할수록 가격과 가치가 일치되는 속도도 빨라지는데, 부동산 시장은 불완전하므로 가격과 가치가 괴리되는 현상이 상당 기간 지속될 수 있다.

3 부동산 가치의 다원성(가치의 다양한 종류)

부동산의 가치는 주관적인 개념이므로 대상 부동산의 특성과 평가 목적이나 조건 등에 따라 하나의 부동산에 대해서도 여러 가지 가치가 존재할 수 있다. 이를 가치의 다원성이라 한다.

1) 시장가치

대상 부동산이 ① 경매와 같은 비정상적인 시장이 아닌 통상적인 시장에서 ② 충분한 기간 동안 거래를 위해 공개된 후[10] ③ 대상 부동산에 정통한 당사자[11] 사이에 ④ 자발적인 거래가 있을 경우[12] ⑤ 특정한 시점에서 성립될 가능성이 가장 높다고 인정되는 가액[13]을 말한다. 이는 개별적 가치판단이 아닌 집단적 가치판단에서 파생된다.

감정평가에 관한 규칙 제5조에 따르면, 법령에 다른 규정이 있거나 의뢰인이 요청하는 경우 또는 감정평가 목적이나 대상 물건의 특성에 비추어 사회통념상 필요한 경우가 아닌 한 감정평가액은 시장가치를 기준으로 결정하는 것이 원칙이다. 이는 시장에서 매매될 때 실현될 수 있는 객관적인 가치라는 점에서 교환가치라고도 한다.

2) 사용가치

대상 부동산이 특정한 용도로 사용되었을 때 그 사용자가 느끼는 효용가치(주관적 가치)이다. 최유효이용이나 매매를 통해 실현될 수 있는 화폐액과는 관계없이 그 사용과 용도에 따라 변할 수 있는 기여가치를 의미한다.

---

10) 출품기간의 합리성이 있는, 즉 급매가 아닌
11) 충분한 지식과 정보를 가진 매수인과 매도인
12) 거래의 자연성
13) The Most Probable Selling Price, 최빈 매매가능가격

예를 들어 어떤 기업이 사용하고 있는 낡은 공장의 경우 시장에 내놓으면 낮은 가치가 인정되겠지만 사용하는 기업에게는 그 이상의 상당한 사용가치가 인정될 수 있다.

3) 투자가치

특정한 투자자가 대상 부동산에 투자했을 때 느끼는 주관적 가치로서 특정 투자자의 요구사항에 근거한 가치이므로, 시장에서의 객관적 · 집단적 가치판단에 의존하는 시장가치와 달리 특정 투자자 개인에 있어서의 가치이다.

투자가치는 대상 부동산과 특정 투자자의 상대적이고 주관적인 관계를 나타내므로, '투자가치(주관적 가치) 〉 시장가치(객관적 가치)'라면 투자자는 투자안을 채택할 것이고 '투자가치 〈 시장가치'라면 투자안을 기각할 것이다. 만약 특정 투자자의 요구수익률 등 투자요구사항이 시장에서의 전형적인 것이라면 투자가치와 시장가치는 일치하게 된다.

즉 '$\text{시장가치}=\frac{\text{순수익}}{\text{기대수익률}}$'이고 '$\text{투자가치}=\frac{\text{순수익}}{\text{요구수익률}}$'이므로 투자자의 주관적인 요구수익률이 대상 부동산에 대한 시장에서의 객관적인 기대수익률과 같다면 '투자가치=시장가치'이다.

4) 원가가치

현재 상태 부동산이 되도록 투입된 자본과 노동 등 생산요소와 비용을 가치로 환산한 것이다. 시장가치가 원가가치보다 클 경우에만 건축 등의 행위가 이루어진다.

5) 장부가치(재고가치)

대상 부동산의 당초 취득가격에서 법적인 감가상각분을 제외한 장부상의 잔존가치를 뜻한다. 이에 따르면 자산액이 적게 잡혀서 투자, 대출 등을 받는 데 불리하지만 세금도 적게 낼 수 있는 장점도 있다. 장부가치가 시세보다 낮게 평가된 기업을 골라서 투자하는 투자기법도 고려할 수 있다.

과거에는 아무리 시세가 올라도 팔아서 이익을 실현했을 때 비로소 장부에 반영했지만, 현재는 자산재평가 제도가 도입되어 처분하기 전에도 시세를 반영하여 재평가가 가능하다.

6) 보상가치

토지수용 등 공공사업으로 인해 소유자가 특별한 희생을 받은 경우 그로 인한 재산권 침해라는 직접적 손실 및 원치 않는 강제매도에 따른 간접적 손실 등을 보상해 주기 위해 평가되는 손실가치이다.

보상가치에 당해 공공사업으로 인한 개발이익까지 포함시킬 것인지에 관해 견해대립이 있지만, 공공사업으로 인해 특정한 개인에게 손해는 물론 이익을 주는 것도 바람직하지 않다는 점에서 배제함이 타당하다.

보험에서 보험금 산정과 보상기준으로 평가되는 가치를 보험가치라고도 한다.

7) 담보가치

장래 채무불이행 시 담보물의 상환가능가치를 뜻한다. 담보가치는 장래 대출이 지속되는 동안 담보물의 가치도 지속될지 여부와 통상적인 시장이 아닌 경매 등을 통해 처분될 때의 가치 등을 고려해야 하므로, 이러한 위험성을 반영하여 시장가치보다는 Discount된다.

8) 과세가치

세금을 부과하기 위한 기준이 되는 가치로서 세법 등 규정에 따라 조정된 가치이다. 조세부담의 형평성과 공정성을 고려하여 평가되므로, 과세가치가 시장가치와 반드시 일치하는 것은 아니고 시장가치의 일정 비율로 표시되기도 한다.

재산세나 종합부동산세의 기준이 되는 공시지가는 일반적으로 시세보다 낮다. 이에 따라 부동산 투자의 장점인 절세효과가 발생하고, 공시지가가 시세를 얼마나 반영하는지를 나타내는 현실화율이 문제된다.

9) 자산재평가 시 활용되는 공정가치(Fair Value)

합리적인 판단력과 거래의사가 있는 독립 당사자 사이에 자산이 교환될 수 있는 금액으로서 기업회계에서 자산재평가 시 쓰이는 가치 개념이다. 공정가치는 회계 보고기간 말 현재의 시장상황을 반영하되 처분에 따라 발생하는 거래원가를 차감하지 않고 산정한다.

일반적으로 공정가치는 결국 광의의 시장에서 특정 거래 당사자 간의 시너지 효과나 합병효과 등을 고려한 시장가치로 해석된다. 이는 국제회계기준(IFRS)에서 규정하는 유형자산, 투자부동산 등의 가치 기준이다.

10) 완전소유권가치와 불완전소유권가치

완전소유권가치란 소유자가 부동산을 사용 · 수익 · 처분할 수 있는 완전한 권리를 가졌을 경우를 전제한 가치인 반면, 불완전소유권가치란 지역권, 지상권, 전세권 등 사용 · 수익을 제한하는 각종 물권이 부착되어 소유권이 불완전한 경우를 전제하여 산정되는 가치이다.

11) 공익가치(공공가치)

보전, 보존 등 공공목적의 비경제적 이용 시 대상 부동산이 갖는 가치이다.

참고 | 특정가격과 한정가격

1. 의의

통상적인 시장에서 정상적인 거래가 이루어지는 경우 성립될 가능성이 가장 높다고 인정되는 가격을 시장가치 또는 적정가격이라 하고, 감정평가액은 원칙적으로 이러한 시장가치를 기준으로 결정한다. 투기적인 요인이나 먼 미래의 불확실한 요인 등 비정상적인 요인은 고려하지 않고 정상적인 요인만 반영한다 하여 정상가격이라고도 한다.

그러나 감정평가의 목적이나 대상 부동산의 특성에 따라 이와 다른 가치(가격)로 평가해야 할 때가 있는데, 그 대표적인 것이 특정가격과 한정가격의 개념이다.

2. 특정가격

평가 목적이나 대상 부동산의 특성상 시장가치나 적정가격, 정상가격 등으로 평가하는 것이 부적절한 경우 또는 평가에 특수한 조건이 수반하는 경우 그에 따라 평가되는 가치(가격)이다.

예를 들어 특정 기업에게만 사용가치가 큰 오래된 공장은 시장가치로 평가하면 매우 낮게 평가될 수 있으므로 사용가치를 반영하여 특정가격으로 평가할 필요가 있다.

3. 한정가격

다른 부동산을 병합(합병)하기 위해 취득하거나 부동산의 일부를 취득하는 경우 시장이 상대적으로 한정되므로 그로 인해 형성되는 가격은 정상가격과는 다르게 된다. 이러한 거래조건에 부응하는 가치(가격)를 한정가격이라 한다. 이는 특정가격의 일종으로서 수요자와 공급자가 한정된 경우 성립한다는 특징이 있다.

예를 들어 도로에 접한 앞 토지의 소유자와 뒤 맹지 소유자 간의 거래가 이에 해당한다. 특정가격은 교환(시장성)을 전제로 하지 않지만, 한정가격은 한정적이나마 교환(시장성)을 전제로 한다는 점에서 양자 간에 차이가 있다.

4 부동산의 가치발생요인과 가치형성요인의 분석

부동산의 가치는 가치발생요인의 상호결합에 의해 발생하고, 그러한 가치발생요인은 여러 가지 가치형성요인의 변화에 영향을 받음으로써 부동산의 가치는 끊임없이 변동한다(Feed Back 원리). 부동산의 가치는 시장에서의 수요와 공급에 의해 결정되지만 결정된 가치가 다시 수요와 공급에 영향을 주어 수요, 공급을 조절한다는 점에서 이를 가치의 이중성이라고도 한다.

1) 부동산의 가치발생요인

(1) 부동산의 효용(유용성[14])

효용이란 재화를 소비(사용 · 수익)함으로써 얻게 되는 만족감의 정도를 의미하며, 부동산의 효용은 부동산의 용도나 유형에 따라 달라진다. 가치발생요인 중 수요측 요인에 해당한다.

가) 쾌적성

주로 주택(주거용 부동산)의 효용과 관련된 것으로서 어떤 주택을 소유하고 생활함에 따라 느끼는 생활의 편리성에 대한 정신적 만족도를 의미한다.

나) 수익성

주로 사업용 · 임대용 등 상업용 부동산의 효용과 관련된 것으로서 수익을 발생시키는 능력을 의미한다. 상업용 부동산의 최유효이용을 판단할 때에는 가능한 용도 중 최고의 수익성을 발생시키는 용도를 기준으로 한다.

다) 생산성(비용의 경제성)

주로 공업용 · 농업용 · 임업용 부동산의 효용과 관련된 것으로서 생산을 위해 투입된 생산요소와 비용 대비 생산된 생산량의 비율을 의미한다. 공업용 부동산의 최유효이용을 판단할 때에는 가능한 용도 중 최고의 생산성을 발생시키는 용도를 기준으로 한다.

그 밖에 업무용 부동산은 능률성, 공공용 부동산은 공익성 등이 효용으로 발현된다.

---

14) 일반적인 재화와 달리 부동산의 효용은 다용도성, 내구성, 비소멸성 등의 특징이 있으므로 이를 유용성이라고도 부른다.

(2) 부동산에 대한 유효수요

부동산은 특히 고가성의 특성이 있으므로 구매의사와 함께 실제적인 지불능력(구매력)을 갖춘 유효수요가 있어야 그 가치가 발생한다. 유효수요는 지역과 시기에 따라 변화하고 부동산 가격수준의 높고 낮음에 영향을 받는다. 가치발생요인 중 수요측 요인에 해당한다.

아무리 효용과 상대적 희소성이 있더라도 유효수요가 없다면 가치가 발생할 수 없다.

(3) 부동산의 상대적 희소성

부동산의 수요에 비해 상대적으로 공급(물리적 공급+경제적 공급)이 희소해야 그 가치가 발생한다. 이때 경제적 공급이란 비록 물리적 양이 늘어나지는 않았지만 규제완화로 인해 특정용도의 토지공급이 늘어나는 경우(용도적 공급) 등을 의미한다. 가치발생요인 중 공급측 요인에 해당한다.

부동산 중 토지는 부증성의 특성에 따라 생산이 불가능하며 절대적인 공급량도 부족하지만, 도시화 · 공업화가 진전되고 인구가 증가함에 따라 그에 대한 수요가 급증하여 상대적 희소성은 더욱 커진다.

즉 토지는 물리적으로 절대량 부족, 자연적 특성인 부증성, 행정적 제 요인(행정적 규제[15]), 용도적 측면에서 대체성이 있는 토지는 제한되어 있다는 점 등으로 인해 상대적으로 희소할 수밖에 없다. 또한 지리적 위치의 고정성, 개별성(=대체성↓) 등으로 인해 특정지역 내에서 선호도가 높은 용도의 토지는 희소성이 더욱 커질 수밖에 없다.

아무리 효용과 유효수요가 크더라도 상대적 희소성이 없다면, 즉 무한하게 공급된다면 가치(가격) 자체가 발생하지 않는다.[16]

(4) 부동산 권리의 이전 가능성(양도성)

부동산은 부동성, 지리적 위치의 고정성 등으로 인해 물리적 이동은 불가능하지만, 그 소유권이 법적으로 이전 가능할 경우에만 가치가 발생한다. 가치발생요인 중 공급측 요인에 해당한다.

일반적인 재화는 보통 이전성이 문제되지 않지만 부동산은 이전성이 제한되는 경우도 있기 때문에 법률적 검토가 필요하다. 규제정책에 따라 이전성이 제한되면 그만큼 가치발생력도

---

15) 개발제한구역의 지정, 용도지역 · 지구제, 건폐율 · 용적률 인하 등은 한정된 토지의 상대적 희소성을 더욱 높인다.

16) 예를 들어 물, 공기 등이 무한히 공급된다면 가격이 매겨질 수 없다. 그러나 깨끗한 물이나 깨끗한 공기가 상대적으로 희소해진다면 이에 대해서는 가치가 발생할 것이다.

제한[17]되지만, 소유권 이전이 비교적 용이할수록 가치발생력은 커진다.

2) 부동산의 가치형성요인

부동산의 가치는 효용(유용성), 유효수요, 상대적 희소성, 권리의 이전성 등의 상호작용과 결합에 의해 발생하고, 이러한 가치발생요인에 영향을 미치는 가치형성요인은 시장환경에 따라 변동하므로 결국 부동산의 가치도 끊임없이 변동한다. 이를 Feed Back 원리라고 한다.

가치형성요인이란 가치발생요인에 영향을 미쳐 부동산 가치에 변화를 주면서 기준시점 현재의 부동산 가치를 형성하는 요인을 뜻한다. 가치형성요인의 주요 특성으로는 끊임없이 변동한다는 변동성[18]과 어느 하나의 요인이 독립적으로 가치를 형성하는 것이 아니라 여러 가지 요인들이 서로 유기적으로 관련되어 하나의 가치를 형성한다는 상호관련성[19]이 있다.

가치형성요인의 변동에 따라 부동산의 가치도 (+) 또는 (−)의 영향을 받아 변동하는데, 이때 적용되는 규칙을 가치의 제 원칙(가격 제 원칙)이라 한다. 감정평가에서의 가치형성요인은 결국 부동산 경제론이나 시장론에서 공부하는 수요 · 공급의 결정요인과 같은 의미이다. 부동산의 가치형성요인에는 다음과 같은 것들이 있다.

(1) 일반적 요인

부동산의 지역 · 유형 · 용도 등과 관계없이 시장에 속한 모든 부동산의 가치에 전반적으로 영향을 미치는 사회적 · 경제적 · 행정적 요인이다. 즉 부동산 시장 전체에 영향을 미치는 요인이다.

가) 사회적 요인

인구의 상태[20], 가족구성 및 가구분리의 상태[21], 도시형성 및 공공시설의 정비 상태, 교육 및 사회복지의 수준, 부동산 거래 및 사용수익의 관행[22], 건축양식의 상태 등

나) 경제적 요인

17) 예를 들어 토지거래허가제가 시행될 경우 다른 요인이 동일하다면 해당 구역 내 토지의 가치(가격)는 하락하는 경향이 있다.
18) 따라서 가치형성요인은 동태적으로 파악해야 한다.
19) 예를 들어 사회적 요인으로서 인구가 급증하면 노동력(생산력) 및 소득의 증가와 토지의 부족이라는 경제적 요인의 변화가 나타나고 이는 토지이용규제라는 행정적 요인의 변화를 야기하는 등 하나의 부동산 가치를 형성하기 위해 여러 가지 요인들이 유기적으로 상호작용한다.
20) 출산율 · 사망률 등 인구의 증감, 인구의 도시집중과 분산 등은 부동산에 대한 수요를 변화시키고 부동산 가치에 직접적 영향을 미친다.
21) 1인가구의 증감, 핵가족화, 가구 수와 가구당 인구 수의 변화 등은 특히 주거용 부동산에 대한 수요를 변화시킨다.
22) 예를 들어 권리금의 발생 여부는 상업용 부동산 가치에 직접적인 영향을 미친다. 그 밖에 토지이용을 집약적으로 하는지 조방적으로 하는지, 부동산 임대 관행, 암거래 등 유통관행, 건물의 밀집도 등도 이에 해당한다.

소득 · 소비 · 저축 · 투자의 상태, 재정 및 금융의 상태[23], 물가 · 임금 · 고용의 수준[24], 국제수지의 상태, 조세부담의 상태[25], 산업구조의 상태, 기술혁신의 상태, 교통체계의 상태[26] 등

다) 행정적 요인

토지제도, 토지이용계획 및 규제의 상태, 택지 및 주택에 관한 규제의 상태, 건축물의 구조 · 방재 등에 관한 규제의 상태, 부동산 거래 규제의 상태, 부동산 가격과 임료에 관한 규제의 상태, 부동산 세제의 상태, 공시지가제도 등

(2) 지역적 요인

해당 지역 내의 부동산 가치에만 영향을 미치는 요인으로서 '해당 지역 내의 일반적 요인[27]+자연적 조건'으로 구성된다. 지역적 요인은 그 지역적 특성을 형성하여 해당 지역 내에 있는 부동산의 전반적인 가치수준(가격수준)에 영향을 준다. 지역 내의 일반적 요인 역시 사회적 · 경제적 · 행정적 요인으로 나눌 수 있다.

감정평가 시 먼저 지역적 요인에 대한 지역분석을 통해 대상 부동산이 속한 지역의 표준적 이용상태와 가치수준(가격수준)을 파악해야 한다. 동일한 지역적 요인을 공유하는 지역을 인근지역이라 한다. 따라서 인근지역에서 거래사례를 선택한 경우 지역요인 비교는 생략한다.

가) 주택지(주거용 부동산)의 지역적 요인

주거의 쾌적성과 관련된 것으로서 일조 · 온도 · 습도 · 풍우 등의 기상상태, 지역의 조망이나 경관 등 자연환경, 위험 · 혐오시설의 유무, 대기오염 · 소음 등 공해발생의 상태, 홍수 · 산사태 등 재해발생의 위험성 등이 있다. 생활의 편리성과 관련된 것으로서 도심과의 물리적 · 시간적 거리 및 교통수단의 상태(접근성), 상점가나 학교 · 병원 · 공원 등의 배치상태, 상하수도 · 가스 · 전기 등의 공급 및 처리시설의 상태, 가로의 폭이나 포장상태, 보 · 차도의 구분여부 등이 있다.

그 밖에 지역주민의 직업 · 재산 · 소득수준 · 연령 · 학력 등의 사회적 환경과 해당 지역 주택지

---

23) 재정지출의 확대와 축소, 금리의 인상과 인하 등

24) 물가와 임금은 공급원가(비용)에 영향을 미치는 요인이지만, 높은 물가는 부동산에 대한 구매력을 낮추는 반면 높은 임금은 구매력을 높인다는 차이가 있다. 고용이나 실업의 정도 역시 구매력에 영향을 미친다.

25) 과도한 세부담은 부동산의 수요와 공급에 안 좋은 영향을 미치지만, 국가의 재정지출 확대 여력을 높일 수도 있다.

26) 교통체계의 상태를 사회적 요인에 포함시키는 견해도 있다. 도로 신설 등 교통체계의 확대는 토지이용범위의 확대와 토지의 경제적 공급 증가를 야기한다.

27) 지역적 요인을 구성하는 일반적 요인(사회적 · 경제적 · 행정적 요인)은 해당 지역범위로 축소해서 이해하는 것이 효과적이다(일반적 요인의 지역지향성).

이용에 관한 공법상 규제의 상태 등도 주택지와 관련된 지역적 요인이다.

나) 상업지(상업용 부동산)의 지역적 요인

상업지에서는 매출액(매상고)이나 수익성을 극대화시킬 수 있는 지역적 요인이 중요하므로, 상업지의 지역적 요인으로는 고객의 구매력(고객층의 양과 질)과 관련 있는 배후지의 면적 · 인구 · 소득수준, 고객의 교통수단과의 접근성, 해당 지역 내 주요 영업의 종류 및 경쟁의 상태, 해당 지역의 라이프사이클상 성쇠의 상태 및 번영의 정도 등이 있다.

자가용 · 버스 · 지하철 · 도보 등 고객의 교통수단과의 접근성이 중요하지만, 국도변은 차량통행만 많을 뿐 단순한 통과인구이므로 접근성이 높다고 볼 수 없다.

그 밖에 해당 지역 상업지 이용에 관한 공법상 규제의 상태 등도 상업지와 관련된 지역적 요인이다.

다) 공업지(공업용 부동산)의 지역적 요인

공업지에서는 생산비용의 절약과 생산능률의 향상을 통한 생산성을 극대화시킬 수 있는 지역적 요인이 중요하다. 이에 따라 공업지의 지역적 요인으로는 제품 판매시장 및 원재료 구입시장과의 거리 및 위치관계[28], 도로 · 항만 · 철도 등 수송시설의 정비상태, 노동력 확보의 난이도, 동력자원 확보에 관한 비용, 용 · 배수에 관한 비용, 연관산업과의 위치관계, 수질오염 · 대기오염 등 공해발생 위험성 등이 있다.

그 밖에 해당 지역 공업지 이용에 관한 공법상 규제의 상태 등도 공업지와 관련된 지역적 요인이다.

라) 후보지[29] 및 이행지[30]의 지역적 요인

후보지 및 이행지의 지역분석은 전환 후 또는 이행 후의 예상되는 지역요인을 중시한다. 다만 성숙도가 낮은 경우(이행이 완만한 경우)에는 이행 전 또는 전환 전의 지역요인을 분석한다.

---

28) 완제품을 만드는 과정에서 원료의 무게나 부피가 감소하는 중량감소산업(시멘트공업)이나 운송 중 원료의 부패나 파손의 위험이 큰 산업(통조림공업)에서는 생산비 중 원료 운송비가 차지하는 비중이 크므로 원료산지에 가까이 입지할수록 총생산비가 감소한다(원료지향성 공업). 반면 완제품을 만드는 과정에서 무게나 부피가 증가하는 중량증가산업(음료 · 가구공업)이나 운송 중 제품의 변질이나 파손의 위험이 큰 산업(제과 · 제빙 · 유리공업)에서는 생산비 중 제품 운송비가 차지하는 비중이 크므로 시장에 가까이 입지할수록 총생산비가 감소한다(시장지향성 공업).

29) 후보지란 임지지역, 농지지역, 택지지역 등 대분류 상호 간 다른 종별 지역으로 전환(용도변경)되고 있는 지역에 속한 토지를 말한다.

30) 이행지란 예를 들어 농지지역 내 전지 · 답지 · 과수원 지역이나 택지지역 내 주택 · 상업 · 공업지역 등 대분류 내 소분류 지역 간 이동(용도변경)이 진행되고 있는 지역에 속한 토지를 말한다.

한편 공법상의 규제, 행정상의 조장 및 규제의 정도는 모든 용도지역 공통의 지역적 요인이다.

(3) 개별적 요인

대상 부동산의 가치에만 영향을 미치는 요인으로서 대상 부동산의 개별적 특성과 구체적 조건으로 구성된다. 개별적 요인은 대상 부동산의 개별적 · 구체적 가치(가격)에 영향을 준다. 부동산의 자연적 특성 중 개별성과 관련된 가치형성요인이고 개별성은 감정평가 시 개별분석 및 개별요인 비교의 이론적 근거가 된다.

감정평가 시 지역분석을 한 후에는 개별적 요인에 대한 개별분석을 통해 대상 부동산의 최유효이용과 구체적 가치(가격)를 판단해야 한다. 개별적 요인은 부동산의 종별과 유형에 따라 그 가치에 미치는 영향이 다르다. 예를 들어 일반적으로 토지의 개별적 요인으로 꼽히는 토지의 고저(높고 낮음)는 주거지인지 상업지인지 공업지인지에 따라 그 영향의 정도가 다를 것이다.

가) 주택지(주거용 부동산)의 개별적 요인

주거의 쾌적성, 생활의 편리성 등과 관련된 주택지 평가의 지역적 요인을 대상 부동산 개별적 관점에서 다시 바라보는 것으로 이해할 수 있다. 주택지 평가의 개별적 요인으로는 획지의 면적 · 형상 · 고저 · 일조 · 건습, 각획지 여부 기타 접면가로와의 관계, 접면가로의 계통 · 구조 등의 상태 및 그 위치관계, 인접부동산 등 주위 환경의 상태, 교통시설과의 거리, 공공시설 · 상점가 등과의 접근성의 정도, 상하수도 · 전기 · 가스 등 공급 · 처리시설의 상태 및 접근성, 위험시설 · 혐오시설과의 근접 여부 등이 있다.

나) 상업지(상업용 부동산)의 개별적 요인

매출액, 수익성 등과 관련된 상업지 평가의 지역적 요인을 대상 부동산 개별적 관점에서 다시 바라보는 것으로 이해할 수 있다. 상업지 평가의 개별적 요인으로는 획지의 면적 · 형상 · 고저[31], 각획지 여부 기타 접면가로와의 관계, 접면가로의 계통 · 구조 등의 상태 및 그 위치관계, 고객의 통행패턴 및 적합성, 번화가로부터의 거리와 접근성, 인접부동산 등 주위 환경의 상태(상점가가 잘 조성되었는지 여부 등) 등이 있다.

다) 공업지(공업용 부동산)의 개별적 요인

생산비용의 절약, 생산성 등과 관련된 공업지 평가의 지역적 요인을 대상 부동산 개별적

31) 상업지는 주택지와 달리 일조와 건습의 중요성은 떨어진다.

관점에서 다시 바라보는 것으로 이해할 수 있다. 공업지 평가의 개별적 요인으로는 획지의 면적 · 형상 · 고저, 지반의 상태, 항만 · 철도 · 간선도로 등 수송시설과의 접근성 및 그 위치관계, 용수 · 배수 등의 공급 · 처리시설의 상태 등이 있다.

라) 토지 평가 시 개별적 요인

일반적으로 토지를 평가할 때는 획지의 위치 · 면적 · 형상 · 고저 · 지세 · 지질 · 지반, 획지의 일조 · 건습 · 통풍, 획지의 접면 폭과 깊이, 각획지 여부 기타 접면가로와의 관계, 공공시설 · 상점가 등과의 접근성, 상하수도 · 전기 · 가스 등 공급 · 처리시설의 상태 및 접근성, 위험시설 · 혐오시설과의 근접 여부, 각종 공 · 사법상 규제 등을 개별적 요인으로 고려해야 한다.

마) 건물 평가 시 개별적 요인

일반적으로 건물을 평가할 때는 건물의 구조 · 재질 · 면적 · 높이, 설계 · 설비 등의 양부[32], 시공의 질과 양[33], 건물과 주위 환경의 적합성[34], 각종 공 · 사법상 규제 등을 개별적 요인으로 고려해야 한다.

바) 복합부동산(토지+건물) 평가 시 개별적 요인

일반적으로 복합부동산을 평가할 때는 부지 내 건물의 배치상태, 건물과 부지의 용도 · 면적 · 규모 등의 균형과 적응상태 등을 개별적 요인으로 고려해야 한다.

참고 | 지역분석과 개별분석[35]

1. 지역분석

① 어떤 지역을 구성하는 부동산들의 가치형성에 전반적인 영향을 미치는 요인을 분석하여 그 지역(인근지역) 내 부동산의 표준적 이용[36]과 전반적인 가치수준(가격수준)[37]을 판단하는 것이다.

② 부동산의 가치(가격)형성요인 중 지역적 요인을 분석하여 지역적 특성 및 장래 동향을 파악하고, 이러한 지역특성이 지역 내 부동산의 가격수준에 어떠한 영향을 미치는지를 분석한다.

③ 부동산은 다른 부동산과 함께 지역을 형성하고 지역 내 다른 부동산과 상호관계를 유지하면서

32) 이는 부동산의 효용 중 쾌적성과 관련이 있고, 원가법으로 건물을 평가할 때 재조달원가와 기능적 감가에 영향을 미친다.
33) 이는 원가법으로 건물을 평가할 때 재조달원가와 경제적 내용연수에 영향을 미치고 건물의 품등을 결정한다.
34) 이는 적합의 원칙과 관련되고 주위 환경에 부적합할 때는 경제적 감가요인이 된다.
35) 지역분석과 개별분석은 부동산 가치형성요인을 분석하는 것이다.
36) 표준적 이용이란 그 지역 내 부동산의 일반적 · 평균적 이용방법을 말하고, 이는 대상 부동산의 구체적인 최유효이용을 판정하기 위한 지침의 역할을 한다.
37) 가치수준(가격수준)이란 개별 부동산의 가격이 아닌 지역 내 부동산의 평균가격을 의미한다.

그 용도와 가치가 결정된다는 부동산의 지역성에 근거한다. 부동산이 속하는 지역의 가치형성요인은 항상 변화하므로 부동산의 가치도 끊임없이 변동한다.

④ 감정평가 시 지역분석을 통해 사례자료의 수집범위를 결정한다.

⑤ 지역분석은 대상지역에 대한 전체적 · 광역적 · 집합적 분석이고 지역적 · 거시적 분석이다.

⑥ 외부적 요인과 관련된 적합의 원칙, 외부성의 원칙 등에 따라 이에 어긋나면 경제적 감가가 이루어진다.

⑦ 지역분석은 토지의 자연적 특성 중 부동성, 지리적 위치의 고정성, 인접성과 관련이 있다.[38]

⑧ 지역분석은 표준지 공시지가와 관련이 있다. 지역분석을 통해 표준지를 선정한다.

2. 개별분석

① 지역분석에 의해 판단된 지역의 표준적 이용과 가격수준을 전제로 대상 부동산의 가치(가격)형성요인 중 개별적 요인과 개별특성을 분석하여 최유효이용을 판단하고 가격을 개별화 · 구체화하는 것이다.

② 지역분석에 의해 판단된 표준적 이용과 조화되는 최유효이용을 찾고, 지역의 전반적인 가격수준의 제약하에서 대상 부동산의 구체적 가격(가치)을 산정한다. 부동산 가치는 최유효이용을 전제로 파악되므로 가치평가 시 최유효이용을 찾는 개별분석이 반드시 필요하다.

③ 따라서 지역분석(선행)이 먼저 이루어지고 그 후에 개별분석(후행)이 이루어져야 한다.

④ 개별분석은 대상 부동산에 대한 부분적 · 국지적 · 구성분자로서의 분석이고 미시적 분석이다.

⑤ 내부적 요인과 관련된 균형의 원칙, 기여의 원칙 등에 따라 이에 어긋나면 기능적 감가가 이루어진다.

⑥ 개별분석은 토지의 자연적 특성 중 개별성, 인문적 특성 중 용도의 다양성과 관련이 있다.

⑦ 개별분석은 개별공시지가와 관련이 있다.

| 표 3-2 | 지역분석과 개별분석의 비교

지역분석	개별분석
• 선행	• 후행
• 인근지역 · 유사지역 · 동일수급권 분석	• 토지 · 건물 등 대상 부동산 분석
• 지역요인 및 지역특성 분석	• 개별요인 및 개별특성 분석
• 표준적 이용 및 가치 수준 파악	• 최유효이용 및 개별가치 산정
• 대상 지역에 대한 전체적 · 광역적 · 집합적 분석	• 대상 부동산에 대한 부분적 · 국지적 · 구성분자로서 분석
• 적합의 원칙(어긋나면 경제적 감가), 외부성의 원칙 → 외부적 요인	• 균형의 원칙(어긋나면 기능적 감가), 기여의 원칙 → 내부적 요인
• 부동성 · 인접성	• 개별성
• 지역적 · 거시적 분석	• 부분적 · 미시적 분석
• 표준지 공시지가와 관련	• 개별공시지가와 관련

38) 부동산은 지리적 위치가 고정되어 있으므로 지역의 주위 외부환경에 지배되고 지역은 대상 부동산의 가치형성에 전반적인 영향을 미친다. 따라서 지역의 가치형성요인이 변화하면 부동산의 가치도 변화한다. 지역요인은 끊임없이 변동하므로 지역분석 시 지역의 현재 상태와 장래 동향을 동태적으로 분석해야 한다.

참고 | 지역분석의 대상지역[39]

1. 인근지역(근린지역)

대상 부동산이 속한 용도적 지역(용도적으로 공통성을 갖는 지역)으로서 대상 부동산과 용도적 · 기능적 동질성이 있어 상호 대체 · 경쟁관계가 인정되는 부동산이 존재하는 지역이다. 대상 부동산의 가치형성에 직접적으로 영향을 미치며, 가치형성요인 중 지역요인을 공유하는 지역이므로 인근지역에서 수집된 거래사례는 대상 부동산과의 지역요인 비교가 필요 없다. 인근지역 내 부동산들은 동일한 가치수준을 갖는다.

인근지역은 그 특성을 형성하는 지역요인의 추이나 동향에 따라 끊임없이 변하므로 인근지역의 범위는 고정적 · 경직적이 아닌 유동적 · 가변적이다. 인근지역의 범위가 지나치게 넓으면 표준적 이용이나 가치수준의 판정이 어려워지는 반면, 지나치게 좁으면 사례자료 수집이 어려워진다.

도로 · 하천 등의 물리적 경계가 분명하지 않은 경우에는 표준적 이용을 중심으로 인근지역의 범위를 판단한다. 표준적 이용이란 그 지역에 가장 적합한 합리적인 이용방법을 의미하고, 이러한 표준적 이용이 동질적인 범위로 인근지역의 범위가 결정된다. 용도지역이나 행정구역이 인근지역의 범위 및 경계의 판단기준이 될 수는 있지만, 공법상 용도지역이나 행정구역의 경계가 반드시 인근지역의 그것과 일치하는 것은 아니다. 합리적 유사성이 있으면 2종 이상의 용도지역이 하나의 인근지역 범위 내에 혼재할 수 있다.

2. 유사지역

대상 부동산이 속하지 않은 지역으로서 인근지역과 지리적 위치는 다르나 용도적 · 기능적 특성이 유사하여 지역 간 상호 대체 · 경쟁관계가 인정되는 지역이다. 유사지역은 인근지역과 반드시 인접할 필요는 없지만 동일수급권 내에서 선정된다. 동일수급권이 다른 경우 즉 동일한 시장지역 내에 있지 않을 경우에는 서로 비교할 수 없기 때문이다.

거래사례비교법에서 인근지역 내에 거래사례가 없을 때에는 유사지역 내 거래사례를 활용할 수 있고, 이때에는 지역요인 간 비교가 필요하다. 인근지역과 동일수급권 내 유사지역의 지역요인을 비교 · 분석함으로써 인근지역의 상대적 위치(지역 간 격차)와 지역특성을 명확화할 수 있다.[40]

3. 동일수급권

대상 부동산과 용도적 측면에서 대체 · 경쟁관계가 성립하고 가치형성에 서로 영향을 미치는 관계에

---

39) 지역분석의 대상지역을 분류할 때는 동일한 용도의 부동산이 모여 있는 용도적 지역 관점이 중요하다. 지역분석을 위해서는 먼저 용도를 기준으로 대상 부동산이 어떠한 지역에 속하는지를 판단하고 인근지역, 유사지역, 동일수급권 등의 지역을 획정해야 한다.

40) 예를 들어 건대상권의 토지나 건물을 분석할 때 건대상권은 인근지역, 홍대상권은 유사지역이 될 수 있다. 건대상권과 홍대상권은 광역적인 배후지를 가진 대학가 상권이라는 점에서 동일수급권에 속한다. 따라서 건대상권과 홍대상권의 지역요인을 비교 · 분석함으로써 건대상권의 상대적 위치와 지역특성을 명확하게 알 수 있다.

있는 다른 부동산이 존재하는 권역을 말하며, 인근지역과 유사지역을 포함한다. 부동산 시장권역이라고도 부른다.

동일수급권은 거래사례비교법에서 거래사례 수집의 최원방권이다. 가치결정의 정확도를 높이기 위해서는 인근지역에 거래사례가 있더라도 동일수급권 내 유사지역의 거래사례도 함께 수집하여 이를 비교 · 분석하는 것이 필요하다.

주거지의 동일수급권은 통상 도심에서 통근 가능한 지역[41]의 범위와 일치한다. 다만 고급주택지와 같이 지역적 선호성에 의해 동일수급권의 지역적 범위가 협소해지는 경우도 있다.

상업지의 동일수급권은 동일한 상권을 보유한 부동산의 존재범위, 즉 동일한 배후지를 배경으로 일정한 상업수익을 올리는 상업지가 성립되는 지역이다. 백화점과 같은 고도상업지역(중심상업지)은 광역적인 배후지를 배경으로 성립하므로 동일수급권이 비교적 크고, 동네슈퍼와 같은 보통상업지역(일반상업지)은 그보다 좁은 배후지를 배경으로 성립하므로 동일수급권이 비교적 작다.

공업지의 동일수급권은 제품생산과 판매비용의 경제성 또는 생산활동의 능률성이 같은(대체 가능한) 공업지가 존재하는 지역이다. 원재료가 무겁고 이를 가공했을 때 중량이 낮아지는 제품을 생산하는 경우는 자원지입지형(원료지향형)이고, 그 반대의 경우에는 소비지입지형(시장지향형)이다. 공업지의 동일수급권을 정할 때는 도로 · 철도 · 항만 등의 수송수단도 함께 고려되어야 하며, 대규모 공장의 경우에는 전국을 동일수급권으로 하는 경향이 있다.

후보지(예정지)와 이행지의 동일수급권은 원칙적으로 전환 후 또는 이행 후 예상되는 토지 종별의 동일수급권과 일치하지만, 아직 전환이나 이행이 완만하거나 성숙도가 낮은 경우에는 전환 전 또는 이행 전의 토지 종별의 동일수급권과 일치하는 경향이 있다.

5 부동산 가치의 제 원칙과 최유효이용의 원칙

부동산 가치의 제 원칙이란 부동산 가치가 어떻게 형성되고 유지되는지에 관한 법칙성을 추출하여 부동산 가치평가 활동의 지침으로 삼기 위한 행위기준들을 말한다. 가치형성요인의 변화에 따라 부동산 가치가 어떻게 변화하는지를 설명하는 가치형성의 원칙이다.

부동산 가치의 제 원칙들은 최유효이용의 원칙을 최상위 원칙으로 하여 하나의 체계를 형성한다(최유효이용의 규준성). 또한 이 원칙들은 최유효이용의 원칙을 중심으로 하여 상호 직 · 간접적인 영향을 주고받는다(상호 유기적 관련성).

41) 1기 신도시인 분당과 일산은 건설 당시 서울 도심을 기준으로 한 통근이라는 측면에서 동일수급권에 속한다고 볼 수 있었지만, 요즘 선호되는 강남과의 통근 가능성 측면에서는 동일수급권이라 보기 어렵다.

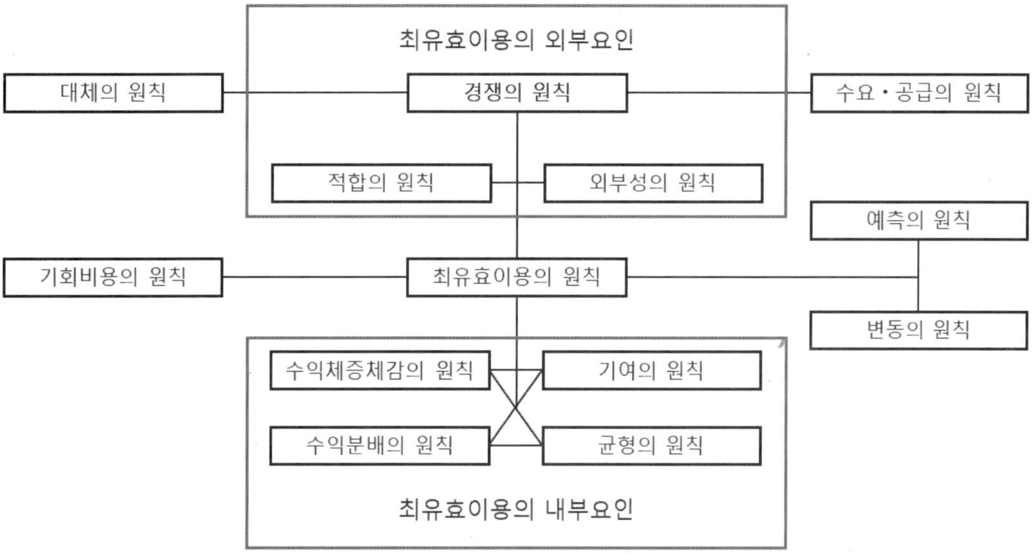

〈그림 3-1〉 부동산 가치 제 원칙 체계도

부동산 가치의 제 원칙들은 공간적 가치원칙, 시간적 가치원칙, 그리고 시공간적 가치원칙으로 분류할 수 있는데, 공간적 가치원칙 중 대내적 요인과 관련되어 균형 · 기여 · 수익체증체감 · 수익분배의 원칙이 있고, 대외적 요인과 관련되어 적합 · 외부성 · 경쟁의 원칙이 있다. 시간적 가치원칙으로는 변동 · 예측의 원칙이 있고, 시공간적 가치원칙으로는 대체 · 수요공급 · 기회비용의 원칙이 있다. 그리고 이 모든 원칙들의 중심에 최유효이용의 원칙이 있다.

1) 수요 · 공급의 원칙

일반재화와 마찬가지로 부동산의 가치도 수요 · 공급의 상호관계에 의해 결정되며 결정된 가치는 다시 수요 · 공급에 영향을 미치는데, 이를 가격의 이중성 또는 피드백(Feedback)의 원리라고 한다. 다만 일반재화와 달리 토지의 경우 물리적 관점에서는 부증성, 개별성(대체불가능성) 등의 자연적 특성으로 인해 이 원칙이 적용되는 데 제약이 있다. 그러나 토지의 경우에도 택지를 개발하거나 주택을 신축하는 등 경제적 · 용도적 관점에서는 공급의 증가가 가능하고, 효용 측면에서는 대체가 가능하므로 수요 · 공급의 원칙이 적용된다.

2) 변동의 원칙

부동산의 가치를 형성하는 여러 가지 요인(수요 · 공급 결정요인)이 변동함에 따라 부동산의 가치도 변동한다는 원칙이다. 지역분석 · 개별분석 시 가치형성요인에 대한 동태적 분석의 필요성, 평가 시 기준시점 확정의 필요성, 시점수정의 이론적 근거 등을 제시하는 원칙이다.[42] 부동산 가치평가 시 장기적인 배려 하에 가변성에 유의하여 과거의 추이, 현재 및 장래의 동향까지 정확하게 파악할 필요가 있다. 부동산의 지역성, 개별성, 영속성(내구성), 용도의 다양성, 사회적 · 경제적 · 행정적 위치의 가변성 등이 이 원칙의 성립근거가 된다.

3) 예측의 원칙

부동산의 가치는 과거나 현재가 아닌 미래의 이용상태에 대한 예측을 근거로 결정된다는 원칙이다. 앞으로 부동산에 존재할 효용과 장래의 비용 등을 예측하여 그 부동산 가치의 수준이 결정된다. 현재의 사용이나 소득만으로 가치를 판단해서는 안 되고 앞으로 어떠한 편익을 가져올 것인지를 충분히 고려해야 한다. 부동산은 영속성과 사회적 · 경제적 · 행정적 위치의 가변성 등이 있기 때문에 부동산 가치는 끊임없이 변화하는 과정을 거치게 되고, 가치평가 시 장래에 대한 동태적 예측이 필수적이다. 가치평가 방식 중 수익환원법에서 순수익 산정의 판단기준이 되는 원칙이다.[43] 이때 순수익은 일시적인 것이 아닌 대상 부동산이 장래에도 계속 산출할 것으로 기대되는 것이어야 하기 때문이다.

4) 대체의 원칙

부동산의 가치는 대체재의 가치와 상호 관련되어 있다는 원칙이다. 부동산은 개별성에 따르면 대체성이 없지만 용도적 관점이나 효용 측면에서는 대체성이 인정된다.[44] 예를 들어 대체재 가격이 오르면 대체재의 수요량은 줄어드는 반면 대상재화의 수요는 증가하므로 결과적으로 대상재화의 가격도 상승한다. 부동산 시장에서는 아파트와 단독주택 · 빌라 등의 관계가 대체재 관계에 해당한다. 가치평가 3방식(특히 간접법) 성립의 이론적 근거[45]가 되는 원칙이다. 안전

---

42) 그 밖에 변동의 원칙은 가치평가 3방식의 적용에 있어서도 지켜져야 한다. 거래사례를 수집할 때에는 시점수정의 가능성을 고려하여 가능한 최근의 사례를 선택해야 하고, 원가방식에서는 시간경과에 따른 감가수정을 해야 하며, 수익방식에서는 순수익과 환원이율 산정 시 경제상황이나 금융시장의 변화에 유의해야 한다.

43) 그 밖에 원가방식에서 감가수정 시 경제적 잔존내용연수의 예측, 비교방식에서 지역요인 · 개별요인 비교 시 장래 동향의 예측, 수익방식에서 금융시장의 이자율 · 수익률 등 변화를 토대로 한 환원이율의 예측 등에 활용된다.

44) 대상 부동산과 대체 가능한 부동산이 존재하는 지리적 범위를 동일수급권이라 하고 그 범위에서 지역적으로 대체성이 인정된다. 지역분석 시 대체 · 경쟁의 범위를 파악함으로써 지역분석 대상지역의 설정과 경계를 명확화할 수 있고, 개별분석 시 대체 가능한 용도 중 용도의 경쟁에 의해 최유효이용의 용도가 결정된다.

45) 원가방식에서 재조달원가 산정 시 대체성 있는 다른 부동산의 원가사례가 기준이 되고, 감가수정 시 기능적 · 경제적 감가요인이나 내용연수를 조정할 때에도 대체부동산과 비교해야 한다. 비교방식에서 사례를 선택하거나 요인비교를 할 때 대체성을 고려해야

성 · 수익성 · 환금성 등을 고려한 투자의 측면에서 부동산은 다른 일반 투자자산과 비교 · 대체되는 과정을 거쳐 그 가치가 형성된다.

5) 경쟁의 원칙

부동산의 가치는 초과이윤을 내기 위한 부동산 상호 간 또는 다른 재화와의 대체 · 경쟁관계에 의해 결정된다는 원칙이다. 부동산을 이용함으로써 초과이윤을 얻기 위한 시장참여자들의 경쟁관계에 의해 부동산의 가치가 형성된다는 원칙이다. 용도의 다양성으로 인해 경쟁이 인정되며, 부동산은 부증성과 지리적 위치의 고정성으로 인해 주로 공급자경쟁보다는 수요자경쟁이 발생한다. 부동산은 지역성으로 인해 경쟁의 범위가 대체 가능한 지리적 범위(동일수급권)로 축소되는 경향이 있다. 수익방식에서 순수익을 산정할 때 초과이윤은 경쟁에 의해 결국 소멸될 것임을 고려해야 한다.

6) 기여의 원칙

부동산의 가치는 각 구성부분(구성요소)이 전체 부동산의 가치에 기여한 정도를 전부 합한 것이고, 각 구성부분의 가치는 전체 부동산의 가치에 기여한 정도에 의해 결정된다는 원칙이다. 구성부분의 기여에 따라 전체 가치가 결정되며, 각 구성부분 가치의 단순 합산(=투입비용의 합)과 전체 가치(=기여가치의 합)는 차이가 있다. 즉 부동산의 가치는 그 구성요소 가격(비용)의 단순 합산이 아니다. 예를 들어 1억원 토지 위에 1억원을 들여 건물을 지어도 복합부동산(토지+건물) 전체 가치가 반드시 2억원이 되는 것은 아니다. 내부 구성요소의 기여도에 따라 건부증가나 건부감가가 가능하기 때문이다. 이 원칙은 건물 증축 시 추가투자의 적정성 판단, 부적정한 규모나 부정형의 획지에 인접한 다른 토지를 구입하여 합필함으로써 전체 가치를 상승시키는 경우 한정가격과 기여도 판정, 그리고 배분법의 이론적 근거가 된다.

7) 수익체증 · 체감의 원칙[46)]

부동산에 계속적인 투자가 행해질 경우 단위 투자당 순수익은 처음에는 증가하다가 일정한 시점을 지나서부터는 감소하게 된다는 원칙이다. 예를 들어 건물 신축 시 층수를 1층씩 더

한다. 수익방식에서 순수익을 구할 때 간접법은 대체성 있는 수익사례를 전제로 하고 직접법도 항상 대체 가능한 부동산의 순수익과 비교해야 하며, 환원이율 결정 시 시장추출법 · 요소구성법 등은 대체성을 전제로 한다.

46) 경제학의 한계효용 체증 · 체감의 법칙에 근거한다.

올릴 때마다 처음에는 단위 투자당 순수익이 체증하다가 어느 순간부터는 순수익이 체감하게 되는데, '한계수입=한계비용(한계순수익 = 0)'일 때 순수익의 한계점(이윤극대화점)에 도달한다.[47] 부동산의 가치가 최고일 때를 최유효이용 상태라고 판단하므로 이 원칙은 추가투자의 한계점을 제시함으로써 최유효이용의 판단기준이 된다.

8) 수익배분의 원칙

토지, 자본, 노동 및 경영의 결합에 의해 발생하는 총수익 중 자본, 노동 및 경영에 분배되고 남은 잔여수익이 토지에 배분된다는 원칙이다. 잔여수익의 크기에 따라 부동산의 가치가 결정된다. 자본, 노동, 경영은 가변요소(유동성)이지만 토지(부동산)는 고정요소(부동성)이므로 부동성이 있는 토지에 수익이 최종적으로 배분된다는 논리이다. 이 원칙은 최유효이용의 원칙[48]과 수익분석법, 토지잔여법, 건물잔여법의 이론적 근거가 된다. 특히 기업용 부동산의 가치를 평가할 때 중요하게 고려되어야 한다.

9) 기회비용의 원칙

부동산의 가치는 그 부동산의 기회비용을 고려하여 평가해야 한다는 원칙이다.

10) 외부성의 원칙

부동산의 가치는 그 부동산의 내부적 특성뿐만 아니라 주변의 외부적 요인에 의해서도 영향을 받는다는 원칙이다. 외부성의 원칙은 외부경제/외부불경제 개념과 관련이 있고 지역분석의 필요성, 경제적 감가의 이론적 근거가 된다.

11) 균형의 원칙

부동산의 유용성이 최고도로 발휘되어 최유효이용으로 판정되기 위해서는 대상 부동산의 내부 구성요소가 균형을 이루고 있어야 한다는 원칙이다. 비례의 원칙이라고도 하며 기여의 원칙과 함께 내부적 원칙에 해당하고 개별분석의 이론적 근거가 된다.

---

47) 따라서 무작정 층수를 높이는 것은 합리적이지 않고 순수익의 한계점(이윤극대화점)에서의 적정 층수를 최유효이용 상태로 판단한다(최유효이용의 층수 판정). 즉 수익체증 · 체감의 원칙은 추가투자의 적정성 판정기준이 된다.

48) 토지(부동산)에 대한 배분이 최대로 실현될 때 최유효이용의 상태가 된다.

균형의 원칙과 기여의 원칙에 어긋나면 기능적 감가가 발생하는데, 대표적인 예가 복합부동산의 경우 토지와 그 지상건물이 균형[49]을 이루지 못할 때 발생하는 건부감가[50]이다.

12) 적합의 원칙

부동산의 유용성이 최고도로 발휘되어 최유효이용으로 판정되기 위해서는 대상 부동산이 그 외부 환경에 적합해야 한다는 원칙이다. 부동산의 부동성 및 지역성을 근거로 한다. 외부성의 원칙과 함께 외부 환경과의 관계에 따른 외부적 원칙에 해당하고 지역분석의 이론적 근거가 된다. 지역분석에서 인근지역의 표준적 이용과의 적합성 판단의 기준이 된다.

적합의 원칙과 외부성의 원칙에 어긋나면 경제적 감가가 발생한다.

적합의 원칙은 대상 부동산이 주체가 되어 외부 환경과의 능동적인 조화에 중점을 두는 것이라면, 외부성의 원칙은 외부적 환경요인이 주체가 되어 대상 부동산이 받게 되는 수동적인 영향에 중점을 둔다는 점에서 차이가 있다.

13) 최유효이용의 원칙

최유효이용이란 객관적으로 보아 양식과 통상의 이용능력을 보유하는 사람[51]의 합리적 · 합법적인 최고최선의 이용(최고의 가치를 창출하는 이용)을 의미한다. 부동산 가치의 전제(평가기준)가 되는 원칙[52]으로서 최고최선의 이용(The Highest and Best Use)이라고도 한다. 용도의 다양성과 개별성[53]을 근거로 성립한다.

최유효이용의 판단기준으로는 ① 합리적으로 실현가능한 이용일 것, ② 합법적인 이용일 것, ③ 물리적 · 기술적 채택가능성이 있을 것, ④ 최대수익의 실현가능성이 있을 것 등이 있다.

원가방식에서 재조달원가는 최유효이용 상태를 기준으로 산정하고, 감가수정은 이러한 최유효이용 상태를 기준으로 얼마나 감가되었는지를 나타내는 것이다. 비교방식에서는 특히 개별요인 비교 · 분석 시 최유효이용의 원칙에 따라 판단해야 한다. 수익방식에서 순수익은 최유효이용

---

49) 건물과 그 부지의 배치 및 크기 등의 관계에서 균형이 있어야 한다. 균형 여부의 판단은 건물의 용도에 따라 다르다.

50) 반면 건폐율 · 용적률 규제가 강화되기 전에 지어진 건물이 있는 경우나 신축 금지되는 그린벨트 지역에 예전부터 지어놓은 건물이 있는 경우 등에는 그 부지에 건부증가가 발생한다.

51) 특정인에 의한 특별한 이용은 제외

52) 부동산의 가치는 최유효이용을 전제로 평가되어야 한다. 다른 가치의 제 원칙들은 모두 일반 재화에도 적용되는 일반원칙이지만, 최유효이용의 원칙은 부동산 특유의 원칙에 해당한다.

53) 개별성은 주변의 일반적 용도와 다름에도 최유효이용으로 인정될 수 있는 근거가 된다. 그리고 부동산은 부증성으로 인해 상대적으로 공급이 희소하고 사회성 · 공공성이 있으므로 최유효이용을 해야 할 규범적 필요성이 있다.

을 전제로 한 표준적인 수익이어야 한다.

인근지역에 속하는 개개의 부동산의 최유효이용을 집약평균한 이용방법이 표준적 이용이므로 최유효이용은 그 지역적 특성의 제약하에서 표준적 이용을 지표로 하여 결정된다.

최유효이용을 판단할 때에는 어떤 이용방법이 최유효이용에 해당하는지, 최유효이용으로 전환이 가능한지, 전환할 때 소요되는 비용은 얼마인지, 최유효이용의 장래 계속기간은 얼마나 되는지 등을 판단하는 것이 중요하다.

예를 들어 나대지에 건물을 지어 이용할 것인지, 주차장으로 이용할 것인지, 건물을 짓는다면 어떤 용도로 몇 층까지 지을 것인지 등은 아래의 (1)~(4)를 종합 고려하여 결정한다.

(1) 합리적으로 실현가능한 이용일 것

부동산의 최유효이용으로 인정받으려면 그 이용이 합리적으로 실현가능해야 하고, 투기 목적의 비합리적 이용이나 먼 장래의 불확실한 이용은 이에 해당하지 않는다.

부동산 내부적으로 구성요소 간 균형이 맞고 외부적으로 주위환경에 적합해야 최유효이용이 된다. 즉 균형의 원칙과 적합의 원칙에 부합해야 최유효이용이 될 수 있다.

(2) 합법적인 이용일 것

부동산의 최유효이용으로 인정받으려면 각종 공 · 사법적 제한 특히 용도지역 · 지구제, 건축법상의 규제, 환경보호 규제 등에 적합한 이용이어야 한다.

(3) 물리적 · 기술적 채택가능성이 있을 것

토양의 하중지지력, 부지의 모양 등을 중요하게 고려해야 한다.

(4) 최대수익의 실현가능성이 있을 것(경제적 타당성[54])

부동산의 최유효이용으로 인정받으려면 합리적, 합법적, 물리적으로 채택가능한 여러 가지 대안적 용도 중에서 그 이용이 최대수익을 올릴 수 있다는 것이 객관적 · 경험적 시장자료(표준적 이용)에 의해 입증될 수 있는 이용이어야 한다.

---

54) 경제적으로 타당성이 있다는 것은 순현재가치가 (+)라는 것을 의미하고, 경제적 타당성 여부를 판단하기 위해 흡수율 분석 등을 활용한다. 흡수율 분석은 일정 기간 특정 지역에 공급된 부동산이 얼마만큼의 비율로 매도(흡수)되었는지를 분석하여 특정 지역의 특정 부동산에 대한 수요 · 공급의 추이를 확인하고 향후 부동산 거래의 가능성을 예측하는 작업이다.

제2절 부동산 가치평가 3방식

1 부동산 가치평가 3방식 비교

| 표 3-3 | 부동산 가치평가의 3방식 6방법

비용성[55]	공급가격	원가방식 (비용접근법)	원가법 → 적산가격
			적산법 → 적산임료
시장성[56]	수요-공급가격 (균형가격, 시장가격)	비교방식 (시장접근법)	거래사례비교법 → 비준가격
			임대사례비교법 → 비준임료
수익성[57]	수요가격	수익방식 (소득접근법)	수익환원법 → 수익가격
			수익분석법 → 수익임료

1) 원가방식

공급자라면 생산에 소요된 원가 이하로는 팔지 않을 것이라는 점을 고려하여 가치를 평가하는 방식이다.

① 원가법: 적산가격 = 재조달원가 - 감가수정액

② 적산법: 적산임료 = (기초가격×기대이율) + 필요제경비

2) 비교방식

부동산의 가치는 시장에서 대체 · 경쟁 가능한 다른 부동산의 가치와 유사할 것이라는 점을 고려하여 가치를 평가하는 방식이다.

① 거래사례비교법: 비준가격 = 사례가격×사정보정×시점수정×지역요인×개별요인×기타요인

② 임대사례비교법: 비준임료 = 사례임료×사정보정×시점수정×지역요인×개별요인×기타요인

55) 부동산 가치평가 시 공급자 측면에서 어느 정도 비용이 투입되었는지를 중시해야 한다는 견해
56) 부동산 가치평가 시 수요자+공급자 측면에서 어느 정도 가격으로 시장에서 거래되었는지를 중시해야 한다는 견해
57) 부동산 가치평가 시 수요자 측면에서 어느 정도 수익을 얻을 수 있는지를 중시해야 한다는 견해

3) 수익방식

수요자는 그 부동산에서 산출 가능한 수익에 합당한 가격 이상으로는 사려고 하지 않을 것이라는 점을 고려하여 가치를 평가하는 방식이다.

① 수익환원법: 수익가격 = 순수익/환원이율

② 수익분석법: 수익임료 = 순수익+필요제경비

| 표 3-4 | 부동산 가치평가 3방식의 비교

	원가방식	비교방식	수익방식
장점	① 건물, 구축물, 기계장치, 선박 등 재생산이 가능한 상각자산에 적용 가능 → 거래사례나 수익성이 없더라도 적용 가능 ② 평가주체의 주관 개입 여지가 적고, 시산가액 편차도 적음 ③ 시장성 없는 물건(특수목적 부동산) 평가에 유용[58] ④ 신축건물 평가[59] ⑤ 조성지 · 매립지 평가 ⑥ 회사합병 시 재평가, 고정자산의 재평가, 기업회계처리에 관한 경우	① 현실적인 시장성을 반영하므로 실증적 · 객관적 ② 거래사례 있는 모든 부동산에 적용 가능 → 특히 아파트 등 거래가 빈번한 부동산에 유용 ③ 재생산이 불가능 물건(토지) 평가에 유용 ④ 원가X 수익X 거래사례만 있는 토지에 유용[60] ⑤ 산식이 간편 ⑥ 추계의 주관성 배제 가능	① 이론적 · 과학적 ② 수익이 발생하는 모든 부동산에 적용 가능 ③ 임대용, 상 · 공업용 부동산 등 수익형 부동산의 평가에 유용 ④ 감정평가 주체의 주관개입 여지가 적음
단점	① 재조달원가 파악 어려움[61] ② 재생산 불가능 물건(토지) 평가 곤란[62] ③ 감가수정 어렵고, 주관성 개입 ④ 시장성, 수익성 반영 어려움[63] ⑤ 공급자 가격의 성격 → 실제 가격보다 높게 형성되는 경향	① 거래사례가 없거나 충분치 않으면 적용 불가능[64] ② 사정보정, 시점수정, 가치형성요인의 비교 등에서 감정평가 주체의 주관 개입 ③ 부동산경기 급변 시 신뢰성 저하[65] ④ 왜곡된 가격 · 조건 · 거래동기 등 사정보정 어려움[66]	① 수익이 없는 부동산[67] 적용 불가능 ② 불안정한 시장에서 순수익, 환원이율 파악 어려움 ③ 예측의 오류 가능성 존재 ④ 임료의 지행성으로 인해 수익의 차이가 없는 신축건물과 오래된 건물의 가치 차이가 반영되지 않음[68] ⑤ 최유효이용이 아니거나 비수익성 부동산이 포함될 경우 과소평가될 우려
적용	① 건물, 구축물 등 상각자산 ② 건설기계, 선박, 항공기 ③ 조성지, 매립지 등	① 토지 ② 과수원, 염전 ③ 아파트, 상가 ④ 자동차 ⑤ 동산	① 상업용 부동산 ② 어업권, 광업재단, 영업권, 무형고정자산 등

58) 공공 · 공익용 부동산이나 교회, 사찰, 학교 등은 매매사례가 빈번하지 않아 거래사례 포착이 어렵고 수익을 창출하지 않으므로 시장접근법이나 소득접근법 적용이 부적합하므로 비용접근법이 특수목적 부동산 평가에 효과적이다.

4) 시산가액의 조정

완전경쟁시장에서는 3면 등가성의 원리에 따라 3방식 중 어떤 방식으로 가치를 구하든 그 값이 일치해야 하지만 불완전한 부동산 시장에서는 현실적인 제약으로 인해 일치하기 어려우므로,[69] 부동산 가치평가를 할 때는 일단 3방식을 각각 적용하여 시산가액을 산정하고 이에 대한 합리성을 검토하고 조정하여 최종적인 가치평가액을 결정해야 한다.

이때 가치평가의 목적, 대상 부동산의 특성, 수집자료의 신뢰성, 시장상황 등을 종합적으로 고려해서 각 시산가액에 적절한 가중치를 부여하여 최종 가치평가액을 결정한다. 예를 들어 건물은 원가방식, 거래가 자주 일어나는 도시 토지는 비교방식, 상업용 부동산은 수익방식 등 대상 부동산 각각의 특성에 적합한 평가방식에 가중치를 크게 부여하여 시산가액을 조정한다.

2 원가법(비용접근법)

1) 의의 및 성립근거

원가법은 기준시점에서 대상 부동산을 재생산 또는 재취득하는 데 소요되는 재조달원가에 감가수정을 하여 대상 부동산의 가치를 산정하는 방법이다. 사려 깊은 매수인이라면 대상 부동산과 동일한 효용과 기능을 제공하는 대체부동산의 생산비보다도 더 높은 가격을 대상 부동산에 지불하지는 않을 것이라는 점을 근거로 한다(대체의 원칙).

기존 물건을 살 것인가, 새로운 물건을 만들 것인가를 선택할 때 두 물건의 유용성이 같으면

59) 경과연수가 짧은 신축건물일수록 감가상각의 정도가 적어 오차가 적고 최근 건축비 등 자료를 쉽게 수집할 수 있으나, 오래된 건물은 재조달원가나 감가수정액 산정에 애로가 크다.

60) 오래되고 감가의 정도가 심한 건물(원가방식 적용 곤란)이나 수익을 거의 창출하지 않는 단독주택, 지방토지(수익방식 적용 곤란)에도 비교방식은 적용 가능하다.

61) 오늘날 건축기술이 진보하고, 새로운 공법이 속출하며, 건축자재 및 양식도 다양하기 때문이다. 이에 따라 재조달원가 추계 시 사용하는 표준비용의 추계가 어렵다.

62) 예외로 조성지, 매립지, 개간지, 간척지 등 개발된 부지는 기존 거래사례가 없고 아직 수익발생도 없으므로 원가법이 가장 적합한 평가방식이 된다. 이러한 개발된 부지의 '재조달원가 = 건설비+부대비용+소지가격'이고 토지의 특성상 감가수정은 없다.

63) 산간벽지의 수요성이 없는 건물과 도심지의 건물이 동일한 가격으로 산정되고 현실적인 매매가능성을 간과할 우려가 있다.

64) 사찰, 교회, 학교, 공공청사 등의 평가에 비교방식을 적용하기 어렵다.

65) 부동산 경기의 호 · 불황이 극심한 경우에는 거래사례의 신뢰성↓ → ∴비교방식은 시장이 비교적 안정적일 때만 유용하다.

66) 매매가격의 왜곡, 비정상적인 매매조건과 금융조건, 비정상적인 거래당사자의 동기 등 대표성이 없는 매매사례를 사용할 경우 시장가격이 왜곡되며 이러한 사례는 잘못된 시장가치를 추계하게 한다.

67) 교육용 · 주거용 · 공공용 부동산이나 지방토지 등 수익이 발생하지 않거나 수익의 의미가 크지 않은 부동산에 수익방식 적용이 곤란하다.

68) 이러한 경우에는 환원이율 조정 필요 → 오래된 건물일수록 환원이율↑(risk 반영)

69) 부동산 시장에서는 일반적으로 적산가격(공급자 가격) 〉 비준가격(시장가격) 〉 수익가격(수요자 가격) 순으로 나타난다.

가격이 싼 쪽을 선택한다. 따라서 부동산(특히 건물) 가치는 그와 동일한 유용성을 갖는 부동산을 신규로 만드는 가격(재조달원가)을 상한가격[70]으로 하여 여기에 감가수정을 한 것이다.

재화의 생산에 투입된 생산요소의 비용(생산비)에 의해 그 재화의 가치가 결정된다는 생산비가치설을 근거로 한다. 원가법에 의해 구해진 시산가액을 적산가격(=재조달원가-감가누계액)이라 한다.

2) 재조달원가

재조달원가는 현존하는 부동산 또는 동일한 효용의 부동산을 기준시점[71] 현재 신축 및 조성 취득할 것을 상정하여 그에 소요되는 적정 비용(원가)의 총액이다. 재조달원가는 재생산원가(복제원가, 복조원가, 재생산비용)와 대체원가(대치원가, 대체비용)로 구분된다.

재생산원가[72]는 대상 부동산과 동일한 모양 · 구조 등을 가진 복제품(물리적 동일물)을 기준시점 현재 신축하는 데 소요되는 비용이다. 대체원가[73]는 대상 부동산과 대체 가능한 동일한 효용 및 기능을 가진 부동산을 현재의 원자재 · 기준 · 배치계획 · 디자인 등에 따라 기준시점 현재 신축하는 데 소요되는 비용이다. 재조달원가를 대체원가로 산정한 경우에는 기능적 감가가 불필요하다.

(1) 재조달원가의 구성요소

건물의 경우 표준적인 건설비로서 건축에 사용되는 노동과 원자재에 대한 직접비용, 그 이외 항목에 대한 간접비용, 그리고 수급인의 적정이윤[74] 등이 있고, 그 밖에 건설기간 중 소요자금의 이자, 제세공과금, 설계감리비 등의 부대비용을 더하여 재조달원가를 산정한다.

토지의 경우 표준적인 취득가격(소지가격)[75]과 토지의 조성 · 매립비에 통상의 부대비용을 더하여 재조달원가를 산정한다. 토지는 재생산이 되지 않기 때문에 원칙적으로 원가법 적용이 곤란하지만 조성지, 매립지 등은 원가법 적용이 가능하다.

70) 용도의 다양성으로 인해 부동산은 용도적 측면에서 대체성이 인정되므로 신규 대체부동산의 재조달원가가 대상 부동산 가치의 상한선이 된다.
71) 가격의 기준시점은 평가시점이나 과거 건물의 신축시점과는 다르다. 재조달원가는 항상 기준시점을 기준으로 하여 산정한다.
72) 신축건물 평가 시에는 주로 재생산원가를 사용한다.
73) 오래된 주택이나 공장, 불타버린 남대문 등 오래된 문화재의 경우 물리적 복제가 불가능하므로 대체원가를 사용할 수밖에 없다.
74) 설령 건물주가 자가 건설한 경우라도 적정이윤은 기회비용의 개념으로 재조달원가에 포함시켜야 한다.
75) 이는 거래사례비교법이나 수익환원법으로 구한다.

(2) 재조달원가의 산정방법

재조달원가를 산정하는 방법은 크게 대상 부동산의 자료를 근거로 직접적으로 구하는 직접법과 유사 부동산의 건축사례를 활용하여 간접적으로 구하는 간접법으로 구분된다. 직접법은 대상 부동산을 처음 만들 때 얼마가 들었는지를 기준으로 하여 이러한 과거의 비용을 현재가치화해서 재조달원가를 구하는 방법이다.

직접법과 간접법을 기반으로 하여 그 구체적인 산정방법으로는 아래와 같은 것들이 있다.

가) 총량조사법(총가격적산법)

자재비, 노무비, 부대비용 등 대상 부동산에 대한 모든 원가항목을 세목별로 조사하여 합계하는 방법이다.

나) 구성단위법(부분별 단가적용법)

지붕, 벽, 바닥, 기둥 등 각 구성부분별 측정단위에 표준단가를 곱하여 합계하는 방법이다.

다) 단위비교법(비교법)

구성부분별로 나누지 않고 전체 측정단위에 표준단가를 곱하여 합계하는 방법이다. 평방미터나 입방미터와 같은 총량적 단위를 기준으로 하여 비용을 산정하며, 평당 건축비가 얼마이고 건축면적이 몇 평이니 총비용은 얼마가 된다는 식이다.

유사부동산의 ㎡당 표준적인 건설비 항목을 분석하고 이를 보정 및 시점수정하여 재조달원가를 구한다. 예를 들어 300㎡ 건물의 ㎡당 건설비(표준단가)가 100만원이라면 재조달원가는 3억원이다.

라) 비용지수법

대상 부동산의 완공 당시 최초 건축비용을 알 수 있을 때 이에 $\frac{\text{기준시점 건축비지수}}{\text{완공시점 건축비지수}}$를 곱하여 구하는 방법이다.

마) 변동률 적용법

대상 부동산의 완공 당시 최초 건축비용을 알 수 있을 때 이에 $(1+\text{매년 건축비 변동률})^n$을 곱하여 구하는 방법이다. 예를 들어 2년 전 1억원에 건설한 건물의 경우 건설비가 매년 10%씩 증가했다면 '기준시점 현재 재조달원가 = 1억원 × $(1 + 0.1)^2$ = 1.21억원'이다.

비용지수법과 변동률 적용법은 총량조사법, 구성단위법, 단위비교법 등에서 시점수정이 필요

| 표 3-5 | 감가수정과 감가상각의 비교

감가수정[78]	감가상각[79]
① 재조달원가 기초 ② 경제적 내용연수 기초하되 장래 보존연수 중점 ③ 관찰감가법 인정 ④ 현존물건 대상(멸실 시 감가수정 안 함) ⑤ 물리적 · 기능적 · 경제적 감가요인 반영 ⑥ 시장성 고려 ⑦ 물리적 · 기능적 · 경제적 요인을 다 반영하므로 실제 감가와 일치 ⑧ 비상각자산(토지)에도 적용 가능 → 토지도 경제적 감가는 가능	① 장부(취득)가격 기초 ② 법정 내용연수 기초하되 경과연수 중점 ③ 관찰감가법 불인정 ④ 자산으로 계상되면 멸실되어도 계속 감가상각 ⑤ 물리적 · (기능적) 감가요인만 취급 ⑥ 시장성 고려하지 않음 ⑦ 실제 감가와 불일치 ⑧ 비상각자산(토지)에 적용 불가

한 경우 이들 방법과 함께 활용될 수 있다.

3) 감가수정

감가수정은 재조달원가에서 물리적 · 기능적 · 경제적 감가에 해당하는 금액을 공제하여 기준시점에서 대상 부동산의 가액을 적정화하는 작업이다. 감가수정은 최유효이용 상태의 재조달원가에 대한 가치변동분의 차감이므로 최유효이용의 원칙, 변동의 원칙 등과 관련된다.

물리적 감가요인은 계속적 사용과 시간의 경과 등에 따른 마멸 및 훼손, 재해 등 우발적인 사건에 따라 발생하는 손상 등이다. 기능적 감가요인은 유용성 감소, 기능의 진부화, 내부구성요소의 불균형[76], 건물과 부지의 부적응(배치의 부조화, 비효율적인 건폐율 등), 구조 · 자재 · 설계 등의 결함, 설비의 부족 또는 과잉, 디자인의 낙후성, 형식의 구식화 등이다. 예를 들어 지하주차장이 없는 것과 같이 아파트 설계가 진부화된 경우가 기능적 감가요인에 해당한다.

경제적 감가요인은 대상 부동산과 그것이 위치하고 있는 부근의 환경과의 관계에 따른 외부적 · 위치적 감가요인이다. 경제적 감가요인으로는 인근지역의 쇠퇴, 부동산과 인근환경과의 부적합[77], 시장성 감퇴, 교통 혼잡, 위험 · 혐오시설과의 인접 등이 있다.

구체적인 감가수정 방법들은 다음과 같다.

---

76) 균형의 원칙 위반
77) 적합의 원칙 위반
78) 감가수정은 기준시점에서의 경제적 가치를 적정화하기 위한 감정평가상 용어이다. 모든 감가요인을 반영하여 가격하락분을 산정한다.
79) 감가상각은 비용배분, 자본의 유지회수, 정확한 원가계산을 위한 기업회계(세무회계)상 용어이다. 세금계산의 기준이 되므로 법에서 정한 엄격한 감가요인만 반영한다.

(1) 내용연수에 의한 방법

내용연수법은 실무적으로 간편하고 객관적인 장점이 있다. 그러나 획일적으로 적용되므로 개별성이 있는 각 부동산의 실제 감가와 괴리될 가능성이 있고, 주로 물리적 감가요인 중 시간의 경과 부분을 반영하는 방법으로서 내용연수의 조정에 의해 기능적 감가요인은 어느 정도 반영되지만 경제적 감가요인은 반영되기 어렵다는 단점이 있다. 따라서 내용연수법은 관찰감가법과 함께 병용되어야 한다.

물리적 내용연수는 부동산이 물리적으로 존속할 것으로 예측되는 기간이고(기술적 개념), 경제적 내용연수는 부동산의 유용성(기능적 효용과 수익성)이 지속될 것으로 예측되는 기간이다. 보통 경제적 내용연수가 물리적 내용연수보다 그 기간이 짧은 편이다. 이 중에서 부동산 가치를 평가할 때는 경제적 내용연수를 기준으로 해야 하며, 특히 경제적 잔존내용연수가 중요하다.[80]

잔가율은 내용연수 만료 시 잔존가액을 재조달원가로 나눈 값($=\frac{\text{내용연수 만료 시 잔존가액}}{\text{재조달원가}}$)이다.

가) 정액법

대상 부동산의 감가총액을 단순히 경제적 내용연수로 평분한 매년의 감가액을 정하고 이를 매년 감가해 나가는 방법이다. 매년의 감가액이 일정하고 감가누계액은 경과연수에 정비례하여 증가하므로 직선법 또는 평균상각법이라고도 한다. 정액법은 계산이 간편하다는 장점이 있지만 실제의 감가와 불일치한다는 단점도 있다. 정액법은 주로 건물 등 구축물과 특허권 등 무형고정자산에 적용된다.

- 매년의 감가액 = $\frac{\text{재조달원가} \times (1 - \text{잔가율})}{\text{경제적 내용연수}}$
- 감가누계액 = 매년의 감가액 × 경과연수
- 적산가격(원가법에 의한 가치) = 재조달원가 − 감가누계액

나) 정률법

부동산의 가치가 매년 일정한 비율로 감가된다는 가정하에 매년 말 잔존가격에 일정한 감가율(상각률)을 곱하여 매년의 감가액을 구하고 이를 매년 감가해 나가는 방법이다. 이 방법에 따르면 첫해에 감가액이 가장 크고 시간이 지날수록 자산가치가 체감함에 따라 감가액도 점차 줄어든다. 정률법에 따르면 원금회수가 가장 빠르므로 안전하게 자본회수가 가능하다는 장점이

---

80) 내용연수 = 경과연수 + 잔존내용연수

있다. 정률법은 주로 기계 · 기구 등 동산, 수익형 · 임대용 부동산에 적용된다.

- 적산가격(원가법에 의한 가치) = 재조달원가 × $(1 - 연간감가율)^n$
  ('1 - 연간감가율'은 전년 대비 잔가율을 뜻한다.)

다) 상환기금법

대상 부동산의 내용연수가 만료되는 시점의 감가누계 상당액과 그에 대한 복리계산의 이자상당액을 포함하여 당해 부동산의 내용연수로 상환하는 방법이다. 복리이자액만큼 매년의 감가액이 적어지므로 세부담은 증가하게 되어 기업회계에서는 거의 적용되지 않는 방법이다. 상환기금법은 주로 광산 · 산림 등 고갈성 자산에 적용된다.

초기 매년 감가액의 크기와 감가누계액의 크기는 '정률법 > 정액법 > 상환기금법'의 순이고, 가치평가액(잔존가액, 적산가격)의 크기는 '상환기금법 > 정액법 > 정률법'의 순이다. 내용연수 만료 시점을 제외하고 정률법이 정액법보다 항상 가치평가액이 작게 나온다.[81] 그리고 상환기금법은 정액법, 정률법에 비해 가치평가액은 가장 크고 감가누계액은 가장 작게 나온다.

(2) 관찰감가법

대상 부동산을 면밀하게 직접 관찰하여 물리적 · 기능적 · 경제적 감가요인과 감가액을 구하는 방법이다. 기업회계에서는 인정되지 않는 방법이다.

(3) 분해법(내구성 분해방식)

감가요인을 물리적 · 기능적 · 경제적 감가요인으로 세분하여 각각의 감가액을 별도로 측정하고 이를 다시 합산하여 감가수정액을 구하는 방법이다.

(4) 시장추출법(매매사례비교법)

유사 매매사례로부터 감가상각률을 도출하고 이를 대상 부동산의 신규비용(재조달원가)에 곱하여 감가수정액을 구하는 방법이다.

(5) 임대료손실환원법

감가요인으로부터 발생한 임대료손실을 자본환원율로 환원하여(직접환원법) 감가수정액을 구하는 방법이다.

---

81) 즉 정률법이 정액법보다 감가누계액이 크다.

참고 | 원가법에 의한 토지와 건물의 가치평가

1. 원가법에 의한 건물의 가치평가[82)]

현재 건물의 가치는 준공 당시의 가치에서 수년이 지난 현재까지 낡아져서 하락한 가치만큼 차감한 값이다. 그러나 시간이 경과하는 동안 건축자재의 가격이 폭등하여 현재 평가대상 건물과 같은 규모 및 구조의 건물을 신축하는 비용이 최초 신축 당시에 비해 크게 증가했다면 평가대상 건물은 '최초 준공 당시 건축비용 - 시간경과에 따른 가치하락분'보다는 높게 평가되어야 할 것이다.

따라서 가치하락이 발생하기 전 신축 건물의 원본가치를 준공 당시의 과거 건축비를 기준으로 하면 안 되고, 준공 후 수년이 경과된 현재 시점에서 준공 당시의 건물과 동일한 건물을 신축할 경우 소요되는 건축비(재조달원가)를 기준으로 해야 할 것이다. 그리고 마치 타임머신을 탄 것처럼 현재 시점에 있어서 해당 건물의 경과기간만큼 급속 노후화시키는 것을 가정하고, 이러한 급속 노후화로 발생하는 가치하락분을 감가수정이라 한다.

- 평가대상 건물의 현재가치 = 재조달원가 - 감가수정

2. 원가법에 의한 토지의 가치평가[83)]

1) 조성원가법

토지의 가치는 현재의 그 토지를 형성하기 위해 과거에 투입된 비용을 현재가치화하여 합산한 것이다. 예를 들어 현재 '전'으로 이용 중인 토지라면 통상적으로 과거에 '임야'인 토지를 매입하고 개량비용(각종 인허가비용, 토지형질변경비용 등)을 투입하여 현재의 상태인 '전'으로 전환시키는 과정을 거쳤을 것이고, 이때 투입된 매입비용과 개량비용을 현재가치로 수정하여 합산한 값이 현재 '전' 상태 토지의 가치이다.

2) 분양개발법

현재 토지에 개발비용을 투입했을 때 조성되는 미래의 토지를 가정한 후 그 미래의 토지가치에서 투입되는 개발비용을 공제하여 현재의 토지가치를 구하는 방법이다. 예를 들어 개발 가능한 임야에 개발비용을 투입하여 '전'으로 조성하는 것을 가정하고, 이때 개발 후의 토지('전') 가격에서 조성비용 등 개발비용을 공제하여 개발 이전의 임야 상태에서의 토지가치를 구할 수 있다.

현재의 나대지를 만들기 위해 2년 전 200의 비용을, 1년 전 100의 비용을 투입했다면 조성원가법을 따를 경우 나대지의 현재가치는 '$100\times(1+r)+200\times(1+r)^2$'이다. 반면 현재의 나대지를 1년 후 100의 비용을 들여 개발하고 2년 후 400의 수입이 예상된다면 분양개발법에 따를 경우 나대지의 현재가치는 '$400\times\frac{1}{(1+r)^2}-100\times\frac{1}{1+r}$'이다. 여기에서 r은 이자율 또는 할인율을 나타낸다.

---

82) 건물은 상각자산이므로 감가수정이 필요하다.
83) 토지는 비상각자산이므로 감가수정이 불필요하다.

3 거래사례비교법(시장접근법)

1) 의의 및 성립근거

거래사례비교법은 대상 부동산과 가치형성요인이 동일하거나 유사한 다른 부동산의 거래사례와 비교하여 대상 부동산의 현황에 맞게 사정보정, 시점수정, 가치형성요인[84] 비교 등의 과정을 거쳐 대상 부동산의 적정한 가액을 산정하는 방법이다. 이 방법은 시장에서 수요 · 공급의 상호작용에 의해 가격이 결정된다고 보는 시장성의 원리와 수요 · 공급 이론 및 대체 · 경쟁 관계에 있는 다른 부동산과의 상호작용에 의해 가격이 결정된다고 보는 대체의 원칙 등을 근거로 성립한다. 거래사례비교법에 의해 평가되는 부동산의 가치를 비준가격이라고 한다.

- 비준가격 = 거래사례가격 × 사정보정치 × 시점수정률 × 가치형성요인 비교(지역요인 비교치 × 개별요인 비교치 × 면적 비교)

2) 사례자료의 선택 기준

거래사례를 선택할 때에는 ① 사정보정의 가능성, ② 시점수정의 가능성, ③ 위치의 유사성(지역요인 비교가능성),[85] ④ 물적 유사성(개별요인 비교가능성)[86] 등을 고려해야 한다. 수집된 거래사례가격에 특수한 사정이나 개별적인 동기 등이 개입되어 시장가격과 차이가 있을 경우 그 차이의 정도를 파악해서 보정할 수 있어야 한다. 또한 사례의 거래시점이 기준시점과 시간적으로 불일치하여 가치수준의 변동이 있을 경우에는 거래사례가격을 기준시점의 수준으로 정상화하는 작업이 필요하므로, 사례자료는 거래시점이 분명하고 기준시점까지의 사이에 가격변동에 관한 자료를 구할 수 있어야 하며 무엇보다 너무 오래되지 않아야 할 것이다.

3) 사례자료의 정상화

(1) 사정보정 = $\frac{\text{대상 부동산의 사정}}{\text{사례 부동산의 사정}} = \frac{100 \pm a}{100 \pm a}$

84) 지역요인, 개별요인, 면적 등

85) 지역요인 비교가능성이 있어야 하므로 사례선택 시 인근지역이나 유사지역 등 동일수급권 범위에서 선택해야 한다. 거래사례가 대상 부동산과 위치에 있어서 동일성 내지 유사성이 있어야 하는데, 이때 지리적 인접성보다는 용도적 · 기능적 관점에서 파악해야 한다.

86) 개별요인 비교가능성에서 특히 용도의 유사성이 중요하다. 그 밖에 가치형성에 많은 영향을 미치는 획지, 환경, 가로, 접근성, 법적 규제 및 행정조건, 면적 및 규모 등의 조건에 있어서도 개별적으로 유사해야 한다.

만약 사례 부동산이 정상시가보다 10% 고가로 거래되었다면 '사정보정률(치) = $\frac{100}{100+10} = \frac{100}{110}$' 이고, 사례 부동산이 급매로 인해 10% 저가로 거래되었다면 '사정보정률(치) = $\frac{100}{100-10} = \frac{100}{90}$'이다.

(2) 시점수정[87] = 거래사례가격 × $\frac{\text{기준시점의 지수(대상)}}{\text{거래시점의 지수(사례)}}$

또는 거래사례가격 × $(1 + \text{변동률})^n$ (n은 거래시점 − 기준시점의 기간)

시점수정을 위한 지수나 변동률은 대상 부동산의 특성에 따라 지가변동률, 건축비지수, 임대료상승률, 생산자물가지수 등을 사용한다.

(3) 가치형성요인 비교(지역요인 및 개별요인 비교치) = $\frac{100 \pm \text{대상 우세, 열세}}{100 \pm \text{사례 우세, 열세}}$

대상 부동산과 사례 부동산의 가치에 영향을 미치는 가치형성요인 중 특히 지역요인과 개별요인의 격차를 판정하는 작업이 필요하다. 거래사례가 인근지역에 있는 경우에는 지역요인을 공유하는 동일한 지역이므로 지역요인 비교를 생략하고 개별요인만 비교한다.[88] 거래사례가 유사지역에 있는 경우에는 지역요인과 개별요인 모두 비교해야 한다.

만약 대상 지역이 사례 지역보다 10% 우세하다면 '지역요인 비교치 = $\frac{100+10}{100} = \frac{110}{100}$'이다. 대상 부동산의 개별요인이 사례 부동산의 개별요인보다 5% 열세하다면 '개별요인 비교치 = $\frac{100-5}{100} = \frac{95}{100}$'이다. 사례 부동산의 개별요인이 대상 부동산의 개별요인보다 10% 우세하다면 '개별요인 비교치 = $\frac{100}{100+10} = \frac{100}{110}$'이다.

4) 공시지가기준법

공시지가기준법은 대상 토지와 가치형성요인이 동일하거나 유사한 표준지의 공시지가를 기준으로 하여 대상 토지의 현황에 맞게 시점수정, 지역요인 및 개별요인 비교, 기타 요인의 보정을 거쳐 대상 토지의 적정가액을 산정하는 가치평가 방법이다. 토지평가 시 사례가격으로 표준지공시지가를 사용한다는 점에서 거래사례비교법의 일종이라 할 수 있다.

- 토지가치 = 표준지공시지가 × 시점수정 × 지역요인 비교 × 개별요인 비교 × 기타 요인 보정

87) 거래시점 → 기준시점
88) 인근지역이든 유사지역이든 개별요인 보정은 반드시 필요하다.

표준지공시지가는 정상가격이므로 공시지가기준법에서는 일반적인 거래사례비교법과 달리 사정보정 절차가 없다. 인근지역의 표준지 중 대상 토지와 용도지역, 이용상황, 주변환경 등이 동일하거나 유사한 비교표준지를 선정해야 하고, 인근지역에 적절한 표준지가 없을 경우에는 동일수급권 내 유사지역에서 비교표준지를 선정한다. 시점수정 시 원칙적으로 지가변동률을 사용하지만, 새로 조성되거나 매립된 토지를 평가하거나 건물의 구분소유권과 그 대지사용권을 일체로 평가하는 등의 경우에는 생산자물가상승률을 사용할 수 있다.

4 수익환원법(소득접근법)

1) 의의 및 성립근거

수익환원법은 대상 부동산이 장래 산출할 것으로 기대되는 순수익이나 미래의 현금흐름을 환원 또는 할인하여 대상 부동산의 적정가액을 산정하는 가치평가 방법이다. 수익성의 원리와 대체의 원칙을 근거로 성립한다. 이 방법에 의해 구한 시산가액을 수익가격이라 한다.

수익환원법은 장래 1년간의 순수익(한 해의 소득)을 적정한 환원이율로 환원하는 ① 직접환원법과 미래 보유기간 동안의 연간 현금흐름과 복귀액(여러 해의 소득)을 적정한 할인율(수익률, Yield Rate)로 할인하는 ② 할인현금수지(흐름)분석법으로 구분된다.

직접환원법은 경제적 수명까지 보유하는 것을 전제로 한다. 시간경과에 따라 가치가 감소한다고 보고 보유하는 동안 매년 일정 비율로 투하자본을 회수해야 하기 때문에 '할인율+감가율'을 환원이율로 적용한다. 반면 할인현금수지분석법은 경제적 수명까지 보유한다고 가정하지 않는다. 따라서 매년 일정 비율로 가치가 감소함을 전제하지 않고 보유기간 말에 대상 부동산을 되팔아서 투하자본을 회수한다고 가정하므로 오직 '할인율'만으로 할인을 한다.

2) 직접환원법

장래 발생할 1년간의 순수익을 적정한 환원이율로 환원하여 대상 부동산의 가치를 산정하는 방법이다. 직접환원법은 순수익과 환원이율의 개념으로 구성된다.

- $\text{수익가격} = \frac{\text{순수익}}{\text{환원이율}} = \frac{\text{총수익} - \text{총비용}}{\text{환원이율}} = \frac{\text{순영업소득}(NOI)}{\text{환원이율}} = \frac{\text{유효조소득} - \text{영업경비}}{\text{환원이율}}$

(1) 순수익

대상 부동산이 기준시점으로부터 장래 1년간[89] 산출할 총수익에서 그 수익을 발생시키는 데 소요될 비용을 공제한 금액이다. 시장가치는 최유효이용을 전제로 성립하므로 순수익이나 현금수지 역시 최유효이용을 전제로 하여 구해져야 한다. 순수익은 표준적이고 객관적인 수익이어야 한다. 통상적인 이용능력과 이용방법에 의해 규칙적 · 계속적으로 발생하고 안전하고 확실하며 합리적 · 합법적인 수익이어야 한다. 순수익은 예측 가능해야 하며 정상적인 임대나 영업활동에서 발생하지 않는 수익 등을 포함시켜서는 안 된다. 임대용 부동산의 경우 '순수익(순임대료) = 실질임대료 - 필요제경비'이다.

평가대상 및 목적에 따라 상각 전 · 후, 세공제 전 · 후의 순수익으로 구분할 수 있다. 세금계산을 위한 기업회계에서의 순수익은 상각 후 순수익이지만, 부동산 가치평가 시 구하는 순영업소득(NOI)은 현금주의 회계에 따라 감가상각비를 공제하지 않으므로 상각 전 순수익에 해당한다. 세공제 전과 후를 나눌 때 세금은 재산세 등 보유세가 아닌 법인세, 소득세 등 수익 관련 세금을 말한다.

순수익을 산정하는 방법으로는 대상 부동산의 장래 기대 순수익을 대상 부동산 자료를 통해 직접 조사하여 구하는 방법(직접법)과 인근지역이나 유사지역 내의 유사성 있는 다른 부동산에서 순수익을 구한 후 사정보정, 시점수정 등 대상 부동산과의 비교 및 보정과정을 거쳐 대상 부동산의 순수익으로 결정하는 방법(간접법)이 있다.

순수익이 복합부동산으로부터 발생하는 경우 전체 순수익에서 토지와 건물 중 어느 한 부분의 순수익을 공제함으로써 당해 토지 또는 건물의 순수익을 구할 수 있는데, 이를 잔여법이라 한다. 토지 또는 건물에 귀속되는 순수익을 각각 토지환원이율 또는 건물환원이율로 환원하여 토지 또는 건물의 가치를 산정할 수 있다.

- 토지귀속순수익 = 복합부동산 전체 연간순수익 - 건물에 귀속되는 순수익 → 토지잔여법
- 건물귀속순수익 = 복합부동산 전체 연간순수익 - 토지에 귀속되는 순수익 → 건물잔여법

순수익(NOI)을 산정하기 위한 현금수지(흐름) 계산 과정은 다음과 같다.

- 단위당 예상임대료×임대 단위 수 = 가능조소득(PGI; Potential Gross Income)

89) 과거의 순수익이 아니고 장래의 변동가능성을 예측 및 고려하여 미래의 순수익을 구해야 한다. 물론 장래의 동향을 예측하기 위해서는 순수익의 과거 추이를 분석할 필요가 있다.

- 가능조소득 – 공실 및 불량부채 상당액 + 기타 소득 = 유효조소득(EGI; Effective Gross Income)
- 유효조소득 – 영업경비(OE; Operating Expenses) = 순영업소득(NOI; Net Operating Income)
- 순영업소득 – 부채서비스액[90](DS; Debt Service) = 세전현금수지(BTCF; Before Tax Cash Flow)
- 세전현금수지 – 영업소득세 = 세후현금수지(ATCF; After Tax Cash Flow)

(2) 환원이율(자본환원율, 종합환원율)

환원이율은 대상 부동산이 장래 산출할 것으로 기대되는 표준적 · 객관적 순수익과 그 부동산 가격과의 비율이며, 순수익을 자본화(자본가치로 환원)하는 매개 역할을 한다. 한 해의 순수익을 기준시점의 경제적 가치로 환산하기 위해 적용하는 이율이다. 이는 소득률(Income Rate)과 동일한 개념이며[91] 구체적으로 종합환원이율, 지분환원이율, 저당환원이율, 토지환원이율, 건물환원이율 등으로 세분된다. 환원이율이라 하면 일반적으로 두 가지 이상의 수익률이 종합된 종합환원이율[92]을 말한다. 또한 환원이율은 상각 전[93]과 상각 후의 환원이율, 세공제 전과 세공제 후의 환원이율로 구분할 수 있는데, 각각 상각 전과 상각 후의 순수익, 세공제 전과 세공제 후의 순수익과 짝을 이루어 수익가격을 구하게 된다.

- 환원이율(R) = $\frac{\text{순수익}(NOI)}{\text{수익가격}(V)}$ ↔ 수익가격(V) = $\frac{\text{순수익}(NOI)}{\text{환원이율}(R)}$

  = 자본수익률 + 자본회수율

  = 할인율(수익률, 이자율) + 감가상각률

  = 순수이율 ± 위험률

가) 상각자산(건물)과 비상각자산(토지)의 환원이율

건물과 같이 감가상각의 대상이 되는 상각자산의 가치를 수익환원법으로 구할 때 적용되는

---

90) 원리금상환액

91) 환원이율은 수익가격에 대한 순수익의 비율로서 시장가치를 구할 때 쓰이는 기대수익률과 유사한 개념이라 할 수 있고, 부동산의 수익성을 나타내는 것이므로 금융시장의 이자율과도 밀접하다.

92) 반면 한 가지에 적용되는 환원이율을 개별 환원이율이라 한다. 예를 들어 토지환원이율/건물환원이율, 지분환원이율/저당환원이율 등이 개별 환원이율이다.

93) 상각 전 환원이율 = 상각 후 환원이율 + 감가상각률

환원이율은 대상 부동산을 경제적 수명까지 보유한다고 가정 시 예상되는 전형적인 자본수익률에 자본회수율을 합한 값으로 한다.

• 자본환원율(환원이율) = 자본수익률 + 자본회수율 = 할인율 + 가격하락률(감가상각률 등)

직접환원법에서 수익가격은 1년간의 순수익 또는 순영업소득(NOI)을 기준하여 계산하고 순수익은 소득이득이므로 자본이득을 반영하지 않는다. 따라서 자본환원율에서 매 기간의 자본회수율을 반영할 필요가 있다. 건물과 같은 상각자산은 시간 경과에 따라 가치가 하락하므로 자본회수율 또는 감가상각률이 '+'인 반면,[94] 토지와 같이 영속성이 있는 비상각자산은 자본회수율 또는 감가상각률이 '0'이다.[95]

자본수익률은 투하된 자본에 대한 수익률로서 흔히 이자율[96]로도 표현하지만, 부동산 평가에서는 장래 기대되는 소득을 현재가치로 환원하는 개념이므로 할인율[97]의 개념이 된다. 자본회수율은 투하자본 대비 매 기간 회수되는 부분의 비율로서 감가상각률(감가율)이 대표적이다. 예를 들어 건물 매입에 10억원을 투자하여 경제적 내용연수(10년) 동안 보유, 정액법에 의하고 최종 잔존가액이 없다고 가정하면, 투하된 자본이 매년 회수되는 비율은 10%[98]이다.

토지 등 비상각자산과 같이 수익이 영구적으로 발생하고 복귀가격을 전제로 하지 않거나 복귀가격의 변동이 없는 경우에는 환원이율과 할인율은 일치하게 된다. 다만 토지의 경우에도 기간 말 가치상승이 예상된다면 그 상승률만큼을 할인율에서 빼고, 기간 말 가치하락이 예상된다면 그 하락률의 절댓값만큼을 할인율에 더해서 환원이율을 결정한다.

자본회수율은 부동산 가치의 하락률이므로 투자기간 초의 매수가액과 투자기간 말의 재매도가

---

94) 건물, 구축물, 공작물 등 내용연수가 유한하여 시간이 지나면서 감가 또는 소멸되는 물건의 순수익을 상각률을 가산한 환원이율로 환원하여 수익가격을 구하는 방법을 직선법(직선환원법)이라 한다. 건물 등의 수익가격 $=\dfrac{\text{상각 전 순수익}}{\text{상각 전 환원이율}}=\dfrac{\text{상각 후 순수익}}{\text{상각 후 환원이율}}$, 상각 전 환원이율 = 상각 후 환원이율(=자본수익률(할인율)) + 상각률이고 상각률 $=\dfrac{1}{\text{잔존 내용연수}(n)}$ 이므로 결국 직선법에 의한 수익가격 $=\dfrac{\text{상각 전 순수익}}{\text{자본수익률}+\dfrac{1}{\text{잔존 내용연수}(n)}}$ 이다.

95) 토지, 농지, 염전 등과 같이 순수익이 영속적인 경우에는 내용연수가 무한하여 투하자본에 대한 회수도 불필요하다. 즉 시간이 경과되어도 가치가 하락하지 않으므로 상각률을 고려할 필요가 없다. 토지 등 영속적으로 기대되는 순수익을 환원이율로 직접 환원하여 수익가격을 구하는 방법을 직접법(영구환원법)이라 한다. 이러한 경우 자본수익률(할인율)이 곧 환원이율이 되고 자본회수율(상각률)은 불필요하다. 또한 상각이 되지 않으므로 상각 전과 상각 후의 순수익이나 환원이율에 차이가 없다.

96) 현재가치 → 미래가치 (이때 이자율은 할증률의 의미)

97) 미래가치 → 현재가치 (할인율은 무위험률, 위험할증률, 인플레이션율 등을 고려하여 결정된다는 점에서 이자율, 요구수익률 등과 같은 개념이라 할 수 있다.)

98) 자본회수율 = 감가율 $=\dfrac{1}{\text{내용연수}}$

액과의 관계에 따라 다음과 같은 세 가지 형태로 나타난다.

- 기간 말 부동산 가액이 하락한 경우(매수가액 〉 재매도가액) → 자본회수율 〉 0
- 기간 말 부동산 가액이 불변인 경우(매수가액 = 재매도가액) → 자본회수율 = 0
- 기간 말 부동산 가액이 상승한 경우(매수가액 〈 재매도가액) → 자본회수율 〈 0

따라서 상각자산이든 비상각자산이든 환원이율은 다른 조건이 동일한 경우 기간 말의 대상 부동산의 가치가 상승(자본회수율 〈 0)하면 감소하고, 가치가 하락(자본회수율 〉 0)하면 증가하는 성질을 가진다(환원이율 = 할인율(자본수익률) + 자본회수율). 예를 들어 할인율 10%, 감가율 2%일 경우 환원이율 = 10% + 2% = 12%, 할인율 10%, 가격상승률 3%일 경우 환원이율 = 10% – 3% = 7%가 된다. 만약 자본수익률이 연 7%, 대상 부동산의 잔존 경제적 수명이 20년이라면 환원이율 = 7%(자본수익률) + $\frac{1}{20}$(자본회수율) = 7% + 5% = 12%이다.

나) 환원이율 산정방법

a. 요소구성법(조성법 또는 합산법)

환원이율 구성요소를 각각 직접 구하고 이를 합해서 환원이율을 산정하는 방법이다. 대상 부동산에 관한 위험을 여러 가지 구성요소로 분해하고 개별적인 위험에 따라 위험할증률을 더해감으로써 환원이율을 구한다. 이에 따르면 환원이율은 순수이율과 대상 부동산의 위험할증률이 복합되어 이루어지는 복합이율이다. 이 방법은 평가주체의 주관이 개입될 여지가 많고, 저당금융이 환원이율에 미치는 영향을 전혀 고려치 않으며, 환원이율 산정에 가치상승분이나 지분변화분이 고려되지 않는다는 한계가 있다.

- 요소구성법에 따른 환원이율 = 순수이율[99] + 위험할증률

b. 시장추출법(직접시장비교법)

시장으로부터 직접 수집한 대상 부동산과 유사한 최근의 매매사례를 통해 환원이율을 구하는 방법이다.

- 시장추출법에 따른 환원이율(시장추출률) = $\frac{\text{사례 부동산의 순수익}}{\text{사례 부동산의 매매가격}}$

---

99) 순수이율은 안전이율(무위험률)을 의미하고 국공채수익률, 1금융권 정기예금금리 등이 이 개념에 가깝다.

시장에서 일반적으로 시세 1억원 부동산에서 1천만원의 순수익이 나온다면 환원이율은 10%이다. 그렇다면 2천만원의 순수익이 나오는 부동산의 가치는? V=$\frac{NOI}{R}$=$\frac{2천만원}{0.1}$=2억원이다.

일반적으로 시장에서 '주택 환원이율(=$\frac{주택\ NOI}{주택\ V}$) 〈 상가 환원이율(=$\frac{상가\ NOI}{상가\ V}$)', '토지 환원이율(=$\frac{토지\ NOI}{토지\ V}$) 〈 건물 환원이율(=$\frac{건물\ NOI}{건물\ V}$)'의 현상이 나타난다. 이는 같은 순수익(임대료)이 나온다면 주택가치 〉 상가가치, 토지가치 〉 건물가치이고, 같은 가치라면 주택임대료 〈 상가임대료, 토지임대료 〈 건물임대료라는 의미이다. '환원이율 = 할인율 + 감가율'인데 건물은 상각자산이므로 감가율이 '+'이지만, 토지는 비상각자산이므로 감가율이 '0'[100]이기 때문에 '토지 환원이율 〈 건물 환원이율'이다.

c. 투자결합법

① 물리적 투자결합법

건물환원이율과 토지환원이율을 가중평균하여 복합부동산의 환원이율(종합환원이율)을 산정하는 방법이다. 투자자본을 물리적 측면에서 건물부분과 토지부분으로 나누어서 환원이율을 구하는 것이다.

- 물리적 투자결합법에 따른 환원이율 = 토지비율×토지환원이율 + 건물비율×건물환원이율[101]

② 금융적 투자결합법

지분투자자의 요구수익률과 저당투자자(대출자)의 요구수익률을 결합(가중평균)하여 환원이율(종합자본환원이율)을 산정하는 방법이다. 지분투자자와 저당투자자의 요구수익률이 서로 다르다는 점에 착안하여 투자자본을 금융적 측면에서 구분한 것이다. 금융적 투자결합법에서는 대출자의 요구수익률로 주로 이자율이 아닌 저당상수를 사용한다.

- 금융적 투자결합법에 따른 환원이율 = 지분투자자의 요구수익률 + 대출자의 요구수익률
  = 지분비율×지분환원율 + 대부비율×저당환원율
  = 지분비율×지분배당률 + 대부비율×저당상수
  (이때 지분비율 + 대부비율 = 1)

100) 만약 토지의 가격 상승이 명확히 예측된다면 토지의 감가율이 '−'가 됨으로써 토지 환원이율(R)은 더 작아질 수도 있다.
101) 토지비율은 전체 복합부동산 가치 중 토지가치구성비, 건물비율은 전체 복합부동산 가치 중 건물가치구성비이다.

d. 엘우드법(저당지분환원법)

부동산 보유기간 동안의 가치증감, 장래 기대수입과 지출액, 그리고 지분투자와 저당투자로 인한 현금수지까지 감안하여 종합자본환원이율을 산정하는 방법이다. 금융적 투자결합법에서 말하는 지분투자자와 저당투자자의 요구수익률에서 더 나아가 가치변동분까지 감안한다는 데에 특징이 있다. 이 방법은 '부동산 가치=저당가치+지분가치'라는 점에 착안한 것이나, 지나치게 지분투자자 입장에 치우친다는 비판이 있다.

e. 부채감당률법(Gettel법)

저당대출자 입장에서 대상 부동산의 순수익이 매 기간 원금과 이자를 지불할 수 있는지를 나타내는 부채감당률에 근거하여 환원이율을 산정하는 방법이다. 환원이율을 객관적이고 간편하게 구할 수 있으나, 대출비율이 없거나 작을 때는 적정한 환원이율 산정이 어렵고 지나치게 저당대출자 입장에 치우친다는 비판이 있다.

- 부채감당률법에 따른 환원이율 = 부채감당률(DCR) × 저당비율(LTV) × 저당상수(MC)[102)]

3) 할인현금수지분석법(DCF법; Discounted Cash Flow Method)

대상 부동산에서 발생 가능한 미래 현금흐름을 적정한 할인율[103)]로 할인하여 대상 부동산의 적정가액을 산정하는 가치평가 방법이다. 일정 기간 동안만 보유하는 것을 상정하여 영업수지(영업현금흐름)와 지분복귀액(매각현금흐름)을 포함한 전체 보유기간 동안 대상 부동산에서 발생하는 모든 미래 현금흐름을 할인한다.

(1) 순영업소득 모형

매기의 순영업소득(NOI)과 보유기간 말의 순매도액(NSP)을 현재가치로 할인한 금액을 합산하여 수익가격을 구한다. 이 모형에 따르면 NOI와 NSP는 이미 저당가치가 반영된 것이므로

---

102) 부채감당률(DCR)은 $\frac{\text{순영업소득}(NOI)}{\text{부채서비스액}(DS)}$ 이고 저당비율은 $\frac{L}{V}$ 이므로 자본환원율= $\frac{NOI}{DS} \times \frac{L}{V} \times MC$ 이다. 원리금균등분할상환 조건에서 L(대출금액)에 MC(저당상수)를 곱하면 DS(부채서비스액)가 되므로, 결국 이 식을 풀어쓰면 자본환원율= $\frac{NOI}{V}$ 가 된다.

103) 할인율은 장래의 현금흐름을 현재가치로 환산하기 위해 적용되는 수익률(Yield Rate)을 말한다. 할인율도 지분할인율, 종합할인율 등으로 구분 가능하다. 할인현금수지분석법은 경제적 수명까지 보유하는 것이 아니라 일정 기간 동안만 보유하다가 보유기간 말에 대상 부동산을 되팔아서 투하자본을 회수한다고 가정하여 매년 일정 비율로 가치가 하락하지 않으므로 감가율, 자본회수율 등을 고려치 않고 오직 할인율만으로 할인한다.

저당투자액을 별도로 합산할 필요는 없다.

(2) 세전현금흐름 모형

지분가치와 저당투자액을 합산하여 수익가격을 구하는 방법이다. 임대보증금이 있는 경우에는 임대보증금도 합산한다. 지분가치는 매기의 세전현금흐름(BTCF)과 보유기간 말의 세전지분복귀액(BTER)을 현재가치로 할인한 금액을 합산하여 구한다. 이때 할인율은 세전수익률을 적용한다. 이에 더해지는 저당투자액은 투자 시작 시점에서의 대출액이다.

(3) 세후현금흐름 모형

역시 지분가치와 저당투자액을 합산하여 수익가격을 구하는 방법이지만, 세전현금흐름 모형과 달리 지분가치는 매기의 세후현금흐름(ATCF)과 보유기간 말의 세후지분복귀액(ATER)을 현재가치로 할인한 금액을 합산하여 구한다. 이때 할인율은 세후수익률을 적용한다.

동일한 부동산이라 하더라도 저당이자율이나 소득세율 등은 투자자에 따라 달라지므로 세전현금흐름이나 세후현금흐름 모형은 투자자 개인적 사정을 반영한 일종의 투자가치를 구하는 모형이다. 반면 순영업소득 모형은 투자자 개인적 사정이 반영되지 않는 객관적인 시장가치를 구하는 데 적합한 모형이다.

제3절 부동산 가치평가론 계산문제

01. 당신은 다음의 자료를 활용하여 나대지인 X토지의 최유효이용을 결정하고자 한다. 최고의 수익성을 나타내는 X토지의 최유효이용 용도는 무엇인가?

구분	A용도	B용도	C용도
토지개발비용	1억원	1억2천만원	8천만원
유사토지 매매사례가격	3억1천5백만원	3억6천만원	2억5천5백만원
X토지를 100으로 했을 때 매매사례 유사토지별 비교평점	105	120	85

풀이와 답

유사토지의 매매사례가격을 비교평점에 따라 수정 후 각 용도별 개발비용을 빼서 수익성을 비교한다.

구분	A용도	B용도	C용도
용도별 예상매매가격	3억1천5백만원 × $\frac{100}{105}$ =3억원	3억6천만원 × $\frac{100}{120}$ =3억원	2억5천5백만원 × $\frac{100}{85}$ =3억원
용도별 개발비용	1억원	1억2천만원	8천만원
수익성(순수익)	2억원	1억8천만원	2억2천만원

∴수익성이 가장 높은 C용도가 X토지의 최유효이용이다.

02. 준공 후 8년이 경과한 건축면적 300㎡인 Y주택의 정액법에 의한 적산가격을 구하시오. 기준시점 현재 ㎡당 재조달원가는 120만원, 경제적 내용연수는 50년, 내용연수 만료 시 최종 잔가율은 0%이다.

풀이와 답

- 120만원 × 300㎡ × $\frac{50-8}{50}$ = 3억2백4십만원

03. 다음 자료를 활용하여 원가법에 따라 대상건물의 기준시점 현재의 가치를 구하시오.

- 기준시점: 2024년 5월4일
- 건축비: 준공시점인 2021년 5월4일 기준 3억원
- 건축비는 매년 5%씩 상승
- 경제적 내용연수: 50년
- 내용연수 만료 시 최종 잔가율: 10%

풀이와 답

- 재조달원가 = 3억원 × $(1+0.05)^3$ = 3억4천7백2십9만원
- 감가수정 = 3억4천7백2십9만원 × (1 − 0.1) × $\frac{3}{50}$ = 1천8백7십5만원

- 대상건물의 가치 = 3억4천7백2십9만원 − 1천8백7십5만원 = 3억2천8백5십4만원

04. 다음 자료를 활용하여 대상건물의 ㎡당 재조달원가를 구하시오.

- 대상건물은 7년 전 준공된 5층 철근콘크리트 건물이다.
- 대지면적은 550㎡이고, 건물의 연면적은 1,600㎡이다.
- 대상건물의 7년 전 준공 당시 공사비 내역은 다음과 같다.

직접공사비	340,000,000원
간접공사비	50,000,000원
개발업자의 이윤	80,000,000원

- 7년 전 건축비지수 = 100, 가격의 기준시점 현재 건축비지수 = 128

풀이와 답

- $(340,000,000 + 50,000,000 + 80,000,000) \times \frac{128}{100} \times \frac{1}{1,600} = 376,000$원/㎡

05. 다음의 자료를 활용하여 정액법에 의한 대상건물의 기준시점의 감가수정액(감가누계액)을 구하시오.

- 준공시점: 2020년 5월 4일
- 기준시점: 2024년 5월 4일
- 기준시점 재조달원가: 350,000,000원
- 경제적 내용연수: 50년
- 내용연수 만료 시 최종잔가율: 10%

풀이와 답

- $350,000,000 \times (1 - 0.1) \times \frac{4}{50} = 25,200,000$원

06. 원가법에 따라 다음 건물의 적산가격을 구하시오.

- 대상건물의 사용승인(준공)시점: 2019.11.15.
- 가격의 기준시점: 2022.11.15.
- 사용승인시점 당시 적정 신축공사비: 1,000,000,000원
- 매년 신축공사비는 전년 대비 7%씩 상승
- 경제적 내용연수: 50년
- 감가수정은 정액법에 따르고, 내용연수 만료 시 최종잔가율은 10%

풀이와 답

- 재조달원가 = 1,000,000,000원 × $(1 + 0.07)^3$ = 1,225,043,000원
- 감가수정 = 1,225,043,000원 × (1 − 0.1) × $\frac{3}{50}$ = 66,152,322원
- 적산가격 = 1,225,043,000 − 66,152,322 = 1,158,890,678원

07. 면적이 1,200㎡인 거래사례 토지가 6억원에 매매되었으나 거래 당시 인근의 표준적인 획지의 정상가격은 400,000원/㎡로 조사되었다. 해당 거래사례를 활용하여 대상토지의 가치를 평가할 때 적용될 사정보정치는 얼마인가?

풀이와 답

Solution ①: 사례토지는 ㎡당 500,000원(=6억원/1,200㎡)에 매매되어 정상가격인 ㎡당 400,000원보다 비싸게 거래되었으므로 대상토지의 가치를 평가할 때는 $\frac{400{,}000}{500{,}000}$ = 0.8을 사정보정치로 곱해야 한다.

Solution ②:

(1) 사례토지 거래가액 = 6억원/1,200㎡ = 500,000원/㎡

(2) 사례토지 거래가액의 시장가치 대비율 = $\frac{500{,}000}{400{,}000}$ = 1.25

(3) 사정보정치 = $\frac{100}{100+25}$ = 0.8

08. 대상부동산이 속한 지역과 사례부동산이 속한 지역에 대한 다음의 자료를 활용하여 지역요인 비교치를 구하시오.

비교항목	격차내역
가로조건	−2
접근조건	+1
환경조건	−2
행정적조건	0
기타조건	+4

※ 격차내역은 사례부동산이 속한 지역을 100으로 할 경우 이에 대한 대상부동산이 속한 지역의 격차값을 나타내며, 지역요인 비교치는 상승식으로 산정한다.

풀이와 답

- 지역요인 비교치 = $\frac{98}{100} \times \frac{101}{100} \times \frac{98}{100} \times \frac{100}{100} \times \frac{104}{100} = 1.0088$

09. 대상부동산과 사례부동산의 개별요인에 대한 다음의 자료를 활용하여 개별요인 비교치를 구하시오.

- 가로의 폭, 구조 등의 상태(가로조건): 대상부동산이 2% 열세
- 고객의 유동성과의 적합성(환경조건): 대상부동산이 3% 우세
- 토지의 형상 및 고저(획지조건): 대상부동산이 1% 우세
- 행정상의 규제정도(행정적조건): 대상부동산과 사례부동산이 동일
- 개별요인 비교치는 상승식으로 산정

풀이와 답

- 개별요인 비교치 = 0.98 × 1.03 × 1.01 × 1.00 = 1.019

10. 다음의 자료를 활용하여 인근의 표준적인 획지 대비 대상토지의 개별요인 비교치를 구하시오.

- 대상토지의 전체 면적 중 80%는 평지이고 나머지는 급경사지이다.
- 급경사지 부분은 인근 표준획지 대비 60%의 감가요인이 있고, 평지 부분은 감가요인이 없다.

풀이와 답

- 개별요인 비교치 $= 0.8 \times 1.0 + 0.2 \times (1 - 0.6) = 0.88$

11. 다음의 자료를 활용하여 거래사례비교법에 따라 대상토지의 비준가격을 구하시오.

- 대상토지는 사례토지에 비해 개별요인이 15% 우세하다.
- 대상토지의 면적은 1,050㎡이고, 사례토지의 면적은 1,200㎡이다.
- 사례토지는 기준시점 2년 전 450,000,000원에 거래되었다.
- 연간 지가상승률은 3%이다.
- 다른 조건은 대상토지와 사례토지가 동일하다.

풀이와 답

- 비준가격 $= 450{,}000{,}000 \times (1 + 0.03)^2 \times 1.15 \times \frac{1{,}050}{1{,}200} = 480{,}388{,}781$원

12. 인근지역에서 최근 신축된 A주택(토지 500㎡, 건물 1,500㎡)이 신축되자마자 급매로 인해 정상가격대비 10% 저가인 1,800,000,000원에 매매되었다. A주택의 건물 부분은 최근 200,000원/㎡에 신축된 것이고, 유사한 건물의 일반적인 재조달원가는 거래시점 현재 250,000원/㎡이다. A주택 건물 부분의 신축시점과 A주택의 거래시점이 동일하다고 가정할 때 A주택의 토지 부분의 거래시점 당시 정상가격은 얼마인가?

풀이와 답

- A주택의 정상가격 $= 1{,}800{,}000{,}000$원 $\times \frac{100}{100 - 10} = 2{,}000{,}000{,}000$원
- A주택의 건물 부분의 정상가격 $= 250{,}000 \times 1{,}500 = 375{,}000{,}000$원
- A주택의 토지 부분의 정상가격 $= 2{,}000{,}000{,}000 - 375{,}000{,}000 = 1{,}625{,}000{,}000$원

13. 다음과 같은 복합부동산의 사례에서 배분법(공제방식)에 따라 거래시점의 ㎡당 토지단가를 구하시오.

- 토지, 건물 일체(복합부동산)의 거래시점: 2023.03.01.
- 토지, 건물 일체(복합부동산)의 거래가격: 1,300,000,000원
- 토지의 면적: 400㎡
- 건물의 연면적: 600㎡
- 건물의 사용승인(준공)일: 1997.05.01.
- 건물의 경제적 내용연수: 50년
- 건물의 최종 잔가율: 0
- 거래시점 기준 건물의 재조달원가: 800,000원/㎡
- 건물의 가격은 원가법으로 평가하고, 정액법에 따라 감가수정을 하며, 만년감가를 기준으로 한다.

풀이와 답

- 거래시점의 건물가격 $= 800,000 \times 600 \times \frac{50-25}{50} = 240,000,000$원
- 거래시점의 토지가격 $= 1,300,000,000 - 240,000,000 = 1,060,000,000$원
- 거래시점의 ㎡당 토지단가 $= 1,060,000,000 / 400 = 2,650,000$원/㎡

14. 다음의 표준지공시지가 등 주어진 조건하에서 기준시점 현재 대상토지의 ㎡당 가격은 얼마인가?

- 대상토지의 인근지역에 소재하는 표준지의 공시지가: 200,000원/㎡
- 표준지공시지가의 공시기준일 이후 기준시점까지의 지가변동률: 5%
- 개별요인의 차이는 다음과 같다.

구분	표준지	대상토지
가로조건	100	90
접근조건	100	95
획지조건	100	110
환경조건	100	120
행정적조건	100	90
기타조건	100	100

풀이와 답

- $200,000 \times 1.05 \times \frac{90}{100} \times \frac{95}{100} \times \frac{110}{100} \times \frac{120}{100} \times \frac{90}{100} \times \frac{100}{100} = 213,305$원/㎡

(공시지가를 기준으로 가치를 평가할 경우 사정보정은 고려치 않음. 지역요인을 공유하는 인근지역이므로 지역요인 비교는 필요치 않음.)

15. 다음의 자료를 활용하여 공시지가기준법에 따라 대상토지의 적정가치를 구하시오.

- 대상토지 소재지: A시 B구 C동 101번지
- 대상토지의 용도지역: 제2종일반주거지역
- 대상토지의 면적: 550㎡
- 비교표준지: A시 B구 C동 170번지, 제2종일반주거지역, 공시지가 7,500,000원/㎡(공시기준일 2023.01.01.)
- 기준시점: 2023.05.01.
- 2023.01.01.~2023.05.01. 기간 동안 A시 B구의 주거지역에서는 2%의 지가상승이 나타남.
- 비교표준지는 대상토지의 인근지역에 위치함.
- 개별요인: 대상토지가 비교표준지에 비해 가로조건은 3% 우세, 접근조건은 2% 열세, 획지조건은 4% 열세, 환경조건은 5% 우세하고 다른 조건들은 동일함.

풀이와 답

- 대상토지의 ㎡당 토지단가 = $7,500,000 \times (1 + 0.02) \times 1.00$(지역요인 비교)$\times 1.03 \times 0.98 \times 0.96 \times 1.05 = 7,783,685$원/㎡
- 대상토지의 전체 가격 = $7,783,685 \times 550 = 4,281,026,750$원

16. 다음의 자료를 활용하여 거래사례비교법에 따라 대상토지의 적정가치를 구하시오.

- 대상토지 소재지: A시 B구 C동 101번지
- 대상토지의 용도지역: 제2종일반주거지역
- 대상토지의 면적: 550㎡
- 거래사례의 내역: A시 B구 C동 120번지, 제2종일반주거지역, 토지면적 450㎡, 2023.01.01.에 38억원에 매매되었고, 거래사례의 사정보정 요인은 없음.

- 기준시점: 2023.05.01.
- 2023.01.01.~2023.05.01. 기간 동안 A시 B구의 주거지역에서는 2%의 지가상승이 나타남.
- 사례토지는 대상토지의 인근지역에 위치함.
- 대상토지가 사례토지에 비해 개별요인에 있어서 3% 우세함.

풀이와 답

- $3,800,000,000 \times 1.00(\text{사정보정}) \times 1.02(\text{시점수정}) \times 1.00(\text{지역요인}) \times 1.03(\text{개별요인}) \times \frac{550}{450}(\text{면적}) = 4,879,453,333$원

17. 다음의 자료를 활용하여 대상농지와 사례농지 비교 시 개별요인 비교치(격차율)를 구하시오.

조건	항목	세항목	비교
접근조건	교통의 편이성	취락과의 접근성	대상농지가 5% 우세
		농로의 상태	대상농지가 3% 열세
자연조건	기후 등의 상태	일조, 통풍, 강수량 등	대상농지가 8% 열세
	토양, 토질 등의 상태	토양, 토질의 양부	대상농지가 5% 열세
획지조건	면적, 경사 등	경사도	대상농지가 10% 우세
	경작의 편이성	형상에 따른 장애의 정도	대상농지가 2% 우세
행정적조건	행정상 조장과 규제의 정도	용도지역	동일
기타조건	기타	장래 동향	대상농지가 5% 열세

풀이와 답

개별요인 비교치(격차율)를 구할 때 조건끼리는 곱하고 (세부)항목끼리는 더한다.

- $(1.05 + 0.97 - 1) \times (0.92 + 0.95 - 1) \times (1.10 + 1.02 - 1) \times 1.00 \times 0.95 = 0.9442$

18. 다음의 자료를 활용하여 대상부동산의 순수익(순영업소득)을 구하시오.

- 가능총소득(수익): 연 1억2천만원
- 공실손실상당액: 연 5백만원

- 대손충당금: 연 2백만원
- 유지수선비: 연 6백만원
- 재산세: 연 3백만원
- 자본적 지출액: 연 1천만원
- 관리직원 1명 인건비: 연 3천만원
- 광고선전비: 연 5백만원
- 사업에 대한 소득세: 연 1천만원

풀이와 답

- 유효총소득 = 1억2천만원 − (5백만원 + 2백만원) = 1억1천3백만원
- 순영업소득 = 1억1천3백만원 − (3천만원(인건비) + 6백만원(유지수선비) + 5백만원(광고선전비) + 3백만원(재산세)) = 6천9백만원

(자본적 지출액과 사업에 대한 소득세는 영업경비에 포함되지 않음.)

19. 다음의 자료를 활용하여 환원이율(Cap Rate; Capitalization Rate)을 구하시오.

- 총투자액: 800,000,000원
- 공실손실상당액: 연 5,000,000원
- 영업경비(OE): 연간 유효총소득(EGI)의 35%
- 가능총소득(PGI): 연 50,000,000원
- 기타 소득: 연 2,000,000원

풀이와 답

- EGI = 50,000,000 − 5,000,000 + 2,000,000 = 47,000,000원
- NOI(순영업소득) = 47,000,000 × (1 − 0.35) = 30,550,000원
- Cap Rate(환원이율) = $\frac{\text{순영업소득}}{\text{총투자액}} = \frac{30{,}550{,}000}{800{,}000{,}000} = 3.82\%$

20. 다음의 자료를 활용하여 환원이율(Cap Rate; Capitalization Rate)을 구하시오.

- 대부비율은 30%(지분비율은 70%)
- 대출조건: 이자율 연 6%, 10년 만기, 매년 원리금균등분할상환 조건
- 순영업소득: 연 54,000,000원
- 부채서비스액: 연 18,000,000원
- 저당상수(연 6%, 10년): 0.136

풀이와 답

- DCR(부채감당률)법에 따른 환원이율 = 대부비율 × DCR × 저당상수
- 환원이율 = $0.3 \times \frac{54,000,000}{18,000,000} \times 0.136 = 0.1224(12.24\%)$

21. 다음의 자료를 활용하여 대상부동산의 자본환원율(종합환원율)을 구하시오.

- 대상부동산 가격: 1,500,000,000원
- 가능총소득: 120,000,000원
- 공실과 대손손실 상당액: 6,000,000원
- 기타소득: 9,000,000원
- 영업경비: 유효총소득의 40%

풀이와 답

- 환원이율 = $\frac{\text{순영업소득}}{\text{대상부동산가격}} = \frac{(120,000,000 - 6,000,000 + 9,000,000) \times (1 - 0.4)}{1,500,000,000} = 4.92\%$

22. 다음의 자료를 활용하여 토지잔여법에 따라 건물을 제외한 토지만의 가치를 구하시오.

- 대상 복합부동산(토지+건물)의 임대료: 연간 40,000,000원
- 공실 및 불량부채 상당액: 연간 가능총소득의 10%
- 영업경비: 연간 유효총소득의 30%
- 기준시점 현재 건물의 건축비용: 200,000,000원(감가수정 없는 신축건물 전제)
- 자본수익률(토지의 자본환원율): 8%
- 건물의 경제적 내용연수는 50년이고 자본의 회수는 직선회수법에 따른다.

풀이와 답

- 대상 복합부동산 전체의 순수익(순영업소득) = 40,000,000 × (1−0.1) × (1−0.3) = 25,200,000원
- 토지의 자본환원율 = 8%
- 건물의 자본환원율 = 자본수익률 + 자본회수율

$$= 8\% + \frac{1}{50} = 10\%$$

- 건물귀속순수익 = 건물가치 × 건물 환원이율 = 200,000,000 × 10% = 20,000,000원

- 토지귀속순수익 = 전체 순수익 − 건물귀속순수익 = 25,200,000 − 20,000,000 = 5,200,000원
- 토지의 수익가치 = $\frac{\text{토지귀속순수익}}{\text{토지환원이율}} = \frac{5,200,000}{0.08}$ = 65,000,000원

23. 다음의 자료를 활용하여 대상부동산의 수익가치를 구하시오.

- 대상부동산이 100% 임대될 경우 받을 수 있는 임대료는 최대 월 10,000,000원으로 예상된다.
- 인근지역의 평균적인 공실률은 5%이다.
- 영업경비는 유효총소득의 40%를 차지한다.
- 대상부동산 전체에 적용되는 환원이율은 8%이다.

풀이와 답

- 가능총소득 = 10,000,000 × 12 = 120,000,000원
- 유효총소득 = 120,000,000 × (1 − 0.05) = 114,000,000원
- 순영업소득 = 114,000,000 × (1 − 0.4) = 68,400,000원
- 대상부동산의 수익가치 = $\frac{68,400,000}{0.08}$ = 855,000,000원

24. 다음의 자료를 활용하여 물리적 투자결합법에 따라 대상부동산 전체에 적용될 환원이율을 구하고, 이를 통해 대상부동산의 수익가치를 산정하시오.

- 유효총소득(EGI): 45,000,000원
- 영업경비(OE): 15,000,000원
- 토지가격: 건물가격 = 60% : 40%
- 토지환원이율: 8%
- 건물환원이율: 12%

풀이와 답

- 순영업소득(NOI) = 45,000,000 − 15,000,000 = 30,000,000원
- 환원이율(R) = 0.6×0.08 + 0.4×0.12 = 0.096(9.6%)
- 대상부동산의 수익가치 = $\frac{30,000,000}{0.096}$ = 312,500,000원

25. 다음의 자료를 활용하여 대상부동산의 가치를 구하시오.

- 대상부동산은 50호실을 갖춘 원룸 빌딩이다.
- 호실당 예상 임대료: 500,000원/월
- 공실 및 불량부채 충당액: 가능총소득의 5%
- 재산세: 연간 1,500,000원
- 개인 업무비: 매월 100,000원
- 건물주에 대한 급여: 매월 1,000,000원
- 수선비: 연간 1,200,000원
- 관리비(부동산 전체): 매월 600,000원
- 3년 후 예상 복귀가치: 5,000,000,000원
- 대상부동산의 향후 3년간 수익과 비용구조는 매해 동일하다고 가정
- 연금의 현가계수(3년, 5%): 2.72
- 일시불의 현가계수(3년, 5%): 0.864
- 이자율과 할인율은 연 5% 적용
- 대출과 세금 등 기타 사정은 고려치 않음.

풀이와 답

- 가능총소득 = 500,000 × 12 × 50 = 300,000,000원
- 유효총소득 = 300,000,000 × (1−0.05) = 285,000,000원
- 순영업소득 = 285,000,000 − (1,500,000 + 1,200,000 + 600,000×12) = 275,100,000원
  (개인 업무비와 건물주에 대한 급여는 영업경비에 포함되지 않음.)
- 3년간 발생하는 현금흐름의 현재가치 = 275,100,000 × 2.72 = 748,272,000원
- 3년 후 복귀가치의 현재가치 = 5,000,000,000 × 0.864 = 4,320,000,000원
- 대상부동산의 수익가치 = 748,272,000 + 4,320,000,000 = 5,068,272,000원

26. 다음의 자료를 활용하여 대상부동산의 수익가치를 구하시오.

- 순영업소득: 연 50,000,000원
- 부채서비스액: 연 10,000,000원
- 지분수익률(지분배당률): 4%
- 지분비율: 50%

풀이와 답

- 대부비율 = 1 − 0.5(지분비율) = 0.5(50%)
- DCR = 50,000,000 / 10,000,000 = 5
- 지분수익률(지분배당률) = $\frac{\text{세전현금흐름}}{\text{지분투자액}}$ → 0.04 = $\frac{50{,}000{,}000 - 10{,}000{,}000}{\text{지분투자액}}$

  → 지분투자액 = 1,000,000,000원
- 50%(지분비율) : 50%(대부비율) = 1,000,000,000 : 저당투자액

  → 저당투자액 = 1,000,000,000원
- 저당상수 = $\frac{\text{부채서비스액}}{\text{저당투자액(대출액)}} = \frac{10{,}000{,}000}{1{,}000{,}000{,}000}$ = 0.01
- DCR법에 따르면 환원이율 = 대부비율 × DCR × 저당상수

  = 0.5 × 5 × 0.01 = 0.025(2.5%)
- 대상부동산의 수익가치 = $\frac{50{,}000{,}000}{0.025}$ = 2,000,000,000원

(또는 부동산의 가치는 총투자액으로 구할 수 있고 '총투자액=지분투자액+저당투자액'이므로 1,000,000,000+1,000,000,000=2,000,000,000원을 부동산의 가치로 바로 구할 수도 있다.)

27. 다음의 자료를 활용하여 대상부동산의 가치를 구하시오.

- 원가법(원가방식)으로 구한 부동산 가치: 12억원
- 거래사례비교법(비교방식)으로 구한 부동산 가치: 18억원
- 수익환원법(수익방식)으로 구한 부동산 가치: 14억원
- 가중치: 원가방식 30%, 비교방식 40%, 수익방식 30%
- 가중치를 부여하여 시산가격을 조정한다.

풀이와 답

- 0.3×12억원 + 0.4×18억원 + 0.3×14억원 = 15억원

28. 다음의 자료를 활용하여 대상건물의 기준시점 현재의 적산가격(원가법에 의한 가치)을 구하시오.

- 준공시점: 2021.04.01.
- 기준시점: 2024.04.01.
- 준공시점 기준으로 직접공사비 7억5천만원, 간접공사비 5천만원, 개발업자의 적정이윤 1억원이 소요되었고, 이는 준공시점 당시의 적정한 공사비용으로 평가된다.
- 매년 공사비는 전년 대비 5%씩 상승
- 기준시점 현재 잔존내용연수: 47년
- 내용연수 만료 시 최종 잔존가치율: 10%
- 정액법에 따라 감가수정

풀이와 답

- 재조달원가 = (7억5천만원+5천만원+1억원) × $(1+0.05)^3$ = 10억4천1백8십6만원
- 감가수정 = $\frac{10억4천1백8십6만원 \times (1-0.1)}{47(잔존연수)+3(경과연수)} \times 3$ = 5천6백2십6만원
- 대상건물의 가치 = 10억4천1백8십6만원 − 5천6백2십6만원 = 9억8천5백6십만원

29. 다음의 자료를 각각 활용하여 순영업소득이 연 80,000,000원인 대상부동산의 수익가격(수익환원법에 의한 가치)을 구하시오.

(1)의 조건
- 토지가격: 건물가격 = 60% : 40%
- 토지환원이율: 16%
- 건물환원이율: 18%

(2)의 조건
- 부채서비스액: 연 20,000,000원
- 지분비율: 대부비율 = 70% : 30%
- 대출조건: 연 10% 이자율, 10년 만기, 매년 원리금균등분할상환
- 저당상수(10%, 10년): 0.16

풀이와 답

- (1)의 조건에 따른 환원이율 = 0.6×16% + 0.4×18% = 0.168(16.8%)

- (2)의 조건에 따른 환원이율 = 저당상수 × 부채감당률(DCR) × 대부비율

$$= 0.16 \times \frac{80,000,000}{20,000,000} \times 0.3 = 0.192(19.2\%)$$

- (1)의 조건에 따른 수익가격 = $\frac{80,000,000}{0.168}$ = 476,190,476원
- (2)의 조건에 따른 수익가격 = $\frac{80,000,000}{0.192}$ = 416,666,667원

30. 다음의 자료를 활용하여 공시지가기준법에 따라 대상토지의 가치를 평가하시오.

- 대상토지 개요: A시 B구 C동 110번지 소재, 용도지역은 일반상업지역, 이용상황은 공업용, 면적 200㎡
- 표준지공시지가(공시기준일: 2023.01.01.)와 개별요인 비교

소재지	용도지역	이용상황	개별요인 비교	공시지가(원/㎡)
A시 B구 C동 200번지	일반공업지역	공업용	대상토지가 표준지 대비 가로조건은 5% 우세, 접근조건은 5% 열세	1,500,000원
A시 B구 C동 88번지	일반상업지역	공업용	대상토지가 표준지 대비 가로조건은 3% 열세, 접근조건은 8% 우세	2,800,000원

- 가격의 기준시점: 2023.12.01.
- A시 B구의 2023.01.01.~2023.12.01. 지가변동률은 공업지역의 경우 -1% 하락, 상업지역은 +2% 상승
- A시 B구 C동은 대상토지의 인근지역에 속한다.

풀이와 답

- 88번지 공시지가 2,800,000원/㎡ × (1+0.02) × 1.00(인근지역에서 지역요인은 동일) × $\frac{97}{100} \times \frac{108}{100}$ × 200㎡ = 598,389,120원

31. 다음의 자료를 활용하여 거래사례비교법에 따라 대상토지의 가치를 평가하시오.

- 대상토지 개요: A시 B구 C동 10-1번지 소재, 용도지역은 제2종 일반주거지역, 이용상황은 주거용, 면적 270㎡
- 거래사례 내역: A시 D구 E동 190번지 소재, 용도지역은 제2종 일반주거지역, 이용상황은

주거용, 면적 300㎡, 2023.03.01.에 5억원에 거래되었고 이는 급매로 인해 정상적인 가격보다 10% 저가로 거래된 가격임.

- 기준시점: 2024.03.01.
- 2023.03.01.~2024.03.01. 지가변동률: 3% 상승
- A시 D구 E동은 대상토지가 소재하는 A시 B구 C동(인근지역)의 유사지역에 해당하고, 지역요인에 있어서 인근지역이 유사지역에 비해 6% 열세함.
- 개별요인에 있어서 대상토지가 거래사례토지에 비해 10% 우세함.
- 상승식으로 계산한다.

풀이와 답

- 5억원 $\times \frac{100}{100-10}$(사정보정) $\times$ 1.03(시점수정) $\times \frac{94}{100}$(지역요인 비교) $\times \frac{110}{100}$(개별요인 비교) $\times \frac{270}{300}$(면적 비교) = 5억3천2백5십1만원

32. 다음의 자료를 통해 해당 건물의 적산가격을 구하시오.

- 기준시점의 재조달원가: 100억원
- 경제적 내용연수: 50년
- 경과연수: 5년
- 내용연수 만료 시 잔가율: 10%
- 정액법으로 감가수정

풀이와 답

Solution ①: 100억원 − 100억원 $\times (1-0.1) \times \frac{5}{50}$ = 91억원

Solution ②:

- 매년의 감가액 $= \frac{\text{대상 건물의 감가총액}}{\text{내용연수}} = \frac{\text{재조달원가} \times (1-\text{잔가율})}{\text{내용연수}}$

$$= \frac{100\text{억원} \times (1-0.1)}{50\text{년}} = 1.8\text{억원}$$

- 감가누계액 = 매년의 감가액 × 경과연수 = 1.8억원 × 5년 = 9억원
- 현재 시점의 적산가격 = 재조달원가 − 감가누계액 = 100억원 − 9억원 = 91억원

33. 다음의 자료를 통해 A 토지의 비준가격을 구하시오.

- 동일수급권 내 유사지역의 B 토지가 2년 전 10억원에 거래됨.
- 사례인 B 토지 거래 시 급매로 인해 10% 저가로 거래됨.
- 지난 2년간 인근지역과 유사지역의 연평균 지가변동률은 + 5%임.
- 사례인 B 토지가 속한 지역이 대상인 A 토지가 속한 지역보다 5% 우세함.
- 대상인 A 토지가 사례인 B 토지보다 개별적으로 5% 우세함.
- A 토지의 면적은 90㎡, B 토지의 면적은 100㎡

풀이와 답

- 10억원 $\times \frac{100}{100-10}$(사정보정) $\times (1+0.05)^2$(시점수정) $\times \frac{100}{105}$(지역요인 비교) $\times \frac{105}{100}$(개별요인 비교) $\times \frac{90}{100}$(면적 비교) = 11억2백5십만원

34. 다음의 자료를 통해 해당 토지와 건물 전체의 수익가격을 구하시오.

- 유효총소득(EGI): 38,000,000원
- 영업경비(OE): 8,000,000원
- 토지가격: 건물가격 = 40% : 60%
- 토지환원이율: 5%
- 건물환원이율: 10%

풀이와 답

- 순영업소득(NOI) = 38,000,000 − 8,000,000 = 30,000,000원
- 종합환원이율(R) = 0.4 × 0.05 + 0.6 × 0.1 = 0.08(8%)
- 수익가격 = $\frac{30,000,000}{0.08}$ = 375,000,000원

참고 | 화폐의 현재가치 설명

우리가 현재 1억원을 가지고 있다고 할 때, 1년 후에 이 1억원의 가치는 얼마일까요? 연이율이 10%라고 가정한다면 1년 후에는 1억원+(1억원×0.1)이 될 것이고, 이는 1억원×(1+0.1)이라고 표현할 수 있을 것입니다. 1년 후에는 원금보다 늘어난다 하여 이를 할증이라고 합니다.

그렇다면 1년 후의 1억원×(1+0.1)의 가치를 그 1년 전인 현재가치로 바꾸면 $\frac{1억원\times(1+0.1)}{(1+0.1)}$=1억원이 될 것입니다.

이와 마찬가지로 만약 1년 후의 1억원을 현재가치로 바꾼다면 $\frac{1억원}{(1+0.1)}$이 될 것이고, 이는 대략 90,909,091원 정도입니다. 1년 후의 1억원의 가치는 현재시점의 90,909,091원의 가치와 같다는 뜻입니다. 현재가치는 1년 후의 미래가치보다 줄어든다 하여 이를 할인이라고 합니다.

이를 일반적으로 표현하면 1년 후의 A원의 현재가치는 $\frac{A}{1+r}$이고, 2년 후의 A원의 현재가치는 $\frac{A}{(1+r)^2}$, 3년 후의 A원의 현재가치는 $\frac{A}{(1+r)^3}$, n년 후의 A원의 현재가치는 $\frac{A}{(1+r)^n}$이 될 것입니다.[104] 또한 현재 A원의 1년 후의 가치는 A×(1+r), 2년 후의 가치는 A×$(1+r)^2$, 3년 후의 가치는 A×$(1+r)^3$이 됩니다.[105] 이때 r은 할인율 또는 시장이자율이고, 위의 예에서는 연이율 10%가 이에 해당합니다.

35. 당신은 인근지역에서 거래사례를 포착하였는데, 당해 사례는 매수자가 건물을 철거하기로 계약하고 다음과 같이 지불한 사례이다.[106] 사례토지의 거래시점 당시 ㎡당 적정가격은 얼마인가? 또한 만약 철거비를 매도자가 부담하기로 하였다면 ㎡당 적정가격은 얼마인가?

- 토지면적: 520㎡
- 거래가격: 1억원
- 철거비: 5백만원
- 폐재가치: 1백만원

104) 시간이 지날수록 할인의 폭↑

105) 시간이 지날수록 할증의 폭↑

106) 예를 들어, 평가대상인 A토지의 가치를 구하기 위해 비교사례인 B토지의 1억원 거래사례를 포착하였는데, B토지 위에는 철거대상인 낡은 건물이 있었을 때 이러한 거래 시 개입된 사정을 보정하여 B토지 거래 당시의 정상가격(적정가격)을 찾아야만 이와 비교하여 A토지의 진정한 가치를 구할 수 있을 것이다.

풀이와 답

(1) 철거비 매수자 부담 시 적정가격 = 거래사례사격 + (매수자 부담 철거비 − 폐재가치)[107]

(100,000,000 + 5,000,000 − 1,000,000) ÷ 520 = 200,000원/㎡

(2) 철거비 매도자 부담 시 적정가격

100,000,000 ÷ 520 ≒ 192,000원/㎡

36. 당신은 토지의 가치를 평가하기 위해 다음과 같은 거래사례를 수집하였는데, 거래사례를 살펴보니 은행으로부터 대출을 받아 매입한 사례이다.[108] 다음 자료를 토대로 거래시점 당시 거래사례의 적정가격을 산정하시오.

〈거래사례자료〉

- 매수자는 매도자에게 4천만원을 먼저 지급하고, 나머지 잔금은 은행으로부터 대출받아 1년 후에 지급하기로 계약하였다. 매수자는 은행으로부터 6천만원을 대출받기로 하였다.
- 시중은행의 이자율은 연 10%이다. 이를 할인율로 적용한다.

풀이와 답

- 40,000,000 + 60,000,000 ÷ (1 + 0.1) ≒ 94,545,000원

  ↳1년 후 6천만원의 현재가치

37. 가격시점의 재조달원가가 500,000원/㎡이고 내용연수가 50년인 철근콘크리트조 슬래브지붕 3층 건물(연면적 1,500㎡)의 적산가격(원가법에 의한 가격)을 산정하시오. 다만, 건축물대장상 사용승인일자는 2012년 10월 15일이고 가격시점은 2017년 9월 1일이며, 감가수정은 정액법으로 하되 내용연수 만료 시 잔가율은 10%이다(사용승인일자를 기준으로 만년감가하여 적산가격을 산정).

---

107) 철거비에서 폐재가치를 뺀 것이 순철거비이고, 매수자가 순철거비를 부담키로 했다면 매수자는 해당 토지를 1억원이 아닌 순철거비 400만원만큼 더한 1억400만원에 산 것이다.

108) 예를 들어, 평가대상인 A토지의 가치를 구하기 위해 비교사례인 B토지의 1억원 거래사례를 포착하였는데, B토지 매매대금 1억원이 일시에 지급된 것이 아니라 4천만원만 거래시점에 지급하고 나머지 6천만원은 1년 후에 지급하는 조건이라면 이는 거래시점에 1억원 일시불 조건보다 매도자에게는 불리한 조건이다. 따라서 1년 후 6천만원을 10%로 할인하여 현재가치로 바꿔줌으로써 이러한 사정을 보정하여 B토지 거래 당시의 정상가격(적정가격)을 찾아야만 이와 비교하여 A토지의 진정한 가치를 구할 수 있을 것이다.

풀이와 답

- 적산가격 = 재조달원가 − 감가수정
- 매년의 감가액 = $\frac{재조달원가 \times (1-잔가율)}{내용연수}$
- 감가수정(감가누계액) = 매년의 감가액 × 경과연수

Solution ①:

- 가격시점의 재조달원가: 500,000 × 1,500 = 750,000,000원
- 가격시점까지 누적된 감가수정액: $750,000,000 \times (1-0.1) \times \frac{4}{50}$[109] = 54,000,000원
- 적산가격: 750,000,000 − 54,000,000 = 696,000,000원

Solution ②:

- $500,000 \times \{1-(1-0.1) \times \frac{4}{50}\} \times 1,500$ = 696,000,000원

38. 대상건물은 건축연면적이 500㎡이고 준공된 지 5년이 경과한 철근콘크리트조의 5층 건물로 매년 건축비상승률은 5% 정도인 것으로 조사되었다. 다음의 자료를 활용하여 대상건물의 가격을 산정하시오(재조달원가를 산정하고 정액법으로 감가수정하여 적산가격을 산정).

〈자료 1〉 대상물건자료

- 가격시점은 현재이고 내용연수 만료 시 잔가율은 10%이다.

〈자료 2〉 신축 당시 재조달원가[110]

구분	목조	조적조	철골조	철근콘크리트조
재조달원가(원/평)[111]	1,300,000	1,500,000	1,200,000	1,800,000

〈자료 3〉 경제적 내용연수

목조	조적조	철골조	철근콘크리트조
40년	45년	40년	50년

109) 사용승인일이 2012년 10월 15일이면 2017년 10월 15일이 되어야 만 5년이 경과된 것이고, 2017년 9월 1일에는 아직 경과연수가 만 4년에 불과하다(만년감가).

110) 신축 당시의 재조달원가이므로 이를 가격시점으로 환산할 필요가 있다.

111) 이는 평당 재조달원가이므로 ㎡당 재조달원가로 환산할 필요가 있다. 1평=$\frac{400}{121}$㎡, 1㎡=$\frac{121}{400}$평

풀이와 답

Solution ①:

- 가격시점(현재시점) 재조달원가: $\underline{1,800,000 \times \frac{121}{400}} \times 1.05^5 \times 500 \fallingdotseq 347,468,000$원

  ↳현재시점 ㎡당 재조달원가

- 감가수정: $347,468,000 \times (1-0.1) \times \frac{5}{50} \fallingdotseq 31,272,000$원
- 적산가격: 347,468,000원 − 31,272,000원 = 316,196,000원

Solution ②:

- 적산가격: $1,800,000 \times \frac{121}{400} \times 1.05^5 \times 500 \times \{1-(1-0.1) \times \frac{5}{50}\} \fallingdotseq 316,196,000$원

39. 당신은 다세대주택을 지어 그 구분소유권을 분양하기 위한 건축용지로 사용하기 위해 구입한 토지의 적정가격을 알아보고자 부동산전문가 K에게 가치평가를 의뢰하였다. 이에 따라 K는 다음 자료의 건축설계안을 기준[112]으로 하여 ㎡당 토지가격을 적산가격으로 산정하려고 한다(분양개발법[113]으로 평가). K는 얼마를 적정가격으로 산정하여야 하나?

〈자료 1〉 건축예정주택

- 철근콘크리트조 4층, 토지면적 800㎡, 건축연면적 2,400㎡

〈자료 2〉 분양예정면적과 분양가

- 전용면적(분양면적) ㎡당 330,000원[114](단, 전용면적은 건축연면적의 80%로 함.)

〈자료 3〉 필요경비 등

(1) 건축공사비[115]: 136,000원/㎡(다만 공사부담금, 일조보상 등은 발생하지 않는 것으로 확인되었으며, 공사비 지불은 공사착공 시, 공사중간 시, 공사준공 시에 각각 1/3씩 지불하는 것으로 함.)

(2) 판매관리비는 총분양가격의 1%

---

112) 부동산 가치의 전제는 최유효이용이다. 최유효이용은 합리성, 합법성, 물리적 채택가능성, 최대수익의 실현가능성(경제적 타당성) 등을 종합적으로 고려하여 결정한다. 이 문제에서는 건축법, 용도지역, 도로조건이나 시장상황 등을 종합 고려한 결과 건축설계안과 같은 다세대주택을 건축하여 분양하는 것이 해당 토지의 최유효이용이라 판단한 것으로 가정한다.

113) 총분양가액 − 총개발비용 = 나대지 가치

114) 시장분석(수요 · 공급 분석) 결과

115) 물가를 고려하고 건축법이나 방화지구 등 각종 규제를 감안하여 공사비를 산정한다.

(3) 정상이윤[116]은 총분양가격의 10%

(4) 공사기간은 2년(준공 즉시 분양완료되는 것으로 함.)

(5) 금리는 연 9%(할인율도 연 9%로 함.)

〈자료 4〉 $1.09^2 = 1.1881$, $\frac{1}{1.09} = 0.9174$, $\frac{1}{1.09^2} = 0.8417$

풀이와 답

(1) 총분양가액의 현재가치

- $330,000 \times 2,400 \times 0.8 \times \frac{1}{(1+0.09)^2}$[117] ≒ 533,288,000원

(2) 총공사비 등 필요경비의 현재가치

- 총공사비: $136,000 \times 2,400 \times \frac{1}{3} \times \{1 + \frac{1}{(1+0.09)} + \frac{1}{(1+0.09)^2}\}$[118] ≒ 300,190,000원
- 정상이윤 및 판매관리비: 533,288,000 × (0.1 + 0.01) ≒ 58,662,000원
- 합계: 358,852,000원

(3) 토지전체가격 산정

- 533,288,000원 − 358,852,000원 = 174,436,000원

(4) ㎡당 토지가격 산정

- 174,436,000원 ÷ 800㎡ = 218,000원/㎡

40. 연간 (상각 전) 임대수익 50,000,000원을 발생시키는 복합부동산(=토지+건물)이 있다. 다음 자료를 이용하고 토지잔여법을 적용하여 토지만의 순수익과 수익가격을 평가하시오.

〈자료 1〉 대상부동산 자료

(1) 대상부동산의 건물은 2년 전에 신축한 건물로서 당시 건축비는 100,000,000원으로 일반적이고 표준적인 건축비이다.

---

116) 정상이윤이란 기업가로 하여금 동일한 상품을 계속 생산하게 하는 유인이 되는 충분한 정도의 이윤을 말한다. 해당 업종에 계속 종사하기 위해 최소한 이 정도는 벌어야 한다는 이윤의 수준이고, 일종의 잠재적 '비용' 또는 기회'비용'의 개념이다.

117) 전체 분양가액은 가격시점(현재)으로부터 2년 후 일시에 발생하므로 이를 현재가치로 할인해야 한다.

118) 가격시점(현재)에 전체 공사비의 1/3을 지불하고 1년 후에 1/3, 2년 후에 나머지 1/3을 지불하는 조건이므로 1년 후에 발생하는 공사비와 2년 후에 발생하는 공사비를 각각 현재가치로 할인해야 한다.

(2) 건축비 상승률은 연간 10%이다.

〈자료 2〉 기타자료[119)]

(1) 건물의 (상각 전) 환원이율은 20%이다.

(2) 토지의 환원이율은 18.2%이다.[120)]

(3) 감가수정은 정액법, 내용연수는 50년이며, 건물 내용연수 만료 시 잔가율은 10%이다.

풀이와 답

(1) 토지귀속순수익

- 건물가격: $\underline{100,000,000 \times 1.1^2} \times \{1-(1-0.1)\times\frac{2}{50}\} \fallingdotseq 116,644,000$원

  ↳현재시점 재조달원가

- 건물귀속순수익: $\underline{116,644,000} \times \underline{0.2} = 23,329,000$원

  ↳건물가격 ↳건물 R

- 토지귀속순수익: $\underline{50,000,000} - \underline{23,329,000} = 26,671,000$원

  ↳전체 순수익 ↳건물귀속순수익

(2) 토지의 수익가격

- $\underline{26,671,000} \div \underline{0.182} \fallingdotseq 146,544,000$원

  ↳토지 순수익 ↳토지 R

---

119) 복합부동산 환원이율(R)=$\frac{\text{복합부동산 순수익}}{\text{복합부동산 가격}}$, 건물 환원이율(R)=$\frac{\text{건물 순수익}}{\text{건물 가격}}$, 토지 환원이율(R)=$\frac{\text{토지 순수익}}{\text{토지 가격}}$. 시장에서 수많은 순수익과 가격 사례를 추출하여 환원이율(R)을 산정한다. 일반적으로 '토지 R〈 건물 (상각 전) R', '$\frac{\text{토지 순수익}}{\text{토지 가격}}$ 〈 $\frac{\text{건물 (상각 전) 순수익}}{\text{건물 가격}}$'이다. 이는 똑같은 순수익이 발생하는 토지와 건물 중 토지의 가치가 더 크다(=똑같은 가격의 토지와 건물 중 건물에서 발생하는 순수익이 더 크다)는 것을 뜻한다. 건물은 감가상각이 되므로 건물 순수익 중 일부를 감가상각을 대비하여 쌓아놓아야 하기 때문에 건물의 (상각 전) 순수익은 감가상각액만큼 토지 순수익보다 높아야 한다.

→ ∴건물의 (상각 전) R = 토지 R + 감가상각률, 건물의 상각후 R = 토지 R

→ ∴건물의 (상각 전) 환원이율(R)은 감가상각률만큼 토지 환원이율(R)보다 높다.

120) 건물의 (상각 전) 환원이율 20%와 토지의 환원이율 18.2%의 차이인 1.8%가 대상건물의 연간 감가상각률이다.

제2편

부 록

1. 부동산(토지)의 여러 가지 특성

부동산 특히 토지는 일반적인 재화에 비해 고유한 특성이 있고, 그에 따라 토지시장은 일반적인 시장과는 다른 특수성을 나타낸다. 이러한 토지의 특성은 다시 자연적 특성과 인문적 특성으로 구분할 수 있다.

토지의 자연적 특성은 인간의 행위와는 관계없이 토지 자체가 선천적 · 본원적으로 갖는 절대적 · 물리적인 특성이다. 이는 시대와 장소에 관계없이 고정적이고 불변 · 경직적인 특성이다.

반면 토지의 인문적 특성은 인간이 부동산 활동을 통해 인위적으로 토지에 부여한 특성(토지+인간)이다. 이는 후천적 · 인위적 특성이며 인간과 부동산의 관계로부터 파생되기 때문에 시대와 장소에 따라 가변적 · 신축적인 특성이다.

이 중 토지의 자연적 특성이 부동산 활동이나 부동산 현상에 큰 영향을 미치고, 특히 토지시장의 특수성은 이러한 토지의 자연적 특성에서 기인한다.

토지의 인문적 특성은 고정적이고 경직적인 토지의 자연적 특성을 신축적으로 완화시켜주는 역할을 한다. 자연적 특성으로 인해 물리적으로 불가능한 제약들이 인문적 특성으로 인해 경제적 · 용도적으로는 가능해지기도 한다.[1)]

1) 토지의 자연적 특성

(1) 부동성(지리적 위치의 고정성, 비이동성)

토지의 지리적 위치는 인간의 힘으로는 이동할 수 없는 고정된 것이므로 토지를 둘러싼 주변 환경들이 끊임없이 토지의 가치 · 이용방식 · 입지선정 등에 영향을 미친다(외부효과).

부동성은 부동산 가치(가격)의 제 원칙 중 적합의 원칙과 외부성의 원칙의 근거가 되며 경제적 감가의 원인이 되기도 한다. 이는 부동산과 동산의 구별 근거이면서 법적으로 양자의 공시방법을 달리하는 이유이기도 하다(부동산은 등기, 동산은 점유).

부동산 중 건물 역시 토지에 고착되어 부동성의 특성이 있지만, 건물의 경우에는 이축기술이나 조립식 주택 등의 건축기술의 발전으로 인해 이동가능성이 생기고 있다.

---

1) 예를 들어, 물리적(자연적)으로는 부동산(토지)의 공급증가가 불가능하지만, 경제적(인위적)으로는 부동산(건물)의 공급증가가 가능하다.

부동성으로 인해 부동산 활동과 부동산 현상은 지역적 · 국지적으로 특화되고 인접성과 함께 지역분석이 필요한 근거가 된다. 또한 토지를 비롯한 부동산 시장이 지역적으로 세분화되어 여러 개의 Sub-Market(하위시장 · 부분시장 · 국지시장)으로 존재함에 따라 거래관행이나 제도, 지대와 임료 등이 지역마다 다르게 결정된다.

또한 같은 지역이라 하더라도 부동산의 위치, 규모, 용도 등에 따라 다시 여러 개의 부분시장으로 세분된다.

따라서 부동산에 투자하기 위해서는 부동산 시장의 전반적인 동향 못지않게 해당 부동산이 속하는 부분시장별로 세부적인 분석이 필요하다. 이렇게 부분시장을 세분화할수록 분석의 정확성이 높아진다. 이에 따라 지역사정에 정통한 중개사에 대한 필요성이 대두된다.

다만 교통과 통신의 발달이 토지의 지역성과 국지성을 완화시킴으로써 지역적 · 국지적 경계가 보다 광역화되는 경향이 있다.

부동성으로 인해 견본거래나 진열거래 등을 할 수 없으므로 부동산 활동은 필연적으로 임장활동일 수밖에 없고, 부동산 시장이 추상적인 시장이 됨에 따라 정보에 의한 거래가 요구된다. 즉 부동산이 거래되는 시장은 구체적인 물건이 거래되는 시장이라기보다는 추상적인 권리가 거래되는 추상적 시장이라 할 수 있다.

토지의 부동성은 토지의 개별성(이질성)을 성립시키고 부동성, 부증성, 개별성 등의 특성으로 인해 부동산 시장은 불완전경쟁시장이 된다. 이로써 시장에서의 균형가격 성립이 어려워지고 자원의 효율적 배분이 이루어지지 않으므로 정부개입 및 감정평가의 필요성이 제기된다. 또한 토지의 부동성, 부증성, 개별성 등의 특성은 토지의 사회성 · 공공성이 강조되도록 한다.

토지는 움직일 수 없으므로 법제도적 규율대상이 되기 용이하며 이를 규율하는 토지관계제도가 복잡하게 나타난다. 이에 따라 부동산 특히 토지 시장 자체에 대해 여러 가지 법적 제한이 과다하게 부과되고 있다. 토지 시장에 대한 법적 제한으로는 토지거래허가제 등의 각종 거래의 제한과 개발행위허가제 등의 각종 이용 · 개발의 제한 등이 있다.

(2) 부증성(비생산성, 면적의 유한성)

생산이 가능한 일반 재화와 달리 토지는 생산비를 투입하여도 물리적인 절대량(공급량)을 증가시킬 수 없다는 특성이다. 매립지, 간척지, 조성지(용도전환을 통한 택지조성) 등의 경우에도 물리적인 절대량이 증가하는 것이 아니라 토지자원의 용도전환 내지 유용성이 증대되는 것으로 본다. 즉 토지의 경우 물리적 부증성의 예외는 없다.

부증성으로 인해 토지가 물리적으로 증가할 수 없다는 점은 한정된 토지의 최유효이용이 필요한 근거가 된다.

건물은 토지와 달리 신축 · 재축 · 증축 등을 통한 생산 및 재생산 가능성이 있는 인위적인 축조물이다. 따라서 건물에 부증성이 있는 것은 아니지만 건물도 수요가 있다고 해서 시장에 즉각적으로 공급될 수는 없으므로(공급의 시차) 건물 공급도 가격에 대해 비탄력적이다. 이런 점에서 건물도 어느 정도는 부증성이 있다고 할 수 있다.

부증성에 따라 생산을 통한 토지의 물리적 공급은 불가능하나 용도전환[2], 유용성 증대[3] 등 용도적 · 개발적 관점에서의 경제적 공급은 가능하다(용도의 다양성). 한정된 물리적 절대량(공급량) 내에서 유용성이 더 큰 용도로 토지 이용의 전환과 이행이 발생한다.

생산을 통해 실질적 공급이 늘어나는 일반재화와 달리 토지시장에서의 공급이란 토지의 보유자가 시장에 팔기 위해 내놓는 것을 뜻하는 보유공급을 의미한다.

부증성에 따라 토지의 물리적 공급곡선은 수직선이 되고 토지의 물리적 공급은 가격에 대해 완전비탄력적이다. 다만 경제적 공급곡선은 우상향하고 가격에 대해 탄력적이다.

부증성으로 인해 토지시장에서의 수급조절이 곤란해지고 시장에서의 균형가격 성립이 어려워짐에 따라(가격의 왜곡 발생) 정부개입과 감정평가의 필요성이 제기된다.

토지는 생산되지 않는 재화이므로 생산비가 가격을 결정한다는 생산비 법칙이 적용되지 않고 원칙적으로 감정평가 시 재생산을 전제로 하는 원가방식을 적용할 수 없다. 다만 토지의 경우에도 매립지, 간척지, 조성지 등은 예외적으로 원가방식을 통해 평가할 수 있다.[4]

토지의 부증성은 토지의 부족문제를 야기하여 지가 앙등이나 지대 · 불로소득 발생 등 여러 가지 부동산 문제의 근본원인이 된다. 이에 따라 토지 이용과 개발에 있어서 사회성 · 공공성이 요구되며 때로는 토지공개념 확대를 요구하는 원인이 되기도 한다.

부증성에 따라 토지의 공급은 한정되는 데 비해 도시화 · 산업화, 인구증가와 경제성장 등으로 인해 토지의 수요가 급증하여 토지의 상대적 희소성은 더욱 증대된다. 따라서 토지시장에서는 공급자 경쟁보다 수요자 경쟁(공간수요의 입지경쟁)이 발생하기 쉽고 집약적 토지이용의 필요성이 증대된다.

---

2) ex. 농지 · 임야 등 ⇒ 택지

3) 예를 들어, 용적률 · 건폐율 등이 상향되어 단층 건물을 보다 큰 10층 건물로 바꿀 수 있게 되면 토지의 유용성은 증대된다.

4) 토지의 가치를 원가방식으로 평가하는 방법으로 ① 조성원가법과 ② 분양개발법이 있다. 조성원가법은 현재의 그 토지를 형성하기 위해 과거에 투입된 비용을 현재가치화하여 합산하는 방법이고, 분양개발법은 현재 토지에 개발비용을 투입했을 때 조성되는 미래의 토지를 가정한 후 그 미래의 토지가치에서 투입되는 개발비용을 공제하여 현재의 토지가치를 구하는 방법이다.

부증성으로 인해 부동산은 상당한 자본이 필요한 고가품이 되고(지가고의 문제 발생) 투자의 대규모성을 띠게 된다. 이에 따라 부동산 시장은 진출입이 어렵고 자본시장에서의 자금조달가능성과 깊은 관련을 맺게 된다. 예를 들어 자본시장에서의 이자율 하락은 개발비용을 낮추어 부동산 공급을 증가시킴과 동시에 부동산 투자의 기회비용을 낮추고 수요자의 구매력을 향상시켜 수요를 증가시킨다.

(3) 영속성(불변성, 비소모성)

토지는 일반 재화와 달리 시간의 흐름이나 사용에 의해 소모되거나 마멸되지 않는다는 특성이다. 영속성으로 인해 토지는 물리적 감가가 발생하지 않는 비상각자산이 된다.

토지는 부증성으로 인해 재생산이 되지 않고 영속성으로 인해 감가되지 않으므로 원칙적으로 감정평가 시 원가방식을 적용할 수 없다. 예외적으로 조성지 등 토지의 가치를 원가방식으로 평가할 때에도 감가수정은 불필요하다. 즉 토지는 물리적 감가의 대상이 아니다.

다만 토지의 경우에도 기능적 감가와 경제적 감가는 발생할 수 있다.

영속성에 따라 토지 수익의 유용성은 무한하므로 부동산의 가치(Value)는 장래 기대되는 편익을 현재가치로 환원한 값으로 정의된다. 또한 영속성이 있으므로 장기투자를 통해 자본이득과 소득이득을 얻을 수 있다.

내용연수 동안 물리적 감가가 발생하는 건물은 비영속적인 데 비해, 토지는 수익 등 유용성이 영속적이므로 토지의 가치를 수익환원법으로 평가할 때에는 직접환원법으로 평가한다. 반면 건물의 가치를 수익환원법으로 평가할 때에는 직선환원법(직선법)[5]으로 평가한다.

재개발 등을 통해 토지의 영속적인 이용이 가능해지고 영속적인 토지의 개별적 요인이 비영속적인 건물의 이용을 지배한다(토지의 지배성과 건물의 종속성). 건물은 비영속적이지만 다른 재화에 비해 내구성이 있고 때로는 건물의 특성이 토지의 특성을 지배하기도 한다. 즉 토지 위에 고착되어 축조되는 건물이 무엇인지에 따라 그 토지의 용도가 결정되므로 건물이 그 정착된 토지를 개별적으로 지배하는 특성을 가진다고 볼 수도 있다.

부증성으로 인해 공급이 증가하지 않을 뿐만 아니라 영속성으로 인해 소모되거나 감가되지도 않으므로 가격이 상승 또는 하락하더라도 토지 공급의 증감은 매우 비탄력적이다. 이는 미분양이 장기간 지속되는 원인이 되기도 한다. 만약 미분양 시 가격이 하락하고 공급이 탄력적으로

5) 직선환원법은 일정 기간 동안의 자본회수를 전제로 한다.

감소한다면 미분양이 장기화되지 않을 것이다.

토지는 영속적이므로 안전하고 가치보존력이 뛰어난 투자대상으로 인식된다. 영속적인 소유의 이익과 일시적인 사용의 이익이 분리될 수 있으므로 임대차 시장이 잘 발달된다.

부증성, 영속성 등으로 인해 토지시장은 원칙적으로 재고시장에 해당하고 주택시장에서 중고주택시장(재고시장)이 활성화될 수 있다.

영속적인 토지로 인해 유지 · 관리 등의 부동산 활동에 있어서 장기적 배려가 요구되며 영속성은 부동산 가치(가격)의 제 원칙 중 예측의 원칙의 근거가 된다.

영속성과 함께 중과세 등 부동산의 단기거래를 제한하는 제도적 특성으로 인해 부동산 매매와 공급(개발)기간은 장기성을 띤다. 부동산 투자는 기본적으로 투자자금을 회수하기까지 장기간이 소요될 수밖에 없으므로(투자의 고정성) 그 기간 동안의 경제환경 변화에 취약하고 유동성, 환금성 등에서 곤란한 측면이 있다.

또한 부동산 공급(개발)에는 계획의 수립, 부지의 확보, 인허가, 건축 등 완성에 이르기까지 많은 시간이 소요되고 공급의 시차가 발생하므로 단기적으로 시장에 불균형이 발생할 가능성이 크다. 즉 시장에서 공급이 부족하더라도 실제로 공급이 충분히 이루어지기까지는 오랜 시간이 걸린다. 이 또한 부동산 시장에서 가격의 왜곡을 발생시키고, 이에 따라 정부개입의 필요성이 제기된다.

참고 | 물리적 감가, 기능적 감가, 경제적 감가

1. 물리적 감가요인

계속적 사용과 시간의 경과 등에 따른 마멸 및 훼손, 우발적인 사건에 따라 발생하는 손상 등이다.

2. 기능적 감가요인

유용성 감소, 기능의 진부화, 내부구성요소의 불균형, 건물과 부지의 부적응(배치의 부조화, 비효율적인 건폐율 등), 구조 · 자재 · 설계 등의 결함, 설비의 부족 또는 과잉, 디자인의 낙후성, 형식의 구식화 등이다. 예를 들어 지하주차장이 없는 것과 같이 아파트 설계가 진부화된 경우가 이에 해당한다. 부동산 가치(가격)의 제 원칙 중 균형의 원칙과 관련된다.

물리적 감가요인과 기능적 감가요인은 내부적 · 기술적 감가요인이다. 물리적 감가와 기능적 감가는 일반적으로 개 · 보수 등을 통해 치유가 가능하나 개 · 보수로 인한 가치상승분이 개 · 보수비용보다 작은 경우에는 치유불가능한 감가에 해당한다.

3. 경제적 감가요인

인근지역의 쇠퇴, 부동산과 인근환경과의 부적합, 시장성 감퇴, 교통 혼잡, 위험 · 혐오시설과의 인접 등이다. 토지의 자연적 특성 중 인접성에 기인하는 것이다. 외부적 · 위치적 감가요인이라고도 하며 부동산 가치(가격)의 제 원칙 중 적합의 원칙, 외부성의 원칙과 관련된다.

해당 부동산 자체의 하자가 아닌 해당 부동산과 그것이 위치하고 있는 부근의 환경과의 관계에 따른 감가요인이므로 개 · 보수나 부가물 설치 등을 통해 치유되지 않는다. 즉 치유불가능한 감가에 해당한다.

물리적 감가가 전혀 없는 토지나 신축건물의 경우에도 기능적 감가와 경제적 감가는 가능하다.

참고 | 직접환원법과 직선환원법

수익환원법에서 순수익을 환원하여 가치를 평가할 때 그 순수익이 토지와 같은 영속적인 자산으로부터 발생하는지 아니면 건물과 같은 비영속적인 자산으로부터 발생하는지에 따라 ① 직접환원법(직접법)과 ② 직선환원법(직선법)으로 구분된다. 그 밖에 토지+건물의 복합부동산에 적용되는 ③ 상환기금법과 ④ 연금법도 있다.

이들 네 가지 수익환원법은 모두 순수익이 계속적으로 일정액씩 발생하는 것을 전제하므로 순수익이 체증 내지 체감할 것으로 예상되는 경우에는 조정된 환원이율을 통해 적절히 반영해야 한다. 순수익이 체증할 것으로 예상되는 경우에는 환원이율을 낮게 조정[6]하고, 향후 체감할 것으로 예상되는 경우에는 그 위험을 반영하여 환원이율을 높게 조정[7]한다.

1. 직접환원법(직접법)

대상부동산의 순수익(순영업소득)을 상각률을 고려하지 않은 환원이율로 직접 환원하여 수익가격을 구하는 방법이다. 토지와 같이 감가상각이 되지 않아서 투하자본 회수가 불필요한 비상각자산에 적용된다.

- 수익가격 = $\frac{\text{순수익}}{\text{환원이율}}$

2. 직선환원법(직선법)

매년 일정액을 감가상각액으로 자본회수한다는 정액법을 전제로 하여 대상부동산의 1년차 순수익(순영업소득)을 '상각률을 가산한 환원이율'로 환원하여 수익가격을 구하는 방법이다. 건물과 같이 내용연수가 한정되고 감가상각이 이루어짐에 따라 투하자본 회수가 필요한 상각자산에 적용된다.

---

6) 환원이율을 낮게 조정하면 가치는 상승하게 된다.
7) 환원이율을 높게 조정하면 가치는 하락하게 된다.

• 수익가격 = $\frac{\text{순수익(상각 전)}}{\text{환원이율} + \text{상각률}}$, 상각률 = $\frac{1}{\text{잔존내용연수}}$

동일한 순수익을 전제했을 때, 직접법에 의한 가치(ex. 토지가치)가 직선법에 의한 가치(ex. 건물가치)보다 더 높게 산정된다. 직접법에서는 순수익을 환원이율로만 나누지만 직선법에서는 환원이율에 (감가)상각률까지 더한 값으로 나누어 수익가격을 구하기 때문이다.

(4) 개별성(이질성, 비동질성, 비대체성)

물리적으로 완전히 동일한 토지는 없다는 특성이다. 모든 토지는 부동성으로 인해 물리적 위치나 특성이 각각 다르고 부동산 가치(가격)의 제 원칙 중 대체의 원칙이 적용되기 어려워진다. 즉 개별성은 부동성에서 파생된다.

개별성에 따라 여러 토지에 공통되는 원리나 이론을 도출하기 쉽지 않고, 비교방식(거래사례비교법)의 적용이 어려워지며 비교방식 적용 시에는 개별분석이 반드시 필요하다.

토지와 달리 건물은 동일한 형태나 구조 및 규격의 건물을 생산함으로써 동질성(대체가능성)을 가질 수 있다.

개별성으로 인해 모든 토지는 물리적인 대체가 불가능하지만 인접성으로 인해 인근지역 등에서 용도적 · 경제적 대체는 가능하다. 용도적 · 경제적 대체가 가능한 토지들 간에는 유사한 가격수준이 형성되고 이렇게 대체 가능한 토지들이 존재하는 범위를 동일수급권이라 한다.

개별성 및 지리적 위치의 고정성으로 인해 표준화와 대량생산이 불가능하므로 부동산 특히 토지시장에서는 일물일가의 원칙이 배제되고 불완전경쟁시장이 된다. 즉 개개의 부동산이 독점화된다. 이에 따라 시장에서 균형가격의 성립이 어려우므로 부동산 감정평가의 필요성이 제기된다.

그러나 아파트 등의 건물은 인위적인 생산물이므로 어느 정도 표준화 및 규격화가 가능하다. 이에 따라 동일한 아파트 내의 각 호는 층수 등에 따른 약간의 차이가 나타날 수는 있지만 대체적으로 동일한 수준에서 그 가격이 형성되는 경향이 있다.

개별성은 부동산 활동이나 현상을 개별화시키고 감정평가에서 개별분석 및 권리분석의 근거가 된다. 그리고 부동산의 가격, 임료, 감가 등이 그 개별적 특성에 따라 개별화 · 구체화되는 원인이 된다. 개별성으로 인해 부동산 간 비교와 표준지 선정 등이 어려워짐에 따라 감정평가 시 가치판단기준을 객관화하기 어렵게 된다.

또한 개별성은 각각의 토지마다 최유효이용의 모습이 달라지게 한다.

부동산의 개별성 및 사회적 통제나 관행에 따라 부동산 시장에서는 거래사실이나 그 구체적 내용(거래가격과 계약조건 등)이 비공개되는 경향이 있다(은밀성). 이로 인해 완전한 정보가 공개되는 완전경쟁시장에 비해 가격이 불합리하게 왜곡될 수 있다.

이는 부동산 투자에 있어서 자료와 정보수집활동이 어려우면서도 중요한 이유이다. 이로써 거래비용이 상승하기도 한다. 이러한 문제는 최근 실거래가 공시제도 등으로 보완되고 있다.

개별성은 부동성과 함께 작용하여 부동산 시장을 정보시장으로 만든다.

개별성과 거래의 비공개성으로 인해 거래에 필요한 정보수집이 쉽지 않을 뿐만 아니라 매도인과 매수인 간에 주어지는 정보도 각각 다르게 된다. 이를 정보의 비대칭성 · 불균형성이라 한다.

예를 들어 부동산을 팔려고 하는 매도인은 그 건물의 하자나 층간 소음과 같은 문제점에 대해 잘 알고 있지만 매수인으로서는 이러한 점들을 제대로 파악하기 쉽지 않다. 따라서 특히 매수인으로서는 정보수집활동에 많은 시간과 비용이 소요되고 공인중개사 등 중간자의 역할이 중요하게 된다.

부동산 시장이 완전경쟁시장으로 작동하려면 시장 참여자 간 정보의 대칭성과 균형성을 높여야 한다.

개별성으로 인해 부동산 시장에서는 상품의 비표준성, 유통기구의 비조직성 등의 특징이 나타난다.

(5) 인접성(연결성)

모든 토지는 다른 토지와 물리적으로 인접하여 연결되어 있고 인접 토지와 상호 밀접한 의존관계가 형성된다는 특성이다. 이로 인해 소유와 관련하여 필지 등의 개념을 통해 인위적으로 경계를 나누는 문제가 야기되고 경계 간 분쟁이 발생할 수 있다.

어떤 토지의 이용과 개발은 필연적으로 인접한 토지에 영향을 미치므로 외부효과를 발생시키고 각 토지는 인접 토지와의 협동적 이용(어울리는 이용)이 요구된다. 인접성은 토지의 가격형성에 있어서 인접 토지의 영향을 받게 하여 감정평가 시 지역분석의 근거가 된다.

개별성으로 인해 물리적 대체 가능성이 없는 토지라 하더라도 인접성으로 인해 용도적 측면에서는 대체 가능성이 존재한다.

인접성은 개발이익의 사회적 환수에 관한 논의나 개발손실에 대한 보상의 근거가 된다.

참고 | 외부경제와 외부불경제

부동산은 인접성과 지리적 위치의 고정성으로 인해 외부환경의 영향을 많이 받게 되므로 부동산 시장에서는 시장실패가 발생할 가능성이 높다. 이를 외부효과성이라 한다.

어떤 토지에 공장보다는 공원이 들어서는 것이 그 지역의 공익에는 부합하겠지만 그 토지의 소유자 입장에서는 공원보다는 공장을 짓는 것이 훨씬 사적 이익에 부합할 것이다. 만약 이러한 선택을 시장과 토지소유자의 자율에 맡겨 놓는다면 공장[8]은 사회적으로 필요한 적정 수준보다 과다공급되고, 공원[9]은 적정 수준보다 과소공급되는 문제점이 발생한다.

이로 인해 합리적인 자원배분이 이루어지지 않게 되므로(시장실패 발생) 용도지역제 등의 방법으로 정부의 공적개입 필요성이 제기된다.

1. 외부경제(+의 외부효과)

A토지 소유자의 행위가 인접한 B토지 소유자에게 이익을 주는 경우를 말한다. 이는 시장기구를 통하지 않는 것이므로 무상으로 이루어진다.

예를 들어 A토지에 공원을 조성함으로써 B토지의 지가가 상승하거나 정부가 인근에 지하철을 건설하면 인접한 토지의 지가가 상승하는 경우 등이 이에 해당한다.

2. 외부불경제(-의 외부효과)

A토지 소유자의 행위가 인접한 B토지 소유자에게 손해를 주는 경우를 말한다. 이는 시장기구를 통하지 않는 것이므로 원칙적으로 보상 등이 없이 이루어진다.

예를 들어 A토지에 공장 등 공해시설을 조성함으로써 B토지의 지가가 하락하거나 정부가 인근에 쓰레기 소각장을 건설하면 인접한 토지의 지가가 하락하는 경우 등이 이에 해당한다.

다만 현대 사회에서는 이러한 것들을 환경권 등의 권리 침해로 인식하여 보상 및 배상이 이루어진다.

2) 토지의 인문적 특성

(1) 용도의 다양성(용도전환의 가능성, 변용성)

토지는 하나의 용도가 아닌 주거용, 상업용, 공업용 등 다양한 용도로 이용될 수 있다는 특성이다. 토지이용에서 용도상의 우선순위의 문제가 발생하고 하나의 토지에 경합하는 여러 용도 중에서 최유효이용을 할 수 있는 용도(최적의 용도)를 찾아내는 것이 중요하다.

---

8) 공장은 사회적 비용 〉 사적 비용, 사회적 편익 〈 사적 편익
9) 공원은 사회적 비용 〈 사적 비용, 사회적 편익 〉 사적 편익

따라서 용도의 다양성은 한정된 토지에 대한 용도 간 경쟁의 결과로 최유효이용의 가능성을 높여주고, 최유효이용의 원칙, 가격(가치)다원설, 적지론(광의의 입지론) 등의 성립근거가 된다.

이는 창조적 이용이나 용도 간 이행과 전환을 가능하게 하며 용도전환을 통해 토지의 경제적 공급을 가능하게 한다.[10]

최유효이용과 관련하여 개별분석의 근거가 되며, 토지의 재산적 · 경제적 가치를 증대시키는 요인이 된다.

토지가 용도의 다양성을 갖는 것과 달리 건물은 신축 당시의 용도로 한정되는 용도의 한계성이 있다.[11] 따라서 신축 전에 토지의 최유효이용에 맞는 건물의 용도를 결정하는 것이 중요하다.

(2) 병합 · 분할의 가능성(분합성)

토지는 이용목적에 따라 인위적으로 큰 규모로 병합하거나 작은 규모로 분할하여 이용할 수 있다는 특성이다. 이는 용도의 다양성을 지원하는 기능을 하며 병합과 분할을 통해 다양한 용도로 전환이 가능하게 되므로 토지의 최유효이용을 위해서는 병합 · 분할이 효과적으로 이루어져야 한다.

즉 병합 · 분할의 가능성은 최유효이용의 원칙, 균형 · 적합 · 기여의 원칙 등을 간접적으로 지원하는 기능을 한다.

일반적으로 토지의 병합 · 분할에는 등기법이나 공간정보의 구축 및 관리 등에 관한 법률 등의 규제가 수반된다.

토지는 부동성이 있으므로 병합 · 분할 시 한정가격[12]이 성립하게 된다. 예를 들어 인접한 맹지를 병합하기 위해 매수할 때 성립하는 가격이 한정가격이다.

토지의 병합을 통해 가치가 증가하거나 분할을 통해 가치가 감소하는 경우(합병증가, 분할감가)에는 규모의 경제가 적용된다. 이는 집적입지인자로 발전하므로 이러한 경우 토지이용을 대규모화하는 것이 유리하다.

반면 토지의 병합을 통해 가치가 감소하거나 분할을 통해 가치가 증가하는 경우(합병감가, 분할증가)에는 규모의 불경제가 적용된다. 이는 분산입지인자로 발전하므로 이러한 경우 토지를

---

10) 물론 토지의 부증성으로 인해 토지의 물리적 공급은 불가능하다.

11) 따라서 용도의 다양성을 최대한 활용할 수 있는 나대지의 가치가 건부지의 가치보다 높게 나타난다.

12) 다른 부동산을 병합(합병)하기 위해 취득하거나 부동산의 일부를 취득하는 경우 시장이 상대적으로 한정되므로 그로 인해 형성되는 가격은 정상가격과는 다르게 된다. 이러한 거래조건에 부응하는 가치(가격)를 한정가격이라 한다. 이는 특정가격의 일종으로서 수요자와 공급자가 한정된 경우 성립한다는 특징이 있다.

분할하여 이용하는 것이 유리하다.

(3) 사회적 · 경제적 · 행정적 위치의 가변성

부동성으로 인해 토지의 지리적 · 절대적 위치는 고정되어 물리적 이동은 불가능하지만, 인간의 활동에 따라 어떤 토지를 둘러싼 인문적 환경이나 제도 등은 변화할 수 있다. 이에 따라 토지의 사회적 · 경제적 · 행정적 위치는 끊임없이 변화한다.

인접성으로 인해 토지의 상대적 위치는 가변적이고 경제적 이동은 가능하다.

부동산은 부동성으로 인해 다른 부동산과 함께 하나의 지역을 형성하고 부동산 간 상호작용을 통해 그 지역의 사회적 · 경제적 · 행정적 위치와 지역특성 및 가격수준이 결정된다(지역성). 이러한 지역적 성질들은 감정평가 시 지역분석을 통해 파악된다.

토지의 사회적 · 경제적 · 행정적 위치를 변화시키는 각각의 요인들은 다음과 같다. 이는 부동산의 가치형성요인 중 부동산 가치에 전반적인 영향을 미치는 일반적 요인에 해당하며, 지역적 요인 중 하나인 지역 내의 일반적 요인이 되기도 한다.

가) 사회적 위치의 변화요인

① 인구밀도 등 인구의 상태, ② 가족구성 및 가구분리의 상태(1인가구의 증감 등), ③ 도시형성 및 공공시설의 정비 상태, ④ 학교 이전 등 교육 및 사회복지의 수준, ⑤ 건축양식의 상태, ⑥ 공장 전입 · 공원 조성 · 슬럼화 · 빌딩의 과밀화 등 주거환경의 상태 등

나) 경제적 위치의 변화요인

① 경제성장, ② 경기순환, ③ 소득 · 소비 · 저축 · 투자의 상태, ④ 재정 및 금융의 상태, ⑤ 물가 · 임금 · 고용의 수준, ⑥ 국제수지의 상태, ⑦ 조세부담의 상태, ⑧ 산업구조의 상태, ⑨ 기술혁신의 상태, ⑩ 도로 신설 등 수송시설 · 교통체계의 상태[13], ⑪ 부동산의 수급 및 유용성의 변동, ⑫ 토지의 용도전환 등

다) 행정적 위치의 변화요인

① 토지제도, ② 용도지역 등 토지이용계획 및 규제의 상태, ③ 택지 및 주택에 관한 규제의 상태, ④ 건축물의 구조 · 방재 등에 관한 규제의 상태, ⑤ 토지거래허가제 등 부동산 거래규제의 상태, ⑥ 부동산 가격과 임료에 관한 규제의 상태, ⑦ 부동산 세제의 상태, ⑧ 공시지가제도 등

---

13) 이를 사회적 요인에 포함시키는 견해도 있다.

2. 부동산 시장의 분석방법

부동산 시장을 분석하는 가장 기본적인 모형은 수요-공급 모형이다. 이 모형을 통해 수요자들과 공급자들의 상호작용에 의해 어떻게 시장에서의 균형가격과 균형거래량이 결정되고, 어떤 요인들로 인해 시장균형이 변동하는지를 분석하고 예측할 수 있다.

가격이 오르면 수요량은 감소하고 가격이 내리면 수요량은 증가하므로 수요곡선(D)은 우하향하는 모양으로 나타난다. 반면 가격이 오르면 공급량은 증가하고 가격이 내리면 공급량은 감소하므로 공급곡선(S)은 우상향하는 모양으로 나타난다. 수요곡선과 공급곡선이 만나는 E_0에서는 초과수요도 초과공급도 발생하지 않으므로 균형가격은 P_0, 균형거래량은 Q_0로 결정된다.

가격 외에 수요에 영향을 미치는 다른 요인들(수요변동요인)이 변화하면 수요곡선 자체가 이동한다. 또한 가격 외에 공급에 영향을 미치는 다른 요인들(공급변동요인)이 변화하면 공급곡선 자체가 이동한다. 이렇게 수요곡선과 공급곡선 자체가 이동함에 따라 시장균형도 변동한다.

시장을 분석하기 위해서는 먼저 수요증감에 영향을 주는 수요변동요인은 무엇이고 공급증감에 영향을 주는 공급변동요인은 무엇인지를 잘 알아야 한다. 부동산 시장에서 수요변동요인으로는

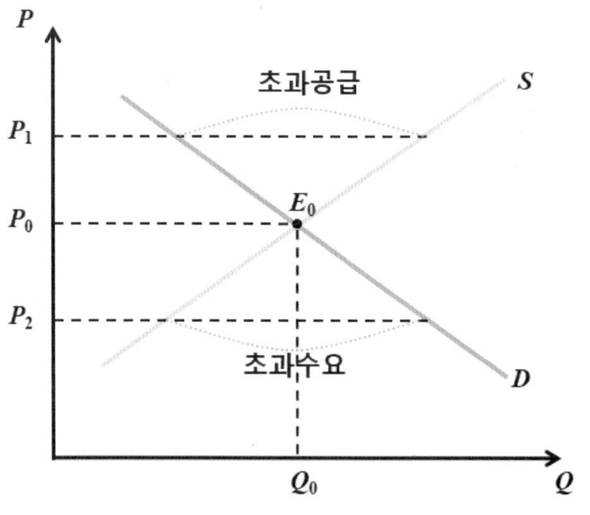

〈그림 4-1〉 수요-공급 모형의 시장균형

자료: 유주연 · 윤동건 · 최우석 · 손재영, 『알기 쉬운 부동산학 원론』, 건국대학교출판부, 2022

인구와 가구 수, 소득수준, 대체재[14] 및 보완재[15]의 가격, 세금과 거래규제의 정도, 담보대출금리와 LTV · DTI 등 금융규제(융자지원)의 정도, 가격변화에 대한 수요자의 예상, 선호도(취향)의 변화, 업무 및 주거형태의 변화 등이 있다.

부동산 시장에서 공급변동요인[16]으로는 건설비용 및 공급원가의 등락, 건설기술의 수준[17], 세금과 개발규제의 정도[18], 시장금리의 수준[19], 공급측면의 대체재(대안재화)의 가격변화[20], 부동산 시장경기나 정부의 촉진정책에 대한 기대심리, 공급자의 수 등이 있다.

수요가 증가하면 수요곡선은 오른쪽, 수요가 감소하면 수요곡선은 왼쪽으로 이동하고, 공급이 증가하면 공급곡선은 오른쪽, 공급이 감소하면 공급곡선은 왼쪽으로 이동한다. 이에 따라 균형가격과 균형거래량도 새롭게 정해지는데, 수요 · 공급의 변화에 따라 시장균형이 어떻게 변화할지는 수요 · 공급 변화의 방향과 그 정도(증감 폭)에 달려 있다. 즉 어떤 요인 변화에 대해 수요와

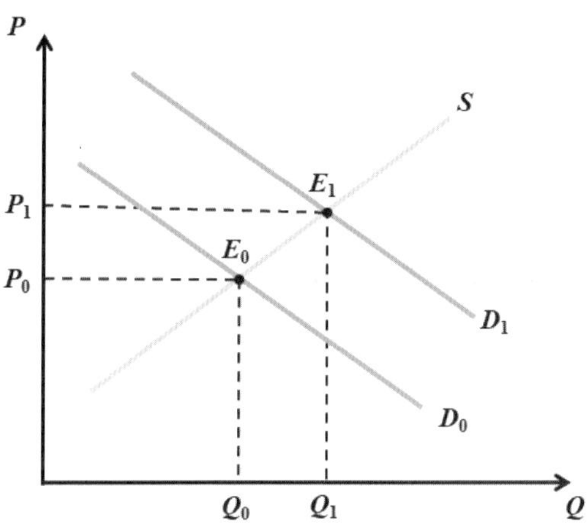

〈그림 4-2〉 수요곡선의 이동

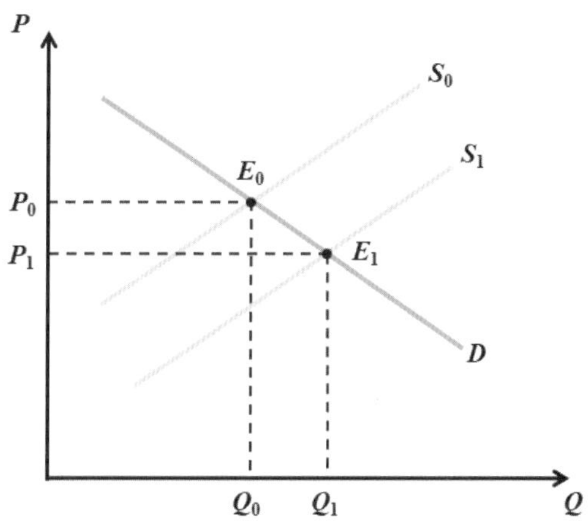

〈그림 4-3〉 공급곡선의 이동

자료: 유주연 · 윤동건 · 최우석 · 손재영, 『알기 쉬운 부동산학 원론』, 건국대학교출판부, 2022

14) 재화의 용도가 유사하여 하나의 재화 대신에 다른 재화를 소비하여도 효용에 별 차이가 없는 것을 대체재 관계라 하며, 소고기와 돼지고기, 석유와 천연가스, 밀과 쌀 · 옥수수, 아파트와 단독주택 · 빌라 등이 이에 해당한다. 대체재의 가격이 인상되면 대체재의 수요량은 감소하고 대상재화의 수요는 증가한다.

15) 두 재화가 서로 효용을 더 높여줄 때 보완재 관계에 있다고 하며 자동차와 석유, 커피와 설탕, 빵과 잼 · 치즈 등이 이에 해당한다. 보완재의 가격이 인상되면 보완재의 수요량은 감소하고 대상재화의 수요도 같이 감소한다.

16) 일반적으로 공급변동요인은 생산비용(생산요소의 가격)과 관련이 있다(비용하락=공급증가, 비용상승=공급감소).

17) 주택생산에 새로운 공법이 도입되는 등 기술수준이 향상되면 생산비용이 하락하므로 공급은 증가한다.

18) 세금이 중과세되거나 건설개발 규제가 심해질수록 공급은 감소한다.

19) 금리가 상승하면 투자자의 기회비용이 늘어나므로 단기적으로 먼저 수요가 감소하지만, 장기적으로는 생산비용의 상승으로 인해 공급도 감소하게 된다.

20) 예를 들어 하나의 대지 위에 주택을 지을 수도 있고 상가를 지을 수도 있다면 주택과 상가는 공급측면에서 대체재(대안재화)의 관계에 있다. 이때 대체재의 가격이 상승하면 대체재의 공급량은 늘어나는 대신 대상재화의 공급은 감소하게 된다.

공급이 어떤 방향으로 얼마나 민감하게 반응할지에 따라 시장균형이 달라진다.[21)]

또한 수요와 공급의 가격에 대한 탄력성도 중요하다. 탄력성의 정도에 따라 균형가격과 균형거래량이 변화하는 모습에 차이가 있다. 특히 공급은 단기와 장기[22)]에 있어 가격에 대한 탄력성에 차이가 있는데, 공급의 시차보다 짧은 단기에는 공급이 가격에 대해 완전비탄력적(공급곡선이 수직선)이므로 단기에는 아무리 수요가 증감해도 거래량은 고정되고 가격만 급등락할 뿐이다.

부동산 시장을 분석할 때는 지역 · 유형 · 용도 · 규모별로 시장을 세분화해서 수요와 공급을 분석할수록 그 분석의 정확성은 높아진다. 예를 들어 서울 전체의 부동산 시장을 분석하는 것보다는 서울시 광진구 자양동의 주택시장, 그중에서도 중소형 아파트 시장을 세분하여 수요와 공급을 분석하는 것이 훨씬 더 정확할 수밖에 없다. 서울 전체의 주택 신규 공급물량이 1만 호라 하더라도 그 대부분이 광진구와 동떨어진 지역에서 공급되는 빌라 등의 물량이라면 광진구 자양동의 중소형 아파트 시장에는 별다른 영향을 미칠 수 없고, 오히려 공급부족 현상이 나타날 수도 있다. 시장을 세분할수록 수요와 공급에 있어서 대체재가 늘어나는 것이므로 수요 · 공급의 가격에 대한 탄력성도 커진다.[23)]

부동산 시장을 정확하게 분석하려면 지역과 유형 등으로 세분화된 시장을 그 형태별로 더 세분화해서 수요와 공급을 분석해야 한다. 예를 들어 서울시 광진구 자양동 중소형 아파트 시장을 다시 매매시장과 임대차시장으로 세분할 수 있다. 매매시장은 재고시장(기존주택시장)과 분양시장(신규주택시장)으로 나눌 수 있고, 임대차시장은 전세시장과 월세시장으로 나눌 수 있다. 그리고 소유권이 거래되는 시장도 일반매매시장과 경매시장으로 구분할 수 있다.[24)]

특히 매매시장-전세시장, 재고시장-분양시장, 전세시장-월세시장, 매매시장-경매시장 등의 각 시장 간 수요 · 공급의 이동과 가격의 선행성 여부 등을 분석하는 것이 매우 중요하다.

---

21) 예를 들어 기준금리를 인하할 때 수요도 증가하고 공급도 증가하는데, 수요의 증가 폭이 공급의 증가 폭보다 더 크다면 균형가격은 상승하겠지만, 수요의 증가 폭보다 공급의 증가 폭이 더 크다면 기준금리 인하 시 오히려 균형가격은 하락할 수도 있다.

22) 공급의 시차보다 짧은 기간은 단기, 그보다 긴 기간(보통 3~5년 이상)을 장기라 한다. 주택 등 건물도 단기적으로는 토지와 마찬가지로 공급량이 고정되지만, 신규공급이 가능한 충분한 시간이 주어지는 장기적으로는 가격이 오르면 신규주택이나 건물이 새로이 생산되고 가격이 내리면 기존 주택이나 건물이 노후화, 멸실되는 등 가격에 비례하여 공급량이 변화하게 된다.

23) 가격탄력성이 커진다는 것은 수요 · 공급곡선이 완만해진다는 의미이다.

24) 이렇게 시장의 형태별로 더 세분한다면 수요곡선은 완만한 우하향, 공급곡선은 완만한 우상향하는 모양이 될 것이다. 완만한 모양이라는 것은 수요 · 공급 모두 가격에 대해 탄력적으로 반응한다는 의미이다.

1) 재고시장과 분양시장

재고시장과 분양시장은 부동산(주택)의 소유권을 매매하는 시장이라는 점에서는 공통점이 있지만 재고시장과 분양시장에서의 수요와 공급은 각각 별개로 다뤄지고 상호 영향을 주고받을 뿐이다. 헌집과 새집이 매매되는 시장은 각각 다른 메커니즘으로 작동하고 그 수요와 공급도 서로 다르다.

일본의 주택시장에서 새집 가격은 안정적으로 높게 유지되지만 기존 집값은 시간이 지남에 따라 급격하게 감가가 이뤄지는 특징이 있다. 우리나라의 경우에는 여태까지 새집 가격과 기존 집값이 비슷하게 형성되는 경향이 있었으나, 향후에는 주택시장이 실수요 중심으로 재편되면서 신형과 구형의 시세 격차가 커지고 '기존 집값 < 새집 가격'이 고착화될 가능성이 있다. 과거 주택시장이 가수요 · 투자수요 중심이었을 때에는 같은 지역, 같은 크기의 아파트라면 비슷한 시세가 형성되었지만, 최근에는 준공시기별로 달라지는 사용가치에 따라 시세 격차가 나타나고 있다.[25]

재고시장과 분양시장은 밀접한 상호작용을 하는데, 예를 들어 대출자의 상환능력심사를 강화하는 등 주택에 대한 대출규제가 강화되지만 분양시장에서 집단대출인 중도금 대출에는 그러한 규제를 배제한다면 풍선효과로 인해 기존주택시장에서의 수요가 줄어들고 그만큼 신규분양시장에서의 수요가 늘어날 것이다. 여기에 정부에서 청약규제까지 완화한다면 분양시장 수요는 더욱 크게 늘어난다. 이에 따라 청약경쟁률이 높아지고 분양가 상승요인으로 작용한다.

이런 경우 특히 분양권은 입주시기를 어느 정도 고려해서 매입할 수 있고 집단대출을 승계할 수 있으므로 (분양권 전매제한이 없다면) 분양권에 대한 수요가 증가하고, 분양권 프리미엄이 높아짐에 따라 분양시장(청약시장)에 더욱 가수요가 몰릴 수도 있다.

시장이 실수요로 한정된 상황에서는 신규분양으로 쏠리는 수요는 기존주택시장에서 단순이동하는 것이므로 기존시장은 약세를 띨 것이다(기존시장에 구축효과). 그러나 분양가상한제의 폐지, 청약규제 완화, 소득증가로 인한 새 아파트 선호도 증가 등이 복합적으로 작용하여 분양가가 높아진다면 기존 아파트의 수요와 가격을 같이 끌어올릴 수도 있다. 즉 재고시장과 분양시장은 일종의 대체재 관계의 시장이다.

---

25) 우리나라의 경우 재건축에 대한 기대로 인해 오래된 아파트일수록 가격이 오르는 현상도 있지만, 재건축이 어려워지고 재건축의 투자가치가 하락하면 그렇지 않을 수도 있다. 특히 주상복합이나 고층 아파트의 경우 재건축 메리트가 사라지면서 시간의 흐름에 따라 그대로 감가상각을 받을 가능성도 있다. 물론 건물값이 감가되더라도 토지값이 큰 폭으로 상승한다면 오래된 아파트의 가격도 계속 오를 수 있을 것이다. 또한 과거 오래된 아파트의 문제점으로 지적되었던 주차공간이나 녹물, 층간소음 등의 문제를 신축 아파트들이 해소할 수 있다면 앞으로 지어지는 아파트들은 단순히 오래되었다고 해서 무조건 감가되지는 않을 수도 있다.

2) 전세시장과 월세시장

장기간의 저금리로 인해 임대인들이 전세 대신 월세로 전환하려는 속도가 빨라진다면 전세시장에서의 공급은 감소하고 월세시장에서의 공급은 증가한다. 수요가 동일하다면 이는 전세가↑, 월세가↓로 나타난다.

다만 이와 동시에 향후 집값상승이 기대되면서 전세수요가 매매수요로 활발하게 전환된다면 전세수요가 분산되어 전세가 상승에는 한계가 있게 된다. 여기에 더해 전세사기 등이 사회문제화되면서 전세에 대한 수요가 감소한다면, 전세시장에서의 공급곡선과 수요곡선 둘 다 왼쪽으로 이동하게 된다. 이에 따라 전세 거래량은 확실히 줄어들겠지만 전세가격의 향방은 불확실하다. 만약 전세공급의 감소 폭보다 전세수요의 감소 폭이 더 크다면 전세가는 내려갈 것이다.

전세에서 월세로의 전환이 활발하게 나타나는 지역에서는 시장에서 정해지는 전월세전환율이 주택투자 시 좋은 참고지표(수익률 지표)가 될 수 있다.

3) 매매시장과 경매시장

부동산 시장의 불황으로 일반매매시장에서 매매수요가 감소하여 매매가가 하락하면 경매시장에서는 경매물건이 증가(공급증가)하게 된다. 불황으로 인해 경매시장에서의 입찰자도 감소(수요감소)하면 경매시장에서는 공급증가와 수요감소가 동시에 나타나므로 경매가가 일반 매매가보다 훨씬 더 큰 폭으로 하락할 수 있다.

이때 경매가가 떨어지는 것은 확실하지만 경매 낙찰건수(경매시장에서의 거래량)는 늘어날 수도, 줄어들 수도 있다. 공급증가 폭이 수요감소 폭보다 더 크다면 거래량은 늘어날 것이고, 공급증가 폭보다 수요감소 폭이 더 크다면 거래량은 줄어들 것이다.

4) 매매시장과 전세시장

전세시장에서 수요와 공급에 의해 결정되는 전세가는 실수요자들의 경쟁만으로 형성되는 가격이므로 거품이 생길 수 없고, 미래 매매가나 낙찰가 예측에 중요한 참고자료가 될 수 있다(하한선으로서의 역할[26]).

26) 이는 매매가 〉 전세가를 전제로 하는 것인데, 일부 학자들은 매매가 = 전세가, 심지어 매매가 〈 전세가를 주장하기도 한다. 주택의 소유자는 관리비용과 세금, 그리고 시장위험 등을 부담하지만 전세입자는 이러한 부담이 없기 때문에 전세가가 매매가보다 높아야 한다는 것이다.

특히 주택매매시장과 주택전세시장은 어떠한 상호작용을 하며 각각의 시장에서 결정되는 매매가격과 전세가격 중 어떤 것이 선행하고 어떤 것이 뒤따르는지를 밝히는 것이 중요하다. 선행성과 인과관계를 알게 되면 하나의 가격이 다른 가격의 미래 예측지표로 사용될 수 있기 때문이다. 매매가격과 전세가격의 상호관계에 대한 이론적 설명으로는 다음과 같은 것들이 있다.

① 매매가격이 선행하여 움직이고 전세가격이 뒤따라 같은 방향으로 움직인다는 견해(매매가격 → 전세가격)

이를 대체재 이론이라 부른다. 이에 따르면, 이론적으로 매매가격이 전세가격에 같은 방향으로 영향을 준다. 한국의 주택시장에서는 그동안 주택가격의 높은 상승세가 있어왔기 때문에, 일반적으로 주택소유에 대한 수요는 자본이득의 기대를 주고 장기적으로 안정적인 거주환경을 준다는 측면에서 상급재 수요로 인식되었고, 주택임차(전세)에 대한 수요는 하급재 수요로 인식되었다.

따라서 주택매매가격이 오를 경우 이를 감당하지 못하고 주택매매시장에서 탈락한 수요자들이 주택임대차시장(전세시장)으로 이동하게 되고, 결국 전세가격이 매매가격에 후행하여 상승하게 된다.[27] 반면 주택매매가격이 내릴 경우에는 어쩔 수 없이 전세로 살던 사람들이 전세시장을 떠나 매매시장으로 옮겨가므로 전세 수요가 줄어들어 전세가격은 매매가격에 후행하여 하락하게 된다.[28]

이 이론을 바탕으로 한 조주현 · 임정호(2004)의 연구는 주택매매가격이 전세가격으로 일방적인 인과적 영향을 주고 있음을 밝히고, 따라서 주택시장의 안정을 위해서는 주택임대차시장(전세시장)의 안정보다는 주택의 원활한 공급을 통한 주택매매시장의 안정화가 우선이라고 주장한 바 있다. 공급을 통해 먼저 매매가를 떨어뜨리면 뒤이어 전세가도 하향 안정화된다는 주장이다.

주택소유에 대한 수요와 주택임차(전세)에 대한 수요가 대등한 관계에서 소비자의 성향에 따른 선택이 이뤄지는 일반 대체제의 관계라면, 주택매매시장의 매매가격이나 전세시장의 전세가격 중 어느 한 시장의 가격이 상승(하락)하면 그 시장(다른 시장)의 수요가 다른 시장(그 시장)의 수요로 이동하여 다른 시장의 가격이 상승(하락)하게 되지만, 이처럼 주택소유에 대한 수요와 주택전세수요가 각각 상급재와 하급재의 관계라면 상급재인 매매가격의 상승(하락)이 일방적으로 하급재인 전세가격 상승(하락)으로 이어지게 된다.

---

27) 매매가↑ →전세가↑

28) 매매가↓ →전세가↓

이는 자기 집을 소유한다는 것에 경제적 이유 이상의 의미를 부여하는 경향이 있는 한국의 부동산 시장에 적합한 이론이라 할 수 있다. 그러나 이 이론은 우리의 과거 부동산 시장처럼 상급재인 매매가격이 지속적으로 상승하는 경우에는 자연스럽게 설명될 수 있으나, 상급재인 매매가격이 하락할 때에 대한 설명으로는 부족한 측면이 있다. 매매가격이 장기적으로 하락하는 경우에는 매매시장이 전세시장에 비해 상급재 시장이라고 일의적으로 말할 수 없기 때문이다.

② 전세가격이 선행하여 움직이고 매매가격이 뒤따라 같은 방향으로 움직인다는 견해(전세가격 → 매매가격)

이를 자산시장이론이라 부른다. 이에 따르면, 주택매매시장과 임대차시장의 관계에 있어서 주거서비스에 대한 수요에 따라 주택의 임대료가 먼저 결정되고, 그 임대료의 수준에 따라 주택에 대한 투자수요가 영향을 받아 결국 매매시장에서의 매매가격이 결정된다. 이때의 임대료라는 것은 결국 전세시장에서 결정되는 전세가격에 이자율 등 일반시장수익률을 곱하여 결정되는 것이므로, 전세시장에서 결정되는 전세가격이 매매시장에서 결정되는 매매가격에 일방적인 영향을 미친다고 볼 수 있다.[29]

그러나 이 이론은 주택에 대한 투자수요는 현재의 임대료뿐만 아니라 향후 매매가격 상승으로 인한 자본이득 발생에 대한 기대와 예상에 의해서도 큰 영향을 받는다는 점을 간과했다는 한계가 있다. 즉 투자 의사결정에 있어서 소득이득뿐 아니라 자본이득도 중요하다는 점을 간과했다. 아무리 전세가격이 상승하더라도 향후 매매가격 하락이 예상된다면 자본이득 발생에 대한 기대가 없기 때문에 현재의 매매가격도 상승하기는 어렵다.

③ 매매가격과 전세가격이 동시에 서로 반대 방향으로 움직인다는 견해(매매가격↔전세가격)

한국의 전세시장은 향후 부동산 가격의 상승여부에 대한 예상에 큰 영향을 받는다. 즉 향후 부동산 가격이 상승할 것으로 예상되면 전세시장의 전세수요가 매매시장의 매매수요로 옮겨가 전세가격은 하락하고 매매가격은 상승하는 반면, 부동산 가격의 하락이 예상되면 매매수요는 보류되고 전세수요는 증가하여 전세가격의 상승과 매매가격의 하락이 동시에 발생한다. 결국 이러한 측면에서 보면 매매가격과 전세가격은 서로 반대 방향으로 동행한다고 말할 수 있다.

따라서 전세가격이 급등하는 경우 정부는 전세시장 안정화 대책으로 매매시장을 회복시키는 정책을 쓸 수 있다. 매매시장 회복에 대한 기대감으로 전세시장에서에서의 수요가 줄고 매매시장에

29) 매매가격(시장가치) $= \frac{\text{순수익(임대료)}}{\text{환원이율}} = \frac{\text{전세가} \times \text{일반시장수익률}}{\text{환원이율}}$ 이므로 전세가↑ → 매매가↑, 전세가↓ → 매매가↓

서의 수요로 옮겨간다면 비록 매매가격은 상승하겠지만 전세가격을 하향 안정화시킬 수 있다.

이 견해에 따르면, 향후 부동산 가격의 상승이 예상될 때 전세가율은 하락($\frac{\text{전세가}\downarrow}{\text{매매가}\uparrow}$)하고, 부동산 가격의 하락이 예상될 때 전세가율은 상승($\frac{\text{전세가}\uparrow}{\text{매매가}\downarrow}$)한다. 실제로 우리나라에서 부동산 시장 전망이 좋지 않았을 때 전세가율이 상승했던 사례들이 있었다. 즉 전세가율의 등락이 시장참여자들의 향후 부동산 시장 전망에 대한 중요한 참고지표가 될 수 있다.

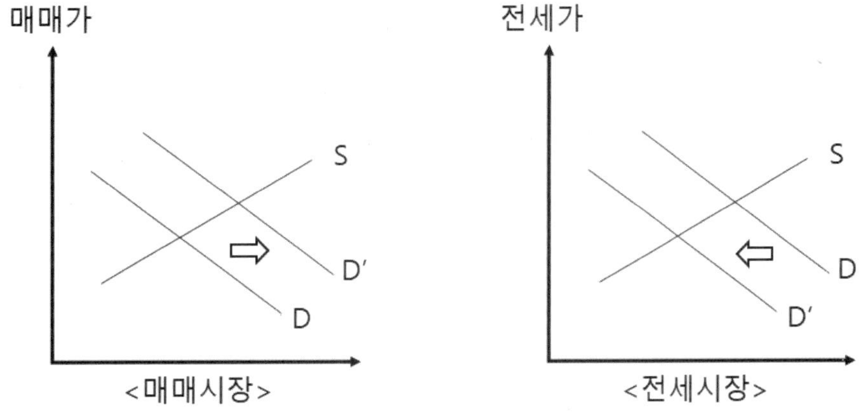

〈그림 4-4〉 향후 부동산 가격 상승 예상 시 매매가와 전세가의 변화

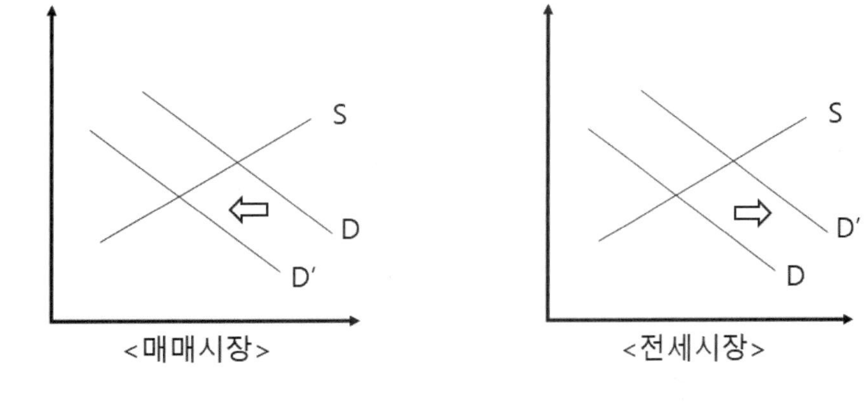

〈그림 4-5〉 향후 부동산 가격 하락 예상 시 매매가와 전세가의 변화

참고 | 임대료 규제의 효과

어느 도시 임대주택시장의 단기공급함수가 Q = 100[30], 장기공급함수가 Q = 2P - 100[31], 수요함수가 Q = 200 - P(수요함수는 장단기 동일)일 때, 만약 정부가 임대주택의 호당 임대료를 월 90만원으로 통제할 경우 이 도시에서 임대주택 부족량(초과수요량)은 얼마인가?

Tip. 임대료 규제에 따른 초과수요량과 초과공급량 계산

(1) 주어진 수요함수(QD)와 공급함수(QS)에 의해 균형가격과 균형거래량 확인

(2) if 규제된 임대료 〈 균형가격 → 초과수요 발생(ex. 임대료 상한제)

if 규제된 임대료 〉 균형가격 → 초과공급[32] 발생

(3) 규제된 임대료 수준에서의 수요량과 공급량 확인

(4) 위 (3)에서의 수요량과 공급량 차이가 초과수요량(또는 초과공급량)

풀이와 답

• 단기에서의 균형가격과 균형거래량

100 = 200 - P → P = 100, Q = 100

규제된 임대료 90 〈 균형가격 100이므로 초과수요 발생[33]

임대료 90에서의 수요량 = 200 - 90 = 110

임대료 90에서의 공급량 = 100

∴단기에서의 초과수요량(임대주택 부족량) = 110 - 100 = 10호

• 장기에서의 균형가격과 균형거래량

2P - 100 = 200 - P → P = 100, Q = 100

규제된 임대료 90 〈 균형가격 100이므로 초과수요 발생

임대료 90에서의 수요량 = 200 - 90 = 110

임대료 90에서의 공급량 = 2×90 - 100 = 80

∴장기에서의 초과수요량(임대주택 부족량) = 110 - 80 = 30호

• 단기보다 장기에서 초과수요량(임대주택 부족량)이 늘어나는 이유는 공급량이 고정된 단기와 달리 장기에서는 임대료 규제에 따라 임대주택 공급량이 감소하기 때문이다. 이를 통해 정부가 부동산 시장에 잘못 개입하게 되면 시간이 지날수록 오히려 상황은 악화된다는 점을 알 수 있다.

---

30) 단기공급함수가 Q = 100이라는 것은 단기에는 가격(임대료)이 아무리 오르고 내려도 공급량은 100으로 고정되어 있다는 뜻이다. 즉 단기공급곡선은 수직선의 모양이다.

31) 장기공급함수가 Q = 2P - 100이라는 것은 공급의 시차보다 긴 기간인 장기에는 가격(임대료)이 상승함에 따라 공급량도 비례하여 증가한다는 뜻이다. 즉 장기공급곡선은 우상향하는 모양이다.

32) 부동산 시장에서는 임대료든 분양가든 주로 시장에서 결정된 가격이 너무 높다는 인식에 따라 가격규제(가격상한제, 최고가격제)가 들어가기 때문에 보통 초과수요가 문제될 뿐 초과공급이 문제되는 경우는 거의 없고, 최저임금제와 같이 시장에서 자율적으로 결정된 가격이 너무 낮다는 인식에 따라 가격규제(가격하한제, 최저가격제)가 들어가는 경우에 초과공급이 발생한다.

33) 초과수요가 발생했다는 것은 정부가 임대료 상한제(최고가격제)를 실시했다는 의미이다.

3. 지속가능한 부동산 산업의 미래(1) – 부동산 종합서비스[34)]

Scene #1.

급등하는 집값 때문에 온 나라가 난리를 겪었다. 불과 얼마 전까지 시중에 유동성이 넘쳐나고 집값, 주가 등의 자산가격이 연일 최고점을 경신한 바 있다. '벼락거지', '패닉바잉', '영끌', '빚투', 'FOMO(Fear of Missing Out)' 등의 신조어가 양산되고, 올라가는 집값만큼 늘어나는 세금으로 인해 있는 사람들도 고통을 호소하였다. 한편으로는 급등한 만큼 빠르게 거품이 꺼지면서 향후 국가경제에 큰 부담을 줄 것이라고 우려하는 시선들도 있다.

Scene #2.

지방에서 사람들이 사라지고 있다. 빠르게 늘어가던 수도권 인구의 비중은 2019년 처음으로 비수도권의 인구를 추월했다. 향후 저출산으로 인해 전체 인구가 줄면서 수도권 집중 현상은 더욱 심화될 것으로 보인다. 2020년 기준 지역별 인구소멸 위험지수에 따르면 전국 228개 시군구 중 105곳(46.1%)이 소멸위험 지역으로 분류되었으며, 위험지역의 수는 2014년 79곳, 2016년 84곳, 2018년 89곳에서 가파르게 증가하고 있다.

Scene #3.

사람들이 오프라인 매장을 찾지 않는다. 안 그래도 온라인 쇼핑의 편리함에 익숙해진 사람들은 코로나 사태를 겪으면서 오프라인 매장을 그저 비싸고 불편한 낡은 시대의 유물쯤으로 바라보고 있다. 과연 코로나 사태가 끝나면 사람들은 다시 오프라인 매장에 찾아올까? 지금도 사람들로 북적이는 장소들은 과연 어떤 차별성과 경쟁력을 갖추고 있을까?

이 몇 가지 장면들은 오늘날 우리나라 부동산 시장과 산업이 직면하고 있는 냉혹한 현실을 설명해 주고 있다. 이런 상황에서 우리나라의 부동산 산업은 성장을 지속해 나갈 수 있을까? 설령 집값과 부동산 가격이 급등세를 멈추지 않는다 하더라도, 그와 별개로 부동산 산업 자체는 활력을 잃을 수밖에 없다. 여태껏 우리나라 부동산 산업을 지탱해 왔던 중개와 거래, 대규모 개발 중심의 산업구조는 필연적으로 적정한 부동산 가격과 완만하고 안정적인 가격상승을 전제로 하기 때문이다.

34) 2022.07.19. 매일경제신문 MK부동산아카데미 부동산 전문가 칼럼 코너에 게재되었다.

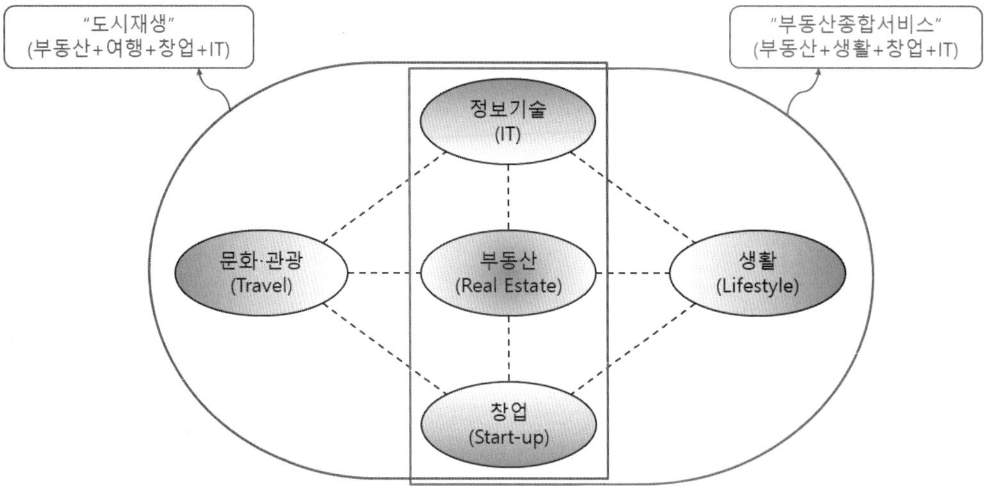

〈그림 4-6〉 부동산 산업의 미래 핵심 키워드

한국의 부동산 산업은 이제 성숙화 단계로 들어섰지만 GDP 대비 부동산 산업의 비중은 대략 8% 정도에 불과하여 10%를 훌쩍 넘는 미국, 영국, 일본 등에 비해 현저히 낮다. 또한 우리 부동산 산업은 다른 산업에 비해 영세하고 1인당 매출액이나 노동생산성도 상대적으로 매우 낮은 편이다. 이를 근거로 한국의 부동산 산업은 아직 성장 가능성이 크다고 보는 시각도 많다.

필자는 우리 부동산 산업의 지속가능한 미래를 위한 핵심 키워드로 〈그림 4-6〉과 같이 부동산(Realestate), 생활(Lifestyle), 여행 · 관광(Travel), 창업(Start-up), 정보기술(IT) 등을 제시하고자 한다. 부동산 산업의 독자적인 성장은 곧 한계에 부딪힐 것이다. 융 · 복합 시대의 흐름에 맞춰 부동산을 중심으로 다양한 산업과 잘 융합해야만 그 성장의 지속성이 보장된다.

부동산 + 생활 + 창업 + IT를 결합하여 지역기반의 생활 비즈니스 플랫폼을 창출하는 것이 '부동산 종합서비스'이고, 부동산 + 여행 + 창업 + IT를 결합하여 지역경제 활성화를 도모하는 것이 '도시재생'이다. 이번 편에서는 그중 부동산 종합서비스에 대해 먼저 살펴보고, 다음 편에서 도시재생을 다뤄 보도록 한다.

부동산 종합서비스란 무엇인가

선진국형 부동산 종합서비스의 도입은 지난 수년간 우리 부동산 산업의 최대 이슈였다. 정부도 이를 뒷받침하기 위해 「부동산 서비스산업진흥법」을 제정하고 네트워크형 부동산 종합서

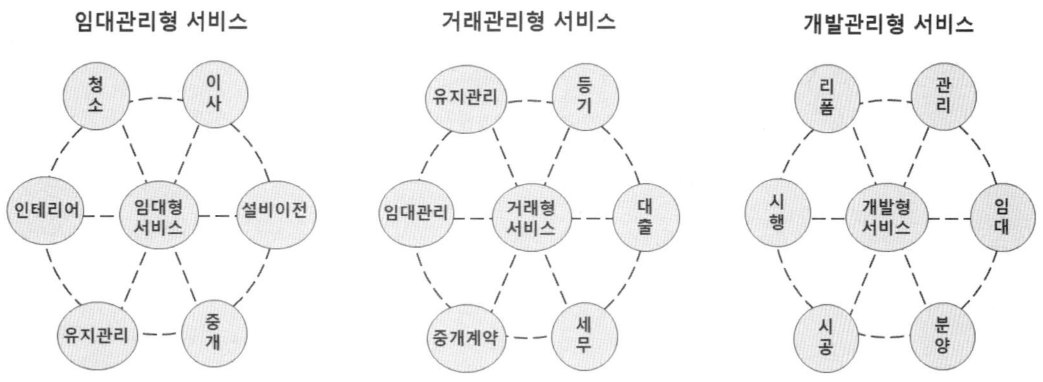

〈그림 4-7〉 네트워크 인증제에 따른 부동산 종합서비스의 유형

출처: "부동산 서비스산업 발전방안"(국토교통부, 2016)

참고: 최우석 · 이헌, 『부동산 관리와 종합서비스』, 매일경제신문사, 2020, p. 16

비스 인증제도를 도입한 바 있다. 그러나 야심 찬 출발과 달리 아직까지는 뚜렷한 성과가 보이지 않는다. 국토교통부가 도입한 네트워크형 부동산 종합서비스 인증제는 핵심기업이 제공하는 주요 서비스의 종류에 따라 종합서비스의 유형을 세 가지로 분류한다. 부동산 개발 · 건설업 중심의 ① 개발관리형, 임대업 중심의 ② 임대관리형, 소비자와의 거래를 주된 사업으로 하는 기업 중심의 ③ 거래관리형 등이다. 이러한 핵심기업을 중심으로 부동산 관련 서비스를 지원하는 사업자들을 연계사업자로 하여 구성된다. 이때 연계되는 부동산 관련 서비스란 중개, 임대, 관리, 금융, 등기, 세무, 인테리어, 이사, 청소, 도배, 보육, 생활지원서비스 등 핵심기업의 서비스와 함께 제공될 때 소비자 편의가 증진되는 다양한 서비스를 말한다.

부동산 종합서비스는 '수수료를 기반으로(Fee-based) 상호보완성이 높은 부동산 산업을 서로 연계해서(Connected) 소비자의 요구에 부응하는 일괄적(One-stop) 서비스를 제공하는 종합적(Total) 행위'로 정의할 수 있다. 영미권의 존스 랑 라살(JLL, Jones Lang LaSalle), 세빌스(Savills) 그리고 일본의 미쯔이 부동산, 노무라 부동산 등이 이러한 종합서비스를 바탕으로 성장한 대표적인 부동산 회사들이다. 특히 부동산 시장과 산업의 추이에 있어서 우리와 매우 유사한 일본의 사례를 살펴보는 것이 이해에 도움이 된다.

일본은 지난 수십 년간 버블붕괴로 인한 장기간의 경기침체, 그리고 저출산으로 인구 수가 감소하는 반면 고령자와 1인 가구가 증가하고 국내 인구이동이 감소하면서 인구의 지역적 편중이 심화되는 등의 사회구조적 변화를 겪었다. 이러한 변화는 주택, 오피스 등의 신규

개발과 분양 중심이었던 부동산 회사들이 임대관리 등 기존 재고 주택을 활용한 사업기회(종합서비스 산업)에 주목하는 계기가 됐다.

이런 과정을 거쳐 일본의 부동산 산업은 이전의 대규모 개발과 신규 건설 위주의 주택 건설회사 중심에서 소규모 개발과 임대, 재고관리, 도시재생 등으로 사업을 다각화한 종합 부동산 회사 중심으로 발전했다. 현재 일본의 종합 부동산 회사는 임대관리, 생활지원서비스, 금융에 이르기까지 부동산과 지역의 생애주기 전체로 사업 영역을 넓히고 있다.

이에 따라 일반 중개회사들이 제공하는 중개서비스도 단순거래를 넘어 임대관리와 주거컨설팅 분야 등으로 확장하고 있다. 특히 고령화와 소비자의 라이프스타일 변화에 따른 새로운 주거수요가 발생하면서 주거이전의 중개와 임대관리 운영서비스 등을 결합한 새로운 사업 모델들이 속속 출현했다. 이러한 사업들은 소비자의 라이프스타일과 주거 수요 변화에 따른 최적의 주거솔루션을 제시하기 위해 컨설팅 서비스와 부동산 관련 정보를 제공함으로써 단순한 중개수수료 수익에서 벗어나 분양과 임대, 신축과 개축, 리모델링(리폼) 등 다양한 사업 부문과 연계된 종합서비스를 구현한다.

주거컨설팅 서비스(중개 + 주거컨설팅)는 이러한 종합서비스의 핵심 기능을 수행한다. 주거컨설팅은 "처음 집을 장만하려고 하는데, 지금 예산에서 어떤 집이 좋을지?", "집이 좁아 이사하고 싶은데, 지금 집은 처분해야 맞는지?", "회사에서 가까운 곳으로 이사하고 싶은데, 집을 사야 할지 아니면 임대주택에 거주하는 것이 좋을지?", "자녀가 출가하고 두 부부만 남았는데, 이상적인 주거는?", "집을 새롭게 개조하고 싶은데, 어떻게 할지?" 등 사람들의 생애주기에 따른 주거문제에 대해 최적의 솔루션을 제시한다. 일본의 중개회사들은 컨설팅 서비스로 고객과의 커뮤니케이션을 지속하며 고객을 관리하고, 이를 통해 고객기반을 확대해서 연관사업과 연계하는 종합 부동산 회사로 성장하고 있다.

우리의 경우에도 부동산 종합서비스에 대한 관심이 커지면서 중개사들이 법무, 세무 등의 지식을 익혀 고객에게 종합서비스를 제공해야 한다는 인식들이 생기고 있다. 물론 바람직한 일이지만 이것만으로 종합서비스에 대한 수요를 충족시킬 수 있을까? 예를 들어, 양도소득세 등의 부동산 세금체계는 너무 복잡해서 세무사들조차 이에 대한 상담을 포기하는 경우가 속출하고 있는데, 과연 중개사가 이러한 세무상담을 제대로 할 수 있을지 의문이다. 특히 외국과 달리 세무사 등 전문가를 만나기 쉽고 온라인에 관련 정보가 널려 있는 우리나라의 경우 그 필요성이 있는지조차도 불확실하다.

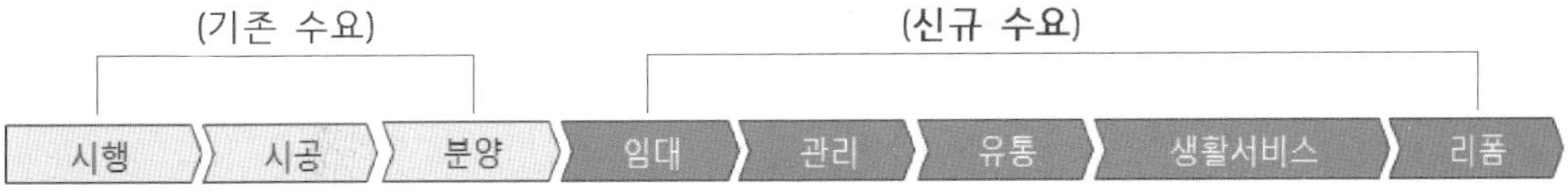

〈그림 4-8〉 부동산 개발사업 Value Chain에서 후방분야(신규 수요)의 중요성 확대

출처: "부동산 서비스산업 발전방안"(국토교통부, 2016)

참고: 최우석 · 이헌, 『부동산 관리와 종합서비스』, 매일경제신문사, 2020, p. 28

부동산, 생활이 되다 – 부동산 종합서비스

결국 우리나라에서 중개업을 핵심기업으로 하여 종합서비스를 구축한다면 지역정보 + 생활기반형 비즈니스로 나아가야 할 것이다. 〈그림 4-8〉처럼 부동산 산업에 있어서 후방분야(신규 수요)의 중요성은 나날이 커지고 있다.

현대 산업의 중요한 트렌드 중 하나가 '라이프스타일 경영(Lifestyle Business)'이다. 최근 급성장한 스타트업 기업들의 공통점은 사람들의 생활과 라이프스타일을 분석해서 이를 효과적으로 사업에 적용했다는 것이다. 사람들의 생활양식을 뜻하는 라이프스타일은 전통적인 의 · 식 · 주 개념과 연결되고 현대에는 여기에 문화적 요소가 추가된다.

먹고, 자고, 즐기고, 상품과 서비스를 사고파는 모든 일상들이 부동산이라는 공간에서 이루어진다는 점에서 라이프스타일은 부동산과 아주 밀접한 관련을 갖고 있다. 아무리 온라인 세상이 되더라도 이는 변할 수 없는 사실이다. 즉 라이프스타일 경영의 개념은 부동산 산업과 연계될 때 가장 큰 효과를 낼 수 있다. 부동산 산업이 생활서비스를 주목해야 하는 이유다.

미국에서는 지역주민들에게 개인 맞춤형 도서를 추천하고 지역 공동체 커뮤니티를 구축한 독립서점이나 친환경 · 유기농 식자재들을 판매하는 지역마트 등이 공유공간을 넓히면서 지역과 동네 생활 비즈니스의 중요한 플랫폼으로 떠오르고 있다. 이러한 시스템에 익숙하지 않은 우리의 경우에는 어떨까? 동네마다 포진해 있는 중개업체들이 지역 비즈니스 플랫폼으로 성장할 수 있을 것이다.

현장에서 물건을 파는 경우는 물론이고 찾아가는 서비스나 배달을 위주로 하더라도 지역의 자영업자는 해당 지역에 거점이 되는 공간을 갖고 있어야 한다. 이를 찾아주고 연결해 주는 것이 중개사의 역할이다. 즉 중개사는 단순히 거래를 중개하는 것을 넘어 도시와 공간의 기획자가 될 수 있고, 중개사가 지역주민의 생활문제에 해결책을 제시할 수 있을 때 진정한 의미의 부동산 종합서비스가 가능하다. 중개업소가 내부 또는 외부에 커피숍을 열어 지역주민의 공유공간으로 제공한다면 지역 플랫폼의 기능과 함께 부수입도 노려볼 수 있다. 최근 대형 중개법인들의 경우 사무실 입주 시 1층 커피숍을 직접 운영 또는 연계하는 등의 다양한 전략들을 시도하고 있다.

중고물품을 거래하는 모바일 APP '당근마켓'은 최근 가장 눈에 띄게 성장한 플랫폼 비즈니스 중 하나다. 사실 중고물품 거래 플랫폼은 새로운 것도 아니고 이미 경쟁이 치열한 시장인데, 유독 '당근마켓'이 주목받는 이유가 무엇일까? 바로 실시간 위치공유 기술을 활용하여 동네 지역주민 간의 근거리 거래를 가능하게 했기 때문이다. 지역주민의 신뢰와 공감을 기반으로 함으로써 중고물품 거래의 여러 문제점에 대한 해결책을 제시한 것이다.

현대 사회에서 지역 비즈니스를 하려면 필연적으로 IT(정보기술)를 통해 지역 커뮤니티를 연결할 수 있어야 한다. 현재 모바일 플랫폼 산업은 개별 서비스를 중심으로 확장하고 있는데, 한편으론 지역 중심의 종합서비스가 필요한 것도 사실이다. 그 빈자리를 IT와 접목한 부동산 종합서비스가 채울 수 있다.

IT와 공유경제

IT와 부동산 산업을 논할 때 또 하나 빠질 수 없는 것이 '공유경제'다. 부동산학이란 공간과 시간을 효율적으로 활용하는 방법에 대해 연구하는 학문이다. 공간을 쪼갤수록 전체 수익이 증가하는 것처럼 시간도 쪼갤수록 수익이 증가한다. 똑같은 부동산을 임대차하더라도 1년 임대차보다 1개월 단기 임대차의 월 임대료가 훨씬 비쌀 것이다. 이런 원리에 따라 요즘은 상가를 얻어 낮에는 점심식사용 식당으로 임대하다가 저녁에는 다시 술집으로 임대하는 방식도 시장에서 나타나고 있다. 당연히 전체 임대료는 증가하게 된다. 그 밖에 사무실을 통으로 임차하여 잘게 쪼갠 후 다시 여러 전차인들에게 전대하는, 전통적인 사무실 전대차 시장의 구조도 이와 같다. 내야 할 통 임대료보다 여러 전차인들로부터 받는 전체 임대료가 커지기 때문에 그 차액을 노리는 비즈니스다.

과거에 '아나바다' 운동이라는 것이 있었다. 아껴쓰고 나눠쓰고 바꿔쓰고 다시쓰자는 뜻이다. 요즘 우리 경제에 화두가 되고 있는 공유경제의 개념도 결국은 이와 같다. 그러나 과거의 아나바다 운동과는 차이가 있다. 오늘날의 공유경제는 바로 IT의 발전과 결합되어 경제적으로 큰 시너지 효과를 발생시킨다. IT와 모바일의 발달로 드디어 공간과 시간을 효율적으로 활용할 수 있는 방법을 찾았고 공유경제에 누구나 손쉽게 접근할 수 있게 되었다. 과거에는 운수업을 하려면 수많은 차량을, 숙박업을 하려면 대규모 숙박시설을 갖추고 있어야 했다. 그러나 현재의 '우버'나 '에어비앤비'와 같은 기업들을 보면 어떠한가? 자신들 소유의 차량이나 숙박시설 하나 없이 세계 최대 규모의 운수업과 숙박업을 경영하고 있다. 이것이 오늘날 공유경제의 개념이 더욱 중요해진 이유다.

다시 부동산으로 돌아와 보자. 부동산에 대한 주된 관점이 '소유'에서 '이용'으로 전환되고 있다는 점에서 부동산과 공유경제는 매우 밀접하다. 나눠쓴다는 공유경제 개념의 많은 영역이 부동산 시장에서 이뤄지고 있고 공유경제에서 활동하는 많은 기업들은 사실 부동산 회사라 불릴만하다. 공유경제는 부동산 시장에 있어서 큰 위기이자 곧 기회다. 한때 과잉공급으로 몸살을 앓던 서울 오피스 시장이 위워크(Wework) 등 공유오피스 기업들의 등장으로 인해 공실률을 대폭 낮출 수 있었던 것이 엄연한 사실이다. 그 밖에 에어비앤비(Airbnb)의 공유숙박, 위쿡(Wecook)이나 고스트키친 등의 공유주방, 다락(Da Lock)의 공유창고, 아이파킹(i PARKING)의 공유주차, 쉐어하우스 형태의 공유주거, 그리고 빌딩의 빈 공간을 공유하여 팝업스토어 단기 임대차를 중개하는 스윗 스팟(Sweet Spot) 등의 젊은 기업들이 부동산 시장에 새로운 기회를 제공하고 있다. 또한 방 · 주거 임대차 시장의 직방과 집토스(ZIPTOSS), 상가 임대차 시장의 네모(Nemo), 오피스 임대차 시장의 알스퀘어(RSQUARE)와 리퍼블릭(REPUBLIQ) 등 부동산 거래 플랫폼 기업들도 공유경제 개념을 바탕으로 하고 있다. 이렇게 IT와 부동산을 결합한 산업을 '프롭테크(Proptech)'라 하며 미래에 가장 성장성 있는 산업 중 하나로 꼽히고 있다. 사람들의 생활과 결합된 부동산에 대한 수요와 시장성은 그만큼 무궁무진하다.

창업과 경영관리의 중요성

동네와 지역이 활성화되려면 다양한 창업자들이 끊임없이 수혈돼야 한다. 그러나 아직까지 우리나라에는 제대로 된 창업자 양성시스템이 없다고 평가된다. 창업컨설팅 시장이 성업 중에 있지만 사실상 권리금 따먹는 작업에 그치는 경우가 많다. 그러나 경제 활성화와 자영업자 · 소상공인 보호를 위해 창의적인 창업자를 양성하고 창업컨설팅 시장을 정상화시키는 일은 매우 중요하다. 여기에는 정부의 노력도 필요하겠지만 민간의 부동산 종합서비스 회사에서도 충분히 그 역할을 할 수 있다. 지역에 밀착되어 있는 중개업체나 부동산 회사들은 권리금 따먹기에 치중하는 소위 '먹튀', '떴다방'식의 운영을 할 수 없기 때문이다.

과거의 부동산은 외부적 가치가 중요했지만, 현재 그리고 앞으로 미래의 부동산은 내부적 가치가 더 중요해질 것이다. 부동산의 외부적 가치는 입지(위치), 유동인구 등 땅의 가치를 의미한다. 즉 좋은 자리에 위치하고 유동인구가 많으면 좋은 부동산이라는 것이다. 반면 부동산의 내부적 가치는 사람을 끌어들이는 건물의 가치다. 기술과 교통의 발달로 사람들이 도시에서 멀리 떨어진 지역까지도 스스로 찾아간다는 점에서 입지가 불리한 부동산도 내부적 가치를 키워 그 한계를 극복할 수 있다.

과거에는 인근지역의 개발이나 교통 호재 등 외부적인 영향으로 인해 부동산과 건물의 가치가 상승했다면, 앞으로는 외부적 환경변화 없이도 스스로 내 부동산과 건물의 가치를 높일 수 있는 시대가 된다. 이에 따라 관리서비스와 내부 콘텐츠 기획능력 등이 중요해진다. 과거의 부동산 관리는 단순한 비용절감 차원의 수동적 · 소극적 측면에 그쳤다. 그러나 앞으로는 빅데이터를 분석하고 인테리어 · 리모델링을 통한 공간의 재구성, 대형 브랜드 등 키 테넌트(Key Tenant) 입점을 통한 임차인 재구성, 건물마케팅, 운영관리 등의 능동적 · 적극적인 경영 개념을 부동산 관리에 도입함으로써 부동산의 수익과 가치를 높일 수 있다.

부동산 산업이 과거처럼 중개, 관리, 개발, 분양 등 각각의 칸막이에 갇혀 있다면 시대의 흐름에서 뒤처질 수밖에 없다. 우리가 부동산 종합서비스를 고민해야 하는 이유다. 창업과 투자도 내가 사는, 내가 잘 아는 지역에서 해야 성공가능성이 높다는 점에서 생활, 창업, 투자를 아우르는 부동산 종합서비스는 결국 지역기반 비즈니스가 될 수밖에 없다.

4. 지속가능한 부동산 산업의 미래(2) – 도시재생[35)]

집값의 급등, 지방(인구)소멸, 그리고 오프라인 매장의 위기는 오늘날 우리나라 부동산 시장과 산업이 직면하고 있는 냉혹한 현실이다. 이런 상황에서 부동산 산업은 과연 미래에도 지속적인 성장이 가능할까? 지난 편에서 필자는 그 지속가능성을 위해 부동산 + 생활 + 창업 + IT를 결합하여 지역기반의 생활 비즈니스 플랫폼을 창출하는 '부동산 종합서비스'와 부동산 + 여행 + 창업

35) 2022.10.31. 매일경제신문 MK부동산아카데미 부동산 전문가 칼럼 코너에 게재되었다.

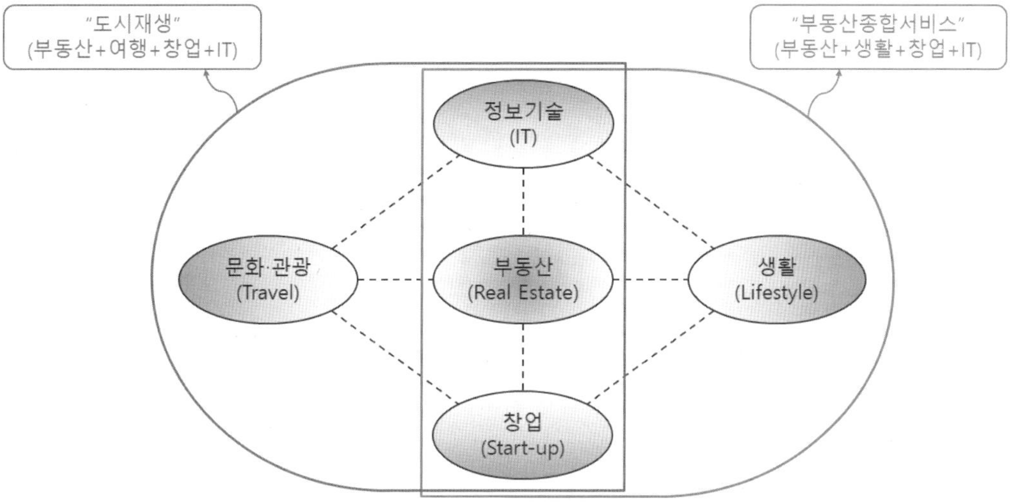

〈그림 4-9〉 부동산 산업의 미래 핵심 키워드

+IT를 결합하여 지역경제 활성화를 도모하는 '도시재생'에 주목할 필요가 있다고 주장했고, 그중 부동산 종합서비스에 대해 살펴봤다. 이번 편에서는 도시재생을 다뤄 보도록 한다.

도시재생 사업의 필요성

도시재생이란 인구의 감소, 산업구조의 변화, 도시의 무분별한 확장, 주거환경의 노후화 등으로 쇠퇴하는 도시를 지역역량의 강화, 새로운 기능의 도입 · 창출 및 지역자원의 활용을 통하여 경제적 · 사회적 · 물리적 · 환경적으로 활성화시키는 것을 말한다(「도시재생 활성화 및 지원에 관한 특별법」 제2조). 즉 도시재생은 쇠락한 지역을 다시 활동적인 지역으로 재생(Revitalization)시키는 것을 목적으로 하는 사업이다.

저출산과 고령화가 겹치면서 지방의 중소도시의 경우 가까운 미래에 인구감소는 물론 도시의 축소와 소멸까지 예상되는 상황이다. 대도시 역시 건축물의 노후화가 확산되고, 도시 내부의 불균형으로 인해 쇠퇴한 지역에서는 일자리 감소와 주민 삶의 질적 하락이 나타나고 있다. 따라서 신산업 · 일자리 · 지역상권을 확대하고 도시 커뮤니티를 부활시키며 건축물 · 기반시설의 리모델링, 문화시설 유치 등을 통해 도시의 활력과 매력을 재창출하는 도시재생의 필요성은 더욱 커지고 있다.

그러나 국내의 도시재생 사업은 여러 가지 비판을 받고 있다. 먼저 도시재생이 해당 지역의

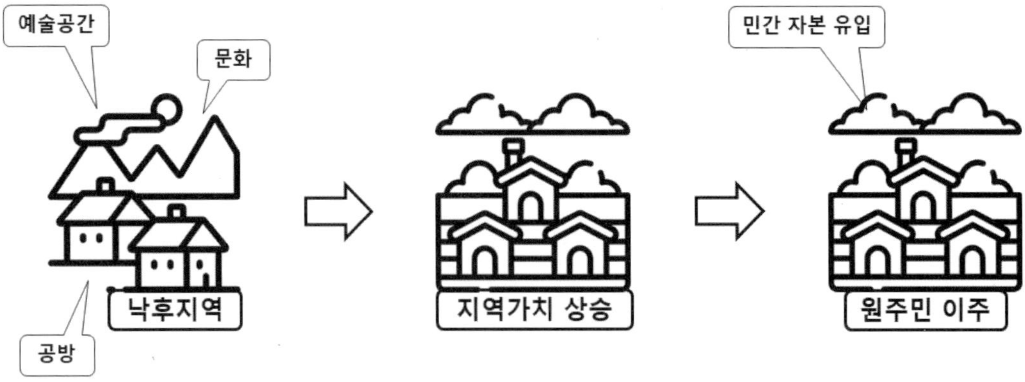

〈그림 4-10〉 도시재생과 젠트리피케이션(Gentrification)

참고: NAVER 지식백과

역사와 문화를 가장 잘 알고 있는 주민들이 주도하는 것이 아닌, 관 주도로 추진된다는 점이다. 도시재생의 트렌드가 물리적인 환경조성에서 지역 특유의 역사·문화에 대한 스토리텔링 중심으로 변화하고 있다는 점에서 더욱 아쉬운 부분이다. 물론 주민참여 열의가 너무 강한 일부 지역들의 경우 주민 간 의견대립으로 사업 추진이 지지부진한 경우도 있다. 이에 따라 지자체에서는 도시재생 소통전문가인 퍼실리테이터(Facilitator)를 배정하기도 하는데, 효과가 있는지는 의문이다.

다음으로 젠트리피케이션(Gentrification)에 대한 비판이다. 특히 서울시의 경우에는 지난 10여 년에 걸친 도시재생 사업의 결과 낙후된 단독주택촌의 땅값이 급등하고 원 거주민이 쫓겨나는 문제들이 발생했다. 사실 서울의 경우 과연 도시재생이 필요한지에 대한 근본적인 의문도 제기된다. 인구감소로 인해 재개발 자체의 사업성이 없는 지방의 경우와 달리 낙후되긴 했지만 재개발 사업성이 아주 높은 서울 지역의 주민들이 재개발을 포기하고 도시재생에 협조하기를 기대하기는 어렵기 때문이다.

전면 철거를 전제로 하는 도시재개발 사업은 중앙주도(Top-Down), 대규모 계획을 중심으로 사업을 추진한다는 특징이 있다. 반면, 도시재생 사업은 지역주도(Bottom-Up), 소규모 계획을 중심으로 생활밀착형 주거복지 실현, 주민재정착과 지역 일자리 창출을 목표로 추진된다는 특징이 있다. 이렇게 특징과 효과가 각각 다른 도시재개발과 도시재생 중 어느 것이 우월하다고 단정적으로 말할 수는 없다. 그 지역의 현황에 따라 효과적인 사업모델이 달라진다. 다만 서울과 달리 인구가 소멸하고 있는 지방의 경우에는 도시재생 사업 말고는 답이 없을 것이다.

그동안 우리나라의 도시재개발은 건축·토목공사 등 하드웨어(Hardware) 중심의 사업이었고, 최근 진행된 도시재생 사업 역시 여기에 문화시설 유치 정도만 추가될 뿐 하드웨어(Hardware)의 개선이라는 관점에서 크게 벗어나지 못하고 있다. 그러다보니 각 지역의 지자체에서 추진하는 도시재생 사업은 대부분 일회성, 보여주기식 사업에 그치고 지속가능성이 떨어지는 것이 현실이다. 또한 장기적인 사업성이 불투명하여 민간투자를 활성화시키는 데에도 한계가 있다.

그럼에도 불구하고 국가와 지자체에서는 경쟁적으로 도시재생 사업에 많은 공적 자금을 투입하고 있다. 막대한 공적 자금이 지속성과 효율성이 낮은 사업에 투입된다는 것은 국가경제에 있어서 큰 낭비일 뿐만 아니라 침체된 지방경제를 살릴 수 있는 절호의 기회를 놓친다는 점에서도 문제가 된다. 수도권 집중을 완화하고 지방을 활성화시켜 국토를 균형 있게 발전시키는 것은 우리 헌법상의 중대한 가치이며, 우리나라의 미래를 결정하는 중요한 책무다.

필자가 제시하는 도시재생 사업의 바람직한 방향은 다음과 같다. 첫째, 문화·관광 콘텐츠 등 소프트웨어(Software) 중심의 도시재생을 통해 사업의 지속가능성을 높인다. 둘째, 장기 지속적인 운영관리가 가능하도록 수익성 있는 합리적인 사업모델을 개발한다. 셋째, 지역일자리 창출, 지역사업체 활용 등을 통해 사업이익의 많은 부분을 지역경제에 환원한다.

도시재생 사업은 어느 한 분야에서 주도할 수 없고 부동산, 문화·관광 콘텐츠, 지역 및 도시계획, 건축, 경영관리, IT 등 다양한 분야의 전문가들의 공동연구가 필요한 융·복합 산업이다. 부동산 전문가는 도시재생의 사업성과 수익성을 높여 민간투자를 유인하고, 이로써 지역경제를 활성화시키는 방안을 연구한다. 문화·관광 콘텐츠 전문가는 지역의 특성을 분석하여 지역에 맞는 콘텐츠를 개발하고, 이로써 인구유입을 늘릴 수 있는 방안을 연구한다. 지역 및 도시계획 전문가는 공공적 측면에서 지역과 도시를 조화롭게 발전시키는 방안을 연구한다. 건축 전문가는 재건축·리모델링·인테리어 등을 통해 공간을 효율적으로 활용하는 방안을 연구한다. 경영관리 전문가는 사업의 가치를 높이고 장기 지속가능한 운영관리 방안을 연구한다. 그리고 IT 전문가는 모바일, 정보기술(IT)을 활용하여 지역관광과 도시재생 활성화 방안을 연구한다.

한편 골목길 경제학자로 불리는 연세대학교 모종린 교수는 골목산업을 중심으로 한 도시재생에 있어서 다음의 네 가지를 주장한다. 첫째, 현재 골목산업에서 절대적으로 부족한 고숙련 자영업자를 공급하기 위한 새로운 양성 시스템의 구축이다. 둘째, 골목산업이 열악한 지역 도시에서 국제적 경쟁력을 가진 골목상권을 단기간에 육성하기 위한 도시형 관광단지 사업 추진이다. 셋째, 현재 비공식적으로 이루어지는 소상공인 창업 시장의 제도화다. 넷째, 젠트리피

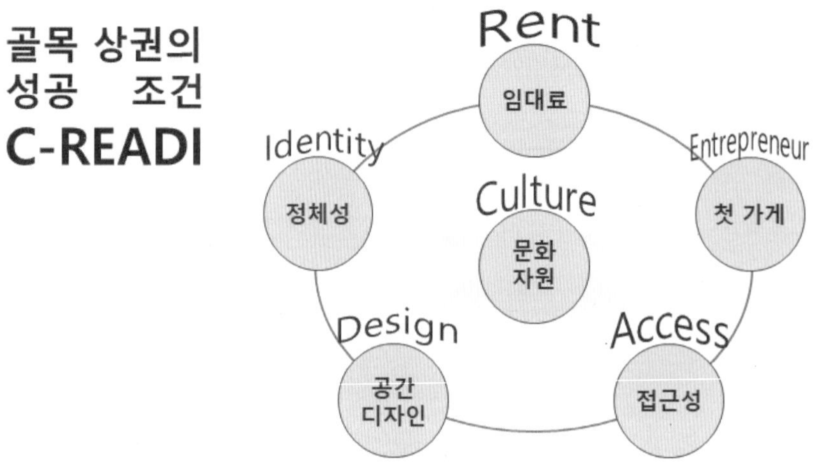

〈그림 4-11〉 도시재생과 골목산업의 성공조건

출처: 모종린, 『골목길 자본론』, 다산북스, 2017

케이션 방지 대책이다.

부동산, 여행이 되다 – 도시재생

우리가 주목해야 할 것은 여행산업과 부동산의 결합을 통한 도시재생이다. 이를 통해 여행 트렌드의 세계적인 변화흐름에 대응할 필요가 있다. “여행은 살아보는 거야!”라는 문구처럼 최근 새로운 여행 트렌드는 문화재 등 역사유적과 자연경관 중심의 전통적인 관광에서 벗어나 다양한 테마를 갖춘 도시여행으로 바뀌고 있다. 도시여행 특히 소도시여행은 체험과 경험, 공감이라는 새로운 가치를 내세운다.

이러한 트렌드의 변화는 모바일 등 정보기술(IT)의 발달에 기인한다. 여행자들은 모바일 APP과 내비게이션 등을 활용하여 잘 알려져 있지 않은 외딴 곳까지 찾아가서 새로운 체험과 경험을 하고, 이를 인스타그램 등 SNS에 공유하면서 다른 사람들의 공감을 이끌어낸다. 이로 인해 뜻하지 않게 지역이 활성화되고 부동산 가치가 오르는 것을 우리는 심심치 않게 목격할 수 있다. 대도시보다는 소도시, 작은 동네, 골목에서 벌어지고 있는 현상이다. 패키지여행 등으로 대표되는 전통적인 여행방식은 변화가 불가피하고 관광지 개발과 문화시설 유치에 치중했던 기존의 관광정책은 전환을 요구받고 있다. 도시여행자들을 끌어들이는 도시문화의 개발이 필요하고 이것이 여행산업과 도시재생이 결합되어야 할 이유다.

모바일과 IT 산업의 발달은 지역과 부동산에 새로운 기회를 부여하고 있다. 저출산과 인구감소 · 고령화 · 1인가구 증대 등 사회구조적 변화와 함께 소비와 주거 · 교육문화 및 업무 형태 등 라이프스타일의 변화가 복합적으로 작용하여 향후 부동산 시장에 큰 영향을 줄 것이다. 공간과 부동산의 개념이 '소비'를 위한 장소에서 물리적인 공간에서만 가능한 '체험'과 '경험'을 위한 장소로 빠르게 변화하고 있다. SNS와 내비게이션 등의 기술발달에 힘입어 입지적 한계를 극복한 상업용 부동산 개발사례들이 속속 나타나고, 사람들을 끌어들일 수 있는 부동산의 내부적 콘텐츠 개발이 더욱 중요해졌다.

말 그대로 새로운 길이 뚫린 것이다. 과거에는 도로가 뚫리는 것이 그 지역의 최대 호재였다면 현재는 그러한 물리적인 길이 아니더라도 IT를 통한 가상의 길을 뚫을 수 있다. "사람 길이 열리면 경제가 살아납니다!"라는 서울로 7017의 홍보문구에서 보듯이 길이 뚫리면 그 지역의 경제는 살아난다. 지자체는 모바일 APP 등을 적극적으로 개발하고 활용하여 그 지역으로 통하는 새로운 길을 뚫어야 한다. 이러한 APP은 ① '정보', ② '재미', ③ '공감', ④ '실용성'이라는 네 가지 요소를 갖추어야 경쟁력이 생길 것이다.

모바일 APP의 운영자는 '정보'제공을 통해 여행지를 간접 체험토록 하고 연계성을 높인 특색 있는 코스를 개발하여 여행자들을 그 길로 유도할 수 있다. 여행을 일종의 온-오프라인을 결합한 게임화(化)함으로써 여행자에게 랭킹과 리워드를 제공하면서 '재미'를 높일 수도 있다. 한때 유행했던 '포켓몬 고' 게임을 참고할 만하다. '공감'의 가치가 중요해지므로 APP상에 같은 취향을 가진 여행자들을 위한 커뮤니티를 구축해야 한다. 활성화된 커뮤니티 시스템을 통해 맛집 등에 대한 소위 '찐 정보'를 얻을 수 있다. 현재 시스템으로는 SNS 상에서 광고를 걸러내고 여행지 맛집에 대한 진정한 정보를 찾아내기란 쉽지 않다. '배달의 민족' 등의 배달 APP들이 소비자의 평점과 공감을 통해 이러한 문제를 해결했다는 점을 참고할 필요가 있다. 또한 여행자가 자신만의 개성이 담긴 여행코스를 개발하여 다른 이들과 공감하며 그 코스에 이름을 붙여 더 많은 사람들의 공감을 이끌어내는 일들도 모바일 APP에서는 구현 가능하다.

마지막으로 '실용성'의 측면에서는 해당 지역에서만 사용가능한 지역화폐를 활용할 수 있다. 모바일 APP과 실시간 위치공유 기술을 통해 지자체가 해당 지역의 여행자들에게 지역화폐를 실시간 제공하는 것도 가능하다. 현재 여러 지자체들이 거액의 예산을 들여 단체관광을 끌어오기 위해 돈을 대거나 큰 효과 없는 홍보비 등을 지출하고 있다. 어차피 예산은 써야 하고 유동인구 유입이라는 보여주는 실적을 위해 그리하는 것인데, 그러한 예산으로 차라리 지역화폐를 활용한다면 여행객 유치나 지역경제 활성화에 더 효과적일 것으로 생각된다.

모종린 교수의 주장에 따르면 건축, 디자인, 공공미술, 문화시설 · 행사유치 등에 치중하는 전통적인 도시재생 사업에도 변화가 필요하다. 도시문화의 핵심은 다양한 개성과 창의성을 갖춘 소상공인이라는 것이다. 다양한 소상공인 창업이 활발해질 때 그 도시가 활성화되고 재생된다. 자생적인 도시재생이 이루어진 홍대, 가로수길, 이태원, 성수동 등이 모두 이러한 과정을 거쳤다. 따라서 도시재생 사업에서 국가나 지자체가 해야 할 일은 경쟁력 있는 거점 상업시설을 유치하여 기본적인 유동인구를 확보하고 여기에 더해 지역에서의 다양한 창업을 활성화시키는 것이다. 이때 지역의 거점이 되는 상업시설로는 대기업이 운영하는 프랜차이즈 매장들도 괜찮을 것이다. 이를 통해 인구를 유인하는 효과가 있고 지역의 개성과 다양성은 창의적인 소상공인들로 채울 수 있기 때문이다. 이러한 거점 상업시설들은 수익성이 낮은 지역에 진입하는 것을 꺼리므로 지자체의 적극적인 유치 노력이 필요하다. 최근 한국과 일본의 부동산 회사들은 기존의 개발 · 분양을 통해 EXIT하는 전략에서 벗어나 개발 후 직접 임대 · 운영 관리까지 함으로써 부동산의 장기 지속적인 가치상승에 기여하는 사업모델로 전환하고 있다. 만약 지자체에서 나서기 어렵다면 이러한 민간 기업이 상업시설 유치에 앞장서고 지자체는 도로 · 공공시설 등 인프라 지원으로 뒷받침해 주는 민관협력 모델도 고려할 만하다.

해당 지역의 창업이 활성화되려면 먼저 이를 컨설팅하고 중개하는 비즈니스가 활성화되어야 한다. 임대차와 권리금을 중개하고 창업자를 교육 · 컨설팅하는 일 역시 지역을 기반으로 하는 부동산 종합서비스가 담당할 몫이다. 넓게 보면 도시재생과 부동산 종합서비스는 결국 연결된다.

지금까지 두 편에 걸쳐 부동산 산업의 지속가능한 미래에 대한 아이디어를 정리해봤다. 부동산은 우리나라 전체 자산과 국부의 상당 부분을 차지하고 관련 종사자가 매우 많은 산업이다. 부동산과 연관된 전 · 후방산업을 합치면 그 규모는 더욱 커진다. 그럼에도 불구하고 여태껏 부동산은 시장 측면에서만 주목을 받았지 산업 측면에 대한 관심과 연구는 그리 오래되지 않았다. 살펴본 것처럼 부동산 산업은 단지 전통적이고 고루한 산업에만 그치는 것이 아니라 다양한 산업과 결합하여 혁신을 이루고 국가경제에 기여할 수 있는 산업이다. 그러기 위해서는 정부와 산업종사자들의 대대적인 인식전환이 필요할 것이다.

5. 부동산학이란 무엇인가?[36)]

필자는 대학에서 부동산학을 연구하고 강의하는 일을 하고 있습니다. 그러다 보니 부동산에 관한 이런저런 질문들을 받게 되는데, 그중에서도 "부동산학이란 도대체 무엇을 배우는 학문인가?"라는 질문을 많이 받습니다. 법학 · 경제학 · 경영학 · 건축학 · 도시계획학 등 부동산학과 중복되는 분야를 다루는 인접 학문들과 어떤 차이점이 있냐는 것입니다.

부동산학은 부동산을 중심으로 하여 법률적 · 경제적 · 기술적 측면의 다양한 학문적 성과들을 학제적으로 연구하는 종합응용과학이라고 정의되곤 하지만, 사실 그 정확한 의미를 전달하기에는 부족합니다. 부동산학은 짧은 학문적 역사에도 불구하고 다른 학문들의 기존 성과를 폭넓게 받아들이면서 빠르게 성장하였고, 그로 인해 부동산학의 본질에 대한 체계적 연구는 뒤로 밀렸던 것이 사실입니다. 때로는 근본 없는 잡학이라는 비난을 받기도 했습니다.

필자는 "부동산학이란 부동산과 관련된 다양한 의사결정을 합리적으로 행하기 위한 여러 가지 방법론을 공부하는 학문"이라고 생각합니다. 여기에서 부동산과 관련된 의사결정은 투자, 금융, 개발, 정책, 관리 등으로 나눠볼 수 있습니다. 그리고 이러한 의사결정을 잘하기 위해서는 먼저 시장분석, 가치평가, 권리분석 등을 잘해야 합니다.

따라서 부동산학은 크게 의사결정론과 이를 위한 분석방법론으로 구분됩니다.

부동산 의사결정론

1. 부동산 투자

부동산 투자에 따른 수익과 위험(수익의 변동가능성)을 분석하여 해당 투자의 타당성 여부를 판단하는 것입니다. 부동산 투자를 하면 두 가지 수익을 기대할 수 있는데, 매 기간 정기적으로 발생하는 임대료 등의 ① 소득이득(Income Gain)과 기간 말 처분(매각)을 통해 일시적으로 발생하는 처분차익 등의 ② 자본이득(Capital Gain)이 그것입니다.

36) 2023.01.12. 매일경제신문 MK부동산아카데미 부동산 전문가 칼럼 코너에 게재되었다.

이러한 수익을 얻기 위해서는 부동산의 구입비용, 보유기간 동안의 관리비용, 그리고 대출이자, 각종 세금 등 다양한 비용이 들어갑니다. 그리고 이러한 수익을 얻기 위해 감수할 위험도 고려해야 합니다. 즉 어떤 부동산에 투자를 할지 말지 여부를 판단하기 위해서는 수익, 비용, 위험 등 다양한 요소들을 분석해야 합니다. 아무리 들어오는 수익이 크고 소요되는 비용은 작을 것으로 기대되더라도 위험이 지나치게 크다면 그 투자를 하지 않는 것이 합리적일 수 있습니다.

부동산 투자에 관한 과학적인 의사결정을 행하기 위해서는 먼저 투자기간(보유기간)이 정해져야 합니다. 기간이 정해져야 연 수익률 계산이 가능하고, 이렇게 수익률을 수치화해야 다른 투자안들과 비교·분석이 가능하기 때문입니다. 똑같이 50%가 상승했다 하더라도 1년만에 상승한 것인지, 10년에 걸쳐 상승한 것인지는 큰 차이입니다. 기간이 정해지지 않는다면 그 차이를 나타낼 수가 없습니다.

과거처럼 땅을 사두고 막연히 묵혀두다가 나중에 자식한테 물려준다는 식의 투자 개념은 수익률 계산이 안 되기 때문에 오늘날의 과학적인 투자론과는 맞지 않습니다. 과거 고도성장기에는 투자가 자본이득 중심이었지만 현재는 소득이득 중심으로 바뀌고 있다는 점에서 더더욱 그렇습니다. 특히 부동산은 '공급의 시차'라는 특성으로 인해 주식 등 다른 투자대상들에 비해 3년에서 5년 정도의 중·장기 예측도 비교적 정확하게 할 수 있다는 점에서 투자 의사결정에 있어서 합리적인 기간 설정이 중요합니다. 현재 시점의 아파트 공급량은 대략 3~5년 전에 이미 결정된 것입니다. 마찬가지로 3~5년 후에 시장에 아파트가 얼마나 공급될지도 현재 충분히 예측할 수 있습니다. 이처럼 부동산 시장에서는 수요와 공급 중 공급에 대한 예측이 가능하므로 수요 측면만 잘 분석한다면 중·장기적인 시장 흐름도 충분히 예측이 가능합니다. 내일의 주가를 예측하기도 어려운 주식시장과는 차이가 있습니다.

2000년대 초중반 론스타 등 외국자본들이 5년 정도의 기간을 설정하고 우리나라 부동산에 투자하여 큰 수익을 올리고 EXIT한 일이 있었습니다. 그 후 우리나라 투자자들도 5년 정도의 만기로 부동산에 투자하는 경우가 늘어났습니다. 이처럼 부동산 시장에서 일반적으로 5년 정도는 어느 정도 예측이 가능한 기간으로 보고 있습니다.

자본이득(시세차익)에서 소득이득으로 무게중심이 바뀐다는 것은 부동산 투자기간 동안 수익을 높이고 비용을 낮추는 부동산 경영·관리 활동이 앞으로 더욱 중요해진다는 뜻이기도 합니다.

2. 부동산 금융

부동산 금융은 부동산에 관한 자금을 조달하는 것입니다. 부동산 투자는 부동산의 소유권을 취득하려는 지분투자자의 관점이라면, 부동산 금융은 부동산을 담보로 돈을 대출해 주는 은행의 관점이라고 생각하면 이해가 쉽습니다. 어떤 부동산에 대한 투자금은 지분투자자의 자기자본과 은행 등이 대출해 주는 타인자본으로 구성되기 때문에 대출해 주는 은행 등을 저당투자자라고 부르기도 합니다.

내가 은행 등 금융기관에서 대출업무를 담당하는 직원이라고 생각해 봅시다. 어느 날 어떤 고객이 자신이 소유하고 있는 아파트를 담보로 대출을 받기 위해 나를 찾아옵니다. 이때 나는 과연 이 아파트를 담보로 대출을 할지 말지, 대출을 해 준다면 얼마나 대출을 할 것인지, 그리고 대출 시 이자율이나 만기 등의 조건들을 어떻게 정할지 등 다양한 의사결정을 해야 합니다.

이러한 의사결정을 다루는 분야가 부동산 금융입니다. 부동산 금융은 수익을 크게 키우는 것보다는 위험을 안정적으로 관리하는 것을 더 중요시한다는 점에서 투자의 관점과 차이가 있습니다. 은행 등 금융기관은 의사결정을 할 때 그만큼 보수적으로 판단합니다.

전통적으로 부동산 금융은 주로 이와 같은 부동산 담보대출을 다뤘습니다. 그런데 오늘날에는 유동화라는 개념을 통해 그 분야가 크게 확장되고 있습니다. 이를 가장 극적으로 나타낸 사건이 바로 2007~2008년경 전 세계적인 금융위기로 발전된 미국의 서브프라임 모기지(Subprime Mortgage) 사태입니다.

우리나라와 마찬가지로 미국도 2000년대 초중반 급격하게 집값이 상승하는 시기를 겪었습니다. 당시만 해도 미국은 우리나라의 LTV나 DTI와 같은 일률적인 규제가 없었기 때문에 주택금융이 굉장히 확장적으로 이루어졌고 심지어 해당 주택의 현재 가격 이상으로 대출이 실행되는 경우도 있었습니다. 서브프라임 모기지는 비우량 주택담보대출을 뜻합니다. 주로 미국의 지역 소규모 은행들이 이러한 신용도가 높지 않고 위험한 대출을 취급했습니다.

위험과 수익은 비례하는 것입니다. 대출이 비우량일수록 그만큼 은행의 수익에 해당하는 대출이자율은 올라갈 수밖에 없습니다. 그런데 당시에 미국의 주택시장은 끊임없이 상승할 것만 같은 분위기였습니다. 이렇게 시장이 계속 상승한다면 서브프라임 모기지야말로 수익이 높지만 위험은 낮은 환상적인 투자상품이 될 것입니다. 리먼 브라더스, 골드만삭스와 같은 글로벌 대형 투자은행들이 이를 놓칠 리 없습니다. 이들이 지역 소규모 은행들로부터 높은 값을 쳐주고 이러한 대출채권들을 대량으로 사들이거나 보증상품을 만들어 팝니다. 지역의 소규모 은행들로서는 유동화를 통해 위험을 대형 투자은행들에게 넘긴 꼴이 됩니다.

그러나 끝없이 오를 것만 같았던 미국의 주택시장도 구조적인 하락을 피하지 못합니다. 미국의 금융시장과 제도는 우리와 달리 비소구금융(Non-recourse Finance)이라는 특징을 갖고 있습니다. 담보물의 가격이 갚아야 할 대출원금과 이자에도 못 미칠 경우에는 대출받은 주택 소유자가 더 이상 갚을 의무 없이 해당 주택 소유권을 포기할 수 있는 것입니다. 담보물을 처분해서도 대출을 다 못 갚을 경우에는 채무자 개인적으로 끝까지 책임을 져야 하는 우리나라의 소구금융(Recourse Finance) 제도와 다릅니다. 이러한 특징으로 인해 미국에서는 주택 가격이 꺾이기 시작하면 채무자들이 대출을 갚기보다는 주택을 은행에 넘겨버리는 일들이 발생합니다. 결국 시장에 주택 공급이 넘쳐나면서 주택 가격이 더더욱 큰 폭으로 하락하는 악순환이 벌어집니다.

기초자산인 주택 가격이 폭락하게 되면 대형 투자은행들이 들고 있는 투자상품들은 휴지조각이 됩니다. 이에 따라 오랜 역사를 자랑하던 리먼 브라더스가 파산하고 전 세계 금융시장에 큰 충격을 주는 사태가 발생했습니다.

우리나라에서도 2011년에 대형 저축은행 상당수가 줄줄이 파산하게 된 저축은행 부동산 PF 사태가 있었습니다. 서브프라임 모기지 사태와 상당히 유사한 전개과정이었습니다. 이러한 사건들을 계기로 부동산학 분야에서 부동산 금융의 중요성이 급부상하게 됩니다. 이러한 사태의 근원은 결국 최초에 대출이 이루어질 때 부동산 금융에 관한 의사결정이 잘못되었다는 인식 때문입니다.

오늘날엔 부동산 금융 분야가 더욱 확장되어 주택담보대출과 이를 유동화한 MBS(주택저당증권)뿐 아니라 프로젝트 파이낸싱(Project Financing), 프로젝트금융투자회사(PFV), ABS(자산유동화증권) · ABCP(자산담보부 기업어음) 등 구조화금융, 주택연금(역모기지), REITs, 부동산 집합투자기구(부동산 펀드), 부동산 신탁, 부동산 디지털수익증권과 조각투자, NPL(Non Performing Loan, 부실채권), P2P(Peer to Peer) 금융 등 수많은 분야를 다루고 있습니다.

3. 부동산 개발

부동산 개발은 부동산에 가치를 부여하고 그 가치를 상승시키는 인위적인 활동을 말합니다. 과거에는 물리적인 건축활동, 대규모 개발, 전면철거와 재개발, 개발+분양 등이 중심 키워드였다면, 현재는 도시재생, 소규모 · 지역연계 개발, 개발 후 바로 분양이 아닌 일정 기간 경영 · 관리를 통해 가치를 높인 후 통매각 등이 개발시장의 중심 키워드로 떠오르고 있습니다.

한마디로 하드웨어(Hardware) 중심에서 소프트웨어(Software) 중심으로 변화하면서 부동산 개발에 있어서도 문화 · 관광 등의 콘텐츠가 중요해지고 있습니다. 이는 최근 몇 년간 강하게 불었던 골목상권의 바람으로 나타났습니다. 이러한 지역과 상권에서는 특별히 대규모의 개발비용을 들이지 않고도 큰 폭의 부동산 가치상승이 발생했습니다. 이들 지역에서도 은연중에 부동산에 가치를 부여하고 그 가치를 상승시키는 부동산 개발 활동이 일어난 것입니다.

부동산을 개발하려는 사람은 부동산의 최유효이용(The Highest and Best Use)이 무엇인지 분석하고 최유효이용으로의 개발이 가능한지, 개발할 때 소요되는 비용은 얼마인지 등을 판단하여 과연 개발을 할지 말지, 한다면 비용을 얼마나 투입할지에 대한 의사결정을 해야 합니다. 예를 들어, 나대지에 건물을 지어 사용할 것인지, 아니면 주차장으로 사용할 것인지, 그리고 건물을 짓는다면 어떤 용도로 사용할 것인지, 건물을 10층까지 올릴지 5층까지 올릴지 등 다양한 의사결정이 필요합니다.

이를 위해서는 부동산학에서 다루는 법적, 경제적, 기술적(물리적) 분석과 판단이 요구됩니다. 먼저 각종 공 · 사법적 제한, 특히 용도지역 · 지구제, 건축법상의 규제 및 환경보호 규제 등에 적합한지를 따져봐야 합니다. 법적으로 타당하더라도 다음으로 경제성과 수익성이 있는지를 또 따저봐야 할 것입니다. 마지막으로 건축기술상 가능한지 여부를 따져봐야겠죠.

이렇듯 부동산학에서는 부동산 개발 시 필요한 여러 가지 의사결정들을 어떻게 합리적으로 잘할 수 있는지에 대해 공부합니다.

4. 부동산 정책/부동산 관리 등

부동산 의사결정으로 흔히 투자, 금융, 개발 세 가지가 가장 중요하다지만, 그 밖에도 정책, 관리 등 다양한 의사결정들이 있습니다.

국가나 지자체에서 각종 부동산 정책을 결정하고 집행하는 일을 담당하는 공무원은 부동산 경기가 과열일 때에는 이를 냉각시키기 위해 세금, 금융, 공법적 규제를 강화하는 쪽으로 의사결정을 합니다. 반대로 부동산 경기가 침체에 빠지면 이를 진작시키기 위해 각종 규제를 완화하기도 합니다.

부동산의 관리자는 관리에 들어가는 각종 고정비용과 가변비용을 낮춰 부동산의 수익성을 높이고 효율적인 관리를 통해 건축물의 수명을 늘리고 가치를 유지하는 등의 역할을 합니다. 오늘날에는 비용절감이라는 소극적인 관리의 개념을 넘어 적극적인 경영의 개념을 도입함으로써 부동산 관리를 통해 수익을 창출하는 방향으로 발전하고 있습니다. 옥외광고탑을 운영하거나 주차장을 외부 플랫폼 업체에 맡김으로써 추가적인 수익을 창출하는 식입니다. 앞으로 IT와 플랫폼 서비스의 발달로 인해 이렇게 추가 수익을 낼 수 있는 비즈니스 모델들이 더욱 늘어날 것입니다.

이 모든 것들에는 부동산 관련 의사결정이 필요하고, 부동산학이 연구해야 할 중요한 영역들이 될 것입니다.

부동산 분석방법론

1. 부동산 시장분석

투자든 금융이든 개발이든 부동산에 관련된 의사결정을 잘하기 위해서는 제일 먼저 부동산 시장을 분석해야 합니다. 시장분석이란 시장의 수요와 공급의 변동을 분석함으로써 가격과 거래량이 향후에 어떻게 변화할지를 예측하는 것입니다.

부동산은 지리적 위치의 고정성이라는 특성으로 인해 다른 부동산과 대체 · 경쟁하면서 지역을 구성하므로 부동산 시장은 지역에 따라 여러 개의 부분시장으로 세분화됩니다(시장의 국지성). 또한 같은 지역이라 하더라도 부동산의 위치, 규모, 용도 등에 따라 다시 여러 개의 부분시장으로 세분화됩니다. 따라서 부동산 시장의 전반적인 동향 못지않게 해당 부동산이 속하는 부분시장별로 세부적인 분석이 필요합니다. 즉 시장을 분석할 때는 지역별 · 유형별로 시장을 세분화할수록 더욱 정확하게 분석할 수 있습니다.

예를 들어 서울시 광진구 자양동에 있는 30평대 아파트에 투자를 한다고 가정할 때, 한국의 부동산 시장 전체를 분석하는 것보다는 서울시, 그중에서도 광진구, 자양동 등으로 시장을 세분화해서 수요와 공급을 분석할수록 정확할 것입니다. 또한 광진구 자양동 부동산 시장에서도 토지나 상가건물이 아닌 주택시장, 그리고 주택 중에서도 빌라, 다세대, 다가구주택 등이 아닌 아파트 시장으로 세분화해야 할 것입니다. 아파트도 대형/중소형 등으로 구분이 되니 만약 30평대 아파트에 투자를 한다면 자양동의 중소형 아파트 시장으로 범위를 좁혀서 이에 대한 수요와 공급을 분석해야 합니다.

과거에 우리나라는 전국의 부동산 시장이 거의 같은 싸이클로 움직였지만, 최근에는 수도권/지방 등 지역별로, 부동산 상품의 유형별로, 대형/중소형 등 규모별로 시장이 각각 따로 움직이는 경향을 나타내고 있습니다. 이에 따라 우리나라 부동산 투자에서도 분산투자를 통해 위험을 낮춘다는 포트폴리오(Portfolio) 이론이 적용될 가능성이 높아졌습니다.

한편 시장을 분석할 때 지역별 · 유형별 뿐만 아니라 시장의 형태별로 세분화하는 것도 필요합니다. 부동산 시장을 매매시장과 임대차시장으로 나눠볼 수 있고, 매매시장은 다시 기존 주택을 거래하는 재고시장과 신규 주택을 거래하는 분양시장으로 나눠볼 수 있습니다. 그리고 임대차시장은 전세시장과 월세시장으로 더 세분화할 수 있습니다. 예를 들어 서울시 광진구 자양동의 중소형 아파트 시장도 매매시장과 전세시장, 재고시장(구축시장)과 분양시장(신축시장), 전세시장과 월세시장, 일반매매시장과 경매시장 등 다양한 형태로 세분하여 그 관계를 분석할 수 있습니다. 이를 통해 각 시장 간 수요 · 공급의 이동과 상호영향, 각 시장에서 결정되는 가격들의 선 · 후행관계 등을 따져볼 수 있습니다.

이렇게 시장을 지역별 · 유형별 · 형태별로 더 세분화할수록 대체재가 늘어난다는 뜻이므로 수요곡선은 완만하게 우하향, 공급곡선은 완만하게 우상향하는 모양으로 나타납니다. 이는 가격의 조그마한 변화에 대해서도 수요와 공급이 민감하고 탄력적으로 반응한다는 뜻입니다.

부동산 시장분석은 어떤 의사결정을 하는지에 따라 그 내용이 달라집니다. 시장을 분석하고 가격의 흐름을 예측할 때, 그 결과는 크게 다섯 가지 정도로 구별됩니다. ① 급등, ② 완만한 상승, ③ 현상유지, ④ 완만한 하락, ⑤ 급락입니다.

부동산의 소유권을 취득하려는 투자자는 시장과 가격이 향후에 ① 급등할 것으로 예상될 때 투자해야 합니다. 높은 세금과 거래비용 등을 감안할 때 ② 완만한 상승 정도로도 부족할 수 있습니다. 반면 부동산을 담보로 대출을 해 주는 은행 등 금융기관의 입장에서는 ⑤ 급락이 예상되는 상황만 아니면 대출해 줄 수 있습니다. 가격이 상승하면 그대로 수익을 얻고 가격이 하락하면 그만큼 손실을 보게 되는 투자자(소유자)와 달리 은행 등 부동산 금융의 의사결정을 하는 자는 가격이 상승한다고 해서 특별한 이익이 없습니다. 담보물 가격이 상승하더라도 채무자는 정해진 원금과 이자만 지급하면 될 뿐입니다. 심지어 ④ 완만한 하락이 예상되더라도 어차피 담보물의 가격 대비 제한된 금액만큼만 대출을 해 주기 때문에 특별히 은행이 손해볼 일은 없습니다. 예를 들어 10억원 부동산을 담보로 은행이 6억원을 대출했을 때, 부동산 가격이 9억원이나 8억원 정도로 떨어지더라도 은행의 입장에서는 큰 문제가 되지 않습니다. 문제는 가격이 더 떨어져서 7억원, 6억원, 5억원 등으로 급락할 때입니다. 이렇게 되면 은행은 이자는 고사하고 원금회수도 어려운 위험에 처하게 됩니다.

이렇듯 부동산 투자와 금융의 의사결정을 할 때 가장 먼저 시장을 잘 분석해야 하지만 어떤 의사결정을 하느냐에 따라 그 구체적인 내용은 달라지는 것입니다. 부동산 정책에 관한 의사결정을 할 때에도 먼저 시장이 향후에 어떻게 흘러갈지를 분석해야 합니다. 그래야 규제를 강화할지 완화할지 아니면 오히려 시장을 활성화시키는 적극적인 정책을 펼지를 결정할 수 있습니다.

2. 부동산 가치평가

아무리 시장을 잘 분석하더라도 의사결정의 대상은 시장이 아니라 구체적인 특정 부동산이므로, 이러한 개별 부동산의 가치를 잘 평가해야만 올바른 의사결정을 할 수 있습니다. 주식처럼 거래가 자유롭고 활발한 재화는 시장에서 현재 거래되는 가격이 곧 그 가치가 되므로 가치를 평가한다는 것이 특별히 어려운 문제가 아닙니다. 반면 부동산처럼 불완전한 시장에서 제한된 거래가 이루어지는 재화는 인위적인 방법을 통해 그 가치를 제대로 평가할 필요가 있습니다.

부동산의 가치를 평가하는 방법으로는 ① 원가법(원가방식), ② 거래사례비교법(비교방식), ③ 수익환원법(수익방식) 등이 있습니다. 이를 부동산 가치평가 3방식이라고 합니다.

이러한 가치는 다양성을 특징으로 합니다. 즉 가치를 평가하는 관점과 구체적인 방법에 따라 같은 부동산이라도 무수히 많은 다양한 가치가 매겨질 수 있습니다. 어떤 의사결정을 하느냐에 따라 투자자는 투자가치를, 은행 등 금융기관은 담보가치를 중시합니다.

수익을 추구하기보다는 위험관리와 안전성을 중요시하는 은행의 입장에서 판단하는 담보가치는 가장 보수적인 가치개념이므로 일반적으로 투자가치보다 훨씬 낮게 매겨집니다. 우리가 사는 아파트를 담보로 대출을 받기 위해 은행을 찾아가면 대출담당직원이 우리가 생각하는 시세보다 훨씬 낮게 그 가치를 평가한다는 사실을 알 수 있습니다. 이것이 담보가치입니다. 여기에 LTV 등을 적용하면 실제 대출받을 수 있는 금액은 그보다도 적을 것입니다. 은행은 이런 식으로 위험을 관리합니다.

이렇듯 투자, 금융, 개발 등 부동산 의사결정을 잘하려면 먼저 시장을 잘 분석해야 하고 그 다음에 개별 부동산의 가치를 잘 평가해야 합니다. 그리고 의사결정의 종류에 따라 가치평가의 구체적인 내용은 달라집니다.

3. 부동산 권리분석

부동산과 부동산 시장은 추상성을 그 특징으로 합니다. 즉 시장에서 거래되는 부동산은 물리적인 실체라기보다는 다양한 추상적 권리의 복합체라는 것입니다. 부동산이 거래되는 시장 역시 구체적인 물건이 거래된다기보다는 추상적인 권리가 거래되는 추상적인 시장이 됩니다. 따라서 부동산 관련 의사결정을 할 때 법적인 권리분석이 빠질 수 없습니다.

우리가 주식에 투자한다면 먼저 차트분석 등을 통해 시장의 흐름을 분석하고, 그 다음에 개별 기업의 적정가치를 평가하여 저평가된 기업에 투자할 것입니다. 이때 한국 주식시장 전체의 흐름도 중요하지만 섹터별로 세분화해서 분석할수록 그 정확도는 높아집니다. 여기까지는 부동산의 경우와 다르지 않습니다. 그러나 주식에 투자할 때 권리분석을 하는 경우는 없습니다. 즉 권리분석은 부동산에 특유한 분야입니다.

권리분석을 할 때에도 의사결정의 종류에 따라 그 구체적인 내용이 달라집니다. 소유권을 취득하려는 투자자의 경우 권리분석의 주요 내용은 과연 기존에 있는 권리들 중 어떤 것을 내가 책임져야 하고, 어떤 것은 무시해도 되는지를 구별하는 것입니다. 그러나 담보대출을 해 준 은행의 경우에는 나의 원리금 채권보다 선순위인 권리자가 누구인지, 내가 몇 번째로 배당을 받을지, 낙찰가 예측을 통해 구체적으로 내가 얼마만큼 배당을 받을지 등이 중요합니다.

은행의 입장에서는 소유권을 취득하는 것이 아니기 때문에 소유권을 취득한 낙찰자에게 기존 권리가 인수되는지 아닌지는 중요한 일이 아닙니다. 이는 경매투자자와 NPL 투자자의 경우에도 마찬가지입니다. NPL 투자자는 은행과 같이 부동산 금융의 의사결정을 하는 자라고 할 수 있습니다. NPL 투자자도 특수한 경우를 제외하곤 결국 소유권 취득이 아니라 대출원금과 이자를 목적으로 투자하는 것이기 때문입니다.

어떤 아파트에 투자하는데, 시장을 분석한 결과 향후 가격이 오를 것이라고 예측되었고 개별가치를 평가한 결과 적정가격이 10억원인데 9억원에 살 수 있다면 투자를 하는 것이 맞다고 볼 수 있습니다. 그러나 기존 임차인의 보증금 2억원을 투자자가 떠안아야 하는 것이라면 얘기가 달라집니다. 이렇게 되면 10억원짜리 부동산을 실제로는 11억원에 사는 꼴이므로 당연히 투자를 하면 안 될 것입니다. 이런 경우에 투자를 한다면 시장분석과 가치평가까지는 제대로 했지만 권리분석을 잘못해서 잘못된 의사결정을 하는 것입니다.

이처럼 올바르고 합리적인 의사결정을 하려면 ① 시장분석→② 가치평가→③ 권리분석의 순으로 체계적인 분석을 해야 합니다.

마치며

지금까지 부동산학은 어떤 것들을 연구하고 공부하는 학문인지 살펴보았습니다. 각 대학의 부동산학과에서는 이러한 기준에 따라 커리큘럼을 구성하고 있습니다. 교육부에서 고시하는 부동산학 전공의 표준교육과정에서도 이에 따라 다양한 전공필수과목과 전공선택과목들을 두고 있습니다.

공인중개사 시험의 1차과목인 부동산학 개론과 감정평가사 시험의 1차과목인 부동산학 원론도 이러한 내용들로 구성됩니다. 다만 법적인 권리분석 분야는 워낙 방대하므로 이들 시험에서는 권리분석을 부동산학에 포함시키지 않고 부동산 공법, 부동산 사법 등 별개의 과목으로 분리하고 있습니다.

부동산학은 많은 분들이 한번쯤 공부해 보고 싶어 하는 실용학문입니다. 학 · 석 · 박사 학위나 자격증을 취득하기 위해, 또는 실무적이고 전문적인 지식을 얻기 위해 지금 이 시각에도 많은 분들이 어려운 부동산학 공부에 도전하고 있습니다. 어떤 학문을 공부하려면 먼저 그 학문의 전체 체계를 이해해야 보다 쉽게 접근할 수 있습니다. 이 글이 부동산학을 공부하려는 많은 분들에게 작게나마 도움이 되길 바랍니다.

6. 부동산 컨설턴트의 역할과 핵심역량[37)]

- 부동산의 거래, 이용 및 개발, 그리고 세금 -

지난 글에서는 부동산학이란 무엇을 배우는 학문인지, 그리고 배운 것들이 어떻게 활용될 수 있는지 등을 다뤘습니다. 필자는 대학에서 근무하다 보니 연구나 강의 이외에도 부동산학을 공부하는 많은 학생들을 상담하고 진로를 설계하는 일도 하고 있습니다. 이번 글에서는 부동산학을 공부하고 나서 무슨 일들을 할 수 있는지, 그중에서도 부동산 컨설턴트의 역할에 대해 다뤄 보겠습니다.

부동산학은 특수한 분야를 다루는 희소성 있는 학문이기 때문에 비교적 취업이 잘되는 전공으로 알려져 있습니다. 전통적으로는 건설사 · 시행사 등 부동산 개발회사나 부동산을 관리하는

37) 2023.02.10. 매일경제신문 MK부동산아카데미 부동산 전문가 칼럼 코너에 게재되었다.

자산관리회사에 취업을 많이 합니다. 최근에는 부동산 금융의 활성화로 인해 금융권에서 부동산 전문가에 대한 수요가 늘어났고 은행 · 저축은행 · 증권사 · 보험사 · 신탁사 · 캐피탈 등 각종 금융회사에 취업을 하는 경우가 많아졌습니다.

그리고 리츠(REITs), 부동산 펀드 등 간접투자상품이 활성화되고 부동산 투자방법이 다양화됨에 따라 자산운용사나 투자회사로도 많이 진출하고 있습니다. 또한 기업이 보유하고 있는 자산의 상당 부분이 부동산 관련 자산이므로 이를 개발하여 수익을 창출하거나, 유동화 등을 통해 재무구조를 개선하거나, 또는 기업자산을 유지 · 관리하는 일반기업체의 부동산 팀에 취업하는 경우도 꾸준히 증가하고 있습니다. 물론 감정평가사나 공인중개사 등의 자격시험에 합격하여 해당 직업에 종사하는 학생들도 많습니다.

어떤 직업에 종사하든 간에 부동산 전문가는 부동산 관련 의사결정을 직접 하거나 타인의 의사결정을 도와주는 일을 합니다. 기본적으로 부동산 컨설턴트의 역할을 하는 것입니다.

외국과 달리 우리나라에서는 기획부동산, 전세사기 등 안 좋은 사건들에 얽혀 부동산 컨설팅에 대한 인식이 좋지 않은 편입니다. 그리고 부동산 컨설턴트라는 직업 자체가 제도화되어 있지도 않습니다.

우리나라에서 부동산 컨설턴트 관련 법적 근거라면 법인인 개업공인중개사의 겸업제한과 관련하여 공인중개사법 제14조 제1항 제2호에서 '부동산의 이용 · 개발 및 거래에 관한 상담'을 규정한 것이 거의 유일합니다.

이처럼 우리나라에서 부동산 컨설턴트는 독자적 영역이라기보다는 공인중개사(거래중개), 감정평가사(가치평가), 세무사(세금), 변호사(소송), 법무사(등기), 건축사(건축설계) 등 다른 전문직업을 수행하면서 부수적으로 행하는 일로 인식되고 있습니다. 아니면 아예 무자격자 컨설팅으로 사회적 문제가 되기도 합니다.

특히 중개보수에 법정한도가 있는 반면 컨설팅보수는 제한이 없기 때문에 많은 공인중개사들이 컨설팅의 명목으로 추가보수를 받고자 노력합니다. 그러나 중개보수와 별도의 컨설팅보수를 받기 위해서는 여러 가지 법적 요건들을 갖춰야 하고, 무엇보다도 단순중개가 아니라 실질적으로 의사결정과정에서 고도의 자문이 이뤄졌다는 점을 증명해야 합니다. 그렇지 않고 단순중개를 하면서 선불리 컨설팅보수를 받았다가는 민 · 형사상의 책임을 질 수도 있습니다.

결국 극심한 경쟁과 강한 규제에 시달리는 공인중개사들에게는 앞으로 추가교육을 통해 실질적인 컨설팅 능력을 키우는 일이 중요해질 것입니다.

부동산 컨설팅과 부동산 중개의 구별

부동산 중개는 단순히 거래당사자를 연결하고 거래조건을 절충하여 부동산 거래계약 체결이 이뤄지도록 알선하는 일이 주된 활동인 반면, 부동산 컨설팅은 부동산의 거래 · 이용 · 개발 등에 관한 종합적인 자문을 주된 활동으로 하는 것입니다. 물론 컨설팅의 경우에도 거래당사자를 연결하거나 거래조건을 절충하는 일이 수반될 수는 있지만 이는 어디까지나 부수적 활동에 그쳐야 합니다.

결국 의뢰인을 위해서 실질적으로 무슨 활동을 했는지에 따라 중개/컨설팅 여부가 결정됩니다. 이때 컨설팅 계약서를 작성했는지, 컨설팅 활동에 대한 보고서가 존재하는지, 보고서가 단순중개를 넘어 고도의 자문 활동으로 보기에 충분한지, 그리고 컨설팅 활동을 수행한 기간이 충분했는지 등의 여러 가지 사정을 종합적으로 판단합니다.

그러나 실제 사례에서 두 활동을 명확히 구분하기는 쉽지 않습니다.

부동산 중개보수는 법정한도를 초과할 수 없고, 공인중개사가 이러한 한도를 초과하는 금액을 받는다면 그 초과범위에서 보수지급약정이 무효가 됨은 물론 형사처벌을 받을 수도 있습니다. 반면 부동산 컨설팅은 자유업이고 컨설팅보수는 법정한도에 관한 규정이 없다보니 초과보수를 받기 위해 부동산 컨설팅계약을 맺는 일이 흔히 발생합니다.

그러나 실질적인 컨설팅 활동으로 인정받지 못할 경우 공인중개사는 초과보수를 받은 것에 대한 민 · 형사상 책임과 함께 행정처분을 받게 되고, 중개사가 아닌 자는 무등록 중개업을 한 셈이므로 컨설팅보수지급약정 전체가 무효가 되며 민 · 형사상 강한 책임을 지게 될 수 있습니다.

이와 관련된 대법원 판례 몇 가지를 소개합니다.

판례 1[38] 사업목적을 부동산 컨설팅업으로만 등록한 A법인은 단순중개가 아닌 컨설팅을 했다는 명목으로 의뢰인에게 중개보수의 법정한도를 초과하는 보수를 청구했습니다. 이 사건에서 A법인은 중개업을 사업목적으로 하지 않는다는 점, 중개법인의 자격을 갖추지도 않았고 중개사무소 개설등록도 하지 않은 점, 용역계약서에 부동산 중개계약이 아님을 명시한 점 등을 들어 공인중개사법의 규율 대상인 중개행위를 한 것이 아니므로 약정한 보수 전부를 받을 수 있다고 주장했습니다. 실제로 원심은 A법인의 주장을 인정하면서 다만 보수 일부를 감액하여 지급할 것을 명했습니다.

하지만 대법원은 A법인이 부동산 컨설팅업을 목적 사업으로 내세우면서도 실제로는 중간자로서 타인의 거래계약 체결에 계속적 · 반복적으로 관여해 왔다는 점을 들어 중개업을 한 것으로 보았습니다(대법원 2008다75119 판결). 따라서 공인중개사법 위반(무등록 중개업)에 따른 형사처벌의 대상이 되었고, 보수지급약정 전체가 강행규정 중 효력규정 위반으로 무효이므로 약정한 보수를 전혀 청구할 수도 없었습니다.

이 사건에서 대법원은 고도의 자문행위라 할 수 있는 실질적인 컨설팅 활동이 없었다고 본 것입니다. 따라서 만약 A법인이 중개법인으로 등록되었다 하더라도 법정한도를 초과한 보수를 받은 점에 대해 공인중개사법상 형사처벌과 행정처분을 받았을 것이고, 법정한도의 범위 내에서만 보수청구가 가능했을 것입니다.

판례 2[39] B중개법인은 중개보수의 법정한도를 회피하기 위해 형식상 별도의 컨설팅법인을 만들어 의뢰인과 중개계약 이외에 컨설팅계약도 함께 체결했습니다. 이에 대해 법원은 ① 중개법인과 컨설팅법인이 외형상으로는 별개의 법인이지만 동일한 상호를 사용한 점, ② 컨설팅계약서 역시 중개법인을 통해서 교부받아 날인한 점, ③ 컨설팅법인으로부터 제공받은 용역업무가 거의 없었던 점, ④ 시세와 관련된 컨설팅보고서가 제시되었지만 그 수준이 낮아 중개와 구별되는(중개업무를 넘어서는) 별도의 컨설팅 활동으로 보기 어려운 점 등을 종합할 때 해당 사건의 중개법인과 컨설팅법인을 실제로는 동일한 법인으로 추정한 바 있습니다.

동일한 법인으로 판단될 경우에는 의뢰인이 지급하기로 한 총보수 중 법정한도를 초과한 보수지급약정은 무효이고, 이미 지급한 경우에도 부당이득반환청구가 가능합니다(대법원 2005다32159 전원합의체 판결). 그 밖에 형사처벌과 함께 중개법인의 경우 등록취소 등의 행정처분을 받을 수도 있습니다. 실질적으로 부동산 거래에 동반하여 행해지는 부동산 컨설팅 행위를 사실상 중개행위로 보아 법정한도를 초과하는 컨설팅보수지급약정도 그 초과범위에서 무효로 본 판결은 이외에도 많이 있습니다.

대법원은 공인중개사법의 규율대상인 중개업이란 '다른 사람의 의뢰에 의하여 일정한 보수를 받고

38) "부동산 컨설팅을 빙자한 사실상 중개 행위, 법적 판단은? – 최광석, 한경BUSINESS 2020.01.21. 기사" 참조.
39) "KASAN 부동산 컨설팅계약과 중개계약의 구별 포인트, 수수료약정과 초과 중개수수료 무효 규정 적용여부 – 실무적 포인트 및 관련 대법원 판결 몇 가지.pdf" 참조.

부동산 등 중개대상물에 관하여 거래당사자간의 매매, 교환, 임대차 그 밖의 권리의 득실변경에 관한 행위를 알선하는 것을 업으로 하는 것'을 말하고, 어떠한 행위가 중개행위에 해당하는지는 행위자의 주관적 의사에 의하여 좌우되는 것이 아니라 그 행위를 객관적으로 보아 사회통념상 거래의 알선, 중개를 위한 행위라고 인정되는지 여부에 따라 결정되어야 하며, 부동산에 관하여 중개행위를 업으로 하는 자가 그에 더하여 이른바 부동산 컨설팅 등의 용역을 제공한다고 하여 공인중개사법의 규율대상인 부동산 중개행위가 아니라고 볼 수 없다고 판시한 바 있습니다(대법원 2005다32197 판결, 2005도6851 판결, 2006도7594 판결, 2009다4572 판결, 2012다42154 판결 등).

판례 3 대법원은 2016다206505 판결에서 컨설팅업체가 매도인 측 회사 임원들로부터 매각 동의를 받거나 매수인과 매각가액을 조율한 것은 전형적인 부동산 중개행위에 해당할 뿐이고, 컨설팅업체가 매수인으로 하여금 매도인의 각종 채무를 해결하도록 하고 경매를 정지시킨 행위 등도 통상적인 중개의 부수적인 행위에 지나지 않으며, 임대수익을 분석해 주고 세무상담을 해 준 내용도 부동산의 일반적인 현황이나 간단한 세무상식에 불과해 컨설팅업체가 부동산 중개와 별개인 권리분석이나 세무상담에 관한 컨설팅용역을 제공했다고 보기 어렵다고 판단하면서 매도인이 법정한도를 초과하여 컨설팅업체에 지급한 보수에 대해 부당이득반환청구를 인정한 바 있습니다.

결국 법원은 계약의 형식이 아니라 실질적으로 수행된 업무의 구체적인 내용과 그 수준에 따라 법적인 판단을 하는 것입니다. 시장분석, 투자분석, 권리분석, 세무상담 등에 있어서 단순중개와 구별되는 전문성을 충분히 갖추거나 계약체결에 필요한 자료를 충분히 제공하며 자문하는 등의 실질적인 활동을 한 경우에만 중개를 넘어서는 별개의 컨설팅 활동으로 인정받을 수 있습니다.

부동산 컨설턴트는 무슨 활동을 하는가?

1. 부동산 개발자문

토지의 최유효이용을 위해 다양한 관점에서 대상토지를 분석하고 부동산 정책, 시장동향 및 트렌드 등을 고려한 최적시설 및 최적규모의 개발 마스터플랜을 제시합니다. 여기에는 입지선정, 재개발 · 재건축의 사업타당성 검토, 리스크 관리전략, 사업시행 방법과 사업계획 수립, 활성화 방안 등이 포함됩니다.

2. 부동산 투자자문

투자자들을 위해 대상부동산의 입지환경과 잠재적 특성을 조사 · 분석하여 투자가치, 수익성, 투자타당성 등을 검토합니다. 또한 투자 이후의 운영계획과 적정 관리방안을 수립하고 안정적인 운영 · 임대전략을 위한 자문, EXIT 전략 수립 등 투자자산에 대한 종합적인 사후관리 서비스를 제공합니다. 투자자문은 자기자본과 타인자본을 어떤 비율로 구성할지, 자본을 어떻게 조달할지 등 부동산 금융에 관한 자문을 포함합니다.

3. 주요 부동산 섹터별 시장분석과 실사

주거, 오피스, 리테일, 공장, 호텔 & 리조트, 골프장 등 체육시설, 물류센터, 데이터센터 등 다양한 부동산 하위시장에 관한 자료를 수집 · 분석하고 시장을 실사하여 보고서를 작성합니다. 이를 통해 분양전략을 세우거나 새로운 형태의 부동산 상품을 개발하기도 합니다. 또한 지역별 · 유형별 매매가격과 임대료를 조사하고 그 적정성을 검토하여 자산의 매입 · 매각 · 임대차 전략 등을 수립합니다.

4. 기업 부동산 전략 수립

기업 등이 사업용으로 보유한 부동산 포트폴리오를 분석하여 계속 보유할지, 아니면 매각 후 재임차(Sales & Leaseback)할지 등 다양한 효율화 전략을 수립합니다. 이를 통해 기업은 보유자산의 가치를 증대시키고 비용을 절감하며 주된 사업을 효율적으로 수행할 수 있습니다.

5. 리테일(Retail) 컨설팅

단순한 임대차 거래의 중개를 넘어 상권분석 · 시장트렌드와 소비자 분석 등을 통한 새로운 브랜드 발굴 및 유치, 키 테넌트(Key-Tenant) 유치, 그리고 운영 활성화를 위한 전략을 수립합니다. 임대인을 위해서는 공실 해소와 마케팅 전략 수립, 우량 임차인 발굴부터 사후관리까지 통합 임대서비스를 제공해야 하고, 임차인을 위해서는 임차인 사업을 분석하여 최적의 공간을 제시하며 인테리어 · 원상복구 공사까지 책임지는 통합 임차서비스를 제공해야 합니다.

6. 각종 법적 자문

공법 등 부동산 관련법규, 사법상 권리분석, 부동산 세무, 인 · 허가 등에 관한 사항을 의뢰인에게 자문합니다.

부동산의 거래, 이용 및 개발, 그리고 세금

부동산 산업은 종합예술입니다. 특히 부동산 종합서비스 산업이 부각되면서 공인중개사들에게도 다양한 분야에서 종합적인 의사결정을 할 수 있는 능력이 요구되고 있습니다. 이때 필요한 능력은 어떤 것들일까요? 세금에 대해서도 잘 알아야 할 것이고, 가치평가도 잘해야 할 것이고, 건축에 대해서도 잘 알고 있어야 합니다.

그런데 이런 것들을 얼마나 자세히 알아야 할까요? 우리나라에는 각 분야의 전문자격이 있고 그러한 자격을 취득하기 위해서는 많은 공부를 해야 합니다. 공인중개사가 추가적인 공부를 통해 그런 전문적인 수준까지 가기에는 매우 어렵습니다.

오케스트라의 지휘자는 각각의 악기를 잘 이해하고 어느 정도 연주할 수 있어야 하지만 전문적인 연주자만큼 잘할 수는 없고 그럴 필요도 없습니다. 부동산 컨설턴트의 역할은 마치 오케스트라의 지휘자와 같습니다. 전체적이고 종합적인 의사결정을 하는 데 있어서 세부적인 각 분야에 대한 이해가 필요하지만 구체적으로 세금을 계산하거나 설계도면을 그릴 필요는 없습니다.

부동산을 거래하고 이를 이용 · 관리하거나 개발하는 등의 의사결정을 할 때 세금에 대한 이해는 특히 중요합니다. 이에 대한 이해 부족으로 인해 잘못된 의사결정을 하는 경우를 주변에서 흔히 볼 수 있습니다. 실제 사례 몇 가지를 적어 봅니다.

사례 1 A씨는 소유한 아파트를 2월에 매도하면서 매수인 측의 요청에 따라 잔금지급과 등기이전일을 그해 6월 이후로 미루었습니다. 이제는 보유세를 낼 일이 없다고 편안하게 생각하던 A씨에게 그해 7월과 9월에 재산세, 그리고 12월에는 종합부동산세 고지서가 날아왔습니다.

A씨는 보유세의 과세 기준시점이 6월1일이라는 사실을 몰랐던 것입니다. 알았다면 거래할 때 세금을 고려하여 매매대금을 정하거나 아니면 잔금일을 앞당기거나 했겠죠. 이러한 사실은 매수인의 경우에도 중요한 건 마찬가지입니다.

사례 2 B씨는 상가건물을 보유하면서 임대를 주고 있습니다. 평소 임대소득세를 낼 때 의례적으로 감가상각 분을 비용처리하고 있지만 생각해 봐야 할 문제가 있습니다. 이렇게 하면 보유기간 동안의 임대소득세는 낮출 수 있지만 나중에 팔았을 때 양도소득세 측면에서는 불리합니다. 양도소득세의 과세표준 계산 시 그동안 감가상각으로 비용처리되었던 금액을 모두 더하기 때문입니다. 보통 임대소득보다 양도차익이 더 크고 적용되는 세율이 더 높기 때문에 나중에 매도할 계획이 있다면 평소에 감가상각 분을 비용으로 처리하지 않는 편이 유리합니다.

반면 증여나 상속을 할 계획이라면 나중에 양도소득세가 문제되지 않으므로 평소에 비용처리를 해야겠죠. 전략적 판단이 필요한 문제입니다.

사례 3 양도소득세는 누진과세 체계이고 하나의 과세기간은 1월 1일부터 12월 31일까지입니다. 따라서 같은 해에 여러 건의 부동산을 팔면 양도차익이 커져서 더 높은 세율이 적용됩니다.

가족과 함께 해외이민을 결심한 C씨는 보유하고 있는 집과 상가건물, 지방의 토지 등을 한꺼번에 처분했다가 거액의 양도소득세를 내게 되었습니다. 이런 경우라면 거래할 때 한 건은 잔금일이라도 다음 해로 넘긴다든지, 여러 해 동안 쪼개서 판다든지 하는 전략으로 세금을 낮출 수 있었을 것입니다.

사례 4 D씨는 갖고 있던 법인 명의로 2년 전 한남동에 신축건물을 지으면서 3, 4층의 4개 호실을 각각 별개의 주택으로 만들었습니다. 이 건물의 주택분 공시가격은 20억원이 채 안 되었지만 그해 종부세가 거의 1억원 가까이 나왔습니다. 법인이 여러 주택을 소유하면 종부세가 중과된다는 점을 간과한 것입니다.

반면 E씨는 개인 명의로 같은 시기에 성수동에 신축건물을 지으면서 7, 8층을 하나로 묶어서 주택을 만들고 7층은 본인이 거주, 8층은 임대를 주고 있습니다. 한남동 건물과 공시가격은 비슷하지만 E씨는 불과 몇 백만원 정도의 종부세를 내고 있습니다. 겉으로 보기에는 2채의 주택처럼 보이지만 건축 당시 개인 명의로 하나의 주택으로 묶는 바람에 다주택 중과세를 피할 수 있었기 때문입니다.

사례 5 F씨는 오래전 동대문에 테마쇼핑몰 상가 구분소유권을 분양받았다가 시세하락으로 큰 손실을 보았습니다. 시세차익이 높은 다른 건물을 갖고 있던 F씨는 동 건물을 처분하면서 이 상가 구분소유권도 싸게 내놓았습니다. 당해 연도의 양도차손은 당해 연도의 소득금액과 합산되기 때문에 만약 F씨가 같은 해 두 물건을 모두 팔게 된다면 시세차익이 높은 건물에서 발생한 양도차익에서 상가 구분소유권의 시세하락분만큼 상쇄시킬 수 있습니다. 당연히 세금을 큰 폭으로 줄일 수 있겠죠. 비록 잘못된 투자를 했지만 F씨는 이러한 전략을 통해 세금을 낮춤으로써 그나마 투자손실을 상당폭 만회할 수 있었습니다.

부동산의 취득, 보유, 이용 및 개발, 그리고 처분 등 전 과정에서 세금이 매겨지고, 부동산의 용도, 보유기간, 취득 및 처분시점 등에 따라 세율이나 납세의무에 큰 차이가 있기 때문에 부동산 관련 의사결정을 할 때는 세금에 대한 고려가 반드시 선행되어야 합니다. 부동산 활동을 개인으로 할 것인지 법인으로 할 것인지에 따라서도 세금 측면에서 장단점이 있으므로 구체적인 경우에 어떤 것이 더 유리할지 잘 비교 · 분석해 봐야 합니다.

위의 사례들은 실제로 세무사나 건축사를 두고 진행된 건들이지만 이에 관한 자문은 없었습니다. 따지고 보면 알려주지 않았다고 해서 이들에게 책임을 물을 수도 없습니다. 이러한 사항들은 의사결정을 하는 자가 확인하고 판단할 문제입니다.

물론 의사결정에 도움을 주는 컨설턴트가 구체적으로 세금이 얼마나 나올지를 정확하게 계산할 필요는 없습니다. 세금은 세무사가 계산하는 것이고 컨설턴트는 유불리를 따져 어떻게 할지에 대한 전략적 판단만 하면 되는 것입니다.

이러한 사례들은 부동산 컨설턴트가 어떤 분야의 지식을 어느 정도 갖춰야 하는지에 대한 시사점을 주고 있습니다. 부동산 컨설팅업은 이렇게 지식과 정보를 기반으로 한 활동이지만 한편으론 무엇보다 창의력과 상상력이 필요한 일이기도 합니다.

미래에 지역이 어떻게 변화할 것인지, 그리고 사람들의 소비와 생활의 트렌드, 이에 따른 공간의 트렌드가 어떻게 변화할지를 상상하고 예측하는 능력이 필요합니다. 문화 · 예술에 대한 관심과 이해 역시 부동산 컨설턴트가 꼭 갖춰야 할 덕목입니다.

말 그대로 부동산 컨설턴트는 만능이 되어야 하고 많은 공부가 필요한 직업입니다. 이를 통해 고객의 니즈(Needs)에 맞는 종합서비스를 제공하면서 치열한 부동산 시장에서 경쟁력을 갖출 수 있습니다.

7. 부동산 투자와 포트폴리오(Portfolio) 이론40)

우리는 오늘날 투자의 시대에 살고 있습니다. 투자를 하지 않으면 남들보다 뒤처지고 도태된다는 인식이 널리 퍼지면서 다양한 투자대상들이 주목받고 있습니다. 부동산, 주식, 채권을 넘어 복잡한 파생금융상품, 그리고 최근에는 가상화폐, NFT, 심지어 미술품이나 음악 저작권에 대한 조각투자까지… 과거에는 상상조차 못했던 새로운 투자대상들이 속속 생겨나고 있습니다.

전통적인 투자대상들은 이미 경쟁이 치열하고 시장이 안정화되어 있는 만큼 충분한 수익률을 기대할 수 없다는 생각에 투자자들이 계속해서 새로운 시장을 찾고 있는 것입니다.

이렇게 다양한 투자대상들과 비교했을 때 전통적인 투자를 대표하는 부동산은 어떤 특징과

40) 2023.08.11. 매일경제신문 MK부동산아카데미 부동산 전문가 칼럼 코너에 게재되었다.

장단점을 갖고 있을까요? 부동산에 투자할 때 어떤 것들을 고려해야 할까요? 그리고 부동산 투자와 과학적 투자방법론인 포트폴리오 이론은 어떤 관계가 있을까요? 본격적으로 부동산 투자를 논하기에 앞서 과학적 투자결정에 대한 일반론부터 살펴보겠습니다.

과학적 투자의 의사결정 과정

투자란 미래의 불확실한 수익을 위해 현재의 확실한 소비(현금지출)를 희생하는 경제적 행위 또는 미래의 불확실한 수익과 현재의 확실한 소비(현금지출)를 교환하는 행위로 정의합니다. 그리고 투자로부터 얻는 수익은 미래의 불확실성(위험)을 감수하는 데 대한 보상(대가)입니다.

따라서 투자 수익은 현재의 소비를 희생한 대가라는 측면에서 ① 시간에 대한 보상(시차보상)과 확실성을 포기하고 불확실성(위험)을 선택한 대가라는 측면에서 ② 위험에 대한 보상(위험보상)의 두 가지로 구성됩니다.

부동산 투자를 취득 · 보유 · 처분의 3단계로 구분할 때, 예를 들어 보유하는 기간 동안 1억원의 임대료 수익을 얻고 처분 시 12억원에 매도할 것을 기대하면서 취득 시 10억원에 매수하는 투자자는 현재의 확실한 10억원을 희생(포기)함으로써 미래의 불확실한 1억원과 12억원을 선택(교환)한 것입니다.

만약 투자자가 미래의 불확실한 1억원과 12억원의 가치보다 현재의 확실한 10억원의 가치가 더 크다고 판단한다면 해당 투자를 하지 않았을 것입니다. 투자자는 수익이 발생하는 데까지 걸리는 ① 시간과 수익의 ② 불확실성(위험)을 고려하여 투자할지 말지 여부를 결정합니다. 물론 여기에 ③ 인플레이션율(물가상승률)까지 감안해야 합니다.

수익 발생에 오랜 시간이 걸릴수록, 불확실성(위험)이 커질수록, 그리고 예상되는 물가상승률이 높을수록 미래수익의 (현재)가치가 하락하므로 투자를 안 할 가능성은 높아집니다.

이때 부동산의 임대료나 주식의 배당금, 채권의 이자 수익처럼 보유하는 매 기간 정기적으로 발생하는 수익을 소득이득(Income Gain)이라 하고, 기간 말에 처분하여 발생하는 1회성 수익을 자본이득(Capital Gain)이라 합니다.

과학적인 투자분석과 의사결정을 위해서는 다음의 단계를 거쳐야 합니다.

① 시장예측을 통해 적정한 투자시기와 함께 적정 보유기간을 결정 ☞ ② 현재 구입가능한 가격(시장가치)이 얼마인지 확인하고 레버리지의 구성비율, 대출이자율을 결정 ☞ ③ 보유기간

동안의 소득이득(Income Gain)을 예측 ☞ ④ 기간 말의 자본이득(Capital Gain)을 예측

이때 소득이득을 산정하기 위해 공실률, 영업경비, 원리금상환액, 영업소득세 등을 예측하여 매년의 세후현금흐름(ATCF; After Tax Cash Flow)을 결정합니다. 그리고 자본이득을 산정하기 위해서는 보유기간 동안의 자산가치 상승률을 반영하여 기간 말 처분가격과 세후지분복귀액(ATER;After Tax Equity Reversion)을 예측합니다.

이와 같은 수익들은 현재가 아닌 미래가치이므로 이를 적절한 할인율로 할인하여 현재가치로 바꿔줘야 합니다. 그래야만 현재 소요되는 투자비용(현재 구입가격)과 비교하여 무엇이 더 큰지를 따져볼 수 있기 때문입니다. 수익의 현재가치가 소요되는 비용보다도 작다면 당연히 투자를 하면 안 됩니다. 이때 투자의 위험(=수익의 변동가능성)을 측정하여 할인율에 반영합니다. 투자의 위험이 커질수록 할인율도 높아지므로 현재가치는 작아질 것입니다.

이러한 과정을 통해 투자의 순현재가치(NPV)를 구하거나 연간 투자수익률(내부수익률; IRR)을 구하여 투자가 타당한지 여부를 판단할 수 있습니다.

부동산 투자의 장점과 단점(금융투자 대비)

모든 투자는 미래의 불확실한 수익을 위해 현재의 확실한 소비를 희생하는 경제적 행위라는 점에서 공통점이 있지만, 부동산 투자는 다른 자산에 대한 투자에 비해 아래와 같은 특징이 있습니다. 이러한 부동산 투자의 특징(장단점)은 특히 주식, 채권 등 금융투자와 대비되어 뚜렷하게 나타납니다.

부동산 투자의 장점으로는

첫째, 부동산 특히 토지는 영속성의 특성으로 인해 원본상실의 가능성이 없으므로 다른 투자자산에 비해 안전성이 높다는 점입니다. 또한 도난과 멸실의 위험이 적습니다.

둘째, 부동산 투자를 통해 소득이득(운영소득)과 자본이득(시세차익, 처분차익)을 함께 획득할 수 있고 개발이익을 기대할 수도 있다는 점입니다. 주식의 소득이득에 해당하는 배당은 매우 불안정적이어서 단기에 거래하는 소액투자자들이 배당을 노리고 투자하는 경우가 많지 않은 반면, 부동산의 소득이득은 임대료 기준으로 일정 기간 안정적입니다.

셋째, 대출을 통한 지렛대(Leverage) 효과를 활용하여 자기자본만으로 투자하는 경우보다 적은 비용으로 높은 수익률을 기대할 수 있습니다. 다만 부동산 투자의 총자본수익률이 타인자본

수익률(=대출이자율)보다 높을 경우에만 자기자본수익률이 상승하는 (+)의 지렛대 효과를 얻을 수 있습니다. 주식투자와 달리 소득이득(임대료)이 안정적이라는 점에서 부동산 투자는 지렛대 효과를 예측하기가 용이합니다.

넷째, 부동산 투자는 시세보다 낮은 공시가격 등으로 인해 세금이 낮아지고, 감가상각이나 이자지급액 등을 비용처리함으로써 절세효과(Tax Shelter)를 누릴 수 있습니다. 따라서 세금의 측면에서 현금의 상속이나 증여보다 부동산의 상속이나 증여가 더 유리한 편입니다.

다섯째, 물가상승(인플레이션) 시에는 실물가치가 상승하고 화폐가치가 하락하므로 부동산에 투자함으로써 실질구매력을 보호하는 인플레이션 헤지(Inflation Hedge) 효과를 얻을 수 있습니다.

여섯째, 부동산 투자에는 사회적 프리미엄이 존재합니다. 자산의 가치와 그로부터 발생하는 수익의 비율을 나타내는 환원이율(수익률)을 투자자산별로 살펴보면, 부동산의 환원이율(수익률)이 상대적으로 낮은 편입니다. 예를 들어 20억원짜리 강남 아파트의 월세가 200~300만원이라 할 때 연 수익률은 대략 1%에서 2% 사이입니다. 만약 그 돈으로 다른 투자를 할 때 기대할 수 있는 수익률이 3%라고 한다면 그 차이만큼이 부동산 투자에 매겨지는 프리미엄입니다.

부동산 가격의 우상향에 대한 믿음이나 집 · 건물 · 토지 등을 소유하는 데 대한 사회적 긍지와 같은 추상적인 것들이 이러한 수치로 반영되는데, 만약 사회적 인식이 크게 변화한다면 그러한 프리미엄은 사라질 수도 있습니다. 프리미엄이 줄어든다면 부동산의 가치나 가격도 하향조정될 것입니다.

한편 부동산 투자의 단점으로는

첫째, 부동산을 현금으로 환가하는 것이 쉽지 않고 환가하더라도 그 가치가 떨어지는 등 환금성(유동성)이 낮다는 점입니다.

둘째, 투자수익이나 자산가치가 시장과 경제상태의 변화에 영향을 많이 받는다는 위험이 있습니다. 특히 부동산은 다른 자산보다 정책적 변화에 취약하다는 위험도 있습니다.

셋째, 대출을 통해 부동산에 투자하였다면 원리금을 상환해야 하고 특히 변동금리 대출 시 급격한 금리변동에 따른 금융위험(파산위험)에 직면할 수 있습니다.

넷째, 세금 · 수수료 등 거래에 따른 비용이 과다합니다. 이에 따라 단기 투자가 곤란하고 투자기간은 어쩔 수 없이 장기간이 됩니다. 장기로 갈수록 예측성이 떨어지므로 위험은 커집니다.

다섯째, 토지 등 부동산의 이용과 개발에 대한 행정적 규제가 많고 관련 법률이 복잡합니다.

여섯째, 부동산의 투자와 관리에 시간과 비용이 많이 소요됩니다.

일곱째, 부동산은 고액 · 고가의 특성이 있으므로 투자가 쉽지 않습니다. 따라서 투자 시 대출을 이용하는 경우가 많아 금융위험으로 이어집니다.

부동산 VS 주식 VS 채권

어떤 자산이든 투자를 할 때는 기본적으로 안전성(Security), 환금성(Liquidity), 그리고 수익성(Productivity)을 고려해야 합니다. 투자대상 자산을 부동산, 주식, 채권으로 3분할 때 일반적으로 주식은 위험성과 수익성이 가장 높고, 채권은 위험성과 수익성이 가장 낮은 반면 부동산은 위험성과 수익성 모두 그 사이 중간 정도로 평가됩니다. '수익은 위험에 비례한다'라는 투자원칙에 따르면 당연한 것입니다.

환금성 측면에서는 부동산이 다른 금융상품들에 비해 좋은 평가를 받지 못합니다. 부동산은 고가성과 거래에 대한 정부규제 등으로 인해 거래가 활발하지 않고 부동산 시장은 금융시장만큼 효율적이지 않기 때문입니다. 따라서 급매로 팔더라도 시세에 근접한 가격에 팔 수 있는 다른 금융상품들과 달리 부동산을 급매로 팔면 상당한 가치손실을 감수해야 합니다. 물론 부동산도 종류에 따라 환금성이 각각 다릅니다. 부동산 중에서는 일반적으로 서울 강남권의 중소형 아파트가 가장 환금성이 높은 것으로 평가됩니다.

모든 투자자산의 가치는 가장 간단하게 표현하면 $\frac{\text{순수익}}{R(\text{환원이율})}$로 나타낼 수 있습니다. 이를 감정평가론에서는 수익환원법이라 부릅니다. 수익을 가치로 환원했다는 뜻이죠. 이때 순수익은 투자를 통해 영구적으로 발생하는 순수익을 말합니다. 따라서 채권의 경우에는 영구적으로 이자가 발생하는 영구채를 전제합니다.

환원이율은 수익을 가치로 환원하는 비율을 뜻하는데, 투자자의 요구수익률과 유사한 개념입니다. 경제학자 피셔(Fisher)의 정의에 따르면 '요구수익률 = 무위험수익률 + 위험 할증률(Premium) + 예상된 인플레이션에 대한 할증률'입니다. 일반경제 상황에 따라 객관적으로 결정되는 무위험수익률은 국공채 수익률처럼 아무런 위험을 부담하지 않고서도 얻을 수 있는 단순한 시간가치에 대한 보상을 의미하고, 투자자가 시장과 개별 투자안의 위험을 평가하여 주관적으로 결정하는 위험 할증률은 감수하는 위험에 대한 보상을 의미합니다. 복잡하게 얘기했지만 환원이율이나 요구수익률은 우리가 흔히 얘기하는 금리(이자율)의 개념과 완전히 일치하지는 않더라도 거의 같은 개념이라고 보면 됩니다.

결국, 모든 투자자산의 가치는 수익에 비례하고 금리에는 반비례하는 것입니다.

그럼 부동산, 주식, 채권 중 금리에 가장 민감한 것은 무엇일까요? 바로 채권입니다. 채권으로부터 발생하는 수익은 원금+이자로 고정되어 있습니다. 채권의 가치는 이러한 수익을 금리로 나눈 값인데, 수익이 고정되어 있다면 채권가치는 금리에 정확하게 반비례하게 됩니다. 우리가 채권의 가치나 가격은 금리와 반대로 움직인다고 하는 것은 이런 뜻입니다. 시장금리가 오르면 채권의 이자도 올라갈 테니 채권의 가치도 오르겠거니 하는 생각은 잘못된 것입니다. 어떤 채권의 이자가 정해졌을 때 시장금리가 올라가면 그 채권의 가치는 떨어집니다.

그다음으로 금리에 민감한 것은 부동산입니다. 부동산의 순수익은 고정된 것은 아니지만 임대차계약기간 동안 임대료가 고정되므로 큰 증감이 나타나지 않습니다. 그만큼 부동산의 가치나 가격도 금리에 반비례하게 됩니다.

주식의 경우에도 금리에 영향을 받지만, 금리와 상관없이 사업이 잘되면 순수익이 크게 증가할 수 있고 이럴 경우 금리가 오르더라도 주식의 가치나 가격은 상승할 수 있습니다. 반면 금리가 아무리 내려도 순수익이 급감하는 회사의 주식은 그 가치도 하락할 것입니다.

결국 부동산 투자의 경우 금리의 추이를 중요하게 봐야 합니다.

〈그림 4-12〉와 〈그림 4-13〉은 우리나라와 미국의 지난 10년간 기준금리 추이를 비교한 것입니다. 2010년대 중반부터 우리나라에서는 꼬마빌딩 투자 붐이 일면서 수익형 부동산 가격이 급격하게 상승했는데, 이는 금리의 추이와 정확히 반대 방향으로 움직인 것이었습니다. 특히 수익형 부동산은 금리의 흐름에 굉장히 민감한 것으로 알려져 있습니다.

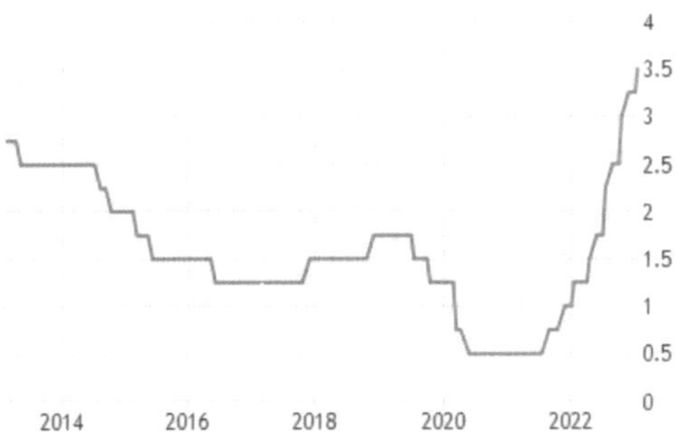

〈그림 4-12〉 지난 10년간 한국은행 기준금리 추이

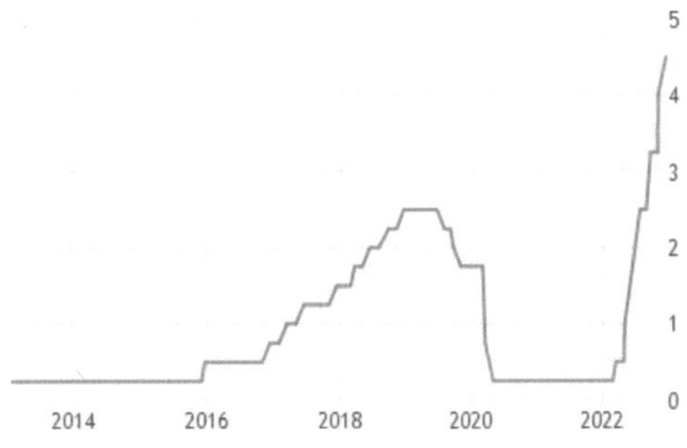

〈그림 4-13〉 지난 10년간 미국 연방기준금리 추이

전 세계로 넓혀 보면 1994년경 시작된 미국의 금리인상이 97년 우리나라를 비롯한 아시아 경제위기로 이어졌고, 미국에서 2004년경부터 금리를 올리자 2007~2008년에 세계 금융위기가 발생한 바 있습니다.

미국은 2016년부터 금리를 올리기 시작했지만 뜻하지 않은 코로나 사태로 인해 금리를 대폭 낮춘 후 최근에야 다시 급격하게 올리고 있습니다. 우리나라도 이에 맞춰 기준금리를 올리고 있는데, 여러모로 부동산 시장이 위태로울 수밖에 없는 환경입니다.

부동산의 경우에도 만약 순수익(임대료)이 크게 상승한다면 금리상승을 상쇄할 수 있겠지만 「상가임대차보호법」 등을 통한 임대료 규제가 계속 강화되는 추세이므로 큰 기대를 하기 어렵습니다.

결국 부동산 투자의 경우에도 금리 추이가 관건인데, 그 중요성은 부분시장별로 조금 다릅니다. 예를 들어 대형 빌딩은 사실상 채권 투자와 유사한 특성이 있습니다. 유명 골목상권이 뜨면서 해당 지역 중소형 빌딩에 큰 폭의 임대료 상승이 있던 시기에도 대형 빌딩의 임대료는 그만큼의 큰 변동은 없었습니다. 애초에 REITs나 부동산 펀드에서 대형 빌딩을 투자자산으로 편입하는 것은 임대료의 대폭 상승을 기대하기보다는 금리의 추이를 보고 투자하는 것입니다.

REITs의 존속기간을 5년이라 할 때, 5년 후 금리가 현재 투자시점보다 하락할 것으로 예측한다면 투자하여 5년 후 시세차익(자본이득)을 얻는 것이 목적입니다. 물론 보유기간 동안 발생하는 임대료 등의 수익은 REITs 투자자에게 배당합니다. 만약 5년 후에 예측과 달리 금리가 상승한다면 시세차익이 아니라 오히려 손실을 볼 수도 있습니다.

오늘날 대형 빌딩은 부동산 상품이라기보다는 금융상품 쪽에 가까워지고 있습니다. 금융상품 중에서도 특히 변동성이 작은, 즉 위험이 낮은 금융상품의 특성이 나타납니다. 채권(회사채)을 살 경우 그 회사가 망하면 휴지조각이 되지만 대형 빌딩은 그러한 위험도 없으므로 위험의 측면에서는 아주 좋은 투자대상입니다. 다만 그런 만큼 일반적인 채권보다 기대되는 수익률도 낮을 수 있는데, 시중에 유동성이 풍부하고 자산가치가 전반적으로 상승하는 시기에는 이를 능가하는 수익을 기대할 수도 있습니다.

반면 중소형 빌딩의 경우 신축, 리모델링, MD 재구성이나 다양한 경영관리 활동을 통해 그 가치나 임대료 상승을 이끌어낼 수 있는 여지가 상대적으로 더 큽니다. 이처럼 투자대상에 따라 투자 시 중요하게 고려할 사항들이 달라집니다.

시장금리는 돈의 값어치라고 할 수 있으므로 결국 돈에 대한 수요와 공급의 관계에서 결정됩니다. 그리고 시장금리에 결정적인 영향을 주는 정부의 기준금리는 '최대고용(경제성장극대화)'과 '적정 인플레이션 유지'라는 두 가지 목표에 따라 결정되는데, 실업률과 인플레이션율이 그 지표가 됩니다. 실업률이 높아지면 금리를 낮추고 인플레이션율이 높아지면 금리를 높일 가능성이 커집니다.

미국의 경제학자 존 테일러 교수가 만든 통화정책 가이드인 "테일러 룰"에 따르면 '적정 기준금리=성장률 GAP+인플레이션 GAP+인플레이션 목표+자연이자율'입니다. 이에 따라 계산된 적정 기준금리가 현재 기준금리보다 높다면 향후 금리인상을 할 확률이 높다는 의미입니다. 미국 연준의 기준금리는 FOMC(연방공개시장위원회)에서 발표하는 점도표를 참고하거나 Fed watch의 금리 선물을 참고하여 예상할 수 있습니다.

아무튼 중요한 사실은 우리나라에서 부동산 투자를 할 때에도 미국 기준금리 추이까지 살펴봐야 하는 시대가 됐다는 것입니다. 미국의 경제지표가 발표될 때에는 우리나라 부동산 투자자들도 긴장해야 합니다.

우리는 보통 투자대상을 부동산/주식/채권 등으로 구분하지만 엄밀하게 보면 투자대상을 부동산과 기업으로 나누고 이에 대한 투자방법을 각각 채권형과 주식형(지분형)으로 나누는 것이 타당합니다. 기업의 주식을 살 경우 사업이 잘되면 높은 배당을 받고 높은 시세차익을 기대할 수 있습니다. 물론 사업이 안 되면 배당도 줄어들고 산 값보다 오히려 싸게 팔아야 할 때도 있습니다. 반면 기업의 회사채를 샀다면 사업이 잘되든 안되든 (기업이 망하지 않는 한) 정해진 원금과 이자를 받는 데 그칩니다.

부동산을 대상으로 투자하는 경우에도 경매와 같이 소유권에 투자하는 것이나 REITs 투자 같은 것은 모두 주식형(지분형) 투자방법입니다. 이런 경우에는 세금 등을 감안하여 상당 폭의 시세상승이 예상될 때에만 투자해야 합니다. 반면 부동산 NPL, ABS, MBS, PF 등은 모두 부동산에 대한 채권형 투자방법입니다. 이런 경우에는 해당 담보부동산 가격이 오르든 내리든 큰 상관없이 최소한의 담보가치만 유지하면 됩니다.

부동산 투자 시 고려사항

시장을 분석하여 경기순환과정에서 회복단계로 접어들기 전의 저점에서 투자하는 등 적정한 투자시기를 선택해야 합니다. 만약 상승단계의 정점에서 투자한다면 손실을 볼 수 있습니다. 또한 법률적 · 기술적 · 경제적 분석을 통해 원금손실의 위험성을 판단하고 투자 시 안전성을 고려해야 합니다. 부동산 투자의 경우 특히 법률적 분석이 중요하고 이를 위한 법률적 분석을 권리분석이라 합니다.

부동산은 다른 자산에 비해 환금이 쉽지 않고 환금과정에서 가치의 손실위험이 있으므로 투자 시 환금성을 고려해야 합니다. 비교적 환금이 쉬운 중소형 아파트 거래가 활발한 것도 이 때문입니다. 투자 시부터 환금성을 고려한 출구 전략이 필요합니다. 또한 정기적인 수익창출능력이나 장기적인 자산가치 상승의 기대여부 등 수익성을 고려해야 합니다.

향후 디플레이션이 발생하여 자산가치가 하락할 것인지도 살펴보아야 하고, 유난히 감가가 심한 투자대상은 피해야 합니다. 또한 부동산은 부동성, 고정성의 특징이 있으므로 입지와 접근성을 중요하게 고려해야 합니다. 그 밖에 세금부담과 세제혜택을 고려해야 하고 투자자의 경영관리 능력도 검토해야 합니다.

부동산 투자와 포트폴리오 이론

한정된 투자자금을 하나의 투자자산에만 집중한다면 위험과 불확실성이 커지므로 여러 가지 투자자산에 분산투자(Diversification)함으로써 기대수익률을 유지하면서 위험을 감소시킬 수 있습니다. 투자자가 이렇게 분산된 다양한 투자자산으로부터 안정된 결합이익을 획득하도록 하는 자산관리 기법을 '포트폴리오 이론'이라고 합니다.

하나의 포트폴리오에 들어가는 투자자산의 수가 많으면 많을수록 위험이 통계학적으로 더 많이 제거되지만, 무한한 자산집합을 만드는 것은 비현실적이므로 포트폴리오 관리를 통해 최소한의 자산집합으로 불필요한 위험을 제거하여 위험을 최소화하고 수익을 최대화하는 방법을 찾는 것이 중요합니다.

투자자금을 단순히 분산투자하는 것만으로는 부족하고 여러 가지 포트폴리오 중 최적의 포트폴리오를 선택해야 합니다. 최적의 포트폴리오란 투자자 입장에서 수익(률)이 최대화되고 위험이 최소화되는 자산집합을 의미하고, 최적의 포트폴리오를 선택했을 때 투자자에게 가장 높은 효용을 줄 수 있습니다. 이를 위해서는 다양한 자산을 배합할 때 자산의 종류나 배합비율, 투자시기 등을 결정하는 포트폴리오 관리가 필요합니다.

부동산을 다른 투자자산과 함께 섞어서 포트폴리오를 구성할 수도 있지만, 부동산만으로 포트폴리오를 구성하는 경우에도 지역별 · 유형별 · 용도별로 다양하게 섞어서 구성함으로써 불필요한 위험(비체계적 위험)을 제거할 수 있습니다. 포트폴리오를 구성하는 부동산 간에 지역이 멀수록, 그리고 유형이 다를수록 포트폴리오 효과(위험분산효과)는 커집니다.

만약 투자자산들의 수익률이 모두 같은 방향, 같은 크기로 움직인다면 수익률 간의 상관계수는 +1이 되고, 이러한 자산들로 포트폴리오를 구성한다 해도 위험은 전혀 감소하지 않습니다. 예를 들어 같은 단지 내 같은 평수의 아파트들로 포트폴리오를 구성하는 경우가 그렇습니다. 반면 투자자산들의 수익률이 정반대로 움직인다면 수익률 간의 상관계수는 −1이 되고, 이러한 자산들로 포트폴리오를 구성한다면 비체계적 위험은 통계적으로 완전히 제거됩니다. 즉 최소한의 자산집합으로 최대한의 위험분산효과를 얻을 수 있습니다.

따라서 상관계수가 +1이 아닌 한은 분산투자를 통해 어느 정도 위험을 감소시킬 수 있고, 상관계수가 −1에 가까울수록 위험분산효과가 커집니다. 그러나 포트폴리오를 아무리 잘 구성한다 해도 이를 통해 제거할 수 있는 위험은 비체계적 위험(정적 위험)뿐이고, 모든 투자자산에 공통적으로 영향을 미치는 사회경제요인의 변화에 따른 체계적 위험(동적 위험)은 감소시킬 수 없다는 한계가 있습니다.

과거 우리나라 부동산 시장은 지역이나 종류에 큰 차이 없이 거의 같은 싸이클로 경기순환을 했기 때문에 부동산 투자와 포트폴리오 이론을 연결하기가 쉽지 않았습니다. 포트폴리오 효과의 핵심은 거의 정반대로 움직이는 자산들에 분산투자함으로써 투자 위험을 최소화한다는 것이기 때문입니다. 반면 광활한 미국의 부동산 시장은 동부, 서부 등 지역별로 다른 싸이클로 움직이곤 했기 때문에 일찍부터 부동산 투자에 있어서도 포트폴리오 이론이 활용되어 왔습니다.

최근 우리나라 부동산 시장에서 부분시장별로 차별화 장세가 나타남에 따라 과연 우리나라 부동산 투자에도 포트폴리오 이론이 적용될 수 있을지 주목받고 있습니다. 물론 이와 같은 포트폴리오 이론은 주식, 채권 등의 금융투자에서는 보편화된 이론으로서 부동산 투자에서도 적용될 수 있지만 ① 부동산 투자는 금융투자와 달리 분할 투자가 어렵다는 점, ② 포트폴리오 모형은 단기간의 투자를 전제로 한 모형인데 부동산 투자는 일반적으로 투자기간이 장기라는 점, ③ 완전경쟁시장에 가까운 금융시장과 달리 부동산 시장은 불완전경쟁시장이라는 점 등에서 일정한 한계가 있습니다.

지금까지 살펴본 바와 같이 부동산 투자는 많은 공부와 노력이 필요한 분야이고 투자 전에 찾고 확인해야 할 것들이 무척 많습니다. 고도성장기에는 그냥 사두면 오르곤 했지만 오늘날에는 그런 운을 기대하기 어렵습니다. 막연한 감으로 이루어지던 부동산 투자가 이제 과학적인 영역으로 빠르게 들어오고 있습니다.

부동산 가격이 오르고 내리는 것과 상관없이 부동산 산업 자체는 앞으로 더욱 고도화되고 크게 성장할 것으로 보는 이유입니다.

8. 부동산 금융의 구조적 이해와 주요 이슈 정리

부동산학은 여러 가지 부동산 의사결정을 잘하기 위한 방법론을 공부하는 것이므로 이와 관련된 부동산 투자론, 부동산 개발론, 부동산 금융론 등의 과목들이 학생들에게 인기가 많습니다. 부동산 투자론과 부동산 개발론은 각각 투자와 개발사업의 타당성을 분석하고 따지는 과목이라는 점은 대부분 잘 알고 있습니다. 그러나 부동산 금융론이 정확하게 무엇을 공부하는 과목인지는 잘 모르는 경우가 많습니다. 심지어 다 배우고 나서도 내가 무엇을 공부했는지, 또 어떻게 활용할 수 있는지 등에 대한 전반적인 이해가 부족한 경우도 있습니다.

이번 글에서는 오늘날 각광받고 있는 부동산 금융 분야에 대한 구조적 이해와 그 중요성에 관해 다뤄 보겠습니다.

부동산은 고가의 상품이라는 특성(고가성)이 있습니다. 따라서 부동산을 구입할 때 나 혼자만의 자기자본으로 조달하기에는 한계가 있습니다. 다른 사람의 돈을 빌려오거나 아니면 나 이외의 다른 자기자본(지분) 투자자를 찾아야 합니다. 이것은 개발사업을 할 때에도 마찬가지입니다.

그렇기 때문에 부동산 시장은 필연적으로 금융시장(자본시장)과 긴밀하게 연결되어 있습니다. 우리가 볼펜 시장을 분석할 때 금융시장에서 결정되는 이자율을 고려하지 않습니다. 소액으로 거래되는 상품시장은 이자율 변동에 거의 영향을 받지 않기 때문입니다. 그런데 자동차 시장이나 중고차 시장은 이자율 변동에 민감합니다. 신차를 받기 위해서 수 십개월 기다리던 대기시간이 시장금리가 오르자 거짓말처럼 줄어들고 있다는 뉴스를 보셨을 것입니다.

자동차 시장도 이정도인데, 그보다 훨씬 고가의 상품이 거래되는 부동산 시장은 오죽할까요. 당연히 부동산 시장은 이자율 변동에 더욱 민감할 수밖에 없습니다. 돈이 많아서 내 돈만으로 부동산을 구입할 수 있는 사람이라 하더라도 이자율 변동에는 영향을 받습니다. 바로 '기회비용' 때문이죠. 남의 돈을 대출받아 부동산을 구입하려는 사람들뿐만 아니라 내 돈만으로 구입하려는 사람들도 시장금리가 오르면 머뭇거릴 수밖에 없습니다.

부동산 금융은 단순히 부동산에 투자하거나 개발할 때 필요한 자금을 조달하는 문제를 넘어 투자 및 개발 이후 운영과 처분에까지 영향을 준다는 점에서 매우 중요합니다. 즉 부동산 금융구조가 곧 부동산 투자나 개발사업의 사업구조이고 사업의 성패에도 큰 영향을 줍니다.

우리는 부동산 금융이라 하면 은행에서 다루는 주택담보대출을 떠올리지만 실제로는 매우 다양한 분야에서 금융 이슈가 있습니다. 다음의 몇 가지 사례를 예로 들어봅니다.

사례 1 아파트 등의 주택을 구입할 때 전세를 끼고 사는 경우(소위 '갭 투자')가 많은데, 이것도 타인자본 즉 부채금융을 활용한 투자방법입니다. 주택을 사기에 내 돈이 부족하다면 이를 메꾸기 위해서는 은행 등 타인으로부터 돈을 빌려야겠죠. 만약 은행대출을 받았다면 매월 원리금상환을 해야겠지만 전세입자로부터 전세금을 받아 남은 차액만큼만 내 돈을 들여 갭 투자를 했다면 이자나갈 일이 없습니다. 즉 전세금 갭 투자는 무이자 타인자본을 활용해서 레버리지 효과를 극대화시키는 투자방법입니다. 당연히 이자가 나가는 대출의 경우보다 레버리지 효과는 훨씬 커집니다. 전세제도가 우리나라 고유의 제도라는 점에서 갭 투자도 해외에서는 거의 볼 수 없는 사례입니다.

사례 2 정부에서 금융권의 주택담보대출을 강력하게 규제하자 매수인이 돈을 빌려 집을 사기가 어려워졌습니다. 집을 팔고 싶은 매도인과 사고 싶은 매수인의 이해관계가 맞아떨어진다면 매도인이 매수인에게 대출해 주는 형식의 직접금융 구조로 거래가 이뤄질 수도 있습니다. 매도인 대출이라고 해서 실제로 돈이 오고가는 것은 아니고 매매대금 중 일부를 매도인이 받지 않고 적정한 금리로 빌려주는 명목하에 저당권을 설정하는 것입니다. 경우에 따라서는 이렇게 유보되는 금액이 매매대금의 상당부분이 될 수도 있습니다. 거래를 중개하는 공인중개사가 이런 거래구조를 짤 수 있다면 거래의 성사가능성도 높아집니다. 실제로 대형 부동산 거래나 기업 M&A에서는 그 중개인이 금융을 연결하여 거래구조를 짜는 것이 보편화되어 있는데, 앞으로는 정부규제 등의 영향으로 인해 동네의 작은 부동산 거래에서도 이러한 구조가 짜여져야 성사가 가능한 경우가 많아질 것입니다.

사례 3 부동산을 개발할 때 선분양을 할 것인지 후분양을 할 것인지도 역시 금융 이슈입니다. 선분양을 하면 그 분양대금으로 건물을 지을 수 있기 때문에 높은 금리로 대출을 받을 필요성이 많이 사라집니다. 반면 후분양을 하게 되면 분양대금을 받기 전에 미리 건물을 지어야 하므로 자기 돈이 충분치 않은 이상 필연적으로 대출을 받아야 합니다. 따라서 선분양, 후분양을 개발사업자의 선택에 맡긴다면 당연히 선분양을 택하게 됩니다. 그런데 선분양을 하면 개발사업자는 금융비용을 대폭 절감할 수 있어서 좋겠지만 수분양자에게 피해가 갈 수 있습니다. 실제로 2000년대 초반 굿모닝시티 사건으로 수많은 선분양 피해자들이 발생했고 이에 따라 일정 규모 이상 건축물은 일정 시점 이후에야 분양을 하도록 제도화되기도 했습니다. 분양을 할 수 있는 시점이 뒤로 미뤄질수록 개발사업자 입장에서는 큰 금융부담을 지게 됩니다. 후분양이 제도화됨에 따라 사업자의 금융부담을 줄일 수 있는 부동산 개발금융에 대한 중요성이 더욱 커졌습니다.

사례 4 이렇게 건물을 지어서 바로 구분소유권으로 분양할지 아니면 분양하지 않고 일정한 기간 동안 소유권을 갖고 있으면서 임대하다가 통매각을 할지도 금융과 관련하여 중요합니다. 임대 후 통매각을 선택한다면 그 기간 동안의 금융비용이 눈덩이처럼 늘어날 수 있습니다. 따라서 과거에는 이런 선택을 하는 경우가 거의 없었지만 요즘에는 달라졌습니다. REITs, 부동산 펀드 등 다양한 금융구조의 발달로 인해 처음부터 쪼개서 분양하는 대신에 일정 기간 보유하면서 해당 부동산의 가치를 최대로 끌어올린 후 통으로 비싸게 매각하는 방법이 선호되기도 합니다.

일반적으로 쪼개서 팔면 총수입은 증가하겠지만 너무나도 많은 구분소유자들이 생겨나서 향후 운영과 처분에 큰 어려움을 겪는 경우가 많습니다. 필요한 동의율을 맞추기 어렵기 때문입니다. 과거 대형 상가건물의 개발사업자들이 비싸게 분양하고 소위 '먹튀'를 함으로써 남아있는 수분양자들에게 피해가 고스란히 전가되는 경우가 많았습니다. 그러다 보니 요즘은 그런 식의 분양이 잘 될 리가 없습니다. 사업자들 사이에서도 그럴 바에는 차라리 임대 후 통매각이 낫다는 인식이 생겨났습니다. 이런 것이 가능하게 된 이유는 바로 금융의 발달 덕분입니다.

사례 5 남의 돈을 빌리지 않고 여러 명이 돈을 모아서 자기자본(지분) 형태로 투자하는 경우도 있습니다. 이때에도 여러 사람들의 돈이 들어가지만 대출과는 차이가 있습니다. 타인자본 즉 부채금융의 경우에는 사업의 성과와 관계없이 정해진 원금과 이자를 지급해야 합니다. 그러나 자기자본 투자 즉 지분금융으로 들어온 사람들에게는 정해진 원리금을 지급하는 것이 아니라 사업의 성과에 따른 배분이 이뤄집니다. 이러한 사람들은 결국 민법상 공동소유를 하는 것인데, 그 방식으로는 개인적 성격이 강한 공유, 조합을 구성해서 공동소유하는 합유, 단체적 성격이 강한 총유 등이 있습니다. 각각의 방식에 따라 공동소유한 부동산의 이용과 관리, 처분에 큰 차이가 있습니다.

한편 여러 사람이 상법상 회사를 설립해서 부동산 투자나 개발을 할 수도 있습니다. 우리나라 상법에서는 출자자의 책임형태에 따라 합명회사, 합자회사, 주식회사, 유한회사, 유한책임회사의 5종류로 나누고 있습니다. 그 밖에 개발사업을 할 때 일종의 서류상 회사(Paper Company)인 프로젝트금융투자회사(PFV; Project Financial Vehicle)를 설립해서 진행할 수도 있고, 「부동산 투자회사법」에 따른 REITs(Real Estate Investment Trusts)를 통해 투자나 개발이 이뤄질 수도 있습니다.
당연히 회사의 종류에 따라 구체적인 운영방법 등도 달라지지만, 회사 형태로 투자나 개발을 할 때는 법인세 등 세금 문제가 발생하므로 세무적 검토가 필요합니다. 예를 들어 우리나라 「종합부동산세법」에서는 법인이 주택을 보유한 경우 개인보다 중과세하고 있습니다.

부동산 금융 의사결정의 중요성

부동산 금융은 부동산에 관한 자금을 조달하는 활동입니다. 부동산 투자는 부동산의 소유권을 취득하려는 지분투자자의 관점이라면, 부동산 금융은 부동산을 담보로 돈을 대출해 주는 은행의 관점이라고 생각하면 이해가 쉽습니다. 어떤 부동산에 대한 투자금은 지분투자자의 자기자본과 은행 등이 대출해 주는 타인자본으로 구성되기 때문에 대출해 주는 은행 등을 저당투자자라고 부르기도 합니다.

내가 은행 등 금융기관에서 대출업무를 담당하는 직원이라고 생각해 봅시다. 어느 날 어떤 고객이 자신이 소유하고 있는 아파트를 담보로 대출을 받기 위해 나를 찾아옵니다. 이때 나는 과연 이 아파트를 담보로 대출을 할지 말지, 대출을 해 준다면 얼마나 대출을 할 것인지, 그리고 대출 시 이자율이나 만기 등의 조건들을 어떻게 정할지 등 다양한 의사결정을 해야 합니다.

이러한 의사결정을 다루는 분야가 부동산 금융입니다. 부동산 금융은 수익을 크게 키우는 것보다는 위험을 안정적으로 관리하는 것을 더 중요시한다는 점에서 투자의 관점과 차이가 있습니다. 은행 등 금융기관은 의사결정을 할 때 그만큼 보수적으로 판단합니다.

전통적으로 부동산 금융은 주로 이와 같은 부동산 담보대출을 다뤘습니다. 그런데 오늘날에는 유동화라는 개념을 통해 그 분야가 크게 확장되고 있습니다. 이를 가장 극적으로 나타낸 사건이 바로 2007~2008년경 전 세계적인 금융위기로 발전된 미국의 서브프라임 모기지(Subprime Mortgage) 사태입니다.

우리나라와 마찬가지로 미국도 2000년대 초중반 급격하게 집값이 상승하는 시기를 겪었습니다. 당시만 해도 미국은 우리나라에 있던 LTV나 DTI 등의 일률적인 규제가 없었기 때문에 주택금융이 굉장히 확장적으로 이루어졌고 심지어 해당 주택의 현재 가격 이상으로 대출이 실행되는 경우도 있었습니다. 서브프라임 모기지는 비우량 주택담보대출을 뜻합니다. 주로 미국의 지역 소규모 은행들이 이러한 신용도가 높지 않고 위험한 대출을 취급했습니다.

위험과 수익은 비례하는 것입니다. 대출이 비우량일수록 그만큼 은행의 수익에 해당하는 대출이자율은 올라갈 수밖에 없습니다. 그런데 당시에 미국의 주택시장은 끊임없이 상승할 것만 같은 분위기였습니다. 이렇게 시장이 계속 상승한다면 서브프라임 모기지야말로 수익이 높지만 위험은 낮은 환상적인 투자상품이 될 것입니다. 리먼 브라더스, 골드만삭스와 같은 글로벌 대형 투자은행들이 이를 놓칠 리 없습니다. 이들이 지역 소규모 은행들로부터 높은 값을 쳐주고 이러한 대출채권들을 대량으로 사들이거나 보증상품을 만들어 팝니다. 지역의 소규모 은행들로서는 유동화를 통해 위험을 대형 투자은행과 투자자들에게 넘긴 꼴이 됩니다. 또한 유동화를 통해 은행들의 주택담보대출 재원은 화수분처럼 계속 채워집니다. 이러한 과정을 거쳐 미국의 집값은 급등을 이어갑니다.

그러나 끝없이 오를 것만 같았던 미국의 주택시장도 구조적인 하락을 피하지 못합니다. 미국의 금융시장과 제도는 우리와 달리 비소구금융(Non-recourse Finance)이라는 특징을 갖고 있습니다. 담보물의 가격이 갚아야 할 대출원금과 이자에도 못 미칠 경우에는 대출받은 주택 소유자가 더 이상 갚을 의무 없이 해당 주택 소유권을 포기할 수 있는 것입니다. 담보물을 처분해서도 대출을 다 못 갚을 경우에는 채무자 개인적으로 끝까지 책임을 져야 하는 우리나라의 소구금융(Recourse Finance) 제도와 다릅니다. 이러한 특징으로 인해 미국에서는 주택 가격이 꺾이기 시작하면 채무자들이 대출을 갚기보다는 주택을 은행에 넘겨버리는 일들이 발생합니다. 결국 시장에 주택 공급이 넘쳐나면서 주택 가격이 더더욱 큰 폭으로 하락하는 악순환이 벌어집니다.

기초자산인 주택 가격이 폭락하게 되면 대형 투자은행들이 들고 있는 투자상품들은 휴지조각이 됩니다. 이에 따라 오랜 역사를 자랑하던 리먼 브라더스가 파산하고 전 세계 금융시장에 큰 충격을 주는 사태가 발생했습니다.

우리나라에서도 2011년에 대형 저축은행 상당수가 줄줄이 파산하게 된 저축은행 부동산 PF 사태가 있었습니다. 서브프라임 모기지 사태와 상당히 유사한 전개과정이었습니다. 이러한 사건들을 계기로 부동산학 분야에서 부동산 금융의 중요성이 급부상하게 됩니다. 이러한 사태의 근원은 결국 최초에 대출이 이루어질 때 부동산 금융에 관한 의사결정이 잘못되었다는 인식 때문입니다.

오늘날엔 부동산 금융 분야가 더욱 확장되어 주택담보대출과 이를 유동화한 MBS(Mortgage Backed Securities, 주택저당증권)뿐 아니라 프로젝트 파이낸싱(Project Financing), 프로젝트 금융투자회사(PFV), ABS(Asset Backed Securities, 자산유동화증권) · ABCP(Asset Backed Commercial Paper, 자산담보부 기업어음) 등 구조화금융, 주택연금(역모기지), REITs, 부동산 집합투자기구(부동산 펀드), 부동산 신탁, 부동산 디지털수익증권과 조각투자, NPL(Non Performing Loan, 부실채권), P2P(Peer to Peer) 금융 등 수많은 분야를 다루고 있습니다.

지분금융과 부채금융 / 직접투자와 간접투자

부동산 금융은 기본적으로 부동산을 담보로 대출해 주는 은행의 입장에서 판단하는 것이지만 부동산에 투자하거나 개발하려는 사업자 입장에서도 부동산 금융구조에 대한 이해가 사업성공에 필수적입니다. 부동산 투자와 개발에는 큰 돈이 들기 때문에 보통 내가 갖고 있는 돈만으로 할 수가 없습니다. 결국 남의 돈을 끌어와야 하는데, 이때 끌어오는 돈의 성격이 지분(자기자본)이냐 부채(타인자본)냐에 따라 사업의 성패가 달라질 수 있습니다.

지분금융을 이용한다면 매달 또는 매년 갚아야 하는 원리금이 없기 때문에 안정적인 사업운영이 가능하지만 향후 성공했을 때 기대할 수 있는 수익의 상당부분을 나눠줘야 하는 단점이 있습니다. 반면 부채금융을 이용한다면 성공 시 기대수익을 사업자가 독차지할 수 있지만 진행과정에서 상당한 원리금상환의 부담을 져야 하고 심지어 사업이 실패하더라도 빌린 돈의 원리금은 꼭 갚아야 하는 단점이 있습니다. 물론 돈을 대주는 사람의 입장에서도 어떤 형식으로 돈을 줄 것인지를 잘 판단해야 합니다.

부채금융의 대표적 예로는 주택 등 부동산 담보대출, 부동산 PF(Project Financing) 등이 있고, 지분금융의 대표적 예로는 자산유동화, REITs, 부동산 펀드 등이 있습니다. 최근에는 부채금융의 새로운 형태로 P2P 대출이 각광받기도 했습니다. 사실 부채금융과 지분금융의 구별이 언제나 명확하지는 않습니다. REITs와 부동산 펀드의 경우에도 대출형이 있고 자산유동화의 대표격인 MBS는 주택담보대출을 기초자산으로 하며 ABS나 ABCP의 경우에도 부동산 PF 대출채권을 기초자산으로 하여 발행되는 경우가 많기 때문입니다.

이러한 지분금융과 부채금융의 구별은 최근 떠오르는 부동산 간접투자 방식을 이해하는 데에도 도움이 됩니다.

REITs와 부동산 펀드는 부동산 및 부동산 관련 자산 등에 투자한 후 그 수익을 투자자에게 배당하는 회사나 투자신탁을 의미합니다. 둘 다 간접투자 방식의 지분형 부동산 증권화 수단으로서 사업자 입장에서는 부동산 PF 등 부채형 자금조달 방식에 비해 자금조달 비용이 저렴하고 장기적인 시각에서 사업을 추진할 수 있는 자율성과 안정성을 보장해 준다는 장점이 있습니다.

투자자 입장에서는 직접투자에 비해 관리비용 및 수익의 변동성이 낮고 유동성이 높으며 소액으로 대형 부동산에 투자할 수 있으므로 개인투자자의 투자기회를 넓혀주고 취득세 감면 등의 세제혜택을 받을 수 있다는 등의 장점이 있습니다. 다만 지분형이므로 원금과 수익이 보장되지 않고 환매가 제한된다는 단점도 있습니다.

이와 같이 REITs와 부동산 펀드는 대체적으로 비슷하지만 관련법률 및 인허가 주체, 투자대상, 투자자 보호 등의 측면에서 차이가 있습니다.

직접투자 방식은 투자자 단독으로는 부동산 투자에 필요한 거액의 투자자금을 확보하기 어렵고, 다양한 부동산 상품이 등장하고 투자과정이 복잡해짐에 따라 갈수록 부동산 투자에 전문성이 필요해진다는 점에서 그 한계가 있습니다.

과거에는 부동산과 금융은 전혀 별개의 상품으로서 각각의 시장을 형성하고 있었지만 부동산 간접투자가 활성화되면서 부동산과 금융이 결합되고 있습니다. 부동산 간접투자는 부동산의 증권화를 전제로 하고 이를 유통시키는 시장이 생기게 되므로 부동산 투자의 단점인 낮은 유동성과 환금성을 높이고 투자자금의 흐름을 원활하게 할 수 있습니다.

간접투자가 활성화되면 소액의 자금으로도 가능한 부동산 투자의 대중화 시대가 열릴 것이고 새로운 금융상품의 개발과 금융기법의 발달로 인해 우리나라 금융산업이 선진화되는 계기가 될 것입니다. 부동산 등 실물자산의 증권화(금융자산화)는 전 세계적인 추세입니다. 또한 선진화된 투자기법을 갖춘 부동산 간접투자 시장이 활성화된다면 부동산 가격의 왜곡이 방지되고 시장에서 합리적인 가격이 결정될 것입니다.

최근 부동산 금융의 중요 이슈들 - 부동산 신탁과 조각투자(STO)

최근 부동산 금융 분야에서 가장 두드러진 플레이어는 부동산 신탁회사입니다. 부동산 신탁은 부동산 소유자(위탁자)가 소유권을 부동산 신탁회사에 이전(신탁등기)한 후, 위탁자의 신탁목적을 달성하기 위해 부동산 신탁회사가 회사의 자금 및 전문지식을 바탕으로 신탁재산을 효율적으로 개발 및 관리하여 그 이익을 위탁자에게 되돌려주는 제도입니다.

부동산 신탁의 종류로는 토지신탁(개발신탁), 담보신탁, 관리신탁, 분양관리신탁, 처분신탁 등이 있습니다. 그 종류에서도 알 수 있듯이 개발부터 시작해서 담보대출, 부동산 관리와 처분에 이르기까지 부동산 활동의 전 분야가 부동산 신탁회사의 업무범위입니다. 따라서 부동산 시장의 경기가 좋고 나쁨에 크게 상관없이 부동산 신탁회사는 항상 안정적인 사업 포트폴리오와 수익을 창출할 수 있습니다.

부동산 투자자나 개발사업자의 경우에도 부동산 신탁의 장단점을 잘 따져서 전략적으로 활용해야 합니다.

한편 최근 금융위원회에서 블록체인 기술에 기반하여 부동산, 미술품 등에 대한 조각투자를 할 수 있는 토큰 증권 발행(STO; Security Token Offering)을 전면 허용한다는 방침을 밝힘에 따라 부동산 조각투자에 관한 관심이 높아지고 있습니다.

조각투자란 2인 이상의 투자자가 실물 그 밖에 재산적 가치가 있는 권리를 분할한 청구권에 투자하고 이를 거래하는 신종의 투자형태를 말합니다. 사업자가 고가의 자산을 매입하여 보관, 관리, 운용하면서 수익권을 분할하여 플랫폼을 통해 다수의 투자자에게 판매하고, 그 운용수익을 분할하여 투자자에게 돌려주는 투자형태입니다. 새로운 투자처를 찾는 MZ세대의 투자수요와 핀테크 업체들의 공격적인 진출로 인해 현재 관련 산업이 크게 확대되고 있습니다.

부동산 조각투자와 토큰 증권 발행은 특정 부동산을 매입해서 부동산에 기반한 Security Token(증권형 토큰)을 발행하여 투자자들이 자유롭게 거래하게 함으로써 유동성을 만들겠다는 시도입니다. 이 역시 부동산 신탁과 관련되는데, 부동산 처분신탁에 의한 부동산 수익증권의 토큰화로서 STO를 통해 자금을 조달하는 방식입니다.

한편 신탁사가 위탁된 부동산을 기반으로 한 수익증권(처분신탁 우선수익권)을 발행하면 블록체인 기술을 활용해 전자증권 형태로 발행하는 자산유동화증권(ABS)을 부동산 디지털유동화증권(DABS; Digital Asset Backed Securities)라 하는데, 디지털 플랫폼 형태의 거래소에 부동산을 유동화한 수익증권을 상장하고 앱을 통해 주식처럼 거래하는 것입니다. 현행법상 부동산 DABS 사업은 불가능하지만 금융당국이 이를 혁신금융서비스로 지정함에 따라 KASA 등의 기업들이 한시적으로 규제를 받지 않고 사업을 하고 있습니다.

STO는 블록체인 기술을 활용한다는 점에서 DABS와 비슷하지만 지분의 대가로 암호화폐인 토큰을 발행한다는 점에 특징이 있습니다.

주로 대형 부동산을 기초로 설립되는 REITs나 부동산 펀드 등의 부동산 간접투자상품들과 달리 STO나 DABS 등의 부동산 조각투자는 주로 중소형 부동산을 대상으로 한다는 점에서 이러한 흐름은 향후 중소형 부동산 시장에 큰 영향을 미칠 수 있습니다.

토큰으로 만들어 조각투자를 할 수 있는 기초자산은 미술품, 기업 주식 등 무수히 많지만 특히 부동산의 토큰화가 기업 주식의 토큰화보다 더 큰 주목을 받고 있습니다. 그 이유로는 부동산 가치의 변동성이 주식보다 안정적이고 실거래가 등 가격이 공개되어 있어 조작이 쉽지 않으므로 주식보다는 투자자 보호에 유리하다는 점에 있습니다. 이런 점 때문에 부동산 간접투자 상품은 증권거래소 상장이나 펀드 설정에 있어서 주식 간접투자상품에 비해 규제가 완화되어 있습니다.

그 밖에 부동산 조각투자 특히 STO는 다음과 같은 장점이 있습니다.

첫째, 그동안 자산규모가 크고 유동성이 낮았던 부동산을 여러 시스템에 데이터를 복제해서 저장하는 블록체인의 분산원장 기술을 적용하여 토큰화함으로써 다수의 개인이 안전하게 소유권을 나눠 갖는 방식의 분할소유(Fractional Ownership)를 가능하게 합니다. 이를 통해 일반 개인투자자의 부동산 시장에의 접근성을 높일 것입니다.

둘째, 발행된 증권형 토큰은 디지털화된 자산이므로 일반적인 IPO와 달리 대규모 글로벌 발행이 효과적으로 가능합니다. 이를 통해 전 세계 투자자가 우리나라 부동산에 쉽게 투자할 수 있게 되고, 부동산 공급자 측면에서도 단시간에 대규모 자금조달이 가능할 것입니다.

셋째, 부동산 조각투자와 토큰화는 부동산이라는 실물의 가치에 기반하므로 다른 가상자산들보다 가격 급등락의 리스크가 낮다고 평가됩니다.

넷째, STO는 증권법의 규제하에 제도화될 것이 예상되므로 다른 가상자산들과 달리 기존의 증권과 유사한 형태로 발행 및 유통될 것으로 보입니다. 따라서 대중에게 매우 친숙한 투자자산으로서 대중화될 가능성이 높습니다.

국내 STO산업의 미래는 부동산 수익증권 플랫폼의 성과에 달려 있다는 얘기가 나올 정도로 현재 부동산 조각투자에 대한 관심이 높습니다. 부동산은 단일 자산군으로는 가장 큰 규모이고 유동성은 낮지만 일반인의 관심도가 가장 높은 자산이며, 적정한 가치평가를 거쳐 시장가치를 산정할 수 있고 이를 기반으로 상장할 수 있는 비교적 안전한 자산이기 때문입니다.

특히 거래는 드물지만 300조원 정도의 시장규모로 평가되는 중소형 부동산 시장이 주요 틈새시장으로 주목받고 있습니다.

이러한 부동산 조각투자가 활성화된다면 그동안 제대로 평가받지 못했던 중소형 규모 부동산이 재평가될 수 있고, 부동산 투자의 대중화가 이루어지며, 부동산 투자 · 개발 · 관리 등의 영역에서 부동산 금융의 활용이 더욱 확대될 것이고, 부동산 시장에서 다양한 새로운 비즈니스 모델이 활성화될 것입니다.

글을 마치며...

우리가 만약 금융회사의 임직원이라면 당연히 복잡한 부동산 금융구조에 대해 잘 이해하고 있어야 하겠지만, 그렇지 않더라도 오늘날 부동산 관련 일을 한다면 부동산 금융에 대한 이해는 필수적입니다.

시행이나 개발, 건축 등의 행위를 한다면 아무리 작은 건물 하나를 짓는다 하더라도 먼저 내가 필요한 돈을 어디서 어떻게 조달할 수 있을지, 빌려올지 아니면 누구에게 사업의 지분을 넘겨줄지 등을 결정해야 하고 자금조달 시 그 돈을 담는 그릇을 어떻게 만들지도 결정해야 합니다. 개발과 자금조달, 관리 그리고 처분에 이르기까지 부동산 신탁을 활용하는 것이 좋을지도 따져봐야 합니다.

내가 갖고 있는 제한된 자금으로 조그마한 부동산에 직접투자할지 아니면 대규모 부동산에 대한 간접투자상품에 투자할지 또는 P2P 금융플랫폼을 통해 특정 부동산이나 개발사업에 내 돈을 대출해 줄지 등을 결정할 때에도 부동산 금융구조에 대해 잘 알고 있어야 합니다.

만약 중개나 컨설팅 등 부동산 관련 서비스산업 종사자들이 예전처럼 금융과 경제 전반에 대한 깊은 이해 없이 주먹구구식 투자를 권유한다면 고객으로부터 외면당할 것입니다. 과거에는 자금조달 방법이 은행대출밖에 없었지만 오늘날에는 부동산 개발이나 투자를 위한 자금조달 방법이 다양해짐에 따라 중개나 컨설팅을 할 때 고객에게 적합한 자금조달 방법을 제시해야 합니다.

부동산 금융의 발달로 인해 건물은 대형화되고 보다 다양한 기능을 갖추게 될 것이므로 임대관리, 시설관리 등 건물에 대한 종합적인 부동산 관리업이 크게 성장할 것입니다. 물론 금융에 대한 이해를 바탕으로 개발이나 투자를 도와주는 부동산 컨설팅 산업의 성장도 기대됩니다. 이와 같이 부동산 금융의 발달은 다양한 부동산 관련 산업이 활성화되는 결과를 가져올 것입니다.

9. 과연 인디언들은 뉴욕 맨해튼 땅을 싸게 팔았던 걸까??

- 복리의 마법과 부동산 투자 -

1626년 아메리카 대륙에 살고 있던 인디언들은 뉴욕의 맨해튼 땅을 영국 사람들에게 단돈 24$에 팔아버립니다.

이 거래는 오늘날까지도 인류 역사상 가장 멍청한 부동산 거래로 손꼽히게 됩니다.

과연 그럴까요??

이를 검증해 보기 위해서는 먼저 단리와 복리에 대한 기초지식이 필요합니다.

단리란 해마다 원금에만 이자가 붙는 것입니다.

반면 복리란 해마다 원금뿐 아니라 이자에도 이자가 붙는 것이죠. 이자가 이자를 낳고 그다음 해에는 낳은 이자가 또 이자를 낳고…

이렇게 비교해 볼 수도 있겠네요.

단리는 어떤 사람이 자녀1, 자녀2, 자녀3을 계속 낳는 수평적인 확장과 비슷하지만, 복리는 그 사람이 자녀, 손자녀, 증손자녀, 고손자녀로 계속 대를 이어가는 수직적인 확장과 비슷합니다.

얼핏 생각해도 복리 방식이 더 기하급수적으로 늘어날 것이라고 생각되죠?

자! 그럼 이것을 수학적으로 검증해 볼까요?

지금부터 이자율, 즉 금리를 r이라고 하고 기간(연수)을 n이라고 해보겠습니다.

현재 돈의 가치가 미래에는 얼마가 될 것인지를 단리 방식으로 계산해 보면, 다음과 같습니다.

- 미래가치 = 현재가치 + 현재가치 $\times r \times n$ = 현재가치 $\times (1 + r \times n)$

반면 복리 방식으로 계산해 보면, 다음과 같습니다.

- 미래가치 = 현재가치 $\times (1 + r)^n$

예를 들어 지금 돈 100만원을 연 수익률 10% 상품에 투자한다고 생각해 보죠.

1년이 지났을 때 돈 100만원은 110만원으로 불어납니다. 이건 단리든 복리든 차이가 없습니다. 물론 월 복리를 가정한다면 1년차부터도 차이가 날 것입니다만…

차이는 그로부터 1년이 더 지났을 때, 즉 처음 투자시점부터 2년이 지났을 때부터 발생합니다.

단리 방식으로 계산하면 2년 후에는 120만원이 되지만 복리 방식으로 계산하면 2년 후에 121만원이 됩니다.

복리로 계산할 때는 첫해에 발생한 10만원의 이자가 다시 10%에 해당하는 이자를 낳기 때문에 단리보다 1만원이 더 불어나는 것이죠.

여기까지 보면 겨우 1만원이라고 생각할 수 있습니다.

그런데 10년이 지난다면 단리로는 200만원이 되지만, 복리로는 100만원$\times(1+0.1)^{10}\fallingdotseq$259만원 정도 됩니다.

차이가 꽤 나죠? 그렇지만 아직도 그 차이가 별거 아니라고 생각하는 분들도 많을 겁니다.

이러한 지식을 바탕으로 지금(2023년)으로부터 397년 전 인디언들이 뉴욕 맨해튼 땅을 팔고 받았던 24$의 2023년 기준 현재가치를 구해 보겠습니다.

이자율은 몇 프로 정도로 가정해 볼까요?

요즘은 연 8%면 아주 높은 금리라고 생각되지만, 예전에는 그렇지 않았습니다.

한국 드라마 '응답하라 1988'에서는 연 금리 15% 정도 되는 은행예금에 관한 신문광고를 보면서 요즘은 왜 이렇게 금리가 낮냐며 한탄하는 에피소드가 나오기도 했죠.

아무튼 지난 몇 백 년간 미국에서의 평균 수익률 정도라 할 수 있는 연 8%의 이자율을 적용해서 계산해 보면,

24$$\times(1+0.08)^{397}\fallingdotseq$ 446,110,217,291,680$입니다.

이 숫자를 한 번에 읽을 수 있다면 당신은 숫자에 천재적인 감각을 갖고 있다고 자부해도 좋습니다.

대부분 그렇지 못할 테니 대신 읽어드리겠습니다(사실 필자도 이 숫자를 한 번에 읽지는 못합니다).

대략 446조 1천 1백 2억 1천 7백만 달러입니다.

불과 4년 전인 2019년에 계산했을 때는 327조 달러 정도였는데, 그 사이에 100조 달러

이상이 불어났네요.

지금 이 돈이 있다면 LA 땅을 대략 5번 이상 살 수도 있을 것 같습니다.

주의할 건 단위가 달러라는 점입니다. 원-달러 환율을 1달러당 1,200원 정도로 적용한다면 우리나라 돈으로 따졌을 때 53경 원이 넘겠군요.

이렇게 따져보면 1867년에 알래스카 땅을 미국에게 720만 달러를 받고 판 러시아도 그리 손해보는 장사가 아닐 수도 있습니다.

오늘 배운 내용을 가지고 직접 계산해 보시길 바랍니다. 스마트폰으로 재무용 계산기 앱을 다운받으면 누구나 손쉽게 계산해 볼 수 있습니다.

지금 세계 최고 부자 중 한 명으로 꼽히는 워렌 버핏도 처음에는 아주 적은 종잣돈으로 시작해서 오늘날에 이르기까지 연평균 수익률이 20% 남짓 정도밖에 안 된다고 합니다.

주식투자자들 중에 1년에 20% 수익률만 나와도 만족한다는 분들은 그리 많지 않을 것 같지만, 사실 꾸준히 수익을 낸다는 것이 그만큼 중요하면서도 어렵다는 얘기입니다.

결국 투자자라면 남들이 주식으로 10배를 벌었네, 부동산이 5배 올랐네 하는 이야기들에 흔들리지 않아야 합니다.

투자자의 수익률이 물가상승률과 세금을 빼고도 (+)가 된다면 무조건 성공적인 투자인 것입니다.

엉덩이가 무거운 사람이 부자가 된다고 하죠?!

부동산 투자에 있어서도 꾸준하고 안정적인 수익이 중요한 이유입니다.

참고문헌

경응수, 『감정평가론』, 나무미디어, 2023.

권호근, 『부동산투자론』, 형설출판사, 2023.

권호근 · 김세형 · 나길수, 『부동산 감정평가론』, 2024.

김갑열 · 강정규, 『부동산학개론(4판)』, 부연사, 2016.

김병우 · 이동훈, 『부동산금융론』, 두남, 2017.

김승희 · 신우진 · 서광채 · 이용훈, 『부동산학개론(쉽게 읽히는 부동산 교과서)』, 이루, 2017.

김재태 · 문형철, 『부동산금융론 이론과 실무』, 부연사, 2023.

김행종 · 김승종, 『부동산학개론(개정판)』, 청목출판사, 2020.

김형선 · 노영학, 『아카데미 부동산투자론』, 부연사, 2024.

민성훈, 『부동산투자론』, 한숲, 2020.

민태욱, 『감정평가론』, 부연사, 2023.

______, 『부동산금융론』, 부연사, 2017.

배영균, 『부동산학개론(11판)』, 부연사, 2019.

서경규, 『감정평가론』, 교육과학사, 2022.

유선종, 『부동산학원론』, 박영사, 2024.

유주연 · 윤동건 · 최우석 · 손재영, 『알기 쉬운 부동산학 원론』, 건국대학교출판부, 2022.

이상훈 · 이현표, 『부동산감정평가론』, 박영사, 2023.

이용만 · 임재만, 『부동산금융론』, 다산출판사, 2023.

이종규, 『부동산 투자 및 금융론(3판)』, 부연사, 2020.

장희순 · 김성진, 『부동산금융론』, 부연사, 2022.

______, 『부동산투자론』, 부연사, 2022.

전병식, 『부동산투자론』, 업앤업, 2019.

______, 『RPIA 부동산 투자분석』, 업앤업, 2024.

최명근, 『부동산학원론 기본강의』, 하우패스, 2020.

한덕희, 『부동산학개론』, 박영사, 2024.

Baker, J. Keith, *Real Estate Finance*, 11th Edition, Mbition LLC, 2019.

Baum, Andrew, *Real Estate Investment: A Strategic Approach*, 4th Edition, Routledge, 2022.

Brueggeman, William and Fisher, Jeffrey D., *Real Estate Finance and Investments*, 17th Edition, McGraw-Hill Education, 2021.

Clauretie, Terrence M. and Sirmans, G. Stacy, *Real Estate Finance and Investment*, 8th Edition, Mbition LLC, 2019.

Goddard, G. Jason, *Real Estate Valuation*, Routledge, 2021.

Goddard, G. Jason and Marcum, Bill, *Real Estate Investment: A Value Based Approach*, Springer, 2012.

Kolbe, Phillip T., Greer, Gaylon E. and Waller, Bennie D. JR., *Real Estate Finance*, 3rd Edition, Dearborn Real Estate Education, 2012.

Sayce, Sarah, Smith, Judy, Cooper, Richard and Venmore-Rowland, Piers, *Real Estate Appraisal: From Value to Worth*, Wiley-Blackwell, 2008.

Sindt, Roger P., *Real Estate Investment: Analysis and Applications*, Prentice Hall, 1997.

Ventolo, William L. Jr. and Williams, Martha R., *Fundamentals of Real Estate Appraisal*, 14th Edition, Dearborn Real Estate Education, 2021.

찾아보기

가

나

다

라

마

바

사

아

자

차

타

파

하

기타